【权威解读】

中华人民共和国

体育法释义

主编
张 勇 王瑞连

中国法制出版社
CHINA LEGAL PUBLISHING HOUSE

本书编委会

主　编：张　勇（全国人大常委会法制工作委员会副主任）

　　　　王瑞连（国家体育总局副局长、党组副书记）

副主编：郭林茂（全国人大常委会法制工作委员会社会法室主任）

　　　　褚　波（国家体育总局政策法规司司长）

编委会成员：曹　阳　朱　涛　徐潇枫　杨　帆

　　　　　　徐泽文　陈华栋　魏振勇　韩向飞

　　　　　　李冰凝　朱道辉　张笑世

前　言

2022年6月24日，《中华人民共和国体育法》由中华人民共和国第十三届全国人民代表大会常务委员会第三十五次会议修订通过。同日，国家主席习近平签署第一一四号主席令予以公布，自2023年1月1日起施行。这次体育法修订，是深入贯彻落实习近平总书记关于体育的重要论述和党中央有关体育决策部署的必然要求，聚焦解决了体育领域发展突出难题，着力破除束缚体育事业发展的制度障碍，为深入推进体育领域治理体系和治理能力现代化提供有力支撑。新修订的体育法，为促进体育事业，弘扬中华体育精神，培育中华体育文化，发展体育运动，增强人民体质，提供更加完善的制度保障。

为配合新修订体育法的学习和宣传工作，帮助广大读者准确理解立法原意和法律规定，推动法律顺利实施，全国人大常委会法制工作委员会、国家体育总局组织参与立法工作的有关同志编写了《中华人民共和国体育法释义》，供大家学习参考。本书力求简明扼要、通俗易懂，准确反映这部法律的立法原意。由于时间和水平有限，不妥和疏漏之处在所难免，敬请广大读者批评指正。

编　者

2022年10月

体育法修订情况介绍

为进一步促进新时代体育事业高质量发展，2022年6月24日第十三届全国人民代表大会常务委员会第三十五次会议修订通过了《中华人民共和国体育法》，同日国家主席习近平签署第一一四号主席令，自2023年1月1日起施行。这次体育法修订，丰富完善了体育法治基本制度，是我国体育法治建设的重要里程碑。

一、体育法修订的必要性和重要意义

体育法作为我国体育领域的基础性法律，奠定了我国体育法治建设的制度根基，自1995年颁布施行以来，为促进我国体育事业发展、增强人民体质发挥了重要作用。2009年、2016年曾两次对这部法律的个别条文进行了修改，但整体上仍滞后于经济社会新发展阶段，不能完全适应新时代体育改革发展的战略定位，与人民日益增长的美好生活需要特别是对体育的需要还存在差距。在此背景下全面修订体育法显得尤为必要，其重要意义主要体现在以下方面：

（一）修订体育法是深入贯彻落实习近平总书记关于体育的重要论述和党中央有关体育决策部署的必然要求。党的十八大以来，习近平总书记站在国家富强、民族复兴、人民幸福和人类文明进步的战略高度，就发展体育事业作出系列重要指示批示，提出系列新理念新思想新战略，强调建设体育强国和健康中国是全面建设社会主义现代化国家的重要组成，是实现中华民族伟大复兴中国梦的要求。党的十九大报告、关于党的百年奋斗重大成就和历史经验的决议等中央文件，也明确提出加快推进体育强国建设。贯彻落实习近平总书记关于体育的重要论述和党中央有关重大决策部署，对体育领域的若干重大关系和基本问题进行顶层设计，迫切需要修订体育法，把党在新时期关于发展体育事业的既定方针政策及时转化为法律规定。

（二）修订体育法是全面深入总结我国体育事业发展系列改革经验成果的重要举措。改革开放以来特别是党的十八大以来，我国体育事业在党的坚强领导下取得历史性成就，竞技体育、青少年和学校体育、体育产业等领域蓬勃发展，全民健身体系不断完善，人民体质和全民族身体素质持续增强，接连成功举办多项影响深远的国际国内重要体育赛事，探索积累起推进体育事业发展行之有效的系列经验做法和创新举措，深刻诠释了社会主义制度集中力量办大事的优越性。加快推进体育强国和健康中国建设步伐，实现体育事业均衡、充分发展目标，客观上需要将体育领域多年来经长期实践检验的改革经验成果，固化上升为法律制度，系统完善体育法律制度框架，进一步发挥法治建设对促进新时期体育事业高质量发展的引领、规范和保障功能。

（三）修订体育法是深入推进体育领域治理体系和治理能力现代化的有力支撑。全面深入总结我国体育事业发展成就的同时，也应清醒地认识到我国体育事业面临的突出困难和挑战。当前及今后一段时期，我国体育发展不平衡不充分问题依然突出，竞技体育综合实力和国际竞争力需要不断增强，人民群众多元化、多层次的体育需求尚未得到较好满足，体育产业规模质量有待提升，体育纠纷化解机制和监督管理制度还不够完善，迫切需要通过修订体育法进一步提高体育工作的法治化、规范化水平，推动深化体育领域改革创新，聚焦解决体育领域发展突出难题，着力破除束缚体育事业发展障碍，为推进实现体育领域治理体系和治理能力现代化提供有力支撑。

二、体育法修订的指导思想和主要思路

这次体育法修订以习近平新时代中国特色社会主义思想为指导，深入学习贯彻习近平法治思想和习近平总书记关于体育的重要论述，全面贯彻落实党的十九大和十九届历次全会精神，坚持以人民为中心，坚持从国情实际出发，推动体育领域深化改革，维护体育发展良好秩序，更好地依法保障公民平等参与体育活动的权利，依法推进体育领域治理体系和治理能力现代化，加快体育强国和健康中国建设。修法过程中，重点把握了以下思路：

第一，习近平总书记关于体育的重要论述和党中央相关重大决策部署为做好新时代体育工作提供了根本遵循，为加强体育法治建设指明了方向。深入贯彻落实习近平总书记关于体育的重要论述和党中央有关重大决策部署，确保新时期党关于体育的既定方针政策转化为法律制度，既是这次体育法修订的重要任务，也是修法的根本思路。

第二，深入践行以人民为中心的立法导向。人民群众是发展体育事业的参与者和建设者，也应是体育事业发展成果的享有者。坚持以人民为中心，将体育事业发展成果惠及全体人民，有效满足人民群众的体育需求和促进人的全面发展，是体育法修改工作的出发点和落脚点，也是贯穿始终的重点和主线。

第三，坚持实事求是和问题导向，加快构建体育事业新发展格局。一方面，全面总结吸纳体育事业发展重大经验成果，将适应体育事业改革发展需要、经过长期实践证明可行的重要举措固化上升为法律制度；另一方面，针对体育领域的短板弱项，加强顶层制度设计，为引领我国体育事业深入发展提供有力制度支撑，着力破解体育事业发展瓶颈难题。

第四，面向体育事业未来发展。这次体育法修订既注重细化保障举措，增强可操作性，又注重搭建体育法治基本框架，提前预留制度接口，为未来体育事业发展留足改革创新空间。

三、体育法修订的工作过程

体育法修改是列入第十三届全国人大常委会立法规划的重要项目，明确由全国人大社会建设委员会牵头体育法修改工作。2021 年 3 月，全国人大社会建设委员会牵头成立体育法修改工作领导小组，成员单位包括全国人大常委会法制工作委员会、最高人民法院、国家发改委、教育部、民政部、司法部、自然资源部、住房和城乡建设部、文化和旅游部、国家卫生健康委员会、国家市场监督管理总局、国家体育总局、全国总工会、中国残联等部门，共同起草形成体育法修订草案。2021 年 10 月，全国人大社会建设委员会提请十三届全国人大常委会第三十一次会议对体育法修订草案进行审议；2022 年 4 月，十三届全国人大常委会第三十四次会议对体育法修订草案进行二次审议；2022 年 6 月，体育法修订草案经十三届全国人大常委会第三十五次会议再次审议并高票通过。

修订草案审议过程中，深入学习贯彻习近平总书记关于体育的系列重要指示批示精神和中央有关重大决策部署，坚持科学立法、民主立法、依法立法，深入践行全过程人民民主，认真细致地开展以下工作：

一是贯彻落实常委会审议意见。常委会组成人员对做好体育法修订工作十分重视，在审议过程中提出修改完善的意见建议。我们认真学习落实常委会组成人员的意见建议，在修改完善草案时予以贯彻体现。

二是广泛征求意见建议。体育法修订草案初次审议后，将草案印发地方和中央有关部门90余家单位征求意见，征求有关全国人大代表的意见建议，赴国家体育总局进行调研，召开学校体育专题座谈会，与地方人大连线召开调研座谈会，认真听取运动员代表、教练员代表以及体育行政部门、体育协会、体育企业、学校等有关方面的意见建议。

三是深入开展问题研究。这次体育法修订，修改幅度大、涉及条文多，特别是反兴奋剂、体育仲裁、体育产业等属于新增内容，相关重点难点问题突出。针对立法难题，多渠道多形式深入开展立法调研，认真听取有关方面的意见，做好顶层制度设计，确保相关规定立得住、行得通、真管用。

四是加强部门沟通协调。修法过程中，就修订草案主要问题加强与全国人大社会建设委员会、国家体育总局等部门的沟通，充分听取有关部门意见建议，凝聚各方面共识，逐步修改完善修订草案。

五是扎实开展立法评估。2022年5月，召开体育法修订草案通过前评估会，邀请部分全国人大代表、运动员、专家学者以及地方有关部门、学校、体育协会代表等，就修订草案主要规范制度的可行性、出台时机、实施的社会效果和可能出现的问题进行评估，对修订草案提出完善建议。

四、体育法修订的亮点特色

这次体育法修订，修改幅度大、涉及内容多、影响范围广，受到社会各界广泛关注。总结体育法修订的亮点特色，主要包括以下方面：

1. “亮”在出台时机。这次体育法修订，一是恰逢毛泽东主席“发展体育运动，增强人民体质”重要题词七十周年。1952年6月10日，毛泽东主席为中华全国体育总会成立大会挥笔写下这一重要题词，短短十二字，立意高远、脍炙人口，明确了体育工作的根本方针任务，激励着一代代中华民族儿女强健体魄、自强不息，有力推动了我国各项体育事业蓬勃发展。为纪念和传承毛泽东主席伟大号召，把体育事业建设成为中华民族伟大复兴的标志性事业，这次修法将题词内容在立法目的中着重予以体现。二是正值北京冬奥会、冬残奥会成功举办。北京冬奥会、冬残奥会是继我国成功举办多项国际国内重大体育赛事活动后的又一体育盛事，“绿色、共享、开放、廉洁”办奥理念和“简约、安全、精彩”办赛要求的生动实践，以及在赛事申办、筹办、举办过程中共同凝聚形成的“胸怀大局、自信开放、迎难而上、追求卓越、共创未来”的北京冬奥精神，为这次体育法修订提供了更加丰硕的体育事业改革发展经验成果。精彩的赛事活动极大地激发全民健身热情，社会各界对这次体育法修订也给予高度关注，积极建言献策，提出很多好的意见建议。

2. “亮”在弘扬精神。体育运动事关国家形象，体育精神彰显民族面貌。这次体育法修订，尤为注重总结体现我国体育事业的内生动力，汇聚实现民族复兴的精神力量，激发人民群众接续奋斗的昂扬热情。一是增加“弘扬中华体育精神，培育中华体育文化”作为立法目的重要组成，明确我国体育事业发展的价值导向和文化追求，继承中华民族宝贵精神财富，发扬为中华民族伟大复兴提供凝心聚气的强大精神力量。二是在总则中增加规定“弘扬奥林匹克精神，支持参与国际体育运动”，首次从法律上阐明支持奥林匹克运动发挥更大作用，为人类文明进步贡献更多中国智慧和中国力量的国家立场，深刻诠释推动奥林匹克事业发展，构建人类命运共同体的大国担当。三是注重激发运动员拼搏精神。体育健儿在国内外赛事活动中勇于挑战、超越自我的良好形象，对振奋民族精神、提升国家实力发挥着重要作用。这次体育法修订明确提出，运动员应当积极参加训练和竞赛，团结协作，勇于奉献，顽强拼搏，不断提高竞技水平；鼓励运动员在体育赛事中创造优异成绩，为国家和人民争取荣誉。四是增强青少年强健体魄意识。青少年是国家的未来，这次修法把增强青少年体质提升到前所未有的高度，提出坚持体育与教育融合，文化学习和体育锻炼协调，体魄与人格并重，培育增强青少年体育健身意识，依法促进青少年身体健康和体魄强健。

3. “亮”在扩充内容。新修订的体育法篇章结构更加完善、条文更加充实丰富，覆盖体育事业发展的方方面面。总结这次体育法修订的内容，呈现以下三个突出特点：一是“增”的内容多。修订后的体育法由原来的 8 章、54 条增加至 12 章、122 条，特别是增设四章分别对“反兴奋剂”、“体育产业”、“体育仲裁” 和“监督管理”作出专门规定，搭建起较为完善的体育法治基本框架，有效解决长期以来制约体育事业发展的制度短板难题。二是“补”的内容全。总结吸纳体育事业发展重大经验成果，重点补充“总则”、“竞技体育”、“保障条件”等章节的规定，进一步明确体育事业未来发展原则方向，推动竞技体育管理体制改革，促进竞技体育更好发展，并较大程度地加强完善保障措施，加大保障力度。三是“改”的幅度大。将“学校体育”一章修改为“青少年和学校体育”，拓展完善优先保障范围，推动形成青少年和学校体育协调融合发展格局；将“体育社会团体”一章修改为“体育组织”，充分发挥体育组织自治功能，激发体育组织参与体育事业发展的创造性和积极性。此外，还对“法律责任”作了较多修改，完善违法行为的惩罚措施，加大惩罚力度。

4. “亮”在权利保障。习近平总书记多次强调，要以人民为中心发展体育事业。这次体育法修订，把完善保障人民群众参与体育活动的权利作为修法重点，进一步突出体育法的社会法属性。一是为广泛开展全民体育运动提供制度支撑。明确树立体育工作坚持以人民为中心的立法理念，扩大公共体育服务供给，实施全民健身战略，推行全民健身计划，推动基本公共体育服务均等化，实现体育资源开放共享。二是强调为重点人群参与体育运动提供特殊保障。国家采取财政支持等措施，扶持革命老区、民族地区、边疆地区、经济欠发达地区体育事业的发展，突出保障未成年人、妇女、老年人、残疾人等群体参加体育活动的权利，切实维护运动员各项权利，初步构建形成公民体育权益保障制度体系。

五、体育法修订的主要内容

总结这次体育法修订的主要内容，归纳为以下方面：

1. 充实总则内容，明确立法导向。一是增加规定弘扬中华体育精神、培育中华体育文化，着重体现毛泽东主席关于“发展体育运动，增强人民体质”重要题词等内容，完善立法目标方向。二是明确体育工作坚持中国共产党的领导，为体育事业发展提供坚强保证。三是要求体育工作坚持以人民为中心，以全民健身为基础，普及与提高相结合，推动体育事业均衡、充分发展，推进体育强国和健康中国建设。四是明确国家依法保障公民平等参与体育活动的权利，对未成年人、妇女、老年人、残疾人等参加体育活动的权利予以特别保障。五是提出国家扩大公益性和基础性公共体育服务供给，推动基础公共体育服务均等化，逐步健全全民覆盖、普惠共享、城乡一体的基本公共体育服务体系。六是规定开展和参加体育活动应遵循依法合规、诚实守信、尊重科学、因地制宜、勤俭节约、保障安全的原则。七是为激发全民体育热情，广泛宣传体育事业，规定每年8月8日全民健身日所在周为体育宣传周。

2. 专章规定全民健身，完善具体保障举措。为突出全民健身的重要基础性保障作用，将原法中的“社会体育”一章的章名修改为“全民健身”，并增加规定以下内容：一是明确国家实施全民健身战略，构建全民健身公共服务体系，促进全民健身与全民健康深度融合。二是国家制定和实施体育锻炼标准，定期开展全民体质监测和全民健身活动状况调查，开展科学健身指导。三是国家建立全民健身工作协调机制，由县级以上各级人民政府定期组织有关部门对全民健身计划实施情况进行评估并向社会公开。四是国家机关、企业事业单位和群团组织应当组织开展日常体育锻炼和各级各类体育运动会等全民健身活动。居民委员会、村民委员会以及其他社区组织应结合实际，组织开展全民健身活动。

3. 完善青少年和学校体育规定，落实体教融合新要求。一是明确国家优先发展青少年和学校体育，坚持体育和教育融合，文化学习和体育锻炼协调，体魄与人格并重，促进青少年全面发展。二是规定国家实行青少年和学校体育活动促进计划，健全青少年和学校体育工作制度等。三是要求教育行政部门和学校将体育纳入学生综合素质评价范围，将达到国家学生体质健康标准要求作为教育教学考核的重要内容。四是要求体育行政部门在传授知识技能、组织体育训练、举办体育赛事活动、管理体育场地等方面为学校提供指导和帮助，配合教育行政部门推进学校运动队和高水平运动队建设。五是明确学校必须按照国家有关规定开齐开足体育课，确保体育课时不被占用；要求学校在体育课教学时组织病残等特殊体质学生参加适合其特点的体育活动。学校应当将在校内开展的学生课外体育活动纳入教学计划，与体育课教学内容相衔接，保障学生在校期间每天参加不少于一小时体育锻炼。六是鼓励学校组建运动队、俱乐部等体育训练组织，开展多种形式的课余体育训练，有条件的可以组建高水平运动队，培养竞技体育后备人才。七是规定国家定期举办全国学生（青年）运动会，地方各级人民政府应当结合实际定期组织本地区学生（青年）运动会；学校应当每学年至少举办一次全校性的体育运动会，并鼓励公共体育场地设施免费向学校开放使用，为学校举办体育运动会提供服务保障；鼓励开展多种形式的学生体育交流活动。八是规定国家将体育科目纳入初中、高中学业水平考试范围，建立符合学科特点的考核机制。九是明确要求保障体育教师享受与其他学科教师同等待遇；学校可以设立体育教练员岗位，优先聘用符合相关条件的优秀退役运动员从事学校体育教学、训练活动。十是建立健全学生体育活动意外伤害保险机制，教育行政部门和学校应当做好学校体育活动安全管理和运动伤害风险防控。十一是幼儿园应当为学前儿童提供适宜的室内外活动场地和体育设施、器材，开展符合学前儿童特点的体育活动。十二是要求教育行政部门、体育行政部门和学校组织、引导青少年参加体育活动，预防和控制青少年近视、肥胖等不良健康状况，家庭应当予以配合。

4. 健全竞技体育有关内容，促进竞技体育更好发展。竞技体育可持续发展，是发展体育事业的核心内容。这次修法重点增加规定以下内容：一是促进和规范职业体育市场化、职业化发展，提高职业体育赛事能力和竞技水平。二是加强体育运动学校和体育传统特色学校建设，鼓励、支持开展业余体育训练，培养优秀的竞技体育后备人才。三是加强体育训练科学技术研究、开发和应用，对运动员实行科学、文明的训练，维护运动员身心健康。四是依法保障运动员接受文化教育权利，体育行政部门、教育行政部门应当保障处于义务教育阶段的运动员完成义务教育。五是依法保障运动员选择注册与交流的权利，运动员可以参加单项体育协会的注册，并按照有关规定进行交流。六是要求各级人民政府加强对退役运动员的职业技能培训和社会保障，为退役运动员就业、创业提供指导和服务。七是规定未经体育赛事活动组织者等相关权利人许可，不得以营利为目的采集或者传播体育赛事活动现场图片、音视频等信息。

5. 专章规定反兴奋剂，构建反兴奋剂长效治理体系。一是明确国家提倡健康文明、公平竞争的体育运动，禁止在体育运动中使用兴奋剂的立场，规定任何组织和个人不得组织、强迫、欺骗、教唆、引诱体育运动参加者在体育运动中使用兴奋剂，不得向体育运动参加者提供或者变相提供兴奋剂。二是规定国家建立健全反兴奋剂制度，县级以上人民政府体育行政部门会同卫生健康、教育、公安等多部门对兴奋剂问题实施综合治理。三是规定由国务院体育行政部门负责制定反兴奋剂规范，会同有关部门制定、公布兴奋剂目录，并动态调整。四是国家设立反兴奋剂机构，依照法定程序开展检查，有关单位和人员应当予以配合，任何单位和个人不得干涉。五是鼓励开展反兴奋剂科学技术研究，推广先进的反兴奋剂技术、设备和方法。六是根据缔结或者参加的有关国际条约，开展反兴奋剂国际合作，履行反兴奋剂国际义务。通过以上措施，依法坚决做到兴奋剂问题“零出现”“零容忍”。

6. 完善体育组织有关规定，促进发挥体育组织作用。一是将原法关于“体育社会团体”一章的章名修改为“体育组织”，拓宽有关组织范围，顺应国家有关要求和时代发展趋势。二是明确全国性单项体育协会职责范围，以及与行业管理部门、中华全国体育总会、中国奥委会的关系。三是要求全国性单项体育协会负责相应项目的普及与提高，制定相应项目技术规范、竞赛规则、团体标准，规范体育赛事活动。四是明确单项体育协会应当依法维护会员的合法权益，积极向有关单位反映会员的意见建议。五是规定单项体育协会应当接受体育行政部门的指导和监管，健全内部治理机制，制定行业规则，加强行业自律。六是国家鼓励发展青少年体育俱乐部、社区健身组织等各类自治性体育组织。

7. 增设专章规定体育产业，面向体育事业未来发展。体育产业发展迅速、前景广阔，对增加就业、培育新的经济增长点、满足人民群众多样化体育需求，具有重要意义。这次修法将“体育产业”单独设章，重点规定以下内容：一是明确国家制定体育产业发展规划，扩大体育产业规模，增强体育产业活力，促进体育产业高质量发展，满足人民群众多样化体育需求。二是国家支持和规范发展体育用品制造、体育服务等体育产业，促进体育与健康、文化、旅游、养老、科技等融合发展。三是规定国家支持体育用品制造业创新发展，培育健身休闲、竞赛表演、场馆服务、体育经纪、体育培训等服务业态，提高体育服务业水平和质量。四是完善职业体育发展体系，拓展职业体育发展渠道，支持运动员、教练员职业化发展；要求职业体育俱乐部应当健全内部治理机制，完善法人治理结构，充分发挥其市场主体作用。五是建立健全区域体育产业协调互动机制，推动区域间体育产业资源交流共享，促进区域体育协调发展，支持地方发展具有区域特色、民族特色的体育产业。六是鼓励有条件的高等学校设置体育产业相关专业，开展校企合作，加强职业教育和培训，培养体育产业专业人才，形成有效支撑体育产业发展的人才队伍。七是规定完善体育产业统计体系，开展体育产业统计监测，定期发布体育产业数据。

8. 完善体育保障条件，切实加大保障力度。一是规定国家支持通过政府购买服务的方式提供公共体育服务，提高公共体育服务水平。二是规定地方人民政府优先配置各级各类体育场地设施，优先保障全民健身体育场地设施的建设配置。三是要求县级以上地方人民政府将本行政区域内公共体育场地设施的建设纳入国民经济和社会发展规划、国土空间规划，未经法定程序不得变更。公共体育场地设施的规划设计和竣工验收，应当征求本级人民政府体育行政部门意见。四是要求建设居住社区须同步规划、设计、建设用于居民日常健身的配套体育场地设施。五是要求公共体育场地设施的设计和建设，应当符合国家无障碍环境建设要求。六是规定国家推进体育公园建设，鼓励地方因地制宜发展特色体育公园；鼓励充分合理利用旧厂房等闲置资源作为日常健身场地设施，鼓励和支持机关、学校、企业事业单位的体育场地设施向公众开放。七是加强公共体育设施管理，不得擅自拆除、改变功能用途或者妨碍正常使用。经批准拆除公共体育场地设施或者改变其功能、用途的，应当按照规定先行择地重建。八是规定县级以上地方人民政府建立全民健身公共场地设施维护管理机制，明确管理和维护责任。九是鼓励建立健全运动员伤残保险、体育意外伤害保险和场所责任保险制度，对大型体育赛事活动组织者、高危险性体育赛事活动组织者、高危险性体育项目经营者等投保相关保险提出明确要求。

9. 增设专章规定体育仲裁，初步搭建基础制度框架。在民商事仲裁、劳动争议仲裁、农村土地承包经营纠纷仲裁之外，建立适合我国国情的体育仲裁制度，搭建起体育仲裁制度基本框架，改变长期以来体育仲裁规定一直未能落地的现状。一是明确体育仲裁范围。规定当事人可以根据仲裁协议、体育组织章程、体育赛事规则等，对有关纠纷申请体育仲裁。二是由国务院体育行政部门依照本法组织设立体育仲裁委员会，制定体育仲裁规则。三是规定对体育社会组织等处理决定或者内部纠纷解决机制处理结果不服的，体育组织没有内部纠纷解决机制或者内部纠纷解决机制未及时处理纠纷的，当事人可以申请体育仲裁。四是明确体育仲裁裁决效力，规定体育仲裁裁决书自作出之日起发生法律效力。裁决作出后，当事人就同一纠纷再申请体育仲裁或者向人民法院起诉的，体育仲裁委员会或者人民法院不予受理。五是明确体育仲裁裁决撤销情形，体育仲裁裁决存在适用法律法规错误等情形的，当事人可以依法申请撤销仲裁裁决。六是对体育仲裁裁决的执行作出规定，当事人可以依照民事诉讼法的有关规定向人民法院申请执行。

10. 强化监管执法举措，确保体育事业发展行稳致远。一是明确县级以上人民政府体育行政部门等部门依法履行监督检查职责，对有关体育赛事活动依法进行监管；县级以上人民政府市场监管、体育行政等部门按照各自职责对体育市场进行监督管理。二是规定体育赛事活动组织者应当履行安全保障义务，提供符合要求的安全条件，制定风险防范及应急处置预案等保障措施，维护体育赛事活动的安全。三是规定体育赛事活动因发生极端天气、自然灾害、公共卫生事件等突发事件，不具备办赛条件的，体育赛事活动组织者应当及时予以中止；未予中止的，县级以上人民政府应当责令其中止。四是国家建立体育项目管理制度，新设体育项目由国务院体育行政部门认定，体育项目目录每四年公布一次。五是经营高危险性体育项目和举办高危险性体育赛事活动须符合法定条件，并经县级以上地方人民政府体育行政部门进行核查和批准。国务院体育行政部门会同有关部门制定、调整高危险性体育项目和高危险性体育赛事活动目录。六是明确县级以上地方人民政府建立体育执法机制，为体育执法提供必要保障。七是要求县级以上地方人民政府每届任期内至少向本级人民代表大会或者其常务委员会报告一次全民健身、青少年和学校体育工作。此外，这次体育法修订还大幅完善关于法律责任的规定，进一步完善违法行为处罚措施，加大违法行为处罚力度，为促进体育事业稳定可持续发展保驾护航。

六、体育法修订后的贯彻落实

徒法不足以自行。法律的生命在于实施，法律的权威在于执行。贯彻落实好新修订的体育法，有关方面应当做好以下工作：

一是加大普法宣传力度。体育法作为我国体育领域的基础法律，与体育活动的每一位参与者都密切相关。贯彻实施好新修订的体育法，有关部门要充分利用这次修法契机，大力加强体育法治宣传教育，推进体育法治理念更加深入人心，提高依法开展体育活动的思想认识，让体育法治观念更加深入人心，在全社会形成学好、用好体育法的浓厚氛围。

二是加强法律贯彻实施。这次体育法修订，进一步明确完善有关部门职责，对体育行政、教育行政、市场监管等部门做好体育相关工作提出了明确要求，有关部门要切实履职尽责，做好体育法的贯彻实施工作。地方各级人大及其常委会要加强体育法实施情况的监督检查，依法通过听取全民健身、青少年和学校体育工作报告等方式深入推进法律有效贯彻实施，切实将体育法相关规定落到实处、落到基层。体育法贯彻实施过程中，有关部门要秉持服务理念，充分尊重人民群众的主体地位和首创精神，调动广大人民群众参与体育活动的积极性，不断在丰富的体育实践活动中赋予体育法新的时代内涵。

三是及时制定配套法规政策。这次体育法修订，增加完善了体育领域系列重要制度，需要有关部门及时制定和修改有关配套法规政策，确保相关制度落地实施。有关部门要系统研究梳理体育领域已有规范文件，及时做好立改废释工作，制定完善配套法规政策，加快建立健全以体育法为统领的体育法治规范体系。比如，国务院体育行政部门应当依照本法及时组织设立体育仲裁委员会，并制定体育仲裁规则，确保体育仲裁制度有序运行；为保障公开、公平、择优选拔和组建国际国内重大体育赛事活动的运动员、运动队，国务院体育行政部门应当制定运动员选拔和运动队组建办法等。通过以上工作，确保体育法相关规定落地实施，不断提高体育工作法治化水平，依法推动我国体育事业再上台阶。

目 录

第五章　反兴奋剂

第六章　体育组织

附 录

第一章　总　　则

本章共15条，规定了立法目的、党领导体育工作的基本方针、体育工作管理体制、开展体育活动的基本原则、体育对外交往等内容。总则具有纲领性、原则性、概括性的特点，准确把握总则内容对于正确理解和适用体育法各章规定具有重要意义。

第一条　为了促进体育事业，弘扬中华体育精神，培育中华体育文化，发展体育运动，增强人民体质，根据宪法，制定本法。

◆ **条文主旨**

本条是关于立法目的及立法依据的规定。

◆ **条文释义**

体育法是我国体育领域的基础性、综合性法律，第一条开宗明义提出立法目的，集中体现新时代发展体育事业的新要求。

一、促进体育事业

体育事业关乎人民幸福、国家强盛、民族复兴，在国家“五位一体”总体布局和“四个全面”战略布局中发挥着不可替代的重要作用，是新时代中国特色社会主义伟大事业的重要组成部分。

党和国家历来高度重视体育事业发展，在各个历史时期都采取了一系列重大举措。新中国成立 70 多年来，我国体育事业由小到大、由弱到强，取得了一系列重大成就，群众体育蓬勃发展，竞技体育成绩辉煌，青少年体育生机勃勃，体育产业快速发展，成功举办 2008 年北京奥运会、残奥会和 2022 年北京冬奥会、冬残奥会等重要国际体育赛事活动，体育各领域事业全面推进，当前正处于由体育大国向体育强国迈进的征程中。

新时代新阶段，既要看到我国体育事业发展取得的巨大成就，也要客观理性地审视我国体育事业发展中存在的问题。如，体育事业发展不平衡不充分问题依然突出，重点领域和关键环节改革任务仍然艰巨，体育创新能力还不适应高质量发展要求；全民健身公共服务还无法有效满足人民群众美好生活需要；竞技体育体制机制与经济社会发展不相适应，运动项目发展不均衡、核心竞争力不强等问题依然存在；体育产品和服务有效供给不足，体育消费潜力尚未充分释放；体育治理体系和治理能力现代化水平不高，一些基层体育部门职能弱化等。这些问题的解决，迫切需要在现有的基础上持续发力，全方位促进体育各领域补短板、强弱项，全面推动体育事业高质量发展。

党的十八大以来，党中央、国务院高度重视体育事业发展，作出了将全民健身上升为国家战略、加快建设体育强国、实施健康中国战略、深化体教融合、深化足球改革、大力发展冰雪运动、构建更高水平的全民健身公共服务体系等一系列重大决策部署。为进一步强化新时代体育事业高质量发展的法治保障，体育法开宗明义地将“促进体育事业”作为首要立法目的，体现了发展体育在提高人民健康水平、满足人民群众对美好生活向往、促进人的全面发展、促进经济社会发展、展示国家文化软实力过程中的历史定位和价值导向，彰显了体育在党和国家事业发展全局中的重要地位和作用。

二、弘扬中华体育精神，培育中华体育文化

中华体育精神和中华体育文化是社会主义文化的重要组成部分，也是社会主义核心价值观在体育领域的具体体现。体育法新增“弘扬中华体育精神，培育中华体育文化”的立法目的，对于进一步坚定文化自信，践行社会主义核心价值观，充分发挥中华体育精神和中华体育文化的引领作用，强化建设体育强国、发展体育事业共同的精神文化基础具有十分重要的意义。

中华体育精神是广大体育工作者，特别是运动员、教练员胸怀祖国和人民、默默奉献、顽强拼搏所积淀形成的宝贵精神财富，体现了中国体育的价值导向和文化追求。中华体育精神的主要内容为“为国争光、无私奉献、科学求实、遵纪守法、团结协作、顽强拼搏”，是广大体育工作者在长期体育实践和理论探索中不断总结和提炼出来的，有着极为丰富的内涵。“为国争光”是指在国际大赛中为祖国和人民赢得荣誉，是爱国主义在体育领域的具体体现；“无私奉献”是指淡泊名利、甘于奉献，展现了一种大爱的胸怀、忘我的精神；“科学求实”是指讲求科学、尊重规律，体现了实事求是的精神；“遵纪守法”是指遵守法律和纪律，为社会做表率，展示了公平公正的体育价值；“团结协作”是指心往一处想、劲往一处使，讲究集体协作配合，是民族团结精神在体育领域的具体体现；“顽强拼搏”是指不屈不挠、力争上游，彰显了中华民族自强不息的奋斗精神。中华体育精神来之不易，弥足珍贵，为中华民族伟大复兴提供了凝心聚气的强大精神力量，需要倍加珍惜和传承弘扬。中国女排在长期拼搏奋斗过程中，创造了女排精神。习近平总书记深刻指出，女排精神代表着一个时代的精神，喊出了为中华崛起而拼搏的时代最强音。2021 年 9 月，中国共产党中央委员会批准了中央宣传部梳理的中国共产党人精神谱系第一批伟大精神，女排精神被纳入其中，具体表述为“祖国至上、团结协

作、顽强拼搏、永不言败”，这与中华体育精神是一脉相承的。

弘扬中华体育精神，首先，要教育引导广大体育健儿继承中华体育精神这一宝贵的精神财富，延续为国争光、顽强拼搏的优良传统；其次，要推动中华体育精神与时俱进，为中华体育精神注入自信、开放、担当等新的时代内涵；再次，要把弘扬中华体育精神作为推动对外体育交流的重要内容，以重大国际体育赛事为契机，弘扬奥林匹克精神与中华体育精神，增强中华体育精神的国际影响力；最后，要建立健全弘扬中华体育精神制度体系，广泛运用多种媒介和多种形式，推动中华体育精神积极融入新时代民族精神，为社会提供正能量。

中华体育文化是长期以来我国各族人民在体育实践中所创造的物质财富与精神财富的总和，是我国综合国力、文化软实力和社会文明程度的重要体现。随着体育事业的快速发展，体育文化对体育事业的引领作用日益凸显，体育文化的价值愈加受到党和国家的重视。2019 年，国务院办公厅印发的《体育强国建设纲要》把促进体育文化繁荣发展作为体育强国建设的五大战略任务之一。近年来，我国体育文化建设取得较大进展，面向未来，要进一步加大中华体育文化培育力度，强化体育文化思想引领，大力弘扬中华体育精神，重视运动项目文化建设，加强体育文化创作及平台建设，丰富体育文化产品，传承中华优秀传统体育文化，推动中华民族优秀传统体育项目文化“走出去”，提升体育国际传播能力，讲好中国体育故事，传播中国体育声音，提高体育文化的社会影响力和国际竞争力。

三、发展体育运动，增强人民体质

“发展体育运动，增强人民体质”是毛泽东主席在 1952 年 6 月 10 日的题词。这一重要题词，短短十二字，立意高远、脍炙人口，明确了体育工作的根本方针任务，体现了体育工作的初心和使命，激励着一代代中华民族儿女强健体魄、自强不息，有力推动了我国各项体育事业蓬勃发展。为纪念和传承毛泽东主席伟大号召，把体育事业建设成为中华民族伟大复兴的标志性事业，这次修法将题词内容在立法目的中着重予以体现。

四、立法依据

宪法是国家的根本法，是治国安邦的总章程，是党和人民意志的集中体现。宪法具有最高的法律地位、法律权威、法律效力，是所有立法活动的根本依据。任何法律都不能与宪法相抵触，必须符合宪法规定的精神、原则和内容。《宪法》第二十一条第二款规定：“国家发展体育事业，开展群众性的体育活动，增强人民体质。”第四十六条第二款规定：“国家培养青年、少年、儿童在品德、智力、体质等方面全面发展。”第四十七条规定：“中华人民共和国公民有进行科学研究、文学艺术创作和其他文化活动的自由。国家对于从事教育、科学、技术、文学、艺术和其他文化事业的公民的有益于人民的创造性工作，给以鼓励和帮助。”《宪法》第八十九条、第一百零七条、第一百一十九条还对国务院、地方各级人民政府关于发展体育事业的职权、职责作了规定。体育法中明确“根据宪法，制定本法”，一方面是指体育法遵循宪法确定的精神、原则、制度，另一方面通过制定体育法将宪法有关体育的规定具体化，丰富宪法相关规定的制度内涵，有力保证宪法的实施。

第二条 体育工作坚持中国共产党的领导，坚持以人民为中心，以全民健身为基础，普及与提高相结合，推动体育事业均衡、充分发展，推进体育强国和健康中国建设。

◆ **条文主旨**

本条是关于体育工作方针的规定。

◆ **条文释义**

此次体育法修改，明确体育工作坚持党的领导，并在全面贯彻习近平法治思想和习近平总书记关于体育的重要论述、系统总结70余年体育事业发展经验、结合新时代新阶段我国体育改革发展重大使命的基础上，进一步完善体育工作基本要求，明确体育事业发展的要求和方向，是相关制度构建的重要基础。

一、坚持中国共产党的领导

中国特色社会主义最本质的特征是中国共产党领导，中国特色社会主义制度的最大优势是中国共产党领导，党是最高政治领导力量。坚持和加强党的全面领导，是体育工作的“根”和“魂”，也是全面落实新时代党的建设总要求，开创体育强国建设新局面的政治保证和组织保证。在体育法中明确“体育工作坚持中国共产党的领导”，是贯彻落实宪法关于“中国共产党领导是中国特色社会主义最本质的特征”规定的基本要求，是推进党的领导入法入规的必要举措。坚定走中国特色社会主义体育发展道路，坚持和完善党领导体育发展的体制机制，把思想和行动统一到党和国家对体育发展的重大决策部署上，进一步实现党对体育工作领导的制度化、规范化、法治化，真正把党的领导贯彻到依法治体的全过程和各方面。

二、坚持以人民为中心

人民群众是发展体育事业的参与者和建设者，也应是体育事业发展成果的享有者。坚持以人民为中心，将体育事业发展成果惠及全体人民，有效满足人民群众的体育需求，促进人的全面发展，是体育法修改工作的出发点和落脚点，也是贯穿始终的重点和主线。本条将“坚持以人民为中心”列入体育工作方针，鲜明地体现了党全心全意为人民服务的宗旨和以人民为中心的发展思想。要求我们在体育工作中要把人民作为发展体育事业的主体，坚持人民在依法治体中的主体地位，真诚倾听百姓呼声，真实反映群众愿望，真正满足人民体育发展需求；要积极落实全民健身国家战略，构建更高水平的全民健身公共服务体系，特别是要持续加强公共体育场地设施建设力度，切实解决群众“健身难”的问题；要高度重视青少年体育工作，树立“健康第一”的教育理念，深化体教融合，促进青少年健康发展；要聚焦人民群众多层次、多样化的体育需求，深化供给侧结构性改革，不断提升体育产品服务供给质量和水平，让人民分享体育发展成果，享受体育带来的健康和快乐，形成健康文明的生活方式，实现人民群众对美好幸福生活的追求。

三、以全民健身为基础，普及与提高相结合

全民健身是体育事业发展的基础。全民健身关乎全民健康，与广大人民群众息息相关。全民健身的根本在于开展广泛的群众性体育活动，让人民群众都参与进来，让人民群众都享有体育运动的权益，让人民群众在参与体育活动中实现对幸福生活的追求。全民健身的基础性作用还体现在，为体育各领域发展提供坚实的基础和条件，如为竞技体育后备人才培养提供坚实基础，为体育产业的发展激发消费需求，为体育文化的繁荣营造良好氛围，为体育对外交往发挥增进国际交流促进民心相通的作用。

普及与提高相结合主要是指处理好群众体育和竞技体育关系的问题，推动两者协调发展。群众体育与竞技体育是现代体育两大支柱，群众体育在于普及体育运动，提高人民身体素质和健康水平，竞技体育在于提高运动竞技水平，增强体育为国争光的能力，两者相互促进、相辅相成、相得益彰，群众体育是沃土，竞技体育是引领。群众体育是以健身和娱乐为目的的大众体育活动，是提高竞技体育水平的基础性工程。推动群众体育发展，带动更多人参与体育运动，在全国范围内选拔优秀竞技人才，竞技体育就会有巨大的人才宝库。筑牢群众体育发展基础，体育工作的“马步”就扎实，借势发力、后发先至则可达成。竞技体育是以夺取运动竞赛锦标为目的的体育运动，代表着一个国家的竞技实力，激励和引领着群众体育的普及与推广。推动竞技体育发展，以体育竞赛为载体，吸引人民群众尤其是青少年广泛参与，培养人们的体育健身兴趣，促使形成终身的锻炼习惯和良好的生活方式，将有力带动群众体育的发展。群众体育的普及为竞技体育水平的提高奠定了广泛的社会基础，竞技体育水平的提高可以带动群众体育的发展。坚持普及与提高相结合是在长期的体育实践探索中得出的宝贵经验，始终引领着我国体育事业健康发展。中华人民共和国成立后，党和国家一方面广泛开展体育运动，实施“劳卫制”，大力发展学校体育、职工体育、农村体育等群众体育；另一方面，探索形成了竞技体育举国体制，建立了适合我国国情的运动训练和体育竞赛体系，推动体育事业取得了巨大成就。20 世纪 90 年代，国家先后实施《全民健身计划纲要》和《奥运争光计划纲要》，有力推动了普及与提高的协调发展。新时代我们仍然需要坚持普及与提高相结合的方针。一方面，要大力实施全民健身计划，落实全民健身国家战略，厚植群众基础，培养和发现优秀后备人才，提高全体人民的身体素质和健康水平，使全体人民通过体育运动有更多的获得感和幸福感。另一方面，要坚持举国体制与市场机制相结合，积极探索与地方、高校以及俱乐部等社会力量联办共建国家队新模式，打造能征善战作风优良的国家队，增强竞技体育综合实力、为国争光能力，同时通过体育健儿在竞技场上的优异表现和展示的中华体育精神，带动更多人参与体育运动，享受运动带来的快乐和感动，让体育和健康走进更多百姓的生活中。

四、推动体育事业均衡、充分发展

从当前我国体育事业发展现状来看，不均衡不充分仍然是我国体育发展存在的最大问题。在全民健身领域，服务供给总体水平还不够高、资源保障力度还不够大、区域发展还不够平衡，与老百姓对更高水平的全民健身公共服务体系的需求还有较大差距；在竞技体育领域，虽然取得一定成绩，但冬季项目与夏季项目差距依然较大，“三大球”等集体球类项目发展水平还不高，训练的科学化水平和科技保障力度还有待提升；在体育产业领域，虽然近年来我国体育产业整体得到较快发展，但体育产业增加值占 GDP 的比重还比较低，体育产业结构还有待优化，体育品牌竞争力还有待提升，体育产业整体发展质量还有待提高。除此之外，体育文化、对外体育交往、体育科技、体育人才、反兴奋剂、体育法治等各方面都存在发展不均衡不充分的问题。

新时代推动体育事业均衡充分发展，要从我国实际出发，坚持问题导向，对标高质量发展要求，把创新、协调、绿色、开放、共享的发展理念贯穿体育发展全过程和各领域，遵循现代体育发展内在规律，顺应社会发展新趋势，主动变革发展体育事业的思维方式、行为方式、工作方式，实现体育更高质量、更有效率、更加公平、更可持续、更为安全的发展。

五、推进体育强国和健康中国建设

建设体育强国和健康中国是党中央、国务院作出的重大决策部署，是全面建设社会主义现代化国家的重要内容。党的十九届五中全会明确提出到 2035 年建成体育强国、健康中国的战略要求，将建成体育强国、健康中国纳入“到二〇三五年基本实现社会主义现代化远景目标”予以谋划。体育法将“推进体育强国和健康中国建设”写入体育工作方针中，体现了国家落实体育强国和健康中国国家战略的坚定意志，为如期实现建成体育强国、健康中国的目标提供了法治保障。

第三条 县级以上人民政府应当将体育事业纳入国民经济和社会发展规划。

◆ **条文主旨**

本条是关于将体育事业纳入国民经济和社会发展规划的规定。

◆ **条文释义**

国民经济和社会发展规划作为全国或者某一地区经济、社会发展的总体纲要，既是国家加强和改善宏观调控的重要手段，也是政府履行经济调节、市场监管、社会管理、公共服务和生态环境保护职能的重要依据。《宪法》第六十二条、第六十七条、第八十九条规定，国务院编制和执行国民经济和社会发展计划和国家预算，全国人民代表大会审查和批准国民经济和社会发展计划和计划执行情况的报告，全国人民代表大会常务委员会在全国人民代表大会闭会期间，审查和批准国民经济和社会发展计划、国家预算在执行过程中所必须作的部分调整方案。《地方各级人民代表大会和地方各级人民政府组织法》第十一条、第五十条、第七十三条规定，县级以上的地方各级人民政府编制和执行国民经济和社会发展规划纲要、计划和预算，县级以上的地方各级人民代表大会审查和批准本行政区域内的国民经济和社会发展规划纲要、计划和预算及其执行情况的报告，县级以上的地方各级人民代表大会常务委员会根据本级人民政府的建议，审查和批准本行政区域内的国民经济和社会发展规划纲要、计划和本级预算的调整方案。

发展体育事业是各级人民政府的一项重要职责。县级以上人民政府将体育事业纳入国民经济和社会发展规划，一方面可以在规划中明确体育事业发展的总体思路和基本原则，目标设计和主要任务，工作重点、举措、路径和手段等，为体育事业发展提供人力、财力、物力等方面的政策支持和保障，能够有计划、有步骤地推动体育事业快速、健康、协调发展；另一方面还可以使体育工作与经济、政治、文化、社会、生态文明建设统筹安排、协调推进、共同发展。例如，《中华人民共和国国民经济和社会发展第十四个五年规划和 2035 年远景目标纲要》明确 2035 年建成体育强国的远景目标，同时提出了建设体育强国的具体任务要求。

国民经济和社会发展规划中有关体育的内容，也是体育行政部门制定专门体育规划的依据。体育行政部门制定专门的体育规划，对国民经济和社会发展规划有关内容进行细化落实。2019 年 12 月 31 日，国家体育总局出台《体育规划管理办法》（体规字〔2019〕6 号），明确提出了建立包括总体体育规划、专项体育规划以及地方体育规划在内的体育规划体系。2021 年 10 月 8 日，国家体育总局按照党的十九届五中全会部署以及《中华人民共和国国民经济和社会发展第十四个五年规划和 2035 年远景目标纲要》《体育强国建设纲要》（国办发〔2019〕40 号）要求，结合我国体育发展实际，制定并印发《“十四五”体育发展规划》（体发〔2021〕2 号），对“十四五”期间体育发展作了明确要求和部署。

第四条 国务院体育行政部门主管全国体育工作。国务院其他有关部门在各自的职责范围内管理相关体育工作。

县级以上地方人民政府体育行政部门主管本行政区域内的体育工作。县级以上地方人民政府其他有关部门在各自的职责范围内管理相关体育工作。

◆ 条文主旨

本条是关于体育工作管理体制的规定。

◆ 条文释义

本条对体育工作管理体制进行了规定，既明确了体育行政部门是体育工作的主管部门，又明确了其他有关部门在管理相关体育工作方面的职责，构建起体育行政部门主导、其他有关部门分工配合的体育工作管理体制。

一、国务院体育行政部门的工作职责

《宪法》第八十九条第七项规定，国务院“领导和管理教育、科学、文化、卫生、体育和计划生育工作”。根据《国务院关于机构设置的通知》和《国家体育总局主要职责内设机构和人员编制规定》，国务院设立国家体育总局（正部级），为国务院直属机构，主管全国体育工作。国家体育总局作为国务院体育行政部门，主要职责是：（一）研究体育发展战略，协调区域性体育发展，负责推动多元化体育服务体系建设，推进体育公共服务和体育体制改革；（二）拟订体育事业发展规划和政策，起草有关法律法规草案并督促实施；（三）统筹规划群众体育发展，负责推行全民健身计划，监督实施国家体育锻炼标准，推动国民体质监测和社会体育指导工作队伍制度建设，指导公共体育设施的建设，负责对公共体育设施的监督管理；（四）统筹规划竞技体育发展，设置体育运动项目，指导协调体育训练和体育竞赛，指导运动队伍建设，协调运动员社会保障工作；（五）统筹规划青少年体育发展，指导和推进青少年体育工作；（六）拟订体育产业发展规划、政策，规范体育服务管理，推动体育标准化建设，负责体育彩票发行管理；（七）指导、管理体育外事有关工作，组织开展国际间和与港澳台的体育交流与合作；（八）组织开展体育领域重大科技研究、技术攻关和成果推广；（九）负责组织、协调、监督体育运动中的反兴奋剂工作；（十）承办国务院交办的其他事项。此外，国家体育总局还承担中华全国体育总会和中国奥林匹克委员会的日常工作。

二、国务院其他有关部门的体育工作职责

体育工作是一项综合性工作，涉及国家和社会治理的诸多领域、诸多环节，需要国务院有关部门加强协作配合，在其各自职权范围内做好体育工作。《体育强国建设纲要》（国办发〔2019〕40号）也明确要求，体育、发展改革、财政、税务、人力资源社会保障、公安、教育、文化和旅游、卫生健康、科技、民政、外交、住房城乡建设、自然资源、农业农村、残联等部门和单位要建立目标任务分解考核和动态调整机制，确保体育强国建设目标如期完成。

国务院体育行政部门主管全国体育工作，国务院其他有关部门要根据职责分工，在职责范围内管理各自部门、行业的体育工作。其中，有些部门职责，是在本法中作了明确规定的，例如教育行政部门管理学校体育工作，市场监管等部门按照各自职责对体育市场进行监督管理，卫生健康、公安、工信、商务、药品监管等部门对兴奋剂工作实施监督管理；有些部门职责，是本法没有作出具体规定的，例如国家民族事务委员会负责少数民族体育工作等。无论本法对国务院其他有关部门的相关体育工作职责是否作了具体规定，其他有关部门都要根据各自职责分工，在各自职权范围内管理好体育相关工作。

加强部门间的协调配合，形成有效的工作合力，是做好体育工作的重要支撑。为进一步加强部门间的沟通协作，国家建立了体育领域的部际联席会议制度。如2016年12月，国务院全民健身工作部际联席会议制度正式建立，由中宣部、国务院办公厅、国家发展改革委、体育总局等29个部门和单位组成。2020年12月，国务院同意建立由国务院办公厅、教育部、体育总局牵头，15个部门和单位组成的青少年体育工作部际联席会议制度。

三、地方体育行政部门的工作职责

《宪法》第一百零七条第一款规定，县级以上地方各级人民政府依照法律规定的权限，管理本行政区域内的经济、教育、科学、文化、卫生、体育事业、城乡建设事业和财政、民政、公安、民族事务、司法行政、计划生育等行政工作。《地方各级人民代表大会和地方各级人民政府组织法》第七十九条第一款规定，地方各级人民政府根据工作需要和优化协同高效以及精干的原则，设立必要的工作部门。在地方政府职能转变和机构改革过程中，有的地方将体育局与其他部门合并，具体单位名称也有所不同，如教育和体育局、文化广电旅游体育局、文化体育和旅游局、文化旅游体育局、旅游和文化广电体育厅等。这些主管本行政区域体育工作的单位都是本法规定的体育行政部门，都应当在本级人民政府的统一领导下，在上一级体育行政部门的业务指导下，做好本行政区域内的体育工作。

此次体育法修改，删去了原法中“本级人民政府授权的机构主管本行政区域内的体育工作”的表述。原法制定于1995年，当时正在进行机构改革，有些地方的体育行政部门转变为事业单位或者体育社会团体，因此原法规定“县级以上地方各级人民政府体育行政部门或者本级人民政府授权的机构主管本行政区域内的体育工作”。随着法治政府建设的深入推进和政府部门职能的调整优化，“政府授权的机构”主管体育工作的情况已较为少见，且不利于推进地方体育工作的开展。因此，本条明确由县级以上地方人民政府体育行政部门主管本行政区域内的体育工作。

不同地方、不同级别体育行政部门的具体职责可能有所区别，但其基本的体育行政管理职责应当包括：贯彻执行体育法律、法规、规章以及国家关于体育工作的方针、政策；推进公共体育服务，开展全民健身活动，监督实施国家体育锻炼标准，推动国民体质监测和社会体育指导工作队伍制度建设，推动体育场地设施建设；促进青少年体育发展，指导和推进青少年体育工作；推动竞技体育发展，指导协调体育训练和体育竞赛，指导运动队伍建设，协调运动员社会保障工作；培育、引导和扶持体育产业，规范体育市场秩序；主办、承办体育赛事活动；加强反兴奋剂工作和体育行业安全管理等。

四、地方其他有关部门的体育工作职责

与国务院其他有关部门在各自的职权范围内管理相关体育工作一样，在地方，县级以上地方人民政府其他有关部门在各自的职责范围内管理相关体育工作。地方政府相关部门要根据本地方的特点和实际情况，在法定的职权范围内做好相关体育工作，并加强部门间的沟通协作。例如，本法第五十四条第二款规定，县级以上人民政府体育行政部门会同卫生健康、教育、公安、工信、商务、药品监管、交通运输、海关、农业、市场监管等部门，对兴奋剂问题实施综合治理；再如本法第六十九条第二款规定，县级以上人民政府应当建立政府多部门合作的体育产业发展工作协调机制等。

第五条 国家依法保障公民平等参与体育活动的权利，对未成年人、妇女、老年人、残疾人等参加体育活动的权利给予特别保障。

◆ **条文主旨**

本条是关于国家保障公民平等参与体育活动的权利并对特定群体参加体育活动的权利给予特别保障的规定。

◆ **条文释义**

平等参与体育活动是公民的一项重要权利，关系到每个人的身心健康和幸福生活。本条不仅规定了国家依法保障公民平等参与体育活动的权利，而且明确对未成年人、妇女、老年人、残疾人等参加体育活动的权利给予特别保障，切实维护了这些群体的平等参与权。

一、保障公民平等参与体育活动的权利

习近平总书记多次强调，要以人民为中心发展体育事业。这次体育法修订，突出权利保障，把保障人民群众参与体育活动的权利、满足广大人民群众多元化多层次的体育需求作为修法重点，在总则中明确提出国家依法保障公民平等参与体育活动的权利，并在后面章节中予以具体规定，强化公民参与体育活动权利实现的各项保障措施。

参与体育活动，可以提升人们的愉悦感和幸福感，提高身体素质和抵御疾病侵袭的能力，增进人与人之间和谐愉悦的关系，促进人的全面发展。平等参与体育活动不是一句口号，需要国家做出实质性的制度安排进行保障，确保人民群众平等参与体育活动的权利落到实处。在体育法修订草案审议过程中，有的常委委员提出，公民平等参与体育活动的权利需要国家有力保障，建议在法律中予以明确。经研究，将修订草案三次审议稿中的“公民依法平等地享有参与体育活动的权利”修改为“国家依法保障公民平等参与体育活动的权利”，既明确公民享有平等参与体育活动的权利，同时也强调国家具有依法保障公民体育活动平等参与权的责任和义务。

二、对特定群体权利的特别保障

在规定平等参与权的基础上，本条对特定群体参加体育活动的权利给予特别保障。未成年人、妇女、老年人、残疾人等群体，由于身体、生理等方面的差异，在参加体育活动方面难免会遇到一些困难，例如有些老年人和残疾人由于身体上的障碍，需要乘坐轮椅，如果健身场馆没有无障碍设施，就会对其参与体育活动构成障碍，影响老年人和残疾人平等参与体育活动权利的实现。未成年人处在生长发育最为快速的时期，给予特别保障有利于促进未成年人提高体育兴趣，养成影响一生的良好体育习惯。为使这些特定群体真正享有平等参与体育活动的权利，有必要从法律上给予一定的特殊保护，实行必要的倾斜。此次修法，与《未成年人保护法》《妇女权益保障法》《老年人权益保障法》《残疾人保障法》等法律规定的特定群体权益保障范围相衔接，将1995年《体育法》规定的特别保障范围由“青年、少年、儿童”扩大到“未成年人、妇女、老年人、残疾人等”，同时将“体育活动给予特别保障”修改为“参加体育活动的权利给予特别保障”，体现了对特定群体参与体育活动权利的重视，也与平等参与权相契合。

第六条 国家扩大公益性和基础性公共体育服务供给，推动基本公共体育服务均等化，逐步健全全民覆盖、普惠共享、城乡一体的基本公共体育服务体系。

◆ **条文主旨**

本条是关于公共体育服务的规定。

◆ **条文释义**

公共体育服务是指由政府主导、社会力量参与，以满足公民基本体育需求为主要目的而提供的公共体育设施、体育产品、体育活动以及其他相关服务。提供公共体育服务，是政府履行发展体育事业职责的重要方式，也是国家保障公民平等参与体育活动权利的重要方式。

一、扩大公益性和基础性公共体育服务供给

《“十四五”公共服务规划》明确提出，公共服务包括基本公共服务、普惠性非基本公共服务两大类。其中，基本公共服务是保障全体人民生存和发展基本需要、与经济社会发展水平相适应的公共服务，由政府承担保障供给数量和质量的主要责任，引导市场主体和公益性社会机构补充供给。非基本公共服务是为满足公民更高层次需求、保障社会整体福利水平所必需但市场自发供给不足的公共服务，政府通过支持公益性社会机构或市场主体，增加服务供给、提升服务质量，推动重点领域非基本公共服务普惠化发展，实现大多数公民以可承受价格付费享有。此外，为满足公民多样化、个性化、高品质服务需求，一些完全由市场供给、居民付费享有的生活服务，可以作为公共服务体系的有益补充，政府主要负责营造公平竞争的市场环境，引导相关行业规范可持续发展，做好生活服务与公共服务衔接配合。公共体育服务也可以划分为基本公共体育服务和非基本公共体育服务两大类，但两者的界限并非一成不变的，随着经济社会的发展，基本公共体育服务的范围和内容将有序扩大，水平和质量将稳步提升，不断满足人民日益增长的美好生活需要。

公共体育服务的公益性主要体现在以谋求社会效益为目的，强调服务受益对象的全民性和服务范围的全域性，即为所有社会成员，或者为绝大多数社会成员服务，而不是为少数人利益服务。公共体育服务的基础性主要体现在一定经济和社会发展水平上政府公共体育服务供给应覆盖的最小范围和边界，是指政府向全体社会成员提供的平等的、无差别的公共体育服务，主要用于保障公民的基本体育需求。

二、推动基本公共体育服务均等化

推动基本公共体育服务均等化，主要是指努力使全体公民都能公平可及地获得大致均等的基本公共体育服务，其核心是促进机会均等，重点是保障人民群众得到基本公共体育服务的机会，而不是简单的平均化。享有基本公共体育服务是公民的基本权利，推进基本公共体育服务均等化，保障人人享有基本公共体育服务是政府的重要职责，对于解决我国公共体育服务发展不充分和不平衡问题、促进社会公平正义、增进人民福祉、增强全体人民在共建共享发展中的获得感、实现中华民族伟大复兴的中国梦，都具有十分重要的意义。

推动基本公共体育服务均等化，首先，要建立基本公共体育服务的标准体系。其核心是从我国不同阶段的国情出发，根据人民群众的基本体育需求，提出基本公共体育服务的范围、种类、程度以及各级政府的保障支出责任，确定国家基本公共体育服务的保障标准，作为国家公共体育服务的“底线标准”或均等化标准。按照《国家基本公共服务标准（2021年版）》及有关政策要求，2021年12月28日，体育总局、发展改革委、财政部等五部门印发《全民健身基本公共服务标准（2021年版）》，从“公共体育设施开放”“全民健身服务”两个方面划定了各级政府应当予以保障的全民健身基本公共服务范围及底线，包括公共体育设施的开放时间、收费标准、社会体育指导员配备、群众健身活动或比赛等内容。地方也可以根据人民群众实际体育需求、政府财政能力和体育特色，制定适合本地区特色的实施标准，建立国家指导标准和地方实施标准相衔接的公共体育服务标准体系。其次，构建与基本公共体育服务均等化相适应的财政投资机制。在财政投入的总量上，应建立与GDP或政府财政预算支出成比例的稳定投入机制，使得均等化的水平真正与经济社会发展相一致。在财政投资的责任上，应根据基本公共体育服务均等化的现状，结合各地的财力和整体财政支付能力，明确不同层级政府的事权和财权范围，确定各级财政分担基本公共体育服务资金比例的权重，完善政府间转移支付机制，推动实现地方政府基本公共体育服务财政能力均等化。在财政投资的方式上，培育体育社会组织参与基本公共体育服务的提供、管理和监督，通过政府购买体育社会组织的公共体育服务，打破基本公共体育服务政府垄断供给的局面，实现促进体育社会组织壮大、提升财政资金效率和基本公共体育服务质量的“多赢”目标；通过发放居民体育消费券培育和促进居民体育消费，打通公共体育事业与体育产业之间的联系。最后，建立政府间基本公共体育服务问责制。通过第三方评估主体，以基本公共体育服务均等化的评价标准为基础，加强基本公共体育服务标准执行情况的监督评估，并列入各级政府目标考核范畴，促进基本公共体育服务均等化有效推进。

三、健全基本公共体育服务体系

基本公共体育服务体系是指政府为满足公众体育基本需求，向全社会提供基本公共体育服务所形成的一系列制度安排。具体包括：以政府为主导的供给体系；以场地设施、健身指导、体育培训、竞赛活动、体育信息、体质监测等为要素的内容体系；以人、财、物为基础的资源体系；以绩效评估和监督反馈为保障的管理运行体系；以全民覆盖为目标的服务对象体系等。

健全基本公共体育服务体系是促进体育事业发展的基本途径，是加快体育强国建设的重要内容，是顺应人民对美好生活期待的内在要求。当前，我国基本公共体育服务体系仍然存在供给不均等、服务不完善、发展不均衡等诸多问题，全民覆盖、普惠共享、城乡一体是其构建的发展方向。其中，全民覆盖，是体系健全的基础工作，其实现路径包含两方面，一是服务对象的全覆盖，即将基本公共体育服务更多、更公平地惠及全体人民；二是服务内容的全覆盖，即不断增加群众周边体育设施、体育组织、体育活动、体育赛事、体育指导、体育文化的内容供给。普惠共享，是体系健全的价值目标，一方面要消除各种障碍，扩大现有基本公共体育服务的覆盖面，提高公益性水平，建立服务均等化调节机制；另一方面要积极构建未成年人、妇女、老年人、残疾人等特定群体的服务保障制度，以保证全体国民都能共享基本公共体育服务。城乡一体，是体系健全的必然要求，有利于实现公共体育服务资源的合理流动，形成城乡间公共体育服务优势互补、整体优化的发展格局。促进基本公共体育服务体系城乡一体化发展，须将城市与农村视为统一整体，统筹谋划基本公共体育服务的发展规划、供给模式、要素布局等。

第七条 国家采取财政支持、帮助建设体育设施等措施，扶持革命老区、民族地区、边疆地区、经济欠发达地区体育事业的发展。

◆ 条文主旨

本条是关于扶持特殊类型地区体育事业发展的规定。

◆ 条文释义

由于自然、地理、历史等方面的原因，我国不同地区，体育事业发展的不平衡不充分问题依然突出，公共体育服务均等化尚需进一步落实。为了依法推动和保障更加均衡、更为充分的体育发展，满足人民通过体育追求美好生活的新需求，实现“体育发展为了人民，体育发展依靠人民，体育发展成果由人民共享”的“共享发展”理念，形成“全民覆盖、普惠共享、城乡一体”的基本公共体育服务体系，在本法第六条加强基本公共体育服务供给规定的基础上，本条强调对革命老区、民族地区、边疆地区、经济欠发达地区体育事业的扶持。

根据《“十四五”特殊类型地区振兴发展规划》，特殊类型地区包括以脱贫地区为重点的欠发达地区和革命老区、边境地区、生态退化地区、资源型地区、老工业城市等。该规划提出到2035年，特殊类型地区与全国同步基本实现社会主义现代化的目标要求。由于特殊类型地区往往集革命老区、民族地区、边疆地区于一体，自然地理、经济社会、民族宗教、国防安全等问题交织在一起，加大了其振兴发展的复杂程度和难度。修订后的体育法针对我国特殊类型地区体育事业发展的实际情况，明确提出对革命老区、民族地区、边疆地区和经济欠发达地区四类特殊类型地区体育事业的发展予以扶持。本条规定既是实现体育公共服务均等化的要求，也是国家特殊类型地区振兴发展和区域协调发展战略的组成部分。

《体育强国建设纲要》（国办发〔2019〕40号）提出推动全民健身公共服务资源向农村倾斜，重点扶持革命老区、民族地区、边疆地区、贫困地区发展全民健身事业。丰富革命老区、民族地区、边疆地区、贫困地区群众的体育生活，做好体育援疆、援藏工作。《“十四五”体育发展规划》（体发〔2021〕2号）也要求以体育需求为导向，加大对西部地区体育事业发展的扶持力度，重点加强西部地区体育基础设施和体育公共服务体系建设；加快发展革命老区、民族地区、边疆地区、欠发达地区等特殊类型地区体育事业，建立对口帮扶机制，丰富当地群众的体育生活；巩固拓展体育扶贫成果同乡村振兴有效衔接，推动体育下乡，补齐农村健身设施短板，增强农民健身意识，提高农民健康水平；落实党中央治藏治疆方略，推动组团式对口支援西藏、新疆体育工作。革命老区、民族地区、边疆地区、经济欠发达地区由于自然环境恶劣、自然灾害多发、地理位置偏远、地广人稀、资源贫乏，基础设施和基本公共服务等社会事业的发展相对滞后。为此，本条明确提出“国家采取财政支持、帮助建设体育设施等措施”，能够让“扶持革命老区、民族地区、边疆地区、经济欠发达地区体育事业的发展”的规定落到实处。

第八条 国家鼓励、支持优秀民族、民间、民俗传统体育项目的发掘、整理、保护、推广和创新，定期举办少数民族传统体育运动会。

◆ 条文主旨

本条是关于发展传统体育项目以及举办少数民族传统体育运动会的规定。

◆ 条文释义

民族、民间、民俗传统体育是我国宝贵的文化财富，反映了中华民族的集体智慧，是我国独特的民族文化的重要组成部分，需要保护和传承好优秀民族、民间、民俗传统体育项目，并与时俱进，不断创新。

一、支持传统体育项目发展

我国是有着悠久文明历史的多民族国家，在长期的历史发展中，各民族创造了灿烂的民族、民间、民俗传统体育文化和多样化的民族、民间、民俗传统体育项目。这其中的民族是指整个中华民族，既包括汉族，也包括各少数民族；民间是指广大民众中间；而民俗则指具有普遍模式的生活文化或仪式文化。所谓民族、民间、民俗传统体育项目，主要是指我国各族人民在各个不同历史时期创造的，曾经或仍然在一定地区开展的体育项目，比如武术、围棋、象棋、龙舟，以及少数民族地区开展的赛马、射箭、叼羊、摔跤、荡秋千、抢花炮等。

国家鼓励、支持优秀民族、民间、民俗传统体育项目的发掘、整理、保护、推广和创新。重视并切实开展涉及优秀民族、民间、民俗传统体育项目的体育文物、体育档案、体育文献等的普查、收集、整理、保存和研究利用工作，建立相应的信息库；重视对武术、健身气功、体育养生、龙舟、棋牌等优秀传统体育文化的挖掘、整理和推广工作；加强中华传统体育项目的开发利用与活态传承，推动优秀传统体育文化创造性转化、创新性发展；以太极拳列入人类非物质文化遗产代表名录作为契机，加强体育非物质文化遗产档案、口述历史等资料的收集、整理、研究，积极推动体育非物质文化遗产申报工作，开展传统体育类非物质文化遗产展示展演活动，推动传统体育类非物质文化遗产进校园；推动优秀民族、民间、民俗传统体育项目文化建设，挖掘项目文化和历史，提升项目的文化内涵，对项目传承人给予政策和资金扶持等。

二、定期举办少数民族传统体育运动会

少数民族传统体育运动是少数民族优秀传统文化和我国体育事业的重要组成部分。我国少数民族传统体育运动源于广大少数民族群众的生活，内容丰富、形式多样、历史悠久、特点鲜明，不仅具有高超的技巧，而且常常伴有歌舞、音乐，深受各民族群众的喜爱，在传承发展优秀传统文化，促进各民族交往交流交融，提升各族人民体质健康水平，丰富各族人民群众精神文化生活等方面都发挥着重要的作用。国家尊重和保护少数民族优秀传统文化，发展少数民族传统体育运动。

全国少数民族传统体育运动会是在 1953 年举办的全国民族形式体育表演和竞赛大会的基础上发展而来的，由国家民族事务委员会和国家体育总局联合主办、地方承办，每 4 年举行一届。该项赛事以其民族性、广泛性和业余性等特色，已成为全国较有影响的大型综合性体育运动会之一，截至 2019 年，已举办了 11 届。举办少数民族传统体育运动会是贯彻落实党的民族政策、铸牢中华民族共同体意识的重要举措，也是实施全民健身计划的具体行动，对于加强各民族交往交流交融、促进民族团结进步和推动全民健身事业发展具有十分重要的意义。

第九条　开展和参加体育活动，应当遵循依法合规、诚实守信、尊重科学、因地制宜、勤俭节约、保障安全的原则。

◆ **条文主旨**

本条是关于体育活动基本原则的规定。

◆ **条文释义**

不同类型、不同形式的体育活动有其自身特点，开展和参加不同的体育活动应当遵守相应的规则。但从总体来看，有一些基本原则集中反映了进行体育活动的基本规律，体现了体育立法的基本理念，是开展和参加各类体育活动都应当遵循的。为更好地对开展和参加体育活动予以指导，此次体育法修改，在原法规定的社会体育活动原则的基础上，总结多年来体育活动实践经验，概括提炼出开展和参加体育活动的基本原则。

一、依法合规原则

依法合规是法治国家、法治政府、法治社会建设的必然要求，是体育活动有序、健康开展的必要保障。开展和参加体育活动，应当遵守宪法和法律法规，遵守行业规则、纪律准则和道德规范。体育活动举办者和参加者都应当加强守法意识和规则意识，提高运用法治思维和法治方式开展体育活动的自觉性。

二、诚实守信原则

诚信是社会主义核心价值观的重要内容，是公民应当遵循的基本行为准则。作为整个诚信体系的有机组成部分，体育诚信在规范人的言行举止，强化人的内心信念，形成健康的生活方式等方面起着重要作用。在体育活动中遵循诚实守信原则，是保证体育活动公平、公正开展的前提。要加强体育诚信教育，建立体育诚信制度体系，加大失信行为惩治力度，培育良好的体育诚信环境。

三、尊重科学原则

开展和参加体育活动，应遵守体育活动的客观规律，尊重科学，按科学规律办事。例如，参加全民健身活动，要选择适合本人年龄、性别、体质状况、运动能力等情况的体育活动，循序渐进，持之以恒，才能达到参加体育活动的效果和目的；开展青少年和学校体育活动，要符合青少年不同年龄阶段的成长规律，树立健康第一理念，深化体教融合，培养学生终身运动习惯，促进青少年身心健康全面发展；竞技体育要注重科学选拔人才，尊重人才成长规律，加强体育训练科学技术研究、开发和应用，提升科技助力水平，对运动员实行科学文明的训练，保护运动员身心健康。

四、因地制宜原则

我国幅员辽阔，各地差异很大，每个地方都有其特有的文化传统、地形地貌、气候环境，经济发展水平和社会治理能力也不尽相同。开展和参加体育活动不能一刀切，应从实际出发，实事求是，根据不同地方的具体情况、不同体育活动的特点，采取适宜、灵活的措施和方式。各地要结合本地区的气候、地质、地形、位置等自然条件，体育传统、文化、习俗等人文条件，管理能力、活动经验、场地设施等软硬件条件，开展形式多样、特色鲜明，深受人民群众喜爱的体育活动。具体到每个人来说，参加体育活动也要结合自身的兴趣爱好、身体条件等情况，选择适宜的体育活动。

五、勤俭节约原则

勤俭节约是中华民族的传统美德，也是开展和参加体育活动应当遵循的基本原则。随着经济社会发展水平的不断提高和人民生活水平的不断提升，在开展和参加体育活动中还存在一定的超前消费、铺张浪费和盲目攀比现象，这与我们所倡导的价值取向和优良传统是背道而驰的。新时代，勤俭节约这一传统仍要持之以恒地践行。开展体育活动，尤其是举办赛事活动，要本着勤俭节约原则，不搞形式主义，不好大喜功，不好高骛远，不铺张浪费。要通过优化流程、科技赋能、以租代买、减少不必要的流程和环节等实现勤俭节约要求。要注重活动的实效性，倡导勤俭节约文化，严格遵守厉行节约各项规定。

六、保障安全原则

体育活动有一定的安全风险，特别是危险性较高的体育运动项目、学校体育课、课外体育活动、全民健身活动等，应该高度重视安全性问题。要有底线思维，统筹发展与安全，坚持人民至上、生命至上的发展理念，提高安全意识和责任意识，加强安全预防和防范工作，制订安全应急预案，强化安全监督管理，确保体育活动的安全性。体育活动的参加者自身也要加强安全意识，掌握一定的运动知识和技能，根据自身的身体状况参加适宜的体育活动，减少和降低运动风险。2021 年，国家体育总局等十一部门联合印发《关于进一步加强体育赛事活动安全监管服务的意见》，进一步强调了要加强体育赛事活动安全监管服务，保护人民群众生命安全和身体健康。

第十条 国家优先发展青少年和学校体育，坚持体育和教育融合，文化学习和体育锻炼协调，体魄与人格并重，促进青少年全面发展。

◆ **条文主旨**

本条是关于优先发展青少年和学校体育的规定。

◆ 条文释义

青少年是国家的希望，民族的未来，是实现中华民族伟大复兴中国梦的见证者和生力军。增强青少年体质、促进青少年健康成长，是关系国家和民族未来的大事。为促进青少年全面发展，本条明确了青少年和学校体育的优先发展地位，以及青少年和学校体育工作的总体要求。

一、优先发展青少年和学校体育

党和国家历来高度重视青少年和学校体育工作，始终将其置于体育事业发展的基础性地位。2007 年 5 月 7 日，中共中央、国务院印发《关于加强青少年体育增强青少年体质的意见》，要求各级政府、全社会共同推进青少年体育工作。2019 年 8 月 10 日，国务院办公厅印发《体育强国建设纲要》（国办发〔2019〕40 号），提出将促进青少年提高身体素养和养成健康生活方式作为学校体育教育的重要内容，把学生体质健康水平纳入政府、教育行政部门、学校的考核体系，全面实施青少年体育活动促进计划。2020 年 10 月，中共中央办公厅、国务院办公厅印发《关于全面加强和改进新时代学校体育工作的意见》，强调要把学校体育工作摆在更加突出位置。这些政策措施体现了党和国家对青少年和学校体育的高度关注。本法在总则中明确提出国家优先发展青少年和学校体育，展现了党和国家对青少年和学校体育的高度重视，明确了各项体育事业发展都应首先考虑青少年和学校体育。

青少年体育是面向全体青少年开展的体育工作及其制度安排，学校体育是教育部门面向全体学生开展的有计划性、目的性和组织性的体育教育教学工作。青少年体育和学校体育有一定的重合，但各有侧重，发展青少年和学校体育需要以体育行政部门与教育行政部门为主的多部门协同推进。

二、促进青少年全面发展

（一）坚持体教融合

近年来，我国青少年体育事业蓬勃发展，学校体育工作取得显著成效。但总体上看，体育教育受重视程度还远远不够，青少年体质情况令人担忧，“小胖墩”“小眼镜”越来越多，“跑不动、跳不远”现象普遍存在。长期以来，我国体育与教育事业分属不同部门，在协调推进青少年和学校体育过程中存在体制机制障碍。

2020 年 8 月 31 日，经中央全面深化改革委员会第十三次会议审议通过，体育总局、教育部联合印发《关于深化体教融合 促进青少年健康发展的意见》（体发〔2020〕1 号），全面实施体教融合，指出要“一体化设计、一体化推进”，成立由国务院办公厅、教育部、体育总局牵头，多部门参与的青少年体育工作部际联席会议制度，原则上每半年召开一次，研究解决存在的问题，重大事项按程序报国务院决定。体教融合是发挥社会主义制度优势，建立多部门协同配合，共同促进青少年健康发展的重要举措。体教融合明确了体育行政部门、教育行政部门以及其他部门的工作职责，压实了地方政府的责任，对促进青少年和学校体育发展具有重要意义。

要通过深化体教融合，在全社会牢固树立“健康第一”的教育理念，广泛提升对体育教育多元功能和综合价值的科学认知，全面提高体育教育投入和质量，引领广大青少年积极参与体育锻炼，熟练掌握运动技能，培养良好运动习惯，养成健康向上的生活方式；进一步加强对广大青少年的爱国主义和集体主义教育，养成协作能力、培养良好品德，开展挫折教育、磨炼坚强意志，弘扬拼搏精神、树立规则意识，使其成长为德智体美劳全面发展的社会主义建设者和接班人。

（二）坚持文化学习和体育锻炼协调

青少年时期是身心健康和各项身体素质发展的关键时期，体育锻炼在青少年成长中具有重要作用，是加强爱国主义和集体主义教育、磨炼坚强意志、培养良好品德的重要途径，是促进青少年全面发展的重要方式。2020 年 9 月 22 日，习近平总书记在教育文化卫生体育领域专家代表座谈会上发表重要讲话时指出，要推动青少年文化学习和体育锻炼协调发展。《关于全面加强和改进新时代学校体育工作的意见》《关于进一步加强运动员文化教育和运动员保障工作的指导意见》（国办发〔2010〕23 号）和《关于深化体教融合 促进青少年健康发展的意见》（体发〔2020〕1 号）都强调，要推动青少年文化学习和体育锻炼协调发展。目前，青少年教育还一定程度存在重文化学习、轻体育锻炼的倾向。本条规定“坚持文化学习和体育锻炼协调”意在强调体育锻炼的重要意义，要将其上升到与文化学习协调发展的同等程度。

（三）坚持体魄与人格并重

强健的体魄和健全的人格，是青少年全面发展的重要方面。2018 年 9 月 10 日，习近平总书记在全国教育大会上发表重要讲话，强调要帮助学生在体育锻炼中享受乐趣、增强体质、健全人格、锤炼意志。2020 年 4 月 21 日，习近平总书记在陕西省安康市平利县老县镇考察调研时谈到：“现在孩子普遍眼镜化，这是我的隐忧。还有身体的健康程度，由于体育锻炼少，有所下降。文明其精神，野蛮其体魄，我说的‘野蛮其体魄’就是强身健体。”在青少年培养过程中，要提高青少年的速度、灵敏、力量、柔韧、爆发力、耐力等，促进青少年体魄强健，同时提高其耐挫折、抗压力、团队合作能力，培养自尊、诚实、遵纪、重诺、勇于担当的品质，塑造健全人格，锤炼顽强意志。

因此，在发展青少年和学校体育事业中，要坚持体教融合，高度重视文化学习和体育锻炼协调，体魄与人格并重，并以此促进青少年德智体美劳全面发展。

第十一条 国家支持体育产业发展，完善体育产业体系，规范体育市场秩序，鼓励扩大体育市场供给，拓宽体育产业投融资渠道，促进体育消费。

◆ 条文主旨

本条是关于国家支持体育产业发展的规定。

◆ 条文释义

体育产业是指为社会提供各种体育产品（货物和服务）和体育相关产品的生产活动的集合。体育产业发展，对推进健康中国和体育强国建设、满足人民日益增长的美好生活需要具有重要意义。我国体育产业发展迅速、前景广阔，但总体上看，尚处于发展初期，还存在规模不大、结构不优等问题，需要进一步支持体育产业发展，推动体育产业成为国民经济支柱性产业。

一、国家支持体育产业发展

近年来，国家制定了一系列关于促进体育产业发展的政策文件，为扩大体育产业规模、优化体育产业发展环境、夯实体育产业基础提供政策支持和制度保障。2010 年国务院办公厅出台《关于加快发展体育产业的指导意见》，明确体育产业发展的基本方针、主要目标和重点任务以及主要政策和措施等内容。2014 年国务院印发《关于加快发展体育产业促进体育消费的若干意见》，将全民健身上升为国家战略，以取消商业性和群众性赛事审批权为重点，深化“放管服”改革，对体育产业中长期发展作出顶层设计。2016 年和 2018 年，国务院办公厅先后印发《关于加快发展健身休闲产业的指导意见》和《关于加快发展体育竞赛表演产业的指导意见》。2019 年，国务院办公厅出台《关于促进全民健身和体育消费推动体育产业高质量发展的意见》，为推动体育产业成为国民经济支柱性产业、助力体育强国建设和实施健康中国战略提供了重要支撑。

此外，还进一步规范体育市场秩序，激发体育市场活力，为体育产业发展营造了良好的市场环境。例如，2019 年国家体育总局印发《关于进一步加强和规范体育领域事中事后监管的若干意见》，深化体育领域“放管服”改革，提高依法治体和依法监管水平，服务体育市场主体发展；2020 年国家体育总局印发《体育赛事活动管理办法》，对赛事活动的申办与审批、组织、服务、监管等方面提出明确要求。这些政策文件为各项监管措施的落实提供了有力保障。

二、完善体育产业体系

体育产业体系是所有体育产业业态相互关联衔接的系统。从体育产业发展历程来看，我国体育产业从萌芽走向发展，产业领域不断拓展，产业门类不断丰富，产业体系不断完善。1995 年，原国家体委发布《体育产业发展纲要（1995—2010）》，首次将体育产业分为体育主体产业、体育相关产业和体育部门开展的其他产业三个类别。2008 年，国家统计局和国家体育总局联合印发《体育及相关产业分类（试行）》，明确了体育组织管理活动、体育场馆管理活动、体育健身休闲活动等 8 个大类、24 个中类和 45 个行业小类组成的体育产业体系。此后，经过两次修订，形成了由 11 个大类、37 个中类和 71 个小类组成的体育产业体系。2019 年，国务院办公厅印发《体育强国建设纲要》，提出要打造现代体育产业体系。2021 年，国家体育总局印发《“十四五”体育发展规划》，提出了“打造现代体育产业体系。加快形成以健身休闲业、竞赛表演业等为龙头、高端制造业与现代服务业融合发展的体育产业体系”的具体任务。

三、规范市场秩序

建立公平公正的体育市场秩序是我国构建现代体育市场体系的题中之义，是体育法治建设的重要内容，也是体育产业高质量发展的必然要求。政府部门是规范体育市场秩序的主体，通常采用各种直接的具有法律约束力的限制、约束、规范手段，维持正常的体育市场秩序，提高体育市场配置效率。我国各级政府部门出台了多项规定，如《课外体育培训行为规范》《上海市体育健身行业单用途预付消费卡存量预收资金余额管理实施办法》等，对规范体育市场秩序、优化体育产业营商环境起到了重要作用。

扩大体育市场供给，是发挥市场配置资源决定性作用的必然要求，对于满足人民群众多样化体育需求具有重要意义。体育企业是体育市场的主体，是体育产品和服务供给的主力，在体育产品和服务供给中发挥主要作用。随着居民消费结构升级，体育需求呈现个性化、高端化、多元化等新特征，体育产品和服务供给逐渐向高层次、多样化、高品质发展。只有不断扩大体育市场供给，才能满足人民日益增长的体育消费需求。

四、拓宽投融资渠道

拓宽投融资渠道是发展体育产业的重要举措，体育产业资金主要来自国有资本、集体资本、民营资本、外国资本、混合资本等多种渠道。目前体育产业的发展还需要大量资金注入，仅仅依靠国有资本和集体资本还远远不够，要大量吸引民营资本和外国资本进入。《关于加快发展体育产业促进体育消费的若干意见》提出，要“进一步拓宽体育产业投融资渠道，支持符合条件的体育产品、服务等企业上市，支持符合条件的企业发行企业债券、公司债、短期融资券、中期票据、中小企业集合票据和中小企业私募债等非金融企业债务融资工具”。拓宽体育产业投融资渠道的主要方式包括：一是支持和引导体育企业采取A股上市、新三板挂牌、市场化并购重组等融资方式；二是重视体育领域风险投资，激发体育产业投融资活力；三是通过完善体育产业引导基金运营、持续改善国有体育产权激励、规范体育领域PPP项目等提高体育产业投融资效率，等等。

五、促进体育消费

体育消费是体育产业发展的基石，也是新时代推动我国体育产业高质量发展、深化供给侧结构性改革的关键着力点。为鼓励体育消费，国家规范体育市场秩序，优化体育消费环境；开展促进体育消费试点，确定一批国家体育消费试点城市；还有一些地方出台了鼓励消费政策，如鼓励开发健身产品、发放体育消费券等，采取灵活多样的市场化手段促进体育消费。

第十二条 国家支持体育科学研究和技术创新，培养体育科技人才，推广应用体育科学技术成果，提高体育科学技术水平。

◆ **条文主旨**

本条是关于体育科技的规定。

◆ **条文释义**

随着新一轮科技革命深入发展，科技已经渗透到体育领域的方方面面，成为推动体育事业发展的重要力量。国家通过支持体育科学研究和技术创新、培养体育科技人才，推广应用体育科学技术成果，不断提高体育科学技术水平，充分发挥科技在促进体育事业发展中的重要作用。

一、支持体育科学研究和技术创新

党的十八大提出实施创新驱动发展战略，强调科技创新是提高社会生产力和综合国力的战略支撑，必须摆在国家发展全局的核心位置。推动应用体育科学技术发展全民健身、竞技体育和体育产业，能够催生新发展功能，实现高质量发展。主要包括：一是运用物联网、云计算等新信息技术，推动全民健身智慧化发展，提升智慧化全民健身公共服务能力，提高全民健身中的科技含量，推动健康中国建设。二是运用体育科技协同创新平台，统筹体育科技资源，推动体育学与工学、医学和生命科学等学科交叉集成，打造兴奋剂风险防控机制，构建符合科学发展要求的训练体系，助力竞技体育综合实力提升，增强为国争光能力。三是推动互联网、大数据、人工智能与体育产业深度融合，打造现代智能体育产业体系，转化体育科技创新成果，激活体育产业发展主体活力，创造经济发展新动能。

体育科学包括体育自然科学和体育社会科学两个方面。为了繁荣发展体育社会科学，国家体育总局出台《关于进一步繁荣发展体育社会科学的意见》，开展体育决策咨询研究，充分发挥社会科学在体育发展中的作用。在促进体育自然科学发展方面，国家推进体育科技体制机制改革，不断健全体育科技组织机构，全国体育系统专职科研机构已达 60 个，各省级体育行政部门均建立了体育科学研究所。国家坚持自主创新，科技助力体育发展，加大体育科研投入和体育科技创新力度，加快体育科技成果转化推广，促进体育产业创新发展，通过体育科技解决竞技备战关键问题。国家推进体育科研创新平台建设和国际体育科技合作，营造有利于体育科技研究、创新的良好氛围，提升体育科技创新能力，增强我国体育核心竞争力。

二、培养体育科技人才

体育科技人才是体育科技进步的关键。加强体育科技队伍建设，培养造就一支富有创新精神的体育科技人才队伍，涉及理念转变、制度创新、体系构建、政策配套等各个方面。要深化体育人才体制机制改革，创新体育人才评价机制，加快形成有利于体育人才成长的培养、使用、激励和竞争机制。要以体育行业发展需求为导向，统筹各领域人才队伍建设，构建规模宏大、结构合理、素质优良的体育人才队伍，激发各类人才创新活力和潜力。要实施体育领军人才培养计划，依托重大项目、重大工程培养德才兼备的高层次体育人才。要开发体育急需紧缺人才，加强体育技能人才队伍建设。要引导和支持高等体育院校培养更多具有创新精神和创业能力、行业急需的体育人才。要支持建设一批体育高端智库，建立健全智库管理考核评价机制，充分发挥智库在服务体育改革发展中的智囊作用。

三、推广应用体育科技成果

体育科学技术成果，是指通过体育科学研究与技术开发所产生的具有实用价值的成果。国家鼓励体育科学技术研究开发，推广应用体育科学技术成果，探索多元化的体育科技成果转化机制，使得体育运动得到极大的改变和发展，具体表现在：一是科学技术的发展促进运动技术的进步，如生物技术、多媒体技术在训练实践中的应用为创新和改进运动技术、刷新竞技运动成绩奠定基础；二是科学技术的进步加快了体育设施和设备的更新，如可穿戴智能体育装备的出现丰富了健身爱好者的运动体验；三是科学技术的进步丰富了体育运动的内容，如虚拟现实技术（VR）催生了新兴健身形式的发展；四是科学技术拓展了体育的边界，如

"体育+""数字化体育"等概念的出现。

第十三条　国家对在体育事业发展中做出突出贡献的组织和个人，按照有关规定给予表彰和奖励。

◆ 条文主旨

本条是关于表彰和奖励的规定。

◆ 条文释义

我国体育事业发展所取得的成就，是一代又一代体育人顽强拼搏、不懈奋斗的结果。国家对在体育事业发展中做出突出贡献的组织和个人给予表彰和奖励，是对体育榜样的褒扬和肯定，同时也激励和鼓舞全社会进一步弘扬中华体育精神，提高民族凝聚力，为实现体育强国战略目标而努力。

2015 年，中共中央印发《关于建立健全党和国家功勋荣誉表彰制度的意见》，此后《国家勋章和国家荣誉称号法》等相继颁布实施，我国功勋荣誉表彰制度体系逐步搭建形成。国家依照法定条件和程序，对在体育工作中有显著成绩、为发展体育事业做出突出贡献的体育工作者及有关组织和个人给予精神上和物质上的奖励，主要包括授予称号，通报表扬，通令嘉奖，记功，晋级，发放奖金、奖品等。从表彰和奖励项目的设置和授奖单位来看，主要包括两个方面：一是，国家有关部门、社会团体和其他有关部门对于在体育事业中做出贡献的部门、组织和个人的奖励，如嘉奖、记功、授予优秀公务员、全国劳动模范、十大杰出青年、三八红旗集体、新长征突击手称号等。例如，2019 年 9 月 17 日，在庆祝中华人民共和国成立 70 周年之际授予 42 人国家勋章和国家荣誉称号中，曾任国家羽毛球队总教练的王文教被授予“人民楷模”国家荣誉称号。

二是，体育行政部门对在体育工作中做出贡献的部门、组织和个人的奖励。目前，国家体育总局经批准开展的表彰项目有五项：

（一）“全国体育系统先进集体和先进个人”：全国体育系统先进集体和先进个人是由体育总局与人社部联合开展的全国体育系统综合性表彰，表彰对象为各级政府体育主管部门及其直属单位、各级政府体育主管部门及其直属单位的在职正式职工。全国体育系统先进表彰自1998年开始，每4年评选表彰一次，受表彰个人享受省部级表彰奖励获得者待遇，是体育总局开展的最高规格的表彰项目。

（二）“体育科学技术奖”：体育科学技术奖由中国体育科学学会评选表彰，表彰对象为在体育科学基础理论研究，体育科学技术创新、推广、应用和科学普及领域做出重要贡献、取得杰出成就的公民、集体；体育科学技术奖设一等奖、二等奖、三等奖，自2004年开始，每2年评选表彰一次。

（三）“全国群众体育先进单位和先进个人”：全国群众体育先进单位和先进个人由国家体育总局评选表彰，表彰对象为在群众体育工作中做出突出贡献的单位和个人，每4年评选表彰一次。

（四）“体育运动奖章”：体育运动奖章由国家体育总局评选表彰，表彰对象为世界纪录创造者、世界冠军和为体育事业做出重大贡献的运动员、教练员和其他人员，每年评选表彰一次。体育运动奖章是体育行政部门自20世纪50年代就实际开展的表彰项目，作用突出、影响巨大。

（五）“全国体育事业突出贡献奖”：全国体育事业突出贡献奖由国家体育总局评选表彰，侧重表彰在群众体育、竞技体育、青少年体育、体育产业、体育文化、体育宣传、体育法治等领域中做出突出贡献的集体和个人，自2014年开始，每年评选表彰一次。

为了公开、公平、公正地开展表彰和奖励活动，彰显表彰和奖励的严肃性、权威性，表彰和奖励活动应当遵守有关规定，包括《关于授予“体育工作贡献章”的规定》《运动员、教练员奖励实施办法》《竞技体育“全国体育事业突出贡献奖”评选办法》《运动员、教练员体育运动奖章授予办法》等。

为了最大限度调动全社会关心、支持体育事业的积极性，社会力量也可以依照有关规定对在体育事业发展中做出突出贡献的组织和个人给予奖励。

第十四条 国家鼓励开展对外体育交往，弘扬奥林匹克精神，支持参与国际体育运动。

对外体育交往坚持独立自主、平等互利、相互尊重的原则，维护国家主权、安全、发展利益和尊严，遵守中华人民共和国缔结或者参加的国际条约。

◆ **条文主旨**

本条是关于对外体育交往的规定。

◆ **条文释义**

对外体育交往是我国体育工作的重要组成部分，为服务国家外交大局、促进体育事业发展作出了重要贡献。为了进一步规范和促进对外体育交往工作，本法在总则中对对外体育交往的重要内容、基本原则、主要要求等作出规定。

一、鼓励开展对外体育交往

对外体育交往是指我国对外开展有关体育事务的交流与合作，如选派运动员出境训练、比赛，组织教练员、科技人员和其他体育专业技术人员出境学习，接待境外体育组织、民间团体和个人来华参加训练、竞赛、进修和学术交流，聘请外国体育专家学者来华工作，与国际体育组织开展交流合作，参加国际重大赛事活动，开展对外体育援助等。

长期以来，党和国家高度重视对外体育交往。20 世纪 70 年代初，著名的“乒乓外交”书写了“小球转动大球”的历史佳话。党的十八大以来，党中央高度重视体育在对外交往中独特的价值和作用，通过重大外交场合和重大体育活动开展元首体育外交，展示大国形象，宣传大国主张，推动人文交流，支持体育发展，体育元素成为国家外交工作的新常态和新亮点。体育不仅拉近了中国与其他国家的友好关系，也展示了中国负责任有担当的大国形象。新时代对外体育交往立足中华民族伟大复兴战略全局和世界百年未有之大变局，积极服务国家总体外交和体育强国建设，成为中国特色大国外交的重要组成部分，为全球体育治理贡献更多智慧和力量。截至目前，我国已与 180 余个国家和地区建立了体育友好关系，与国际奥委会、亚奥理事会及各国际单项体育联合会等国际体育组织间的关系日益密切，在国际体育事务中的话语权显著提升。

随着体育国际化发展趋势的增强，进一步扩大我国对外体育交往不仅成为加快体育自身发展的需要，而且对于维护国家主权、安全、发展利益和尊严，促进社会发展，展示负责任有担当大国形象有着更为重要的作用。一是要深化与亚洲各国尤其是周边国家的体育交流合作，务实推进与欧美发达国家的体育互利合作，巩固和发展与非洲和拉美国家的体育友好关系。二是要加强与重点国家和地区体育交流合作，扎实推进共建“一带一路”、金砖国家、上海合作组织等多边合作框架下的体育交流活动。三是要提升中国体育国际影响力。加强与国际体育组织的交流合作，扩大我国在国际体育事务中的影响力和话语权。实施中华武术“走出去”战略，推动中国传统体育项目的国际化发展。四是要深化与港澳台地区的体育交流合作。积极稳妥地开展体育交流合作，完善体育交流机制，推动体育事业共同进步。五是要完善体育对外交往大协同机制。强化体育对外工作一盘棋思想，建立“横向协同、纵向联动”的体育对外工作机制，中央与地方、政府与社会协同发力，构建全方位、多层次、立体化对外体育交往新格局。

二、弘扬奥林匹克精神

《奥林匹克宪章》指出：“从事体育运动是人的权利，每一个人都应享有从事体育运动的可能性，而不受任何歧视，并体现在友谊、团结和公平竞争基础上的相互理解的奥林匹克精神。”2013年11月19日，习近平主席在会见国际奥委会主席巴赫时指出，团结、友谊、和平的奥林匹克精神在中国深入人心。习近平总书记对奥林匹克精神的诠释强调了团结、友谊和和平。团结体现了奥林匹克大家庭的整体性和统一性，友谊是指不同民族、不同文化的奥运会使者在奥运会赛场内外相知相交、友好相处，和平意味着相互理解、相互尊重和公平竞争。

2022年4月8日，习近平总书记在北京冬奥会、冬残奥会总结表彰大会上的讲话中强调，要弘扬奥林匹克精神，发挥奥林匹克促进人类和平发展的重要作用，为人类文明进步贡献更多中国智慧和中国力量。弘扬奥林匹克精神体现在很多方面，例如，运动员在奥运会比赛中顽强拼搏，战胜自我，超越自我，展示良好的赛风赛纪和文明礼仪，展示良好形象；克服新冠肺炎疫情等各种困难挑战，如期安全顺利举办北京冬奥会、冬残奥会，向世界奉献了一届简约、安全、精彩的奥运盛会；在青少年中开展奥林匹克精神教育，提升青少年的奥运参与和运动参与积极性，等等。

三、支持参与国际体育运动

体育具有世界通用语言的独特作用。国际体育运动是国家间开展体育交流、促进民心相通的重要形式。现代国际体育运动的内容十分丰富，国际竞技体育是其中的重要组成部分。参与国际体育运动包括：申办、举办、参加国际大型赛事活动，巩固拓展与各国际体育组织和各国家（地区）交流合作，积极参与国际体育治理，推动中国传统体育项目“走出去”，等等。国家支持有关组织和人员参与国际体育运动，参与国家体育事务，为推动世界体育运动发展、增进各国运动员和人民的友谊、促进世界和平与发展做出了突出贡献。

四、坚持独立自主、平等互利、相互尊重的原则

我国宪法序言规定：中国坚持独立自主的对外政策，坚持互相尊重主权和领土完整、互不侵犯、互不干涉内政、平等互利、和平共处的五项原则，坚持和平发展道路，坚持互利共赢开放战略，发展同各国的外交关系和经济、文化交流，推动构建人类命运共同体。我国对外体育交往坚持独立自主、平等互利、相互尊重的原则。

独立自主强调国家主权的独立性和自主性，是我国对外交往活动的根本准则。在对外体育交往中坚持独立自主原则，以维护国家主权、安全、发展利益和尊严，从我国实际出发，自主地处理本国体育事务和开展对外体育交流，不受任何外来的干涉。

平等互利就是国家和地区不分大小，体育发展水平不分强弱，无论社会制度及意识形态有何差异，都应在对外体育交往中平等相待、开放合作、互利共赢。我国实行全方位的对外体育交流，在平等互利原则基础上，同世界各国各地区广泛开展体育交流活动，促进世界各国各地区体育的共同发展。

互相尊重就是在对外体育交往中，无论是国家、体育组织还是个人，都要尊重对方选择符合本国国情的体育发展道路，尊重对方的国格、人格，尊重对方的社会制度、体育传统、文化以及风俗习惯等。互利、多赢的前提是良好的合作，良好合作的前提是互相尊重。只有互相尊重、求同存异，才能进一步沟通合作，增进友谊，争取更大的政治、外交和体育成就。

五、维护国家主权、安全、发展利益和尊严

当前国际体育格局面临深度调整和变革，体育政治化问题日趋凸显，对我国体育对外交往工作提出新的更高要求。党的十九大报告指出："必须坚持国家利益至上，以人民安全为宗旨，以政治安全为根本，统筹外部安全和内部安全、国土安全和国民安全、传统安全和非传统安全、自身安全和共同安全，完善国家安全制度体系，加强国家安全能力建设，坚决维护国家主权、安全、发展利益。"在体育对外交往中，面对不和谐声音、不安定因子的挑战，还要坚定地维护国家尊严。

六、遵守缔结或者参加的国际条约

国际条约是国际法主体间缔结的书面法律文件，是国家与国家之间、国家与国际组织之间、国际组织相互之间，按照国际法来规定其相互权利及义务的书面协议。我国在体育领域缔结或者参加的国际条约既有双边条约也有多边条约。其中，多边条约，如《反对体育领域种族隔离国际公约》（我国 1987 年 10 月 21 日签署，1988 年 4 月 3 日对中国生效）、《反对在体育运动中使用兴奋剂国际公约》（我国 2006 年 10 月 9 日签署，2007 年 2 月 1 日对中国生效）等；双边条约，如《中华人民共和国国家体育总局与古巴共和国全国体育与娱乐委员会体育合作协议》等。我国在开展对外体育交往时，应认真遵守与相关国家、国际组织缔结或参加的国际条约，在其框架下开展对外体育交流与合作工作，享有相关权利，认真履行国际义务或约定。

第十五条 每年 8 月 8 日全民健身日所在周为体育宣传周。

◆ 条文主旨

本条是关于体育宣传周的规定。

◆ 条文释义

为了满足广大人民群众日益增长的体育需求，纪念北京 2008 年奥运会成功举办，继承奥运遗产，弘扬中华体育精神和奥林匹克精神，丰富人民群众体育文化生活，推动全民健身事业发展，2009 年 1 月 7 日，国务院决定将北京奥运会开幕日的 8 月 8 日确定为“全民健身日”，第一个全国性的体育节日由此诞生。同年 10 月 1 日施行的《全民健身条例》第十二条将“每年 8 月 8 日为全民健身日”予以立法确认，同时规定：国家机关、企业事业单位和其他组织应当在全民健身日结合自身条件组织本单位人员开展全民健身活动；县级以上人民政府体育主管部门应当在全民健身日组织开展免费健身指导服务；公共体育设施应当在全民健身日向公众免费开放；国家鼓励其他各类体育设施在全民健身日向公众免费开放。

2021 年 10 月，体育法修订草案提请十三届全国人大常委会第三十一次会议初次审议，草案中拟定每年 8 月 8 日为国家体育节。在草案审议过程中，有意见提出，每年 8 月 8 日作为全民健身日，已经实施多年，深入人心，建议予以保留。经研究，考虑到自

2009 年正式设立全民健身日以来，每年 8 月 8 日前后全国各地都会积极开展全民健身日主题活动。全民健身日在引导群众积极参与健身、营造浓厚全民健身氛围、养成良好运动生活习惯方面发挥了积极作用，已经成为亿万健身爱好者的节日，具有广泛的群众基础，因此保留有关全民健身日的规定，并明确每年 8 月 8 日全民健身日所在周为体育宣传周。

全民健身重在推广普及。本条将 8 月 8 日全民健身日所在周确定为“体育宣传周”，增强了全民健身日的影响力，是发挥推广普及体育运动作用的一项重要举措。充分利用“体育宣传周”这一重要的宣传途径，通过举办体育赛事、全民健身活动等，宣传体育精神和体育文化，普及体育和健康知识，推广健康文明的生活方式，进行运动技能指导和健身指导服务，倡导人们养成“每天锻炼一小时，健康工作五十年，幸福生活一辈子”的良好习惯，能够使人民群众真正享受到体育带来的健康和快乐，实现人民对美好幸福生活的追求和向往。

第二章　全民健身

全民健身是全体人民增强体魄、健康生活的基础和保障。本章共8条，对全民健身的基本制度、运行机制和职责分工等作了规定。

第十六条　国家实施全民健身战略，构建全民健身公共服务体系，鼓励和支持公民参加健身活动，促进全民健身与全民健康深度融合。

◆ 条文主旨

本条是关于全民健身战略和全民健身公共服务体系的规定。

◆ 条文释义

全民健身是发展体育运动、增强人民体质的重要体现，是建设体育强国的重要任务。本条从立法上明确了全民健身国家战略的地位，并确定了构建全民健身公共服务体系、鼓励和支持公民参加健身活动、促进全民健身与全民健康深度融合等全民健身主要工作任务。

一、实施全民健身战略

2014年，国务院出台《关于加快发展体育产业 促进体育消费的若干意见》，明确提出将全民健身上升为国家战略，把全民健身作为加快体育产业发展和扩大体育消费的基础。将全民健身上升为国家战略，是以习近平同志为核心的党中央在新的历史时期，从国家富强、民族振兴、人民幸福的高度，对体育工作作出的重大部署，内涵深刻，意义重大。

全民健身上升为国家战略，一方面为全民健身的发展注入了强大动力，另一方面也要求全社会树立全新的体育发展理念，全面开创体育发展新局面。作为国家战略，要跳出以往单纯从个体和局部的角度看待全民健身价值的局限，从推动人的全面发展和社会全面进步角度充分挖掘全民健身的综合价值和多元功能。全面落实全民健身国家战略必须明确思路，坚持以人民为中心，以推动高质量发展为主题，以深化供给侧结构性改革为主线，以改革创新为根本动力，以增强人民体质、提高全民健康水平为根本目的，落实党中央关于逐步实现全体人民共同富裕的要求，全面推进健康中国建设，充分发挥全民健身在提高人民健康水平、促进人的全面发展、推动经济社会发展、展示国家文化软实力等方面的重要作用。

二、构建全民健身公共服务体系

全民健身公共服务体系是指以政府为主的多元主体为满足全体人民健身需求而提供的系列产品和活动的总称。全民健身公共服务体系以全民健身场地设施、全民健身组织网络、全民健身赛事活动、全民健身科学指导、全民健身文化普及为基本框架。构建全民健身公共服务体系，是体育强国建设的重要基石，是实现共同富裕的内在需要，是满足人民群众日益增长的体育需求的必然要求。

多年来，全民健身公共服务体系建设取得重大成就，全民健身在制度建设、场地设施建设、赛事活动举办、群众参与等方面取得了明显进展，全民健身公共服务体系基本建立。同时也应看到，我国全民健身公共服务不平衡不充分的矛盾依然突出，总量不足、布局不优、载体不新、质量不高、社会力量参与不充分等问题依然存在。2022 年，中共中央办公厅、国务院办公厅印发《关于构建更高水平的全民健身公共服务体系的意见》，对进一步发挥政府作用，激发社会力量积极性，优化资源布局，扩大服务供给，构建统筹城乡、公平可及、服务便利、运行高效、保障有力的更高水平的全民健身公共服务体系提出明确要求。

三、鼓励和支持公民参加健身活动

全民健身直接关系到广大人民群众的身心健康和生活质量，只有鼓励和支持公民参加全民健身活动，形成全民健身活动广泛开展的局面，才能发挥体育促进人的全面发展和社会全面进步的作用。此外，参与全民健身也是公民的权利，本条明确规定国家鼓励和支持公民参加健身活动，也是对公民参加健身活动权利的保障。

党的十八大以来，全民健身活动得到前所未有的重视，相关政策不断完善，投入力度不断加大，全民健身场地设施得到明显改善，人民群众参与健身运动的热情日渐高涨。2020 年，我国经常参加体育锻炼人数比例达到 37.2%，与发达国家的差距正在逐步缩小。但是，我国经常参加体育锻炼人数中的学生、劳动年龄人口、弱势群体之间存在结构性失衡，按照相同口径比较，与发达国家差距还较大。鼓励和支持公民参加健身活动，可从以下几个方面予以重点突破：一是关注重点人群，培育未成年人体育健身兴趣与意识，激发未成年人参与体育锻炼的活力；为老年人提供舒心便利的健身条件，促进老年人体育健身活动常态化、制度化；为残疾人全面发展提供无障碍运动环境，带动更多残疾人参加体育运动。二是培养终身运动者，树立健康第一的教育理念，实施青少年体育活动促进计划，广泛开展青少年体育活动和竞赛，开齐开足上好体育课，让每个青少年较好掌握1项以上运动项目，养成终身运动习惯，帮助青少年在体育锻炼中享受乐趣、增强体质、健全人格、锤炼意志。三是提高职工参与度，将职工体育纳入各地全民健身工作规划，按照职业类型制定健身指导方案，发挥领导干部带头作用，鼓励机关、企事业单位开展健身活动，发挥工会积极作用，广泛组织各类职工健身活动。

四、促进全民健身和全民健康深度融合

2016年8月，习近平总书记在全国卫生与健康大会上的讲话中强调："要倡导健康文明的生活方式，树立大卫生、大健康的观念，把以治病为中心转变为以人民健康为中心，建立健全健康教育体系，提升全民健康素养，推动全民健身和全民健康深度融合。"全民健身与全民健康深度融合，是全民健身与全民健康两大民生工程在更广范围、更高层次、更深程度上相互渗透、互为一体的过程；其中，全民健身要以全民健康为目标和指向，全民健康要以全民健身为重要途径和手段，形成你中有我、我中有你，相互联系、相互交叉渗透、相互促进的发展新格局；本质是探索一条运动促进健康之路，最终目的是解决关系我国人民健康的重大和长远问题，实现健康中国的战略目标。

推动全民健身与全民健康深度融合，既是新时代我国全民健身工作的新起点，也是实施健康中国战略对全民健身提出的新要求。推动全民健身与全民健康深度融合，要贯彻落实"以人民健康为中心"的大健康观、大卫生观，把全民健身纳入各级政府大健康治理体系，综合运用政策引导、资金支持、政绩评价和表彰激励等手段，切实推进相关工作。在实践操作层面，要从融合关键要素的角度实施系列工程：一是实施全民健身与全民健康深度融合的宣传工程，解决认识问题；二是实施社区居民电子健康档案建设工程，解决微观层面融合的信息收集问题；三是实施全民健身与全民健康深度融合的人才支撑工程，建立相应的职业资格认证制度，形成高校人才培养与就业的良性循环，解决人才不足问题；四是实施全民健身与全民健康深度融合的科技创新工程，解决政策、手段和方法的科学循证问题；五是实施基于科学循证的社区重点人群健身行为干预工程，解决服务的公平性问题；六是实施全民健身与全民健康深度融合的“典型示范”建设工程，探索融合路径，进行体制、机制和模式创新，通过以点带面，力求形成一批可复制、可推广的经验和做法；七是大力推进“体卫融合”工程，鼓励基层改革创新、大胆探索，建立体卫协同、全社会共同参与的运动促进健康新模式，实现体育部门与医疗卫生部门之间优质资源的整合。

第十七条 国家倡导公民树立和践行科学健身理念，主动学习健身知识，积极参加健身活动。

◆ **条文主旨**

本条是关于国家倡导公民科学健身的规定。

◆ **条文释义**

科学的健身理念和健身知识有助于公民培养健身兴趣、提高健身效果，是全民健身文化的重要组成部分，在普及全民健身工作中占有重要地位。本条从国家倡导公民树立和践行科学健身理念、主动学习健身知识、积极参加健身活动三个方面作出规定，有助于引导公民树立体育健身文化新理念。

一、倡导公民树立和践行科学健身理念

体育健身是人有目的、有意识地参与体育运动的行为和活动过程。理念是行动的指南。科学的健身理念不仅直接影响其自身的健身行为，还会对他人的健身意识和行为造成影响，进而会作用于一定社会范围的健身氛围。只有使人们自觉地认识和深刻理解全民健身对个体、对社会的重大意义，才能形成全民健身广泛参与的良好局面。为此，国家应当加强全民健身宣传，倡导公民树立和践行科学健身的理念，营造全社会科学健身的理性氛围，不断调动和激发公民参与全民健身活动的自觉性、能动性和创造性。

二、倡导公民主动学习健身知识

体育健身必须讲求科学，掌握、利用健身的知识和方法，做到科学健身。只有科学健身，才能达到增强体质、增进健康的目的。不科学、不合理、不正确的健身方式、方法，不仅无助于健康，还可能有损于健康，甚至可能造成身体伤害、残疾，极端的可能会威胁到生命安全。近年来，人们健身意识增强，健身热情高涨，但缺乏科学健身知识的盲目健身使得运动伤害事故频繁发生，马拉松猝死事件时有发生。为此，要在全社会广泛传播和普及科学健身知识，倡导公民主动学习科学健身知识。将健康教育纳入国民教育体系，学校应当利用多种形式开展健康教育，普及健康知识、科学健身知识、急救知识和技能，提高学生主动健康的意识，培养学生形成积极健康的生活方式。

三、倡导公民积极参加健身活动

《2020 年全民健身活动状况调查公报》统计显示："2020 年我国 7 岁及以上居民中经常参加体育锻炼人数比例为 37. 2%，比 2014 年增加 3. 3 个百分点。"自 1995 年《全民健身计划纲要》实施以来，全国经常参与体育锻炼的人数比例在 20 多年的时间里增长了 1 倍有余，全民健身工作成效显著，但与世界体育强国相比尚有一定的差距。从体育锻炼的量效关系看，只有达到经常锻炼的标准，才能产生良好的健身效果，起到较好的疾病预防、治疗作用，也才可能形成体育消费。为此，除了加强重点人群健身行为干预外，还应在全社会倡导公民主动做全民健身的践行者、身体健康的第一责任人，让全体公民意识到积极参加健身活动是对个人健康负责、对家庭幸福负责，是公民个体参与体育强国建设的应尽之责。要通过主动健身实现主动健康，建立抵抗病毒、预防疾病的第一道防线，使身体更健康，生活更美好。

第十八条 国家推行全民健身计划，制定和实施体育锻炼标准，定期开展公民体质监测和全民健身活动状况调查，开展科学健身指导工作。

国家建立全民健身工作协调机制。

县级以上人民政府应当定期组织有关部门对全民健身计划实施情况进行评估，并将评估情况向社会公开。

◆ 条文主旨

本条是关于全民健身计划以及全民健身工作协调机制的规定。

◆ 条文释义

为推进全民健身事业高质量发展，需要对全民健身工作进行统筹规划、规范管理，并建立相关制度予以保障。本条从推行全民健身计划、制定和实施体育锻炼标准、定期开展公民体质监测和全民健身活动状况调查、开展科学健身指导，建立全民健身工作协调机制等方面作了规定，形成了全民健身工作的基本制度。

一、推行全民健身计划

全民健身计划作为统领全民健身事业的重要顶层设计，对一段时间内的全民健身工作提出了明确的目标、任务、措施和保障等要求，是开展全民健身工作的指南，是动员和组织全体国民广泛参与全民健身活动、提高身体素质的重要部署。1995年6月，国务院印发《全民健身计划纲要》，以全国人民为实施对象，以青少年和儿童为重点推行全民健身计划，并确立了从1995年到2010年全民健身计划的奋斗目标以及对策措施、实施步骤等。2010年后，国家先后颁布《全民健身计划（2011—2015年）》（国发〔2011〕5号）、《全民健身计划（2016—2020年）》（国发〔2016〕37号）、《全民健身计划（2021—2025年）》（国发〔2021〕11号）。通过滚动实施全民健身计划，全民健身公共服务水平显著提升，全民健身场地设施逐步增多，人民群众通过健身促进健康的热情日益高涨，全民健身事业有了长足的发展。《“十四五”体育发展规划》指出，截至2020年年底，每千人拥有社会体育指导员数超过1.86名，经常参加体育锻炼人数比例达到37.2%。另据全国体育场地统计调查数据显示，截至2021年年底，全国体育场地共有397.14万个，体育场地面积34.11亿平方米，人均体育场地面积2.41平方米。

《全民健身计划（2021—2025年）》明确提出了到2025年的发展目标，即全民健身公共服务体系更加完善，人民群众体育健身更加便利，健身热情进一步提高，各运动项目参与人数持续提升，经常参加体育锻炼人数比例达到38.5%，县（市、区）、乡镇（街道）、行政村（社区）三级公共健身设施和社区15分钟健身圈实现全覆盖，每千人拥有社会体育指导员2.16名，带动全国体育产业总规模达到5万亿元。同时还对实现这一目标的主要任务以及保障措施作了规定。

二、制定和实施体育锻炼标准

国家体育锻炼标准是一套以检验公民体育锻炼效果、评价身体素质和运动机能为目的，以测验达标为手段的评价体系。为激发广大人民群众参加体育锻炼的积极性和主动性，不断增强体育意识，提高全民族的身体素质，2013 年 12 月 16 日，国家体育总局、教育部、全国总工会印发《国家体育锻炼标准》以及《国家体育锻炼标准施行办法》。《国家体育锻炼标准》适用于 6 至 69 周岁的健康公民，按年龄分为儿童、少年、青年、壮年和老年五个组别，每个组别分男、女两类人群。标准的内容包括年龄分组、测验项目、评级标准、评分标准和测验细则五部分。测验项目涵盖人体的力量、速度、耐力、灵敏、柔韧五类素质。评级标准分为优秀、良好、及格和不及格四个等级。《国家体育锻炼标准》的实施由有关部门负责，在国家机关、企事业单位、学校、社区、乡村和有关组织中全面开展，有关部门和单位可以根据实际情况制定、实施特定人群的体育锻炼标准和施行办法，报国家体育总局备案。国家体育总局负责全国的《国家体育锻炼标准》实施工作。县级以上地方人民政府体育主管部门负责本行政区域内的《国家体育锻炼标准》实施工作。教育部负责制定、实施学校学生体育锻炼标准和施行办法。全国性单项体育协会可以制定单项体育锻炼标准，报国家体育总局备案。全国总工会和全国性人群体育协会负责本系统的《国家体育锻炼标准》实施工作。国家鼓励和提倡公民在积极参加体育锻炼的基础上定期参加《国家体育锻炼标准》测验，争取达到标准并不断提高；对参加测验达到优秀、良好和及格等级者发给相应等级的奖章、证书。

三、定期开展公民体质监测和全民健身活动状况调查

定期开展公民体质监测，不仅是构建更高水平全民健身公共服务体系的内在要求，也是推进全民健身科学化、发挥体育对增强人民体质作用的有效手段。为系统掌握公民体质状况，国家以抽样调查的方式，按照国家颁布的体质监测指标，在全国范围内定期对监测对象进行统一测试和对监测数据进行分析研究。全民健身活动的开展情况，与人民群众的体质直接相关。对全民健身活动状况进行调查，对发现全民健身工作中存在的问题，改进全民健身工作方法，为人民群众参与全民健身活动提供更好的服务，具有重要作用。

自20世纪70年代末，我国开始开展国民体质监测工作，并逐步建立完善了国民体质监测制度，以每5年为一个周期开展国民体质监测工作，定期公布结果。国民体质监测由国务院体育行政部门会同有关部门组织实施，其中，对学生的体质监测由国务院教育行政部门组织实施。国家建立由国家国民体质监测中心、省（区、市）国民体质监测中心、地（市）国民体质监测中心和监测点共同构成的国民体质监测网络，实行分级管理。全民健身活动状况调查由国务院体育主管部门在全国范围内开展，其调查内容主要反映城乡居民一定时间内参加体育锻炼的次数、每次锻炼的时间和强度、体育锻炼场所的距离、参加体育锻炼的主要障碍等情况。自2000年进行首次国民体质监测工作以来，我国已进行了5次覆盖全国的国民体质监测。自1997年组织首次全民健身活动状况调查以来，共开展了5次全民健身活动状况调查。2009年，《全民健身条例》明确提出，国家定期开展公民体质监测和全民健身活动状况调查。公民体质监测结果和全民健身活动状况调查结果，已经成为评估全民健身计划实施效果、评价健康中国建设成效的重要指标和数据来源，为国家科学制定相关政策提供了重要依据。

四、开展科学健身指导工作

开展全民健身活动，需要国家提供多方面的支持和服务，其中包括为群众健身提供科学健身指导服务。科学健身指导包括指导人们运动量和强度的规划、运动项目的选择、运动装备和运动器械的使用，以及如何避免运动伤害和运动伤害出现以后怎么样去康复等内容。当前，在群众健身过程中，缺教练、缺指导的现象普遍存在，科学健身指导服务在内容依据、人员队伍和阵地平台等环节上还存在缺失。本条规定国家开展科学健身指导工作，主要是明确国家提供科学健身指导服务的责任。例如，针对科学健身指导的依据缺少问题，组织编写体育健身科普读物，开发推广群众易于掌握、利民便民、简单易行的健身指导手段与方法；加强运动处方的循证研究，建立具有中国人群特点的运动处方库。针对人员队伍不足的问题，加强基层健身指导队伍建设，扩大社会体育指导员培训规模，增加社会体育指导员的数量，提高社会体育指导员服务效率和服务水平；利用县乡医院、社区诊所、家庭医生等基层卫生部门力量，全面培训可开运动处方的全科医生、家庭医生，为群众提供精准化的健身指导；组织广大体育工作者和社会各界开展全民健身志愿服务；建立优秀运动员、教练员全民健身志愿服务长效机制，推动国家队、省队运动员和教练员进校园、进社区开展健身指导服务。针对平台不足问题，在街道（乡镇）、村（社区）建立集体质检测、运动前评估、运动干预指导、运动伤病防治、体育科普和科学健身指导等功能于一体，形象统一、建设规范、指导科学、数据融通、智慧便民的社区运动健康中心，发挥体育在基层社区健康保障方面的积极作用，在基层搭建进行科学健身指导的阵地。

五、建立全民健身工作协调机制

全民健身工作与规划、文化、教育、科技、卫生、养老、助残、综治等多个领域的工作紧密衔接、高度融合，促进全民健身活动的开展，不单纯是体育行政部门的工作，还需要建立全民健身工作协调机制，同时政府加强组织和协调，有关方面共同参与，协同推进，形成合力。

《全民健身计划（2021—2025 年）》要求，发挥各级人民政府全民健身工作联席会议作用，推动完善政府主导、社会协同、公众参与、法治保障的全民健身工作机制。各级政府通过将全民健身事业纳入各级国民经济和社会发展规划、纳入各级财政预算、纳入各级政府年度工作报告、纳入政府办实事项目、纳入政府年度目标绩效考核等方式，充分发挥主导作用。有关部门要围绕部门职责分工建立工作机制，强化部门主动履责的意识，充分调动和有效整合部门资源。2016 年，国务院批复成立全民健身工作部际联席会议制度。联席会议由国务院办公厅、中宣部、体育总局等 29 个部门组成，办公室设在体育总局，主要职能是贯彻落实党中央、国务院关于实施全民健身国家战略的决策部署，系统研究提出落实《全民健身条例》、实施全民健身计划的政策措施，强化各级政府主导全民健身事业发展的主体责任，协调有关部门和单位抓好全民健身计划相关任务措施的落实，推动完善政府主导、部门协同、全社会共同参与的全民健身事业发展格局，加强对全民健身计划实施情况的督导检查，及时按程序向党中央、国务院报告工作情况。各级地方政府也要根据相关要求建立和完善全民健身工作联席会议制度，通过深层次的“协同”合作破解全民健身事业发展的瓶颈和难题。

在社会协同、公众参与方面，要充分发挥社会力量的作用，形成共同推进全民健身事业发展的整体合力；强化不同主体间的合作互动，建立全民健身合作治理机制，使政府、市场、社会及公民通过沟通、互动和协商，建立相互信任、相互依赖与相互合作关系，共同分享资源，增加全民健身公共服务供给，解决全民健身发展的问题；重点建立不同主体之间的协商机制、资源共享机制、合作动力机制、利益和纠纷调解机制、合作监督机制，实现政府的有效治理活动、体育社会组织的有效自治活动、公民的有效参与活动之间的良性互动。

六、定期组织全民健身计划实施情况评估

对全民健身计划实施情况进行评估，能够检验全民健身计划实施效果，还能够督促有关方面不断提高工作水平和工作质量，推动全民健身工作顺利实施，使全民健身工作走向科学化、精细化、持续化的健康发展道路。

本条规定县级以上人民政府应当定期组织有关部门对全民健身计划实施情况进行评估，并将评估情况向社会公开，就是要求结合全民健身计划以及本地区全民健身计划实施的内容，对本地区全民健身工作的水平、质量、主要成就和不足等方面进行全面、综合的考核和评定。评价对象包括人、事、物，其中，人是指与全民健身相关的各类人群、各类组织；事是指全民健身活动、项目、赛事、管理、宣传、培训等；物是指全民健身场地设施、资金投入、政策制定等。评价指标具体包括与目标、任务、措施相对应的各项定性指标和定量指标。在全民健身与全民健康深度融合的背景下，评估应当注意综合性，建立全民健身环境、全民健身行为、全民健身效益在内的综合评估体系，通过全民健身公共服务信息平台进行数据采集，实现全民健身促进全民健康效益的定量评估。

本条未对县级以上人民政府组织有关部门对全民健身计划实施情况进行评估的期限作出明确规定，可由各级人民政府结合工作情况作出安排。实践中，通常以一届政府任期为界，对全民健身计划实施情况进行评估。这样做，既便于政府检查工作，也便于政府问责制的落实。评估结果向社会公开是为了提高政府工作的透明度及保障公民、法人和组织依法获取政府信息的权利。

第十九条　国家实行社会体育指导员制度。社会体育指导员对全民健身活动进行指导。

社会体育指导员管理办法由国务院体育行政部门规定。

◆ 条文主旨

本条是关于社会体育指导员制度的规定。

◆ 条文释义

社会体育指导员是指在全民健身活动中从事技能传授、锻炼指导和组织管理工作的人员。社会体育指导员对于指导公民安全、科学、有序地参与全民健身活动，提高全民健身科学化水平，具有重要作用。

一、实行社会体育指导员制度

1993 年 12 月 4 日，原国家体委发布的《社会体育指导员技术等级制度》规定，凡符合条件，履行社会体育指导员职责者，均可根据规定申请并获得社会体育指导员技术等级称号，义务从事社会体育指导工作或者适当开展有偿服务。2011 年 10 月 9 日，国家体育总局公布了《社会体育指导员管理办法》，《社会体育指导员技术等级制度》同时废止。该管理办法的调整对象为公益社会体育指导员，即不以收取报酬为目的，向公众提供传授健身技能、组织健身活动、宣传科学健身知识等全民健身志愿服务，并获得技术等级称号的人员。社会体育指导员技术等级称号由低到高分为：三级社会体育指导员、二级社会体育指导员、一级社会体育指导员、国家级社会体育指导员。开展志愿服务并符合条件的人员，均可依照管理办法的规定，申请授予或晋升相应的社会体育指导员技术等级称号。各级体育主管部门或经批准的协会按照社会体育指导员技术等级标准，批准授予相应等级社会体育指导员称号：（一）县级体育主管部门批准授予三级社会体育指导员技术等级称号；（二）地（市）级体育主管部门或经批准的省级协会批准授予二级社会体育指导员技术等级称号；（三）省级体育主管部门或经批准的全国性协会批准授予一级社会体育指导员技术等级称号；（四）国家体育总局批准授予国家级社会体育指导员技术等级称号。社会体育指导员在基层文化体育组织、群众性体育组织或国家机关、企业事业单位和其他有关组织中开展志愿服务。社会体育指导员应当坚持科学、文明、安全、诚信的原则，因人、因时、因地制宜，经常开展志愿服务，提高健身者的健身技能和身体素质，推动全民健身活动的开展。《社会体育指导员管理办法》进一步促进社会体育指导员队伍发展，规范社会体育指导员工作，发挥社会体育指导员在全民健身活动中的作用。

在促进公益体育指导员队伍发展的同时，为了满足人民群众多元化的体育健身需求，2001 年 8 月，国家体育总局与原劳动和社会保障部组织制定并颁布《社会体育指导员国家职业标准》，规范职业社会体育指导员的从业行为。《社会体育指导员国家职业标准》中的社会体育指导员，主要从事社会体育的有偿指导工作，其性质是纳入国家劳动服务管理体系，进入体育市场，主要从事社会体育的经营和指导服务。2020 年，人力资源社会保障部办公厅、国家体育总局办公厅颁布《社会体育指导员国家职业技能标准》，原相应国家职业技能标准同时废止。《社会体育指导员国家职业技能标准》中的社会体育指导员，是指在群众性体育活动中，从事运动技能传授、锻炼指导和组织管理工作的人员，共设五个等级，分别为：五级/初级工、四级/中级工、三级/高级工、二级/技师、一级/高级技师。

目前，我国社会体育指导员在城乡之间、各地区之间和不同级别、类型之间的发展还很不平衡，社会体育指导员的培养质量还不够高，社会体育指导员实际发挥作用不足，社会体育指导员管理机制还不够顺畅，亟待进一步加强社会体育指导员工作，在注册管理、职责分工、培训教育、技术等级、活动开展、服务规范、法律责任等方面不断完善与发展。此次修订，由原法的“社会体育指导员技术等级制度”扩展为“社会体育指导员制度”，内涵更加全面、丰富，为不断完善我国社会体育指导员制度提供了保障，将推进社会指导员工作朝着规范化、标准化和法治化方向发展。

二、社会体育指导员的职责

20 世纪 90 年代逐步建立社会体育指导员制度以后，我国社会体育指导员队伍不断壮大发展，截至 2020 年年底，我国每千人拥有社会体育指导员数超过 1.86 名。社会体育指导员的主要职责是对全民健身活动进行指导。在服务基层、服务大众的长期实践中，社会体育指导员不计名利、无私奉献，成为推动我国全民健身事业发展的一支重要力量。

为进一步提高社会体育指导员对全民健身活动的指导服务率和科学健身指导服务水平，应当鼓励和支持社会体育指导员走进社区，了解和征集群众需求，结合自身能力特点，有针对性地做好社会体育指导服务规划，设计服务项目，开展服务活动，切实使服务对象受益。充分利用信息技术手段，及时有效地匹配社会体育指导服务供给与需求。推广“菜单式”社会体育指导服务经验，引导各地各级社会体育指导员组织公开本组织社会体育指导员技能、特长和提供服务时间等信息，与群众需求有机结合，逐步建立社会体育指导服务供需有效对接机制和服务长效机制，全面提高社会体育指导员的服务水平。

三、制定社会体育指导员管理办法

现行《社会体育指导员管理办法》调整对象为公益性社会体育指导员，共九章四十三条，包括总则、组织管理、培训教育、申请审批、注册办理、工作保障、服务规范、奖励处罚、附则，《社会体育指导员技术等级标准》作为该规章的附件同时公布。根据该办法，国家体育总局主管全国的社会体育指导员工作，县级以上地方体育主管部门负责本行政区域内社会体育指导员工作。各级体育主管部门应当将社会体育指导员工作纳入体育工作规划，列入工作考核评价体系，为社会体育指导员开展服务提供保障，依法对社会体育指导员工作进行管理、指导、监督。社会体育指导员由其开展服务所在地的县级体育主管部门实行属地管理。

《社会体育指导员国家职业技能标准》主要是对职业社会体育指导员进行规范。职业社会体育指导员普遍活跃在经营性健身场所中，为人民群众提供规范的健身指导服务，作为满足人民群众个性化、专业化健身指导需求的重要力量，已成为全民健身工作中不可或缺的一部分。

随着全民健身事业的发展，国务院体育行政部门要进一步理顺社会体育指导员的管理体制和工作关系，不断完善社会体育指导员的管理办法，促进社会体育指导员队伍发展，规范社会体育指导员工作，充分发挥社会体育指导员在全民健身活动中的作用。

第二十条　地方各级人民政府和有关部门应当为全民健身活动提供必要的条件，支持、保障全民健身活动的开展。

◆ **条文主旨**

本条是关于地方各级人民政府和有关部门落实全民健身活动职责的规定。

◆ **条文释义**

推动全民健身事业发展和进步，提高人民健康水平，是政府的基本职责。广泛开展全民健身活动是全民健身的重要内容。地方各级人民政府和有关部门在全民健身领域职责的具体体现就是为全民健身活动提供必要的条件，支持、保障全民健身活动的开展。

一、为全民健身活动提供必要的条件

近年来，全民健身活动广泛开展，但仍然面临土地供给紧张、健身场地缺乏、人才队伍短缺、资金保障不足、数据要素价值不受重视等问题。因此，地方各级人民政府和有关部门应当为全民健身活动提供必要的条件。具体而言，在土地支持方面，将全民健身设施纳入国土空间规划和年度用地计划，合理安排用地需求，通过增加体育用地、盘活城市空闲土地，对土地复合利用等方式，扩大土地供给，强化功能整合，提高土地利用效率，多渠道保障全民健身的土地供给。在场地条件方面，以绿色便捷为重点打造全民健身新载体；组织实施全民健身场地设施补短板工程，打造15分钟健身圈；严格落实社区配套建设场地设施的要求；推进健身场地设施绿色改造和智能化升级；积极盘活存量，推动健身场地设施开放共享。在人才队伍方面，加强冰雪、足球、马拉松、户外运动等紧缺领域人才培养，推动全民健身与学校体育开展、竞技体育后备人才培养形成良性互动。在资金支持方面，县级以上各级政府及相关部门要将体育事业经费、体育基本建设资金列入财政预算，建立与国民经济和社会发展相适应的财政保障机制；

加大对基层健身组织和健身赛事活动购买比重；发挥中央财政预算内投资的引导和撬动作用，与中央集中彩票公益金、公共文化服务体系建设专项资金、公共卫生专项资金互相补充，形成合力。在数据要素支持方面，加快推进全民健身数字化转型，加强全民健身数据资源库建设，推进全民健身相关数据资源整合，强化全民健身数据开放共享和安全保护，让数据赋能全民健身活动服务精准化供给。

二、支持、保障全民健身活动的开展

地方各级人民政府和有关部门应围绕丰富群众身边的全民健身活动和支持办好群众身边的全民健身赛事打造品牌，支持、保障全民健身活动经常化和深入开展。一是促进全民健身活动的生活化，要从提升体力活动水平的视角，通过相关政策和高品质生活空间打造，促进交通性体力活动、家务性体力活动、工作性体力活动、功能性体力活动和休闲性体力活动水平的发展，将全民健身活动全方位融入人民群众日常生活。二是支持群众性体育组织开展全民健身活动。群众性体育健身活动组织是广大群众在全民健身活动中进行自我组织、自我参与、自我教育的有效组织形式，是群众参与全民健身活动的重要阵地。群众性体育组织开展的全民健身活动是为发展全民健身事业、增强民族身体素质而做出的积极贡献，是协助政府开展全民健身活动的社会公益行为，必须得到来自政府的支持。各级政府及相关部门要高度重视培育和扶持群众性体育组织工作，为群众性体育组织发挥作用搭建平台，加强政府向群众性体育组织购买赛事活动服务，实施对群众性体育组织的表彰奖励，不断增强群众性体育组织的积极性。三是充分利用“全民健身日”，组织富有影响力的全民健身日主题活动。四是根据地方特色、行业特点和群众需求广泛开展“一地一品”“一行一品”全民健身活动。五是发挥大型赛事带动群众体育发展的作用，增加群众体育比赛项目，让更多“草根选手”和民间高手展现风采，带动广大人民群众积极参与全民健身。六是推进居家健身常态化，加强健身方法的研制、遴选、推广，搭建居家健身服务平台，拓展居家健身场所，组织小区、楼宇家庭体育活动与竞赛，完善相关体育设施。七是严格落实《体育赛事活动管理办法》，不得对依法举办的全民健身活动非法设置审批和收取审批费用，做好安全保障工作。八是加强全民健身活动的宣传报道，展现和营造全民健身活动蓬勃发展的浓厚氛围，讲述群众身边的全民健身活动故事，树立群众身边的全民健身活动榜样。

第二十一条 国家机关、企业事业单位和工会、共产主义青年团、妇女联合会、残疾人联合会等群团组织应当根据各自特点，组织开展日常体育锻炼和各级各类体育运动会等全民健身活动。

◆ 条文主旨

本条是关于机关、企业事业单位和群团组织组织开展全民健身活动的规定。

◆ 条文释义

国家机关、企业事业单位、群团组织要根据各自特点，组织开展全民健身活动。

一、国家机关、企业事业单位的全民健身活动

国家机关、企业事业单位职工体育活动的开展，对于增强职工体质，改善精神状况，提高工作效率和效益，满足职工身心发展需求等都有着重要作用。

长期以来，党和国家高度重视加强和开展职工体育活动。1981年，国务院办公厅印发《关于重申一九五四年政务院关于在政府机关中开展工间操和其它体育运动的通知》，设立了政府机关工间体育活动的法定时间，要求组织开展广播体操和多种多样的体育活动，并保证相应的条件和经费。1995年国务院颁布实施的《全民健身计划纲要》，2002年党中央、国务院发布的《关于进一步加强和改进新时期体育工作的意见》，均对职工体育作出明确规定，要求国家机关、企业事业单位应当加强职工体育工作，把组织群众开展体育活动纳入机关、企业事业单位的工作范围，因人、因时、因地制宜地开展形式多样、健康文明的职工体育活动，举办群众性体育竞赛。当前，我国广大职工的体育健身意识明显增强，行业体育协会纷纷建立，职工体育组织网络正在形成，各级各类职工体育赛事不断增多。但是，仍然存在一些单位对职工体育重视不够，健身时间缺乏保障、健身指导针对性不强、职工体育场地及器材匮乏等问题，制约了职工体育的发展。

本条规定国家机关、企业事业单位应当根据各自特点，组织开展日常体育锻炼和各级各类体育运动会等全民健身活动，进一步以法律形式明确了其负有开展全民健身活动的工作责任，有力地保障了职工参与体育活动的权利和职工体育活动经常普遍地开展。要充分发挥领导干部的带头示范作用，健全机关、企业事业单位职工体育组织，开展适合职工体育特点的日常体育锻炼和赛事活动，鼓励单位配齐配全健身设施器材，定期开展职工国家体育锻炼标准达标测验活动和体质检测等，努力提高职工体育的科学化水平。需要特别指出的是，在国家机关、企业事业组织中的所有职工，不论是正式工作人员，还是临时工作人员，都同样平等地享有参加单位开展的体育活动的权利。

二、群团组织的全民健身活动

工会、共产主义青年团、妇女联合会、残疾人联合会等群团组织，具有很强的代表性和广泛的联系面，在组织本团体成员开展全民健身活动中发挥了重要作用。

我国工会是代表广大职工利益、依法维护职工合法权益的重要团体。1954 年，中共中央在批转《中央人民政府体育运动委员会党组关于加强人民体育运动工作的报告》的指示中明确指出，“工会应具体领导厂矿、企业中的体育工作使之得到正常的开展”。《工会法》进一步确认了工会的体育工作职责，组织职工“参加职业教育和文化体育活动”。全国总工会到地方各级工会组织，都普遍设置了分管体育工作的部门和人员，建立体育工作制度，采取多方面的保障措施，积极地组织开展各项职工体育活动。2001 年以来，中华全国总工会与国家体育总局联合开展“全国亿万职工健身活动”，组织大量单位内部、单位之间乃至地区性、全国性的职工体育活动，如全国职工健身操展示大赛，亿万职工健身行动展示大会，全国职工篮球、羽毛球、乒乓球比赛，亿万职工迎奥运健步走活动等，开展了全国职工体育示范单位创建活动，不断将我国职工体育推向新的高潮。2022 年，《关于构建更高水平的全民健身公共服务体系的意见》要求发挥工会作用，鼓励工会每年组织各类健身活动，并将此纳入工会考核内容。

中国共产主义青年团是中国共产党领导的先进青年的群团组织，在培养造就德智体美劳全面发展的青少年、保护和促进青少年的健康成长中发挥着重要的作用，并在其章程中规定了开展体育活动的职责。组织开展和积极推动广大青少年的体育活动，成为各级共青团组织经常性的工作内容。各级共青团积极配合教育、体育等部门，围绕加强青少年体育运动，广泛深入开展“全国亿万学生阳光体育运动”，积极推动开展课余体育训练，倡导青少年形成科学、健康的体育健身和生活理念。从2001年起，共青团中央与教育、体育等部门一起开展了“全国中小学生课外文体活动工程”，巡回举办了“全国亿万青少年儿童健身展示大会”活动和其他各种青少年体育活动。2006年12月20日，共青团中央与教育部、国家体育总局联合印发《关于开展全国亿万学生阳光体育运动的通知》（教体艺〔2006〕6号)，推动我国青少年体育工作进一步发展。2021年，为深入学习贯彻习近平总书记“七一”重要讲话精神和关于加强青少年体育教育的一系列重要论述，落实全民健身和健康中国国家战略，按照《“健康中国2030”规划纲要》和《中长期青年发展规划（2016—2025年）》有关要求，着力提高大学生的身体素质，共青团中央联合国家体育总局、全国学联下发通知，面向大学生团员组织开展“青春爱运动 健康强中国”全民健身活动。活动以大学生团员为对象，以学生团支部为发动单元，以学生体育兴趣社团为依托，通过开展学校全民健身赛事活动项目，推动大学生文化学习和体育锻炼协调发展，形成“学校品牌项目拉动、体育兴趣社团带动、团支部日常发动、大学生踊跃运动”的生动局面，促进大学生“走下网络、走出宿舍、走向操场”，帮助大学生在体育锻炼中享受乐趣、增强体质、健全人格、锤炼意志，培养德智体美劳全面发展的社会主义建设者和接班人。

各级妇女联合会是团结带领广大妇女参与经济建设和社会发展、依法代表和维护妇女权益的重要社团，同样在开展妇女体育活动中发挥着重要的作用。2000年，全国妇联和国家体育总局联合印发《关于在全国开展“亿万妇女健身活动”的通知》，并举行了隆重的启动仪式和研讨会，多次举办全国亿万妇女健身活动展示大会，命名表彰了一批全国“亿万妇女健身活动”先进单位。各级妇联组织建立妇女体育协会并积极发挥作用，根据广大妇女群众的健身需求，充分利用“三八”妇女节，组织开展了丰富多彩的妇女体育活动，促进广大妇女群众健身热情的空前高涨。

中国残疾人联合会和其地方各级组织，根据《残疾人保障法》的规定，在开展残疾人体育活动，促进残疾人康复健身，提高残疾人体育运动水平方面做了大量工作，特别是在圆满举办北京 2008 年残奥会、北京 2022 年冬残奥会中，取得了显著的工作成效。中国残联设有专门负责体育工作的体育部，成立并主管中国残疾人体育协会、中国聋人体育协会和中国弱智人体育协会 3 个残疾人体育社团，还建有中国残疾人奥林匹克运动管理中心。各级地方残联也都有相应的体育工作机构和体育社团组织。2007 年 5 月，国务院办公厅印发《关于进一步加强残疾人体育工作的意见》（国办发〔2007〕31 号），对残联组织履行开展残疾人体育工作的职责提出了进一步的要求。2017 年 12 月 6 日，体育总局、民政部、文化部、全国妇联、中国残联联合印发的《关于加快推进全民健身进家庭的指导意见》要求，在城乡社区老年人日间照料中心、妇女之家、儿童之家、残疾人抚养服务日间照料机构等场地增加体育健身活动内容。2022 年，中共中央办公厅、国务院办公厅印发的《关于构建更高水平的全民健身公共服务体系的意见》要求，营造无障碍体育环境，为残疾人参与全民健身运动提供便利。

本条规定对在我国发展体育事业中作用突出的工会、共青团、妇联和残联组织进行全面的列举，这既是对其体育贡献的充分肯定，也是对其实施全民健身职责的进一步明确。同时，本条规定又不仅限于对所列举团体的要求，对各类社会团体开展全民健身活动也有着普遍性的规定。因此，本条规定将突出重点与兼顾一般相结合，对于全面保证和促进社会团体更好地发挥在组织其成员开展全民健身活动中的作用，有着十分重要的意义。

第二十二条 居民委员会、村民委员会以及其他社区组织应当结合实际，组织开展全民健身活动。

◆ **条文主旨**

本条是关于基层组织开展全民健身活动的规定。

◆ **条文释义**

居民委员会、村民委员会以及其他社区组织直接面向当地居民、村民，与群众联系最为密切。全民健身事业的发展，需要调动和发挥各类基层组织的积极作用。本条规定了居民委员会、村民委员会以及其他社区组织开展全民健身活动的职责。

一、居民委员会、村民委员的全民健身活动

我国城乡基层的居民委员会和村民委员会是经过民主选举产生的，居民或者村民自我管理、自我教育、自我服务的基层群众性自治组织。《城市居民委员会组织法》和《村民委员会组织法》虽然并未对居民委员会和村民委员会组织开展全民健身活动作出明确规定，但在居民委员会和村民委员会的多项工作任务和职责中，办理本居住地区居民或本村的公共事务和公益事业、维护居民或村民的合法权益，开展多种形式的社会主义精神文明建设活动等内容，都与体育有着密切的关联。当前全民健身活动已经广泛深入社会基层，体育已经成为人民群众经常性需求和生活内容，作为直接为居民或村民提供自治管理服务的居民委员会和村民委员会，应当在开展全民健身活动中发挥更为重要的作用。《全民健身条例》对发挥好居民委员会和村民委员会在体育工作中的作用提出了明确的要求，居民委员会和村民委员会应当组织居民开展全民健身活动，协助政府做好相关工作。

在全民健身计划推进过程中，居民委员会和村民委员会结合实际情况，组织开展全民健身活动，取得了很好的成效，受到群众的欢迎与好评。本条规定明确了居民委员会和村民委员会组织居民开展全民健身活动的职责，有利于更好地实现全民健身的社会化管理和自治管理，促进全民健身活动在人民群众中更加深入地普及和发展。居民委员会和村民委员会在组织开展全民健身活动时，应当注意结合当地实际情况，例如民间传统习俗、农业生产活动季节安排、群众爱好、地域特点等，举办社区运动节、趣味运动会、篮球比赛等群众喜闻乐见的体育活动。

二、其他社区组织的全民健身活动

除村民委员会、居民委员会外，还有一些社区组织在组织开展全民健身活动中也发挥了重要作用。中共中央办公厅、国务院办公厅印发的《关于构建更高水平的全民健身公共服务体系的意见》提出，鼓励发展在社区内活动的群众自发性健身组织；夯实社区全民健身基础；将全民健身公共服务纳入社区服务体系，培育一批融入社区的基层体育俱乐部和运动协会；在社区内活动的符合条件的基层体育组织可依法向县级民政部门申请登记；在社区设立健身活动站点，引导体育社会组织下沉社区组织健身赛事活动。

随着我国全民健身事业的发展，城乡社区体育文化组织逐步增多，一些地方设立了各类全民健身指导站、体育辅导站、体育活动点、体育（文化、文体）活动室等社区文化体育组织，具体组织群众开展全民健身活动。这些社区文化体育组织同社区体育场地设施、社会体育指导员队伍建设紧密结合，工作在基层，直接服务群众，也最了解群众需求，成为开展全民健身活动的重要阵地，在开展城乡基层全民健身工作中发挥了重要作用。还有一些地方，依托社区卫生服务中心建立了基层体卫融合服务站，深入推进全民健身与全民健康深度融合，开展非医疗健康行为干预、实施慢性病运动干预和运动康复，让广大群众“不得病、少得病、晚得病、病得轻、早康复、更健康、更幸福”。

本条规定进一步确立了基层其他社区组织在全民健身工作中的地位，有利于推动基层文化体育组织的建立健全，推进社区体卫融合，同时这些组织要加强和完善自身建设，切实发挥应有的作用，认真履行组织居民开展各种全民健身活动的职责。

第二十三条　全社会应当关心和支持未成年人、妇女、老年人、残疾人参加全民健身活动。各级人民政府应当采取措施，为未成年人、妇女、老年人、残疾人安全参加全民健身活动提供便利和保障。

◆ 条文主旨

本条是关于未成年人、妇女、老年人、残疾人参加全民健身活动的规定。

◆ 条文释义

未成年人、妇女、老年人和残疾人均是较为特殊的群体，在生理、心理等方面有着和其他人群不同的特点，对这些群体参加全民健身活动予以关心和支持并提供便利和保障，既是本法总则中对未成年人、妇女、老年人、残疾人等参加体育活动的权利给予特别保障的具体体现，更是构建更高水平全民健身公共服务体系的应有之义，也是社会文明进步的标志，对维护社会和谐，促进社会全面进步具有重要意义。

一、支持特定群体参加全民健身活动

支持未成年人、妇女、老年人、残疾人参加全民健身活动，是各级人民政府的法定工作职责。《宪法》规定，国家培养青年、少年、儿童在品德、智力、体质等方面全面发展。中华人民共和国公民在年老、疾病或者丧失劳动能力的情况下，有从国家和社会获得物质帮助的权利，国家发展为公民享受这些权利所需要的社会保险、社会救济和医疗卫生事业。国家和社会帮助安排盲、聋、哑和其他有残疾的公民的劳动、生活和教育。《残疾人保障法》规定，国家保障残疾人享有平等参与文化生活的权利。各级人民政府和有关部门鼓励、帮助残疾人参加各种文化、体育、娱乐活动，积极创造条件，丰富残疾人精神文化生活。《妇女权益保障法》规定，各级人民政府应当重视和加强妇女权益的保障工作。2021 年，中共中央、国务院颁布的《关于加强新时代老龄工作的意见》提出，要提升老年文化体育服务质量。本条规定各级人民政府应当采取措施，为未成年人、妇女、老年人、残疾人安全参加全民健身活动提供便利，再次明确各级政府的责任，保障相关法律法规和政策文件的贯彻落实。

未成年人是国家的未来、民族的希望、家庭的梦想。关心和支持未成年人参加全民健身活动，是培养终身运动习惯、奠定一生健康基础、实现全面发展的基础性工程，也是国之大计。根据第八次全国学生体质与健康调研结果，近年来学生体质与健康状况总体改善，但同时也存在视力不良和近视率偏高、超重肥胖率上升、学生握力水平有所下降等亟待解决的问题。根据《第五次国民体质监测公报》，与 2014 年监测相比，2020 年男性幼儿双脚连续跳、坐位体前屈、立定跳远平均水平有所下降，变化幅度在 1.3%~6.6%之间。与 2014 年监测相比，2020 年女性幼儿双脚连续跳、坐位体前屈、立定跳远平均水平有所下降，变化幅度在 1.6%~5.3%之间。导致这些问题的原因是多方面的，有未成年人户外活动不足、缺乏体育锻炼、使用电子设备不够科学规范等方面的原因，也有学生学业负担过重，部分学校和家庭没有把体育锻炼作为促进未成年人健康成长的重要方式，社会上一定程度存在“智育独大”“重文轻体”的认识等方面的原因。还有一些留守儿童、困境儿童等未成年人群体的运动权益没有得到有效保障等问题。解决这些问题，提高未成年人体质，需要全社会的共同努力，关心和支持未成年人参加全民健身活动。

妇女参与全民健身的程度是衡量社会文明进步的重要尺度。受女性生理特点、身体机能以及传统观念影响，妇女参与体育活动的比例相对较低。随着社会的发展，特别是男女平等意识的普及和保障条件的不断改善，女性参与体育活动的状况有所好转，但仍然面临重视程度不够、参与项目单调、时间精力有限等问题。因此，应当充分认识妇女参与全民健身活动的社会意义。首先，在体育运动中，男女平等得到彰显，可进一步促进其他领域中男女关系的平等。女性地位得到提高，社会给予女性更多尊重，必然对社会产生深远的影响。其次，大力发展妇女体育，呼吁更多女性积极参与全民健身活动，可以让妇女拥有健康的身体，享受高质量的人生，也有利于优生优育，促进人与社会的可持续发展。最后，妇女是促进家庭体育的关键，妇女拥有良好的体育健身习惯，有利于带动其他家庭成员，尤其是未成年人加入体育运动的行列中。因此，要高度重视妇女参与全民健身活动，切实采取有力举措关心和支持妇女体育工作。

尊老敬老是中华民族的传统美德，爱老助老是全社会的共同责任。据国家统计局统计数据显示，截至2021年年底，我国60岁及以上人口26736万人，占全国人口的18.9%，其中65岁及以上人口20056万人，占全国人口的14.2%。未来一段时期，我国人口老龄化程度将进一步加深。身体健康是保障老年人生活质量的基础和前提。老年人患病、失能，一方面严重影响老年人的生活质量，另一方面还会带来严重的照料护理问题，加大医疗开支和社会负担，给我国的经济增长和社会发展带来巨大影响。大量研究表明，体育健身活动是积极应对人口老龄化的便捷、经济、有效方式，也是老年人保持健康、延缓衰老的理想途径。老年人有规律地参与健身活动，能够推进健康关口前移，有效地预防和控制冠心病、中风、高血压、Ⅱ型糖尿病、骨质疏松症以及减少老年人跌倒的风险，延长健康寿命，还能够丰富老年人精神文化生活，减轻焦虑和抑郁，对于老年人保持积极乐观的心情具有重要意义。近年来，我国老年人体育工作蓬勃发展，老年人体育健身的需求越来越旺盛，参与体育健身的热情越来越高涨，但目前还存在对老年人体育工作的重要性认识不充分，老年人体育组织网络不健全，老年人体育健身场地设施缺乏，老年人体育健身方式较少、科学性较差和经费投入不足等问题。因此，全社会要充分重视老年人体育工作，关心和支持老年人参加全民健身活动。

关心和支持残疾人参加全民健身活动，既是保障残疾人平等享有体育权利的需要，也是实现体育基本公共服务均等化的重要体现。我国有8500万名残疾人，残疾人参与健身活动，有利于改善残疾人身体机能，增强身体素质，提高生活质量，融入社会交往。“十三五”期间，残疾人参与体育锻炼的热情日益高涨，残疾人文化体育参与率由“十二五”末期的6.8%增长到

17.8%，康复健身体育实现了新发展。但由于残疾人身体状况的复杂性和区域发展的差异性，残疾人康复健身体育的服务能力和水平还总体偏低，残疾人体育事业发展还存在不平衡、不充分的问题，需要全社会对残疾人参加全民健身活动予以关心和支持，进一步增强残疾人体质，促进残疾人康复健身、融入社会、发挥价值。

二、为特定群体安全参加全民健身活动提供便利和保障

支持未成年人、妇女、老年人、残疾人参加全民健身活动，不仅是社会各界的义务，更是各级人民政府的工作职责。各级人民政府要提高安全意识和责任意识，充分考虑未成年人、妇女、老年人、残疾人的安全需求，采取切实有效的措施，从空间、设施、制度和安全等多方面加强保障，为未成年人、妇女、老年人、残疾人安全参加全民健身活动提供便利。例如，针对未成年人，将未成年人的健身权益作为未成年人保护工作的重要内容，提高社会、家庭对未成年人经常性参加体育锻炼的重视程度，特别是要关注留守儿童、困境儿童等弱势群体参加体育锻炼的问题；建立适合未成年人使用的设施器材标准，在配备公共体育设施的社区、公园、绿地等公共场所，配备适合学龄前儿童粗大动作发展和身体锻炼的设备设施等。针对妇女，应建立完善妇女全生命周期运动促进健康管理模式；针对青春期、育龄期、孕产期、更年期和老年期妇女的健身健康需求，提供全方位健康管理服务。针对老年人，探索建立“体养融合”的运动健康促进模式，提升养老机构体育服务功能；加强社区体育场地设施的适老化改造，加强老年人体育健身方法的研究和体育健身活动的指导，推广适宜老年人的全民健身项目；为老年人使用场地设施和器材提供必要帮扶，解决老年人运用体育智能技术困难问题。针对残疾人，实施残疾人康复健身体育行动，将残疾人作为重点

人群纳入全民健身公共服务体系建设，组织残疾人参加各级各类全民健身活动，推动残疾人康复健身体育身边化服务，帮助残疾人就近就地参与健身活动；要求公共体育场地设施采取无障碍措施，营造无障碍体育环境，为残疾人参与全民健身运动提供便利，等等。

第三章　青少年和学校体育

本章是对青少年和学校体育发展的规定。加强青少年和学校体育工作，对于提高青少年身体素质，培养堪当民族复兴重任的时代新人，推进体育强国和健康中国建设具有重要作用。本次体育法修订将章名由“学校体育”改为“青少年和学校体育”，内容由1995年体育法的7条扩充至15条，使青少年和学校体育体系更加健全、内容更加全面、措施更加具有针对性和可操作性。

第二十四条　国家实行青少年和学校体育活动促进计划，健全青少年和学校体育工作制度，培育、增强青少年体育健身意识，推动青少年和学校体育活动的开展和普及，促进青少年身心健康和体魄强健。

◆ 条文主旨

本条是关于青少年和学校体育发展及制度保障的规定。

◆ 条文释义

本条是与总则部分第十条中的“国家优先发展青少年和学校体育，坚持体育和教育融合，文化学习和体育锻炼协调，体魄与人格并重，促进青少年全面发展”相对应的，具有承上启下的作用，集中阐明了青少年和学校体育发展方针。

一、实行青少年和学校体育活动促进计划

少年强中国强，体育强中国强。少年强、青年强是多方面的，德智体要全面发展，既包括思想品德、学习成绩、创新能力、动手能力，也包括身体健康、体魄强健、体育精神，其中体育对陶冶性情、历练意志有重要作用。党和国家历来高度重视青少年和学校体育工作。近年来，颁布多项政策支持青少年和学校体育工作，取得了一定成效。但总体上看，我国青少年和学校体育仍然薄弱，政策法规有待完善，体育活动时间不足、体育组织建设滞后、体育场地设施短缺、社会力量参与不够、师资力量缺乏等问题依然不同程度存在，青少年身心健康水平令人堪忧。为落实全民健身国家战略，广泛开展青少年体育活动，培养青少年体育锻炼习惯，促进青少年身心健康、体魄强健，2017 年，国家体育总局、教育部等 7 部门联合印发了《青少年体育活动促进计划》（体青字〔2017〕103 号），提出促进青少年体育活动开展的指导思想、发展目标、主要任务和组织保障，旨在通过合力推动青少年体育活动蓬勃开展，实现青少年身体素质不断提高，青少年体育组织发展壮大，青少年体育场地设施明显改善，青少年体育指导人员的各类培训广泛开展，青少年科学健身的相关研究与普及成效显著的目标。将青少年和学校体育作为优先发展的事项，明确提出国家实行青少年和学校体育活动促进计划，旗帜鲜明地强调青少年和学校体育的重要地位，可以有效促进青少年和学校体育发展，更好地满足广大青少年和学生日益增长的体育活动需求。

二、健全青少年和学校体育工作制度

为更好地促进青少年和学校体育发展，需要进一步健全完善青少年和学校体育工作制度，如青少年和学校体育的教育教学、课外体育活动、运动训练与竞赛、学校体育卫生督导评估、保障体系建设等。体育和教育行政部门在发展青少年和学校体育中要主动承担主体责任，应当通过统筹资源、加强考核等政策引导，压实地方责任，充分调动地方积极性，建立联合督导机制，对青少年和学校体育相关政策执行情况定期评估，并建立相应的责任落实制度。

健全青少年和学校体育工作制度重在加强组织建设，形成主体清晰、统一领导、协同配合的工作机制。2007 年，中共中央、国务院印发的《关于加强青少年体育增强青少年体质的意见》将“建立健全学校体育工作机制”作为加强青少年体育工作的总体要求予以规定。2017 年，国家体育总局、教育部等 7 部门联合印发的《青少年体育活动促进计划》（体青字〔2017〕103 号）提出“坚持政府主导、部门协作、社会参与，建立和完善有利于青少年体育活动开展的体制机制”。2020 年，国家体育总局、教育部印发的《关于深化体教融合 促进青少年健康发展的意见》（体发〔2020〕1 号）提出，“成立由国务院办公厅、教育部、体育总局牵头，中央宣传部、发展改革委、民政部、财政部、人力资源社会保障部、自然资源部、住房城乡建设部、卫生健康委、税务总局、市场监管总局、银保监会、共青团中央等部门参与的青少年体育工作部际联席会议制度，原则上每半年召开一次，研究解决存在的问题，重大事项按程序报国务院决定”，明确了青少年和学校体育的参与部门。2020 年，经国务院同意，建立了由国务院办公厅、教育部、国家体育总局牵头，上述 15 个部门和单位组成的青少年体育工作部际联席会议制度（国办函〔2020〕122 号）。该制度明确了体育和教育行政部门是管理青少年体育的主要部门。同时，该制度确定其主要职能是：在党中央、国务院领导下，统筹协调青少年体育工作；充分发挥党委领导和政府主导作用，推动完善青少年体育事业发展格局；强化各级政府落实青少年体育事业发展的主体责任，协调解决青少年体育工作面临的问题和体制机制障碍；研究提出落实《关于深化体教融合 促进青少年健康发展的意见》的政策措施，协调有关部门和单位抓好任务措施的落实；加强对实施情况的督导检查，及时按程序报告工作情况等。此外，一些省市也相继建立了本地青少年体育工作联席会议制度，以更好地推动青少年和学校体育工作的开展，为健全青少年和学校体育工作制度奠定了基础。

三、培育、增强青少年体育健身意识

体育健身意识是人们进行终身锻炼的内生动力，而人的健身意识源于运动兴趣与态度。培育青少年体育健身意识，要求在体育教育教学和各项体育活动中充分尊重并遵循学生身心发展规律，采取适宜的方式激发青少年参与体育运动的兴趣，享受体育运动带来的乐趣，体验体育运动的魅力。通过教育教学和组织丰富多彩的体育活动，让青少年逐步领悟体育的意义，理解体育对人格塑造、锤炼意志的重要性，积极参与体育活动，逐渐养成体育锻炼习惯，增强体育健身意识。

四、推动青少年和学校体育活动的开展和普及

广大青少年身心健康、体魄强健，是中华民族永续发展的大计，是社会文明进步的标志，是国家综合实力的重要方面。体育活动是提高青少年健康素质的有效途径。近年来，党和国家制定了一系列的政策，推动青少年和学校体育活动的开展和普及，促进青少年身心健康和体魄强健。例如，2013 年，中国共产党第十八届中央委员会第三次全体会议通过的《中共中央关于全面深化改革若干重大问题的决定》中强调，“强化体育课和课外锻炼，促进青少年身心健康、体魄强健”。2016 年，国务院办公厅印发《关于强化学校体育促进学生身心健康全面发展的意见》（国办发〔2016〕27 号），要求深化教学改革，强化体育课和课外锻炼，促进学生身心健康、体魄强健。2017 年，体育总局、教育部等 7 部门联合印发的《青少年体育活动促进计划》（体青字〔2017〕103 号）提出，以“提高青少年体质健康水平和综合素质”为根本目标，以“强化体育课和课外锻炼，促进青少年身心健康、体魄强健”为根本宗旨。2020 年 10 月，中共中央办公厅、国务院办公厅共同印发《关于全面加强和改进新时代学校体育工作的意见》，提出坚持健康第一的教育理念，推动青少年文化学习和体育锻炼协调发展，帮助学生在体育锻炼中享受乐趣、增强体质、健全人格、锤炼意志，培养德智体美劳全面发展的社会主义建设者和接班人。

第二十五条　教育行政部门和学校应当将体育纳入学生综合素质评价范围，将达到国家学生体质健康标准要求作为教育教学考核的重要内容，培养学生体育锻炼习惯，提升学生体育素养。

体育行政部门应当在传授体育知识技能、组织体育训练、举办体育赛事活动、管理体育场地设施等方面为学校提供指导和帮助，并配合教育行政部门推进学校运动队和高水平运动队建设。

◆ 条文主旨

本条是关于青少年和学校体育相关部门职责的规定。

◆ 条文释义

本条对教育行政部门和学校发展青少年和学校体育作了规定，同时对体育行政部门协助事宜进行了规定，目的是充分发挥体育行政部门和教育行政部门各自的专业和资源优势，形成以教育行政部门为主导，体育行政部门协同配合、共同参与的学校体育运行机制，从而形成青少年竞技水平提升和青少年健康水平提升的双向合力。

一、应当将体育纳入学生综合素质评价范围

教育评价是涉及教育发展方向的重大问题，是落实德智体美劳全面发展的保障措施。2018 年 9 月 10 日，习近平总书记在全国教育大会上的讲话中明确提出，要努力构建德智体美劳全面培养的教育体系，要深化教育体制改革，健全立德树人落实机制，扭转不科学的教育评价导向，从根本上解决教育评价指挥棒问题。要在增强综合素质上下功夫，教育引导学生培养综合能力，培养创新思维。2020 年 9 月 22 日，习近平总书记在教育文化卫生体育领域专家代表座谈会上强调，要抓好深化新时代教育评价改革总体方案出台和落实落地，构建符合中国实际、具有世界水平的评价体系。2020 年 6 月 30 日，中央全面深化改革委员会第十四次会议审议通过了《深化新时代教育评价改革总体方案》，同年 10 月 13 日由中共中央、国务院印发。这是新中国第一个关于教育评价系统性改革的文件，提出到 2035 年，基本形成富有时代特征、彰显中国特色、体现世界水平的教育评价体系。

学生评价是教育评价的主要内容。学生是接受教育的主体，正确地利用评价“指挥棒”对促进学生德智体美劳全面发展具有十分重要的意义。学生综合素质评价要树立科学成才观念，坚持以德为先、能力为重、全面发展，坚持面向人人、因材施教、知行合一，坚决改变用分数给学生贴标签的做法，创新德智体美劳过程性评价办法，完善综合素质评价体系。

将体育纳入学生综合素质评价范围。要求教育行政部门和学校着眼于促进学生德智体美劳全面发展的人才培养要求，高度重视学生体育评价工作，改革和完善体育评价体制机制，逐步建成、不断改进符合学生身心发展和人才培养要求的学生体育评价体系，达成五育并举、融合育人的目标。

二、应当将达到国家学生体质健康标准要求作为教育教学考核的重要内容

我国十分重视学生体质健康评价，1958 年国务院公布实施《劳动卫国体育制度条例》及相关项目标准和测验规则。其后，颁布了一系列相关标准。1975 年颁布《国家体育锻炼标准》，其后多次修订，2013 年颁布最新标准。2014 年修订的《国家学生体质健康标准》是《国家体育锻炼标准》的有机组成部分并在学校具体实施，既是测量学生体质健康状况和锻炼效果的评价标准，也是国家对不同年龄段学生体质健康方面的基本要求，同时也是学生体质健康的个体评价标准。适用于全日制普通小学、初中、普通高中、中等职业学校、普通高等学校的学生。测试项目既有共性，也根据不同年级设置不同项目，并设置评分标准，主要发挥教育激励、反馈调整和引导锻炼三大功能。

2012 年，国务院办公厅转发教育部等部门《关于进一步加强学校体育工作若干意见的通知》（国办发〔2012〕53 号）指出“各地要把学校体育和学生体质健康水平纳入工作考核指标体系”；2016 年，国务院办公厅《关于强化学校体育促进学生身心健康全面发展的意见》（国办发〔2016〕27 号）要求“建立健全学生体质健康档案，严格执行《国家学生体质健康标准》，将其实施情况作为构建学校体育评价机制的重要基础”；2020 年 10 月，中共中央、国务院《深化新时代教育评价改革总体方案》明确“建立日常参与、体质监测和专项运动技能测试相结合的考查机制，将达到国家学生体质健康标准要求作为教育教学考核的重要内容”；2020 年，中共中央办公厅、国务院办公厅《关于全面加强和改进

新时代学校体育工作的意见》重申“建立日常参与、体质监测和专项运动技能测试相结合的考查机制，将达到国家学生体质健康标准要求作为教育教学考核的重要内容”。

三、培养学生体育锻炼习惯，提升学生体育素养

运动不足是影响我国青少年体质健康的直接因素，运动不足的原因是多方面的，其中未能养成良好的锻炼习惯尤为突出。因此，需要努力培养青少年的体育锻炼习惯，这也是教育行政部门和学校体育工作的重要任务。随着体育教学理论的发展，体育素养逐渐引起人们的关注。体育素养是一个人在体育方面的素质和修养，是包括体育技能、体育知识、体育态度、健康行为、体育品德等方面要素在内的综合体育素质与修养。体育素养是经后天接受体育教育和参与体育锻炼逐渐形成的，需要根据学生身心发展规律逐步提升。《普通高中体育与健康课程标准（2017 年版）》首次提出了体育学科核心素养，《义务教育体育与健康课程标准（2022 年版）》进一步解释了体育核心素养，是指学生通过体育与健康课程学习而逐步形成的正确价值观、必备品格和关键能力，包括运动能力、健康行为和体育品德等。这是对体育素养在中小学教育中的进一步深化，是提升学生体育素养的具体落实。

《深化新时代教育评价改革总体方案》提出，坚决克服重智育轻德育、重分数轻素质等片面办学行为，促进学生身心健康、全面发展；要求引导学生养成良好锻炼习惯和健康生活方式，锤炼坚强意志，培养合作精神；改进中考体育测试内容、方式和计分办法，形成激励学生加强体育锻炼的有效机制；建议探索在高等教育所有阶段开设体育课程。

四、体育行政部门在青少年和学校体育中的相关职责

本条第二款为新增内容，规定了体育行政部门在推进学校体育方面的职责，一方面是在传授体育知识技能、组织体育训练、举办体育赛事活动、管理体育场地设施等方面为学校提供指导和帮助，另一方面是配合教育行政部门推进学校运动队和高水平运动队建设。旨在明确体育行政部门在促进学校体育发展中应承担的职责，与教育行政部门和学校在青少年和学校体育工作中形成合力。

根据分工，学校工作由教育行政部门主管，作为学校工作一部分的学校体育工作，传统上也属于教育工作的一部分，由教育行政部门和学校负责。但学校体育工作同时也是体育工作的一部分，体育行政部门应当在学校体育工作中发挥作用。在实际工作中，由于教育和体育属于两个系统，缺乏融合发展的抓手，在促进学校体育发展中形成合力不够。学校资源有限，普遍缺乏师资、场地设施等条件，管理体育场地设施和举办体育竞赛的经验不足，影响了学校体育工作的正常开展。体育行政部门拥有丰富的专业体育资源，在很大程度上能够弥补学校存在的不足，可以通过指派教练员、组织培训、参与管理等多种方式为学校提供指导和帮助，共同提高学校体育水平，例如，体育行政部门可以通过选派专业运动员、教练员进校园等方式，为学生、学校体育教师传授体育知识技能，提高学生的体育素养，提升体育教师的专业水平；通过协助安排训练大纲，制定训练计划，提升科技助力程度，为学校运动队和高水平运动队等体育训练提供专业指导；通过设计竞赛规程、设置比赛项目、选派裁判员和技术官员等方式，参与组织学校运动会，丰富学校体育赛事活动内容，提高竞赛质量和水平；通过选派专业人员参与学校体育场地设施的管理，根据学生自我保护能力的不同和体育运动项目的特点采取相应的管理措施，提高场地设施的专业性和安全性。《关于深化体教融合 促进青少年健康发展的意见》第一部分就是关于加强学校体育工作的内容，对于深化体教融合，进一步明确体育行政部门在促进学校体育发展中的作用作出了规定。

学校运动队是学校的常规性业余训练组织。学校高水平运动队是我国学校课余运动训练的高层次组织形式，旨在提高学校体育运动技术水平，发现和培养优秀体育人才。1987 年，原国家教育委员会指定全国条件较好的部分高校和中学试办，并研究制定了《关于试点高校培养高水平运动员的管理办法（试行）》。运动队建设是极为复杂和专业性较强的工作，高水平运动队更需要专业教练和条件予以保障。学校运动队和高水平运动队是由学校组建的，并承担主要的训练和竞赛任务。同时，由于该项工作与体育行政部门负责的竞技体育有着不可分割的联系，需要体育行政部门在派出教练员、科学训练指导、提供训练条件、组织参与竞赛等各方面协同配合，落实体教融合，以提升学校运动队和高水平运动队的质量，将学校高水平运动队建设纳入竞技体育后备人才培养行列，夯实竞技体育后备人才的基础。

第二十六条 学校必须按照国家有关规定开齐开足体育课，确保体育课时不被占用。

学校应当在体育课教学时，组织病残等特殊体质学生参加适合其特点的体育活动。

◆ 条文主旨

本条是关于学校开设体育课以及特殊体质学生参加体育活动的规定。

◆ 条文释义

体育课是学校体育的基础，是提高学生身体素质，提升体育素养的关键。本条将 1995 年体育法第十八条第一款规定的“学校必须开设体育课”修改为“学校必须按照国家有关规定开齐开足体育课，确保体育课时不被占用”，进一步明确和强化了学校在体育课教学安排方面的法定义务，同时要求按照体育课程标准，确保体育课的质量和效果。

一、学校必须按照国家有关规定开齐开足体育课

党的十八大以来，党和国家高度重视学校体育课“开齐开足”工作。2018 年 9 月 10 日，习近平总书记在全国教育大会上强调，“要树立健康第一的教育理念，开齐开足体育课”。2020 年，体育总局、教育部印发《关于深化体教融合 促进青少年健康发展的意见》，明确提出“树立健康第一的教育理念，面向全体学生，开齐开足体育课”。2020 年，中共中央办公厅、国务院办公厅印发《关于全面加强和改进新时代学校体育工作的意见》，在“不断深化教学改革”要求中，进一步深化这一主题，明确提出要“严格落实学校体育课程开设刚性要求，不断拓宽课程领域，逐步增加课时，丰富课程内容。义务教育阶段和高中阶段学校严格按照国家课程方案和课程标准开齐开足上好体育课”。

“开齐体育课”，一是要求普遍开设，二是强调教学质量。当前，学校开设的是体育与健康课。首先，所有地区、全部学校、各个年级都应当按照国家有关规定开设体育与健康课。如根据《学校体育工作条例》第七条规定：“学校应当根据教育行政部门的规定，组织实施体育课教学活动。普通中小学校、农业中学、职业中学、中等专业学校各年级和普通高等学校的一、二年级必须开设体育课。普通高等学校对三年级以上学生开设体育选修课。”在普遍开设体育课要求的基础上，体育课还应当达到一定的质量水平。《义务教育体育与健康课程标准（2022 年版）》规定，体育与健康课程以促进学生身体、心理和社会适应能力整体健康

水平的提高为目标，要求体育课要做到教会、勤练、常赛，坚决抵制不出汗的体育课，让学生在体育课堂上科学动起来才是衡量体育课教学质量的标准。

“开足体育课”，一是确保体育课时，二是优化课程内容。教育部办公厅《关于进一步加强中小学生体质健康管理工作的通知》（教体艺厅函〔2021〕16号）规定：中小学校要严格落实国家规定的体育与健康课程刚性要求，小学一至二年级每周4课时，小学三至六年级和初中每周3课时，高中每周2课时。教育部《义务教育体育与健康课程标准（2022年版）》规定，从2022年9月起，全国九年义务教育学校各年级均开设“体育与健康”课，占总课时比例的10%—11%。在充分保证体育课时的基础上，开足体育课还要求优化课程结构，科学安排课程内容，改进体育教学模式，帮助学生提高体育核心素养。义务教育阶段体育与健康课程内容主要包括基本运动技能、体能、健康教育、专项运动技能和跨学科主题学习。要让学生学会1—3项终身受益的体育运动技能。因此，体育课内容要一体设计、一体推进，才能完成设定的目标。

二、确保体育课时不被占用

“开齐开足体育课”的规定实际也包括“体育课时不被占用”，体育课时被占用是开不齐、开不足体育课的一种表现形式。鉴于实践中体育课时被占用的情况比较普遍，成为“开齐开足体育课”的主要障碍，为了使“开齐开足体育课”真正落到实处，本条进一步规定了“确保体育课时不被占用”。

国务院办公厅转发教育部等部门《关于进一步加强学校体育工作若干意见》的通知（国办发〔2012〕53号）、国务院办公厅《关于强化学校体育促进学生身心健康全面发展的意见》（国办发〔2016〕27号）等文件都明确要求，学校要保证体育课时。本条款旨在通过立法严禁学校、教师以任何理由削减、挤占体育课时间，以期改变体育课长期不受重视的情况。

三、组织病残等特殊体质学生参加适合其特点的体育活动

保证病残等特殊体质学生的体育参与权和接受体育教育权体现了党和国家对全体学生参加体育锻炼的关心。参加体育活动、接受体育教育是所有学生的一项重要权利，我国一直高度重视病残等特殊体质学生的体育权利保护。2002 年颁布的《全国普通高等学校体育课程教学指导纲要》规定，对部分身体异常和病、残、弱及个别高龄等特殊群体的学生，开设以康复、保健为主的体育课程。2019 年颁布的《健康中国行动（2019—2030 年）》与《体育强国建设纲要》则重点提出要制定包括残疾人在内的特殊群体的体质健康干预计划，将提高身体素养和养成健康生活方式作为残障学生学校体育教育的重要内容，把体质健康水平纳入政府、教育行政部门、学校的考核体系，全面实施残障学生体育活动促进计划。同时，该条款还保障病残等特殊体质学生参与体育课教学的权利，不得以任何理由剥夺他们上体育课的权利。

针对学校开设体育课和病残等特殊体质学生参加体育活动的实际，本款规定主要有以下三个方面的含义：（1）本款作为第二十六条第二款，是对第一款学校开设体育课内容的延伸，所以本规定首先明确是在“体育课教学时”。同时考虑到不同学校办学条件上的差异，如果规定对病残等特殊体质的学生开设适合其身心特点的“体育课”，实践中难以操作，所以此处规定的是组织病残等特殊体质学生参加适合其特点的“体育活动”，并在第二十九条对病残等特殊体质学生的体育科目的考核作了特殊安排。当然，有条件的学校也可以为特殊体质的学生单独开设体育课。（2）学校应积极为病残等特殊体质学生开展体育活动创造条件，既包括创造必要的物质条件，争取设置专门的场所和器材，配备专门教师，还包括提供有针对性的教学内容和锻炼方式。（3）要求学校组织病残等特殊体质学生开展体育活动，应当适合其生理、心理特点，要与保健、医疗、康复紧密结合，维护学生尊严，并注意安全和卫生。

第二十七条 学校应当将在校内开展的学生课外体育活动纳入教学计划，与体育课教学内容相衔接，保障学生在校期间每天参加不少于一小时体育锻炼。

鼓励学校组建运动队、俱乐部等体育训练组织，开展多种形式的课余体育训练，有条件的可组建高水平运动队，培养竞技体育后备人才。

◆ 条文主旨

本条是关于课外体育活动和课余体育训练的规定。

◆ 条文释义

课外体育活动是学校体育的重要组成部分，是达成每天锻炼一小时的重要保障。学校运动队、俱乐部是学校课余体育训练的主要组织方式。本条规定了学校开展课外体育活动的要求、基本内容，同时规定学校要保障学生每天锻炼时间，鼓励学校开展课余体育训练，培养竞技体育后备人才。

一、学校应当将在校内开展的学生课外体育活动纳入教学计划

在校内开展的学生课外体育活动，是指面向全体学生的，在体育课以外由学校开展的校内各种体育活动，既包括在课前、课间开展的早操、眼保健操等，也包括在课后组织的各类体育活动、课余训练、综合或专项体育运动比赛等。校内开展的课外体育活动是学校体育的重要组成部分，有利于学生拓展兴趣爱好、形成运动习惯、提高身体素质和体育素养。《学校体育工作条例》要求“普通中小学校、农业中学、职业中学每天应当安排课间操，每周安排 3 次以上课外体育活动”“中等专业学校、普通高等学校除安排有体育课、劳动课的当天外，每天应当组织学生开展各种课外体育活动”。

教学计划即课程计划，是由国家教育行政部门制定的有关教学和教育工作的指导性文件。主要内容是：明确各级各类学校的教育目的；列出所开设的各门学科；规定各门学科的学习时数以及在各年级开设的安排顺序；安排其他各项活动如生产劳动、课外活动等；对学期、学年、假期进行规定和划分。本条规定强化了课外体育活动在学校体育工作中的地位，将学生课外体育活动作为体育课的延伸，在制度层面保障课外体育活动的组织开展，使课外体育活动更具规定性、强制性、组织性。课外体育活动与体育课二者的良性互动，是提高学生体育素养的重要保障。纳入教学计划也调动了教师和学生组织开展和积极参加课外体育活动的积极性。

二、保障学生在校体育锻炼的时间每天不少于一小时

青少年、儿童正处于身心发育的重要时期，只有保证每天都有一定时间的体育锻炼，才能达到提升学生身心健康水平的目标，才能从小培养起学生经常参加体育锻炼的兴趣与习惯。为此，我国先后出台了多项政策予以保障，如 1951 年政务院《关于改善各级学校学生健康状况的决定》、1982 年教育部《关于保证中、小学每天有一小时体育活动的通知》、1990 年国务院《学校体育工作条例》、1995 年国务院《全民健身计划纲要》、2005 年教育部《关于落实保证中小学生每天体育活动时间的意见》、2007 年中共中央、国务院《关于加强青少年体育增强青少年体质的意见》、

2014年教育部《高等学校体育工作基本标准》、2016年中共中央、国务院《"健康中国2030"规划纲要》等。

本款明确规定要保障学生在校期间每天参加不少于一小时体育锻炼，使得学生参加体育锻炼活动的时间有了重要的法律保障。对"学生在校期间每天参加不少于一小时体育锻炼"的理解，需要进一步明确两个问题。一是如何理解"一小时"，即每天不少于一小时的体育锻炼包括哪些事项。按照《学校体育工作条例》第十条关于"保证学生每天有1小时体育活动的时间（含体育课）"的规定，学生每天参加不少于一小时体育锻炼应包含体育课的时间，还包括由学校组织的早操、课外体育活动等。二是如何理解"在校期间"，这里的在校期间应当理解为学生在学校学习时学习、生活时间。如2020年中共中央办公厅、国务院办公厅印发的《关于全面加强和改进新时代学校体育工作的意见》提出，"合理安排校外体育活动时间，着力保障学生每天校内、校外各1个小时体育活动时间，促进学生养成终身锻炼的习惯"，明确提出"校内、校外各1个小时体育活动时间"。学校必须保障学生在校期间每天体育活动1小时。家庭、社会也要积极引导学生参与体育锻炼。

三、鼓励学校开展多种形式的课余体育训练

课余体育训练是指利用课余时间，对在体育方面有一定爱好和特长的学生进行系统训练的一种体育活动。开展课余体育训练是学校贯彻普及与提高相结合原则的重要措施，是提高学校体育运动技术水平的一种组织形式。为丰富课余体育训练的形式和载体，各个学校特别是体育传统特色学校，可以根据本校的实际情况，积极通过组建运动队、俱乐部等形式，开展课余体育训练，为有体育爱好和特长的学生提供成才路径。课余体育训练要根据学生身心特点、训练目标和运动训练规律，科学安排、妥善处理好文化课学习和运动训练的关系，不断提升运动能力和水平。

学校组建高水平运动队由来已久，是我国探索竞技体育后备人才多元化培养的一条重要途径。鼓励教练员水平高、场地设施条件好、学校体育文化氛围浓厚、有深厚的体育项目传统和较高竞技水平的学校组建高水平运动队是深化体教融合改革的重要内容，可以拓展竞技体育后备人才的选拔培养面。高水平运动队建设应当紧盯运动训练前沿，选拔培养德智体美劳全面发展且具有较高竞技运动水平的学生运动员。按照体教融合的要求，体育和教育行政部门要为学校组建高水平运动队给予大力支持，引领学校体育课余训练与竞赛的改革与发展，为我国培养全面发展的高水平竞技体育后备人才。

第二十八条　国家定期举办全国学生（青年）运动会。地方各级人民政府应当结合实际，定期组织本地区学生（青年）运动会。

学校应当每学年至少举办一次全校性的体育运动会。

鼓励公共体育场地设施免费向学校开放使用，为学校举办体育运动会提供服务保障。

鼓励学校开展多种形式的学生体育交流活动。

◆ 条文主旨

本条是关于举办学生（青年）运动会和学校运动会以及开展学生体育交流活动的规定。

◆ 条文释义

赛事活动是开展学校体育工作的重要平台，是学校体育发展的重要助推力量。该条根据我国当前青少年、学生体育赛事的多元格局，对国家、地方和学校开展青少年或者学生体育运动会的保障条件进行了规定，同时，鼓励学校开展多种形式的学生体育交流活动。

一、全国和地方定期举办学生（青年）运动会

体育赛事活动是检查体育教学训练工作以及交流经验、相互学习、推动体育运动普及与提高的重要途径，是展示体育文化和青少年精神面貌的重要窗口。我国高度重视学校（青年）体育赛事工作。《学校体育工作条例》将全国大、中学生运动会的举办形式固定下来，规定“全国中学生运动会每三年举行一次，全国大学生运动会每四年举行一次。特殊情况下，经国家教育委员会批准可提前或者延期举行。”

全国中学生运动会始于 1973 年，全国大学生运动会始于 1982 年。2014 年，全国大学生运动会和全国中学生运动会合并为全国学生运动会。全国青年运动会的前身是创办于 1985 年的全国青少年运动会，后与全国城市运动会合并，每四年举办一届，2013 年正式更名为全国青年运动会，成为我国奥运战略的重要组成部分。

2020 年，国家体育总局、教育部印发的《关于深化体教融合促进青少年健康发展的意见》（体发〔2020〕1 号）提出，“合并全国青年运动会和全国学生运动会，改称全国学生（青年）运动会，由教育部牵头、体育总局配合，组别设置、组织实施、赛制安排等具体事宜由组委会研究确定”。经国务院批准，教育部联合体育总局确定由广西承办 2023 年第一届全国学生（青年）运动会。

此外，为规范学生和青少年体育赛事体制，需要充分发挥地方各级人民政府的作用，构建不同层级的学生（青年）运动会。各地要整合青少年和学生赛事资源，系统设计并构建本地区学生（青年）运动会，如部分地区省运会中设立大学组等。

二、学校每学年至少举办一次全校性的体育运动会

全校性体育运动会是指由学校组织，在专门时间举办，由全校师生共同参与的体育赛事活动。全校性体育运动会可以激发学生团结拼搏的热情，涵养集体主义精神，树立正确的胜负观。参加体育赛事可以帮助学生维持运动习惯、享受运动乐趣，学会遵守规则、尊重对手。建立和完善学校体育赛事体系是推进新时代学校体育改革的重要途径。1990 年原国家教委《全国普通大、中学校学生体育竞赛暂行规定》规定：“在开展群众性体育活动的基础上，各学校每年均应组织以‘体育教学大纲’和‘国家体育锻炼标准’中所设项目为主的全校性运动会。”《全民健身条例》第二十二条规定：“学校每学年至少举办一次全校性的运动会；有条件的，还可以有计划地组织学生参加远足、野营、体育夏（冬）令营等活动。”《学校体育工作条例》第十四条规定：“学校体育竞赛贯彻小型多样、单项分散、基层为主、勤俭节约的原则。学校每学年至少举行一次以田径项目为主的全校性运动会。”中共中央办公厅、国务院办公厅印发的《关于全面加强和改进新时代学校体育工作的意见》规定，“定期举办学生运动会或体育节”。

本款特别规定学校应当每学年至少举办一次全校性的体育运动会，以期达到吸引学生积极参加体育活动，保证体育赛事活动更好地面向广大学生，促进学校体育工作的目的。按照目前学校体育开展的情况，全校性的体育运动会主要指以田径项目为主的全校性运动会，也包括足球、篮球、排球、游泳等普及开展广泛、参与度高的项目，同时鼓励有条件的学校研究构建贯通各个项目、覆盖全体学生的体育赛事体系，推动落实常赛模式。

三、公共体育场地设施为学校举办体育运动会提供服务保障

缺乏体育场地设施特别是大型体育场馆，是限制学校体育活动开展的主要原因之一。为此，2019 年中共中央、国务院印发

《关于深化教育教学改革全面提高义务教育质量的意见》，明确提出广泛开展校园普及性体育运动，定期举办学生运动会或体育节。鼓励地方向学生免费开放公共运动场所，为学校举办体育运动会提供场地、器材、裁判、组织竞赛等服务保障。通过购买服务等方式，鼓励体育社会组织为学生提供高质量体育服务。新修订的《体育法》规定"鼓励公共体育场地设施免费向学校开放使用"，为充分利用公共体育场地设施为学校开展体育活动提供便利、支持学校举办体育运动会、解决学校举办体育运动会缺少场地的问题，提供了法律依据。鼓励公共体育场地设施的管理方与附近学校建立联系，提供帮助，将场地设施提供给学校使用，为学校举办体育运动会提供服务保障。

四、鼓励学校开展多种形式的学生体育交流活动

我国一直重视学生国内和国际体育交流活动。2005 年印发的《教育部关于进一步加强高等学校体育工作的意见》（教体艺〔2005〕4 号）提出，"通过各种形式的体育交流与合作，不断提高高等学校体育教学、训练和科研水平。"《国家中长期教育改革和发展规划纲要（2010—2020 年）》提出，"扩大教育开放，加强国际交流与合作。开展多层次、宽领域的教育交流与合作，提高我国教育国际化水平。鼓励各级各类学校开展多种形式的国际交流与合作。"2014 年教育部印发了《高等学校体育工作基本标准》（教体艺〔2014〕4 号），要求各地学校开展体育竞赛和交流等活动，加强校园体育文化建设，促进中华优秀体育文化传承创新，开展对外体育交流与合作。2017 年教育部《关于进一步加强普通高校高水平运动队建设的实施意见》（教体艺〔2017〕6 号）要求，"鼓励高水平运动队建设高校积极参加国际体育交流，承办各类体育赛事"。

本款规定鼓励开展多种形式的学生体育交流活动，旨在进一步推进体育交流的深度和广度，健全学校体育交流体系，进一步鼓励和营造支持学生积极参加体育交流的社会氛围，积极引导学生体育交流活动。学生体育交流活动既包括校际之间的体育交流，也包括跨地区、跨国界的体育交流，既包括各类体育赛事活动，也包括各种类型的会议研讨、参观访问、合作办学、技术互助等。学生体育交流以学校为主，体育行政部门、家庭、社会都要发挥应有的作用。

第二十九条　国家将体育科目纳入初中、高中学业水平考试范围，建立符合学科特点的考核机制。

病残等特殊体质学生的体育科目考核，应当充分考虑其身体状况。

◆ **条文主旨**

本条是关于学校体育科目考试、考核的规定。

◆ **条文释义**

体育考试是检验体育教育教学效果的重要方式，体育考试的应用直接关系到体育评价的效力。本条强化了体育考试的效力，促使各方更加重视体育考试，以此推动学校体育广泛深入开展，推动家庭、学生更加重视体育锻炼，提升学生体质健康水平。同时，对特殊人群的体育考试给予了规定。

一、将体育科目纳入初中、高中学业水平考试范围

2014 年，教育部印发《关于普通高中学业水平考试的实施意见》，提出学业水平考试是根据国家普通高中课程标准和教育考试规定，由省级教育行政部门组织实施的考试，主要衡量学生达到国家规定学习要求的程度，是保障教育教学质量的一项重要制度。2016 年，教育部发布《关于进一步推进高中阶段学校考试招生制度改革的指导意见》，推行初中学业水平考试。初中学业水平考试主要衡量学生达到国家规定学习要求的程度，考试成绩是学生毕业和升学的基本依据。

2020 年，中共中央、国务院印发的《深化新时代教育评价改革总体方案》指出，“深化考试招生制度改革。稳步推进中高考改革，构建引导学生德智体美劳全面发展的考试内容体系”。中共中央办公厅、国务院办公厅印发的《关于全面加强和改进新时代学校体育工作的意见》也提出，“将体育科目纳入初、高中学业水平考试范围。改进中考体育测试内容、方式和计分办法，科学确定并逐步提高分值。积极推进高校在招生测试中增设体育项目。启动在高校招生中使用体育素养评价结果的研究。加强学生综合素质评价档案使用，高校根据人才培养目标和专业学习需要，将学生综合素质评价结果作为招生录取的重要参考。”

2020 年，体育总局、教育部《关于深化体教融合 促进青少年健康发展的意见》指出，“将体育科目纳入初、高中学业水平考试范围，纳入中考计分科目，科学确定并逐步提高分值，启动体育素养在高校招生中的使用研究。”从各地实际情况看，体育科目已进入中考考试内容和计分科目。在高等教育方面，有的高校在“强基计划”招生时采取“高考+综合能力测试+体育测试”的模式，将考生的体育成绩直接与录取结果挂钩，体育测试结果作为考生录取的重要参考，体育测试优秀者将在同等条件下优先录取；有的高校则提出了体育测试总分不合格者不予录取的要求。

1995 年体育法第十八条“将体育课列为考核学生学业成绩的科目”已经不适应当前初中、高中学业水平考试要求，本款规定的学业水平考试是将初中生、高中生体育成绩及格或者合格作为其初中、高中毕业的条件。本次修订将体育成绩与初中、高中学业水平考试挂钩，较之前的规定更为明确。将学业成绩“考核”修改为学业水平“考试”，与现有政策一致，确保了政策的统一性和连贯性。

二、建立符合学科特点的考核机制

体育课程具有自身的学科特点。体育运动种类很多，每一项运动要求都不一样，同时，每个项目都需要基本运动能力、体能和专项运动能力的支撑。体育课程标准提出学习评价的激励和反馈功能，注重构建评价内容多维、评价方法多样、评价主体多元的评价体系。评价内容围绕核心素养，既关注基本运动技能、体能与专项运动技能，又关注学习态度、进步情况及体育品德。评价方法要重视过程性评价与结果性评价结合、定性评价与定量评价结合、相对性评价与绝对性评价结合。评价主体以体育教师为主，鼓励学生、其他学科教师、家长等参与到评价中。同时，重视制定明确、具体、可操作的学业质量合格标准，为教师有效教学、学生积极学习指明方向。通过综合性评价，促进学生达成学习目标，形成核心素养。

建立客观、科学的体育科目考核标准和符合体育学科特点的考核机制，需要构建课内外相结合、各学段相衔接的学校体育考核评价体系，完善和规范体育运动项目考核和学业水平考试，发挥体育考试的导向作用。

三、病残等特殊体质学生的体育科目考核

病残等特殊体质学生无法与其他学生一样正常参加体育课教学以及课外体育活动。为此，新修订的《体育法》第二十六条第二款规定了学校应当在体育课教学时，组织病残等特殊体质学生参加适合其特点的体育活动。同样，病残等特殊体质学生情况各异，在对其体育科目考核要求上也要因人而异，既要充分考虑其

身体状况，也要兼顾其体育锻炼的需求，根据他们参加体育锻炼的情况，制定有针对性的、符合其身体条件的考试方案，使病残等特殊体质学生能够正常参加体育科目的考核，符合毕业和升学的一般性要求，同时确保其人身安全和人格尊严。

第三十条 学校应当建立学生体质健康检查制度。教育、体育和卫生健康行政部门应当加强对学生体质的监测和评估。

◆ **条文主旨**

本条是关于学生体质健康检查和体质监测、评估的规定。

◆ **条文释义**

学生体质健康监测是我国学校体育的一项基本制度，旨在了解学生体质健康状况，为有关部门制定教育、体育、卫生政策提供参考依据，让学生、家长、社会重视学生体质健康存在的问题，便于干预。本条强化了教育、体育、卫生等行政部门在此项工作中的职责，为进一步做好学生体质健康监测夯实制度基础。

一、学校应当建立学生体质健康检查制度

对学生进行定期的体质健康检查，建立学生的健康档案，使健康信息及时反馈，做到有效预防，是提高学生健康水平的有效手段。长期以来，我国一直将学生体育锻炼与卫生保健工作紧密地结合起来。学校的体育工作和卫生保健工作，都是为了增强学生体质，保护学生健康，二者相互配合，相互促进。学生体质健康检查制度就是在这两者结合基础上的一项重要制度。早在 20 世纪 70 年代末 80 年代初，国务院教育和体育行政部门就开始建立学生体格健康检查制度，要求每年对学生进行一次体质健康检查。1990年《学校卫生工作条例》提出“学校应当建立学生健康管理制度。根据条件定期对学生进行体格检查，建立学生体质健康卡片，纳入学生档案”，将学生体质健康检查制度在学校普遍建立和巩固起来，成为学校体育工作的基本制度之一。2014年，教育部修订的《国家学生体质健康标准》，要求各学校每学年开展一次覆盖本校各年级学生的测试工作，并根据学生学年总分评定等级。体育法对这一制度予以了明确。建立和实行这一制度，有利于及时掌握和发现学生体质健康的情况和问题，向学生、家长和社会及时反馈学生体质健康状况，为教育行政部门和学校做好体育、卫生工作提供客观依据，为国家体育、卫生工作的决策和管理提供科学依据。

二、相关行政部门应当加强对学生体质的监测和评估

学生体质监测和评估是一项极为复杂的工作，需要多部门协同配合方能完成。教育、体育和卫生健康行政部门是学生体质工作方面的主管部门，应当采取有效的措施，建立科学的监测系统，加强监测及结果的评估分析并采取相应的工作对策。

国家教育、体育和卫生健康行政部门等曾先后于1978至1980年、1983至1986年、1991年三次分别对20万名、98万名、24万名大、中、小学的学生进行了体质测试，1995年又进行了一次较大规模的测试。在对学生体质测试的基础上，从1983年起逐步在部分学校建立观测点，对学生体质进行监测。1990年，《学校卫生工作条例》从行政法规的角度进一步明确学生体质、健康状况的监测是学校卫生工作的主要任务之一。

国民体质监测是国家为系统掌握国民体质状况，以抽样调查的方式，按照国家颁布的国民体质监测指标，在全国范围内定期对监测对象进行统一测试和对监测数据进行分析研究的工作，由体育行政部门负责，教育行政部门负责组织实施其中的儿童青少年（学生）体质监测工作。近年来，我国国民体质监测报告显示，我国城乡学生身体形态（身高、体重和胸围等）发育水平继续提高，但也仍然存在视力不良检出率居高不下、各年龄段学生肥胖检出率持续上升等问题。为进一步改善学生体质健康状况，国家愈加重视学生体质的监测和评估。2020 年，中共中央办公厅、国务院办公厅印发的《关于全面加强和改进新时代学校体育工作的意见》提出，“建立日常参与、体质监测和专项运动技能测试相结合的考查机制，将达到国家学生体质健康标准要求作为教育教学考核的重要内容。完善学生体质健康档案，中小学校要客观记录学生日常体育参与情况和体质健康监测结果，定期向家长反馈”。国家体育总局、教育部印发的《关于深化体教融合 促进青少年健康发展的意见》（体发〔2020〕1 号）强调，“教育部门要会同体育、卫生健康部门加强对学校体育教学、课余训练、竞赛、学生体质健康监测的评估、指导和监督”。教育部办公厅《关于进一步加强中小学生体质健康管理工作的通知》（教体艺厅函〔2021〕16 号）要求，“各地各校应全面贯彻落实《国家学生体质健康标准（2014 年修订）》《学生体质健康监测评价办法》等系列文件要求，对体质健康管理内容定期进行全面监测，建立完善以体质健康水平为重点的‘监测—评估—反馈—干预—保障’闭环体系。认真落实面向全体学生的体质健康测试制度和抽测复核制度，建立学生体质健康档案，真实、完整、有效地完成测试数据上报工作，研判学生体质健康水平，制定相应的体质健康提升计划。”新修订的体育法再次明确“加强对学生体质的监测和评估”，有利于进一步做好学生体质监测和评估工作，促进儿童青少年的健康发展。

第三十一条 学校应当按照国家有关规定，配足合格的体育教师，保障体育教师享受与其他学科教师同等待遇。

学校可以设立体育教练员岗位。

学校优先聘用符合相关条件的优秀退役运动员从事学校体育教学、训练活动。

◆ 条文主旨

本条是关于体育教师、体育教练员岗位待遇以及优秀退役运动员从事学校体育活动的规定。

◆ 条文释义

体育教师和教练员是开展体育教育教学、课余体育训练竞赛的根本力量。本条针对现实中体育教师缺乏、待遇不公等问题，对学校配足合格体育教师和教练员进行了强制规定，规定了学校要公平对待体育教师，还规定了学校优先聘用符合相关条件的优秀退役运动员从事学校体育教学、训练活动的条件。

一、学校应当配足合格的体育教师

教师承担着为党育人、为国育才、立德树人，培养德智体美劳全面发展的社会主义建设者和接班人、提高民族素质的崇高使命。体育教师是履行体育教育教学职责的专业人员，是学校体育工作开展的基础，没有足额的合格教师，学校体育教育的目标就难以实现。本条款明确规定，学校应当按照国家有关规定，配足合格的体育教师。

2020 年，中共中央办公厅、国务院办公厅印发的《关于全面加强和改进新时代学校体育工作的意见》要求，各地要加大力度配齐中小学体育教师，未配齐的地区应每年划出一定比例用于招聘体育教师，有条件的地区可以通过购买服务方式，与相关专业机构等社会力量合作向中小学提供体育教育教学服务，缓解体育师资不足问题，实施体育教育专业大学生支教计划，通过“国培计划”等加大对农村体育教师的培训力度，实现“到2022年，配齐配强体育教师”的目标。

根据《学校体育工作条例》的规定，学校应当在各级教育行政部门核定的教师总编制数内，按照教学计划中体育课授课时数所占的比例和开展课余体育活动的需要配备体育教师。除普通小学外，学校应当根据学校女生数量配备一定比例的女体育教师。承担培养优秀体育后备人才训练任务的学校，体育教师的配备应当相应增加。

合格的体育教师，应当符合《教师法》《学校体育工作条例》等规定的教师基本条件和要求，遵守宪法和法律，热爱教育事业和学校体育工作，具有良好的思想品德、文化素养，掌握体育教育的理论和教学方法，具有体育教育教学能力，同时需要取得教师资格。2017 年，教育部印发《学校体育美育兼职教师管理办法》（教体艺〔2017〕7 号），对充分吸收与利用社会各方体育师资资源，有效缓解体育专任教师短缺的现状，进一步规范学校体育兼职教师管理，切实提高学校体育师资队伍整体素质，推进学校体育改革发展，促进学生身心健康发展，具有较强的现实意义。

二、体育教师享受与其他学科教师同等待遇

与文化课教师相比，体育教师具有一定的特殊性，为此，1995 年《体育法》第二十一条规定，“保障体育教师享受与其工作特点有关的待遇”。《学校体育工作条例》第十九条规定，“有关部门应当妥善解决体育教师的工作服装和粮食定量。”但在实际工作中，体育教师在工作量计算、考核评价指标、职务职称晋升等待遇方面还存在一些现实困难，不利于调动体育教师的工作积极性。为了切实保障体育教师权益，尊重体育教师的辛勤劳动，提高体育教师的社会地位，发挥和保护体育教师从事体育教育事业的积极性和创造性，本条规定了“保障体育教师享受与其他学科教师同等待遇”。

要保障体育教师享受与其他学科教师同等待遇，首先要在观念上充分认识体育教师在学校体育工作中的重要地位以及在综合育人方面的重要意义，保障体育教师与其他学科教师地位上的平等。其次要充分考虑体育教师工作的实际情况，如体育教师往往在室外授课，工作条件艰苦、方式复杂，再加上组织课外体育活动、运动队训练、课余竞赛、大型活动等，都需要大量的时间、精力和体力，尊重体育教师的工作，体会体育教师的辛苦付出，将“同等待遇”的规定真正予以落实。

根据《学校体育工作条例》《关于全面加强和改进新时代学校体育工作的意见》等相关规定，维护体育教师权益，保障体育教师待遇主要包括以下几个方面：（1）完善体育教师职称评聘标准，确保体育教师在职务职称聘任晋升、工资待遇、教学科研成果评定等方面，与其他学科教师享受同等待遇。（2）优化体育教师岗位结构，畅通体育教师职业发展通道，有计划地安排体育教师进修培训，支持体育教师海外研修访学。（3）加大对体育教师表彰力度，在教学成果奖等评选表彰中，保证体育教师占有一定比例。（4）体育教师组织早操、承担学校安排的课后训练竞赛、课外体育活动、组织竞赛等工作计入工作量，并根据学生体质健康状况和竞赛成绩，在绩效工资内部分配时给予倾斜。（5）学校对妊娠、产后的女体育教师，应当按照《女职工劳动保护规定》给予相应的照顾。

三、学校可以设立体育教练员岗位

运动训练是一项专业性极强的工作，需要专门的教练员队伍予以支撑。国家鼓励各级各类学校设立体育教练员岗位，特别是培养竞技体育后备人才的体育传统特色校和高水平运动队学校更应积极设立体育教练员岗位。体育教练员岗位可以是专职的也可以是兼职的。

《关于深化体教融合 促进青少年健康发展的意见》《关于全面加强和改进新时代学校体育工作的意见》等政策文件均提出，要在大中小学校设立专（兼）职教练员岗位并制定相应制度，明确教练员职称评定、职业发展空间；参照体育教师，研究并逐步完善学校教练员岗位评价，建立聘用优秀退役运动员为体育教师或教练员制度等。本条规定从法律上对这一制度进行确认，使得学校可以合法设立体育教练员岗位。

通过立法，明确学校可以设立体育教练员岗位，能够促使体育特色传统学校更好传承民族体育项目和体育文化，为专业运动队培养更多更好的后备人才，增加学校综合育人的能力和厚度。

四、优先聘用优秀退役运动员从事学校体育教学、训练活动

引导、鼓励、支持、推动优秀运动员从事学校体育教学、训练活动，既能够解决中小学体育教师短缺困难问题，也能够发挥优秀退役运动员专业优势、明星效应以及他们顽强拼搏、为国争光的精神和榜样力量，对青少年学生的健康成长具有积极意义。《关于深化体教融合 促进青少年健康发展的意见》指出，制定优秀退役运动员进校园担任体育教师和教练员制度。畅通优秀退役运动员、教练员进入学校兼任、担任体育教师的渠道，探索先入职后培训。

学校优先聘用优秀退役运动员从事学校体育教学、训练活动，包括体育教师和体育教练员岗位，应当在符合相关条件的前提下。从事体育教师工作，必须要取得教师资格证。国家为了严格教师职业准入，保障教师队伍质量，建立教师资格考试制度，参加教师资格考试合格是教师职业准入的前提条件。从事教练员工作，需要满足学校对教练员岗位设置的具体条件和要求，取得相应项目的教练员资格。

近年来，相关部门制定了一系列帮助运动员从事学校体育工作的鼓励性政策措施，体育、教育、人力资源社会保障等部门加大工作力度，积极推动运动员从事学校体育工作。自2015年起，教育部采取全国统考的形式规范教师资格考试制度，增加了运动员考取教师资格证书的难度，所以推动运动员从事学校体育工作的重点在于为退役运动员获取教师资格创造条件。《学校体育美育兼职教师管理办法》所称体育兼职教师，是指被选聘兼职担任学校体育课、课外体育活动、课余体育训练与竞赛、特定运动技能与项目的教学训练等工作的人员。体育兼职教师的选聘对象应是其他学校专业体育教师以及校外教育机构、体育运动团体与体育系统的有关体育工作者，这为优秀退役运动员从事兼职体育教师打开了通道。

第三十二条　学校应当按照国家有关标准配置体育场地、设施和器材，并定期进行检查、维护，适时予以更新。

学校体育场地必须保障体育活动需要，不得随意占用或者挪作他用。

◆ **条文主旨**

本条是关于保障学校体育场地、设施、器材的规定。

◆ **条文释义**

体育场地、设施和器材是开展学校体育工作的物质基础。本条对此进行了强制性规定，要求定期进行检查、维护、更新，本条还强调了学校体育场地的功能不得改变。

一、学校应当配置符合标准的体育场地、设施和器材

为了保证学校体育场地、设施和器材配置的科学化、规范化，国家有关部门，特别是国务院教育行政部门制定并公布了诸多相关标准。如1989年原国家教委印发了《中学体育器材设施配备目录》和《小学体育器材设施配备目录》。2012年，住房和城乡建设部发布了《中小学校体育设施技术规程》的行业标准。2016年，教育部发布了《小学体育器材设施配备标准》《初中体育器材设施配备标准》。2020年，教育部发布了《普通高中体育与健康教学器材配备标准》《小篮球场地建设与器材配备规范》《小排球场地建设与器材配备规范》《小足球场地建设与器材配备规范》等行业标准。这些标准为学校体育场地、设施和器材的配置提供了规范和指引，学校应当按照上述标准，配齐、配足、配好体育场地、设施和器材。各地人民政府应严格按照国家规定，为学校体育场地设施提供用地、资金支持。

二、学校应当定期进行检查、维护，适时予以更新

体育场地、设施和器材都有一定的使用周期，特别是在学校使用频率更高，容易出现损毁等情况，如果不注重日常的维护与管理，就会影响到场地、设施和器材的正常使用，增加使用风险。近年来，各类体育设施、器材伤人的事件屡有发生，威胁到广大师生的生命健康安全，也容易造成负面舆情。从现阶段来看，虽然许多学校比较重视体育场地、设施和器材建设，但是，由于缺乏专业人员和资金，体育场地、设施和器材的维护和管理还不到位。为更好地满足学生体育活动需求，有效消除体育场地、设施和器材的安全隐患，学校应当加强对体育场地、设施和器材的管理，建立定期检查、维护保养的制度，适时予以更新，从而避免学生在使用过程中出现安全事故。各地人民政府应为学校提供资金支持，用于体育场地、设施和器材的维护保养和更新，教育行政部门应加强监管，体育行政部门应为学校提供专业指导和帮助。

三、学校体育场地必须保障体育活动需要

学校体育场地是专门用于开展学校体育活动的场所，是全面贯彻党的教育方针，增强学生体质和健康，完成国家规定的学校体育教学和课外体育活动的基本保证。目前，我国学校体育场地不充足、不平衡的问题依然严重，学生人均场地占有量和整体规模都较小，区域之间不平衡。将学校体育场地随意占用或者挪作他用对学校体育工作的正常开展产生了负面影响。对学校体育场地的功能进行规定，禁止占用和挪用实质上是为了保障学生正常使用体育场地进行日常体育活动，目的是保护学生体育权利不受侵犯。不得随意占用或者挪用，要求任何部门、企业、个人和学校未经有关部门批准不得以任何理由占用体育场地影响体育活动，更不能将体育场地挪作他用。2017 年 2 月 3 日，教育部、国家体育总局印发《关于推进学校体育场馆向社会开放的实施意见》（教体艺〔2017〕1 号），要求学校体育场馆向社会开放要以确保学校正常教学秩序和校园安全为前提，应在教学时间与体育活动时间之外进行。

第三十三条 国家建立健全学生体育活动意外伤害保险机制。

教育行政部门和学校应当做好学校体育活动安全管理和运动伤害风险防控。

◆ **条文主旨**

本条是关于学生体育活动意外伤害保险以及学校体育活动安全管理和运动伤害风险防控的规定。

◆ **条文释义**

长期以来，学生在体育活动中的意外伤害是制约体育教育教学活动的重要因素。本条提出建立健全学生体育活动意外伤害保险机制，体现了党和国家对学生的关爱，以及对体育教育教学的保障。同时，规定了教育行政部门和学校应当做好体育活动安全管理和运动伤害风险防控。

一、建立健全学生体育活动意外伤害保险机制

体育活动本身就具有一定的风险性，学生在体育活动中会因场地器材不合规、教育不到位、不遵守竞赛规则、自身体质健康和运动技能水平参差不齐等原因发生意外伤害事故。发生学生体育活动意外伤害后因学校、教师、学生之间责任认定模糊，造成大量的学生纠纷案件，给学校体育的发展带来负面影响。学生体育活动意外伤害保险作为一种风险管理举措，是化解学校体育伤害事故赔偿纠纷，保证学校体育工作正常运转的重要手段。

我国高度重视建立健全学生体育活动意外伤害保险机制。2010 年修订的教育部《学生伤害事故处理办法》第三十一条提出："学校有条件的，应当依据保险法的有关规定，参加学校责任保险。教育行政部门可以根据实际情况，鼓励中小学参加学校责任保险。提倡学生自愿参加意外伤害保险。在尊重学生意愿的前提下，学校可以为学生参加意外伤害保险创造便利条件，但不得从中收取任何费用。"教育部《高等学校体育工作基本标准》（教体艺〔2014〕4 号）提出，"加强学校体育活动的安全教育、伤害预防和风险管理，建立健全校园体育活动意外伤害保险制度，妥善处置伤害事件”。教育部《学校体育运动风险防控暂行办法》（教体艺〔2015〕3号）提出，“教育行政部门和学校应当健全学生体育运动意外伤害保险机制，通过购买校方责任保险、鼓励家长或者监护人自愿为学生购买意外伤害保险等方式，完善学校体育运动风险管理和转移机制”。中共中央办公厅、国务院办公厅《关于全面加强和改进新时代学校体育工作的意见》提出，“健全政府、学校、家庭共同参与的学校体育运动伤害风险防范和处理机制，探索建立涵盖体育意外伤害的学生综合保险机制”。

目前，我国保险市场上提供的体育保险产品的保障内容仍较为单一，可供学生、学校、家长选择的体育保险产品有限。中小学生平安保险、校方责任险主要保障学生的伤残和死亡风险，但在推广实施过程中缺乏强制执行力。新修订的体育法强调青少年和学校体育优先发展的战略地位，提出建立健全学生体育活动意外伤害保险机制，为我国保险行业面向青少年和学校体育开拓市场，提供多样化保险产品明确了法律依据，将促进我国学校体育保险的发展。

二、做好学校体育活动安全管理和运动伤害风险防控

学校体育活动，一般是指教育行政部门和学校组织开展或组织参与的体育课程、课外体育活动、课余体育训练、体育比赛，以及学生在学校负有管理责任的体育场地、器材设施上自主开展的体育活动。在体育活动开展过程中不可避免地发生安全事故和运动伤害，给学生的身心健康造成损害。这些安全事故和运动伤害有的是因为体育运动本身所存在的固有风险，有的是因为教育行政部门和学校安全管理和风险防控的缺失，例如学校的场地、设施、器械等不符合国家或有关部门的安全标准，存在安全隐患，体育课教学内容、难度、强度等超过了学生的身体承受能力，体育竞赛风险管控不严格，课外体育活动安排不合理，未进行体育活动安全要求和教育等。识别、衡量学校体育活动中的风险，采取可行的安全管理和运动伤害风险防控措施是保证学校体育活动目标实现的重要手段。

为了保障学校体育活动安全，国家出台了多项规定。1995年，原国家教委办公厅《关于加强学校体育活动中安全教育和安全管理工作的通知》（教体厅〔1995〕2号）就提出，“在开展各类学校体育活动，尤其是举办场（馆）内的比赛和登山、远足、冬（夏）令营等项目时，一定要将安全教育摆在首要位置，认真研究和分析各种情况，采取有力安全措施，杜绝各种事故隐患，切不可麻痹大意，不能存在侥幸心理”。2005年，教育部《关于加强学校体育活动安全防范工作的紧急通知》（教体艺〔2005〕12号）进一步强调，“学校开展一切体育活动的目的，都是为了促进学生的身心健康发展，在体育活动过程中首先要高度重视学生的生命安全，要切实树立健康第一的指导思想”。2010年修订的教育部《学生伤害事故处理办法》，为积极预防、妥善处理在校学生伤害事故，保护学生、学校的合法权益提供了重要的指引。2015年，教育部《学校体育运动风险防控暂行办法》（教体艺〔2015〕3号）对学校体育运动风险防控作出了具体的规定，如要求教育行政部门应当把学校体育运动风险防控作为教育管理与督导的重要内容，纳入工作计划，制订适合本地区的学校体育运动风险防控指导意见或工作方案，明确风险防控的具体内容和基本要求，指导并督促学校建立完善学校体育运动风险防控机制，落实防控责任和措施。学校应当建立校内多部门协调配合、师生员工共同参与的学校体育运动风险防控机制，制订风险防控制度和体育运动伤害事故处理预案，明确教务、后勤、学生管理、体育教学等各职能部门的职责，组织和督促相关部门和人员履行职责，落实要求。新修订的体育法明确规定“教育行政部门和学校应当做好学校体育活动安全管理和运动伤害风险防控”，为防范学校体育运动风险，保护学生、教师和学校的合法权益，保障学校体育工作健康、有序开展进一步提供了规范依据，有利于促进青少年健康成长。

第三十四条 幼儿园应当为学前儿童提供适宜的室内外活动场地和体育设施、器材，开展符合学前儿童特点的体育活动。

◆ **条文主旨**

本条是关于幼儿园体育活动的规定。

◆ **条文释义**

幼儿体育活动的重要性日益凸显。本条规定了幼儿园开展体育活动的条件，指导幼儿园开展适宜的体育活动。

一、幼儿园应当提供适宜的室内外活动场地和体育设施、器材

学前儿童身心正处于迅速发展时期，身心发展变化较大，体育活动对提高学前儿童身体素质，促进身心全面发展，具有十分重要的意义。幼儿园是一个拥有丰富的运动实践的学习环境，能够促进儿童运动、认知、情感、社会性的长期发展，是实施学前儿童体育活动的主要场所。2001 年的《幼儿园教育指导纲要（试行）》、2010 年的《国家中长期教育改革和发展规划纲要（2010—2020 年）》、2012 年的《3—6 岁儿童学习与发展指南》、2016 年的《幼儿园工作规程》，都把体育活动放在幼儿教育的重要位置，彰显国家对幼儿体育活动的重视。例如，《幼儿园工作规程》将“促进幼儿身体正常发育和机能的协调发展，增强体质，促进心理健康，培养良好的生活习惯、卫生习惯和参加体育活动的兴趣”，作为幼儿园保育和教育的主要目标。

幼儿园的室内外活动场地包括户外运动场地、室内活动场地、专门的体育活动室等，活动场地和体育设施、器材是学前儿童进行体育锻炼、提高身体健康水平、促进体质增强的必要物质条件。幼儿体育具有很强的特殊性，体育游戏是这一时期的主要运动方式。这就需要与之相配套的设施器材。但是，目前一些幼儿园活动场地和体育设施、器材都难以满足学前儿童体育活动需要，存在着场地缺乏，设施不全，器材设备不达标、成人化趋势，场地器材不够环保等问题。为了提高学前儿童体育运动水平，首先要补充和完善幼儿园的室内外活动场地，体育设施、器材要符合幼儿身心特点，建立较高的环保标准，为学前儿童提供丰富、专业、安全的体育活动条件。

二、开展符合学前儿童特点的体育活动

学前儿童身体各部分正处于发育的最重要时期，运动器官、神经系统等也正处于发育完善的过程中。在这一时期开展适宜的体育活动，能使学前儿童更好地成长、发育起来，反之则会对儿童的身体发育起到适得其反的效果。世界很多其他国家都提出要更好地了解学前儿童运动发展方向，计划更加适合学前儿童的运动方案。为更好地促进学前儿童的身体健康和运动能力的发展，学前儿童体育活动的开展应以学前儿童的安全为基本出发点，遵循他们的生长发育规律和运动学习规律，尊重个性发展特点，结合德智美劳的综合发展要求，促进他们身体发育和运动能力协调发展，增强学前儿童的身体素质，培养其体育运动的兴趣和习惯。以体育游戏为主要活动内容，开展适合儿童的体能和基本运动技能教学，循序渐进地开展项目教学，促进学前儿童的健康成长。

第三十五条 各级教育督导机构应当对学校体育实施督导，并向社会公布督导报告。

◆ 条文主旨

本条是关于学校体育督导的规定。

◆ 条文释义

教育督导是教育法规定的一项基本教育制度。教育督导工作的法律依据是《教育法》和《教育督导条例》。《教育法》第二十五条规定，国家实行教育督导制度和学校及其他教育机构教育评估制度。教育督导是指县级以上各级人民政府为了保证教育法律、法规、规章和国家教育方针、政策的贯彻执行，实施素质教育，提高教育质量，促进教育公平，推动教育事业科学发展，对下级人民政府落实教育法律、法规、规章和国家教育方针、政策，对本行政区域内的学校和其他教育机构教育教学工作进行监督、检查、指导、评估的制度。

学校体育是教育工作的重要组成部分，通过教育督导制度加强对学校体育的全面监督，是健全体育教学评价体系的必然要求。将学校体育纳入地方发展规划，明确政府、教育行政部门和学校的职责。把政策措施落实情况、学生体质健康状况、素质测评情况和支持学校开展体育工作情况等纳入教育督导评估范围。完善国家义务教育体育质量监测，提高监测科学性，公布监测结果。把体育工作及其效果作为高校办学评价的重要指标，纳入高校本科教学工作评估指标体系和“双一流”建设成效评价。对政策落实不到位、学生体质健康达标率和素质测评合格率持续下降的地方政府、教育行政部门和学校负责人，应依法依规予以问责。

此外，本条要求学校体育的督导报告应当向社会公布。《教育督导条例》第二十三条第二款也规定，督导报告应当向社会公布。向社会公布督导报告有利于社会全面了解学校体育工作的基本状况和存在的困难，了解学生体质健康水平及其存在的问题，引起社会的重视，为发展学校体育营造良好的舆论氛围。

第三十六条 教育行政部门、体育行政部门和学校应当组织、引导青少年参加体育活动，预防和控制青少年近视、肥胖等不良健康状况，家庭应当予以配合。

◆ **条文主旨**

本条是关于预防和控制青少年近视、肥胖的规定。

◆ **条文释义**

青少年近视和肥胖发生率居高不下，呈低龄化是一个复杂的问题，需要多部门协同配合共同治理。本条规定教育行政部门、体育行政部门、学校和家庭都有义务组织、引导青少年参加体育活动，形成四位一体的治理格局。

一、组织、引导青少年参加体育活动

青少年和学校体育是一项系统工程，不是某一个部门能独立完成的，需要多部门共同完成。2013 年 4 月 2 日，习近平总书记在参加首都义务植树活动时指出："身体是人生一切奋斗成功的本钱，少年儿童要注意加强体育锻炼，家庭、学校、社会都要为少年儿童增强体魄创造条件，让他们像小树那样健康成长，长大后成为建设祖国的栋梁之材。"首次提出家校社三位一体加强青少年体育锻炼的要求。此次体育法修订明确了教育行政部门、体育行政部门和学校都应当组织、引导青少年参加体育活动。通过多措并举，形成各方合力，稳步提升青少年体质健康。

二、预防和控制青少年近视、肥胖等不良健康状况

习近平总书记十分关心青少年的成长和发展，将其与国家前途、民族希望、中国梦联系在一起，指出“没有青少年健康成长，国家就没有远大发展”。我国青少年近视和肥胖等不良健康状况高发，并呈现低龄化的趋势，引起了习近平总书记的高度关注。2020 年 4 月 21 日，习近平总书记在陕西省安康市平利县老县镇考察调研时对镇中心小学的孩子们说：“现在孩子普遍眼镜化，这是我的隐忧。”

根据国家卫生健康委 2021 年 7 月 13 日新闻发布会介绍，尽管发布了诸如《综合防控儿童青少年近视实施方案》《儿童青少年肥胖防控实施方案》等多份政策文件，但是目前我国近视低龄化问题仍然突出，儿童青少年肥胖现象依然不容乐观。面对这个问题，只有综合施治方能达到遏制的效果。2021 年，教育部办公厅等十五部门印发《儿童青少年近视防控光明行动工作方案（2021—2025 年）》（教体艺厅函〔2021〕19 号）等文件，提出开展针对青少年近视、肥胖等问题的体育干预，进一步为青少年健康成长保驾护航。新修订的体育法将防控儿童青少年近视、肥胖等不良健康状况问题提高到法律的层面，协调多个部门，组织对这一问题采取措施，充分彰显出我国呵护儿童青少年体质健康的坚定决心。

三、家庭应当予以配合

在立法中，明确教育行政部门、体育行政部门、学校组织、引导青少年参加体育活动的责任，特别强调家庭的配合责任十分必要。《体育法》对学校体育课和学校体育活动都做了强制性规定，明确了教育行政部门、体育行政部门和学校在开展学生体育

活动方面的多项职能职责，确保开齐开足体育课和课外体育活动，确保学生在校期间每天锻炼时间不少于一小时。但校外的体育锻炼时间，主要通过家庭保障，只有家校协同，共同发力，才能稳步提升青少年身体素质和健康水平。此外，《家庭教育促进法》第二条明确提出家庭教育是指父母或者其他监护人为促进未成年人全面健康成长，对其实施的道德品质、身体素质、生活技能、文化修养、行为习惯等方面的培育、引导和影响。第十六条第四项规定，保证未成年人营养均衡、科学运动、睡眠充足、身心愉悦，引导其养成良好生活习惯和行为习惯，促进其身心健康发展。明确了家庭培育、引导和影响青少年参加体育锻炼的责任。

第三十七条 体育行政部门会同有关部门引导和规范企业事业单位、社会组织和体育专业人员等为青少年提供体育培训等服务。

◆ **条文主旨**

本条是关于为青少年提供体育培训等服务的规定。

◆ **条文释义**

青少年体育培训是社会参与青少年体育的重要形式，是校外体育和青少年体育市场的主要业态，也是改善青少年体质健康水平、普及青少年运动技能、培育体育后备人才等的应然诉求。在新时代背景下，青少年体育培训作为社会性服务产业的一部分，具有巨大的潜在需求和发展空间。我国一直非常重视青少年体育培训的发展，例如，2019 年，国务院办公厅发布的《关于促进全民健身和体育消费推动体育产业高质量发展的意见》提出，通过政府购买服务等市场化手段促进青少年体育培训服务业发展，积极引进专业教练员、退役运动员、体育培训机构进入校园提供课外训练和竞赛指导。

随着大众体育素养的不断提高，青少年课外体育快速增长，需求多元化、项目多样化，群体规模扩大的趋势愈发明显，需要多主体共同发力。因此，体育行政部门和有关部门应当充分发挥企业事业单位、社会组织和体育专业人员等多元主体的力量，引导形成规范化发展方式、多元化课程体系、便捷化参与方式、多样化培训形式和差异化服务内容的青少年体育培训服务体系。2020 年，国家体育总局、教育部出台《关于深化体教融合 促进青少年健康发展的意见》，提出要加强青少年体育俱乐部与学校合作，鼓励体校教练员和优秀体育教师参加各种体育运动技能培训。《全民健身计划（2021—2025 年）》中提出，各级体育行政部门要将青少年体育俱乐部作为深化体教融合的主要阵地。《“十四五”体育发展规划》提出要构建青少年体育社会组织的扶持、管理、服务和监督体系，支持青少年体育社会组织为学校体育活动提供指导。

近年来，青少年体育培训市场发展迅速，但是，部分校外培训机构也出现服务水平低下、不按规定提供服务、扰乱学校教育教学和招生秩序、过分逐利、服务质量不高等问题，造成了不良社会影响，增加了家庭负担。因此，体育行政部门和有关部门在引导青少年体育培训发展的同时，也应当注重相关培训主体的规范化，促进青少年体育培训形成良好生态、健康有序发展。2020 年，国家体育总局等八部委联合发布《关于促进和规范社会体育俱乐部发展的意见》（体规字〔2020〕2 号），鼓励支持社会体育俱乐部发展，引导社会体育俱乐部更加注重社会效益，强化社会责任，提高行业自律水平，不断壮大各级各类社会体育俱乐部，使社会体育俱乐部成为推动体育事业发展的重要力量。2021 年，国家体育总局办公厅印发《课外体育培训行为规范》，从课外体育培训场地设施要求、课程要求、从业人员要求、内部管理要求、安全要求等方面进一步完善了课外体育培训治理。

第三十八条 各级各类体育运动学校应当对适龄学生依法实施义务教育，并根据国务院体育行政部门制定的教学训练大纲开展业余体育训练。

教育行政部门应当将体育运动学校的文化教育纳入管理范围。

各级人民政府应当在场地、设施、资金、人员等方面对体育运动学校予以支持。

◆ 条文主旨

本条是关于促进各级各类体育运动学校发展的规定。

◆ 条文释义

体育运动学校是培养竞技体育后备人才的主阵地，是体育事业长远稳定发展的重要基础力量。各级体校不仅为竞技体育培养了大量人才，为国家争取了荣誉，也为体育运动更好地普及推广以及提升青少年身体素质做出了重要贡献。随着体育事业的快速发展，体校建设迎来了重大机遇，同时也面临着生源枯竭、办学困难等重大挑战。本条规定旨在通过综合治理，压实各级政府及教育行政部门、体育行政部门的责任，共同促进体校高质量发展。

一、体育运动学校对适龄学生依法实施义务教育

《义务教育法》第四条规定："凡具有中华人民共和国国籍的适龄儿童、少年，不分性别、民族、种族、家庭财产状况、宗教信仰等，依法享有平等接受义务教育的权利，并履行接受义务教育的义务。”第五条第三款规定：“依法实施义务教育的学校应当按照规定标准完成教育教学任务，保证教育教学质量。”

体育运动学校是以培养青少年运动员为主要任务的学校，是我国学校教育的重要组成部分，是实现我国竞技体育可持续发展的重要力量，是体育事业发展的重要基础。体育运动学校包括地方各级体育运动学校、竞技体校、单项体校、体育中学和少儿体校。竞技体育竞争日趋激烈，要想在竞争中始终保持优势，长久立于不败之地，永续不断的青少年体育后备人才是关键。其中，加强青少年运动员的文化教育，尤其是义务教育尤为关键，因为这不仅关乎个人长远发展，对竞技体育事业的全面、协调、可持续发展也具有十分重要的意义。现阶段，我国青少年后备人才队伍建设有待进一步加强，各类体校尤其是基层体校发展存在较大困难，后备人才培养面临巨大挑战。这其中既有基层体育行政部门撤销、管理力量削弱带来的影响，也有社会和家长出于对从事专业的竞技体育训练未来出路的担忧，担心体校的训练影响青少年运动员的文化教育，一旦训练成绩不突出，学业成绩也被耽误，就影响了个人的长远发展。

我国历来高度重视青少年体育后备人才的义务教育工作。2010 年，国务院办公厅转发国家体育总局、教育部、财政部、人力资源社会保障部《关于进一步加强运动员文化教育和运动员保障工作的指导意见》提出，“加强竞技体育后备人才培养阶段的文化教育工作，打好运动员文化教育基础”。2020 年，国家体育总局、教育部《关于深化体教融合 促进青少年健康发展的意见》（体发〔2020〕1 号）提出，“将体校义务教育适龄学生的文化教育全部纳入国民教育体系，配齐配足配优文化课教师，加强教育教学管理。鼓励体校与中小学校加强合作，为青少年运动员提供更好教育资源，创造更好的教育条件，不断提高其文化教育水平”。

体育法通过立法强调体育运动学校应当对适龄学生依法实施义务教育，不仅符合义务教育法的相关规定，也契合我国青少年体育后备人才培养的实际需求。

二、体育运动学校根据教学训练大纲开展业余体育训练

体校的主要任务是竞技体育后备人才的培养，体育专业训练是重中之重，体育法要求各级各类体育运动学校要按照国务院体育行政部门制定的教学训练大纲开展训练，提升科学训练水平，提高青少年运动员的竞技能力和比赛水平。合理平衡不同运动项目和不同年龄阶段运动员训练和文化学习时间，补齐文化教育的薄弱环节和短板，努力实现体育运动学校“文化知识和专业技能两手都要抓、两手都要硬”的培养目标，以“文化知识、运动成绩、思想素质”全面发展的培养理念培养高水平竞技体育后备人才和全面发展的优秀体育人才。

三、教育行政部门将体育运动学校的文化教育纳入管理范围

由于体育运动学校隶属于体育行政部门，教育行政部门容易忽视对体育运动学校文化教育方面的管理。为了更加明确管理职责，体育法明确规定教育行政部门应当将体育运动学校的文化教育纳入管理范围，十分必要。

教育行政部门拥有完整的教育资源，在文化课的师资配备、资金保障、课程设置等方面，都具有更大的优势。明确将体育运动学校的文化教育课程、教学、评价等纳入教育行政部门管理范围，由教育行政部门加强业务指导，监督实施状况和文化教育质量水平，能够切实保障运动员接受文化教育的权利。

通过立法规定，明确教育行政部门将体育运动学校的文化教育纳入管理范围的法定职责，能够进一步保障体育运动学校文化教育工作质量，提升体校运动员文化教育水平。

四、各级人民政府给予场地、设施、资金、人员等方面支持

各级各类体育运动学校是我国竞技体育人才培养的主阵地，是我国竞技体育人才的储备库，为我国竞技体育发展做出了突出贡献。但是，我国体育运动学校在发展过程中也面临着许多问题，突出的问题有体育场地不足、设施陈旧无法满足高质量训练需求、经费短缺、人员匮乏等，严重制约了体育运动学校的发展。本次体育法修订明确了各级人民政府应支持体育运动学校发展，并明确提出支持的事项，为体育运动学校发展提供了法律保障。各级人民政府要加强体校师资队伍建设，不断优化体校教练员岗位结构，完善教练员激励政策，强化教练员业务培训，加强体校文化课教师队伍建设，确保公办体校文化课教师工资待遇不低于当地普通学校同级教师标准；要加大体校经费投入，不断改善体校办学条件，按照不同层次体校选材、训练、参赛、办赛等需要，加大对体校场馆设施建设与维修、器材购置等的专项事业性经费投入，不断完善体校场地设施条件。

第四章　竞技体育

本章共14条，主要通过对体育赛事、职业体育以及运动员、教练员、裁判员等进行系统规范，保障竞技体育高质量发展，不断增强竞技体育综合实力和为国争光能力。

第三十九条　国家促进竞技体育发展，鼓励运动员提高竞技水平，在体育赛事中创造优异成绩，为国家和人民争取荣誉。

◆ **条文主旨**

本条是关于促进竞技体育发展的规定。

◆ **条文释义**

竞技体育是体育事业的重要组成部分，以体育赛事为主要特征，以攀登运动技术高峰、创造优异运动成绩、夺取比赛优胜为主要目的，在体育强国建设中具有重要的引领和带动作用。国家促进竞技体育发展的重要目标是提升竞技运动水平，在国际大赛取得优异成绩，完成“勇攀高峰，为国争光”的任务，提高竞技体育综合实力和国际竞争力，为国家和人民赢得荣誉。

一、国家促进竞技体育发展

新中国成立以来，我国一直注重竞技体育发展，将提升竞技体育综合实力和为国争光能力作为重要任务。通过举国体制广泛调动各方资源和体育系统的积极性，形成了以夺取奥运会为代表的国际大型高水平体育赛事优异成绩为目标的组织管理体系，推动竞技体育在世界大赛中取得优异成绩。通过竞技体育在国际赛场创造优异成绩，实现运动成绩和精神文明双丰收，塑造良好的国际形象，增强民族自豪感和国家凝聚力，为中华民族伟大复兴提供凝心聚气的强大精神力量。

新时代，加快推进体育强国建设对竞技体育提出了新的要求，既需要竞技体育继续在国际赛场取得优异成绩，提升综合竞争力，也需要拓宽竞技体育发展战略，丰富为国争光新内涵，推动竞技体育向均衡、协调、全面发展转变，通过竞技体育宣传社会主义现代化建设新成就，彰显经济社会发展新风貌，塑造新时代强国建设新形象。在实现强国梦的伟大征程中，竞技体育要把握体育强国梦与中国梦息息相关的定位，不断提升为国争光能力，为社会主义现代化强国建设作出新的贡献。一是坚持实施奥运战略，继续在重大赛事中取得优异成绩。科学统筹重大赛事备战参赛工作，做好奥运会备战工作的综合协调与组织保障，完成各类世界大型赛事的备战参赛任务；保持夏季奥运会成绩处于世界一流，冬季项目综合水平和国际竞争力持续提升。二是拓宽竞技体育战略目标，丰富为国争光新内涵。充分发挥竞技的引领作用，全面服务社会，竞技体育要引领群众体育发展，为群众体育提供更多体育消费产品，要带动体育产业发展，推动运动项目市场开发，培育职业赛事。要提升竞技体育的国际地位，提升我国在国际体育中的话语权、规则制定权等。要更加注重运动员在赛场上展现出来的综合素质和精神风貌，不断挖掘竞技体育的精神价值，为国家建设提供强大的正能量。三是推进竞技体育均衡发展，全面提升竞技水平。在巩固优势项目核心竞争力的同时，重点关注世界范围内开展更广泛、影响力更大的基础大项和“三大球”等集体球类项目；要以潜优势项目为突破口，力争拓宽项目夺金点；要持续提高运动训练的科技含量，不断提高竞技体育的质量和效益。

二、鼓励运动员提高竞技水平

竞技运动成绩是为国争光能力的显性指标，是衡量国家体育综合实力、体现体育强国建设水平的重要标志。为提升运动员竞技水平，20世纪80年代以来，围绕竞技体育我国实施了“优先发展战略”和“奥运战略”，1995年原国家体委颁布了《奥运争光计划纲要（1994—2000年）》，将“勇攀高峰，为国争光”作为竞技体育发展的主要任务；2002年国家体育总局实施《2001—2010年奥运争光计划纲要》，强调提高运动技术水平，继续在奥运会等国际大赛上取得优异成绩，为国争光；为更好地促进竞技体育发展，推动我国由体育大国向体育强国迈进。2011年国家体育总局颁布《2011—2020年奥运争光计划纲要》，指出到2020年，我国竞技体育的综合实力和国际竞争力显著增强，在奥运会等国际大赛上取得优异成绩，基本实现竞技体育结构更加优化、效益显著提高、各门类均衡发展的新局面，竞技体育综合实力进入世界竞技体育强国行列。在奥运战略推动下，中国体育健儿在奥运舞台、世界赛场上勇攀高峰、为国争光，以体育力量振奋民族精神，一次次创造了优异成绩、一次次登上了世界之巅。进入新时代以来，为加快推动体育强国建设，2019年8月国务院办公厅印发《体育强国建设纲要》，将“提升竞技体育综合实力，增强为国争光能力”作为体育强国建设的重要目标，推动竞技体育更好、更快、更高、更强发展，赋予了竞技体育新的历史使命和时代责任。此外，在体育发展五年规划中，也有专门促进竞技体育发展的内容，包括优秀运动员选拔培养、运动训练、竞赛体系、国家训练基地、复合型训练团队等方面。

三、鼓励运动员创造优异成绩

为国争光是中国竞技体育参与国际竞争的神圣使命。新中国成立以来，我国竞技体育在国家发展的大潮中搏击奋进。在“冲出亚洲，走向世界”“团结起来，振兴中华”以及建设体育强国等目标的驱动下，我国竞技体育以在国际大赛上取得优异成绩、为国争光为主要任务，积极参与国际重大赛事，不断提升竞技体育水平，为国家强盛和民族复兴增添了强大的精神力量。1952 年赫尔辛基奥运会，五星红旗首次在奥运赛场高高飘扬；1984 年洛杉矶奥运会，我国体育健儿实现奥运金牌零的突破；2008 年北京奥运会，中国首次登顶金牌榜，实现历史突破。从 1980 年参加第 13 届冬季奥运会开始，我国共参加了 12 届冬奥会，从 1992 年实现冬奥会奖牌零的突破，到 2002 年盐湖城冬奥会实现金牌零的突破，再到 2022 年，北京冬奥会位列金牌榜前三，30 年间冬季项目实现了跨越式发展，从 1984 年洛杉矶奥运会重返奥林匹克大家庭，实现奥运金牌“零”的突破，到 2000 年悉尼奥运会首次进入奥运金牌榜第一集团，再到 2008 年北京奥运会首次位列金牌榜首，我国创造了世界竞技体育史上的奇迹，为国家和人民赢得了荣誉。

第四十条 国家促进和规范职业体育市场化、职业化发展，提高职业体育赛事能力和竞技水平。

◆ **条文主旨**

本条是关于促进和规范职业体育发展的规定。

◆ **条文释义**

市场化、职业化是竞技体育提升自我发展活力和发展水平的重要体现，也是提高职业体育赛事能力和竞技水平的关键所在。

一、促进和规范职业体育市场化、职业化发展

我国体育职业化改革始于20世纪90年代初，在长期改革实践中，围绕运动项目的职业化发展、运动员职业化、职业联赛打造以及职业俱乐部发展等多个方面取得了一定成果，积累了一定的经验。

在职业体育初创时期，原国家体委和中国足球协会先后出台了多份政策文件，如1993年《关于培育体育市场、加速体育产业化进程的意见》等，在助推职业体育发展和引导初创的职业体育规范化方面发挥了重要作用。近年来，随着我国经济社会的发展，职业体育迎来了快速发展机遇。2010年国务院办公厅《关于加快发展体育产业的指导意见》提出，“支持和规范职业体育发展”，明确了职业体育的发展意义、发展方向及重点领域。2014年国务院《关于加快发展体育产业促进体育消费的若干意见》提出，“推进职业体育改革”，涉及职业体育发展重点方向和建设目标等内容。2015年《中国足球改革发展总体方案》强调，要“改革完善职业足球俱乐部建设和运营模式”。2019年《体育强国建设纲要》明确了体育强国建设中推进职业体育发展的战略重点、体制机制和具体要求。此外，《中共中央 国务院关于完善促进消费体制机制 进一步激发居民消费潜力的若干意见》《国务院办公厅关于加快发展体育竞赛表演产业的指导意见》《国务院办公厅关于促进全民健身和体育消费推动体育产业高质量发展的意见》等多份政策文件中，也都有促进职业体育发展的内容。这些政策文件为促进职业体育发展提供了有力的政策支持，发挥了积极的推动作用。

体育法从立法层面明确“国家促进和规范职业体育市场化、职业化发展”，其目的就是要加强顶层设计，进一步完善职业体育发展的支持、监管政策，理顺职业体育发展中政府、社会和市场之间的关系，明确运动员、教练员、俱乐部、协会等各方主体的权利义务，形成规范有序的、具有中国特色和世界影响力的职业体育发展体系。

二、提高职业体育赛事能力和竞技水平

职业体育发展的关键在赛事，提供满足社会需要的高质量赛事是职业体育独特价值所在。赛事能力建设是中国职业体育发展的基本任务，职业体育赛事能力包括赛事筹划设计能力、社会筹资能力、赛事筹备组织能力、赛事运营能力、专业服务能力、赛事的综合效益和影响力等，要通过提升职业体育赛事能力来促进职业体育有序发展，探索和建立中国特色职业体育赛事发展模式。

推进职业体育赛事能力建设，要以满足人民日益增长的美好生活需要为出发点，提供更为多样化的体育竞赛产品与服务，以项目结构合理丰富、布局体系联动有效的职业体育高质量发展为依托，提供专业化、常态化的赛事供给，实现品牌价值和自身盈利能力的提升。

赛事竞技水平提升是我国职业体育发展的压舱石。一是高水平职业体育赛事关乎人民群众的满意度，直接影响到人民的获得感、幸福感，是衡量职业体育发展水平和质量的重要指标。二是高水平职业体育赛事关乎竞技体育人才特别是后备人才的培养，相关项目在职业化、市场化、社会化的进程中，必须牢牢抓住高水平的运动员、教练员和裁判员等人才的培养和梯队建设不

放，构建竞技体育人才培养的完整体系。三是高水平职业体育赛事能够吸引全世界优秀人才参与，使我国运动员得到更多与世界优秀运动员同场竞技的机会，通过高水平的赛事锻炼收获更多的实战经验，从而实现提高职业体育赛事水平和质量的良性循环。

提高职业体育赛事能力和竞技水平，是国家关于职业体育发展的立法目的之一，也是发展职业体育的主要目标。

第四十一条 国家加强体育运动学校和体育传统特色学校建设，鼓励、支持开展业余体育训练，培养优秀的竞技体育后备人才。

◆ **条文主旨**

本条是关于加强体育运动学校和体育传统特色学校建设的规定。

◆ **条文释义**

体育运动学校和体育传统特色学校是我国培养竞技体育后备人才的主要阵地，加强体育运动学校和体育传统特色学校建设，鼓励、支持开展业余体育训练，是培养优秀竞技体育后备人才的重要手段，对于健全竞技体育后备人才培养体系、实现竞技体育可持续发展、提升竞技体育整体水平具有重要意义。

一、加强体育运动学校和体育传统特色学校建设

体育运动学校包括地方各级体育运动学校、竞技体校、单项体校、体育中学和少儿体校。体育传统特色学校是教育行政部门和体育行政部门在体教融合背景下，以体育传统学校和体育特色学校为基础形成的，旨在实现教育与体育行政部门在学校体育教育和体育后备人才培养上的全面融合。

2011 年，国家体育总局、教育部联合印发《中等体育运动学校管理办法》《少年儿童体育学校管理办法》《中等体育运动学校设置标准》，对学校管理体制、运行模式、办学资质、学习训练要求及各项保障措施做了明确规定，是加强各级体校建设的有力制度保障。此后，国家陆续制定了《关于进一步加强运动员文化教育和运动员保障工作的指导意见》《国家高水平体育后备人才基地认定办法》《关于加强竞技体育后备人才培养工作的指导意见》等文件，从科学训练、文化教育、竞赛体系、考核督导、经费保障、学历晋升和退役安置等方面，持续完善体校后备人才培养要求，推进各级各类体校建设。

体育传统特色学校是由教育、体育行政部门共同主导的竞技体育后备人才培养的新途径。2020 年，国家体育总局、教育部联合印发《关于深化体教融合 促进青少年健康发展的意见》（体发〔2020〕1 号），提出按照“一校一品”“一校多品”的学校体育模式，整合原体育传统项目学校和体育特色学校，由教育、体育部门联合评定体育传统特色学校。教育、体育部门共同完善体育传统特色学校的竞赛、师资培训等工作。教育部门支持优秀体育传统特色学校建立高水平运动队，给予相应政策支撑。体育部门对青少年各类集训活动进行开放，接纳在校学生在课余时间参加，推动社会公共体育场馆免费或低收费向学生开放，促进学校体育水平提高。体育传统特色学校是体育后备人才培养的新途径，一方面发挥教育系统的文化教育资源优势，充分挖掘其在培养高水平体育后备人才方面的潜力，并将其纳入培养和输送体育后备人才体系；另一方面发挥体育系统的专业体育资源优势，在保证学生及青少年运动员文化学习的基础上，提升学校开展运动训练的水平，提升学校体育教学质量和体育后备人才培养效率。

二、培养优秀竞技体育后备人才

体育运动学校是我国业余体育训练的主要形式，是培养优秀竞技体育后备人才的重要基地，也是我国高水平体育运动员的主要来源。据统计，我国在世界大赛上获得奖牌的运动员95%以上都来自各级各类体校。目前，全国公办体校数量达到2165所，在训人数达53.8万余人。在2020年东京奥运会上获得奖牌的114名运动员中有113人来源于各级各类体校或相关训练单位，占比超99%。在2022年北京冬奥会上取得前8名的49名运动员，也绝大部分来源于基层体校输送，其中46人由基层体校独立输送或由基层体校与相关单位共同培养，占比近94%。

体育传统特色学校是2020年国家教育部门和体育部门整合体育传统学校和体育特色学校基础上形成的人才培养方式，在培养优秀体育后备人才方面呈现出积极向上的发展态势。国家鼓励、支持两类学校大力开展业余体育训练，为国家培养优秀竞技体育后备人才。2017年，国家体育总局、教育部联合印发《关于加强竞技体育后备人才培养工作的指导意见》，强调各级各类体校是竞技体育后备人才培养的主体，提出包括利用课余时间，积极扩大初级训练规模、创新发展中级训练模式、着力提升高级训练质量的青少年三级训练网络建设要求，以及包括严格按照运动项目教学训练大纲的要求进行系统扎实的训练，促进青少年运动员基本技能的全面提高，坚决杜绝拔苗助长、弄虚作假；严格控制训练时间，中专阶段运动员每天训练时间不超过3.5小时，义务教育阶段运动员每天训练时间不超过2.5小时；根据青少年儿童成长发育规律和心理特点确定训练负荷，不断提高青少年科学训练水平等要求，以提高科学训练水平。《关于深化体教融合 促进青少年健康发展的意见》提出充分利用冬夏令营活动，以体育传统特色学校为主要对象，实施体育项目技能培训，并组织力量提供专业体育训练和指导，提高体育传统特色学校运动水平。

第四十二条 国家加强对运动员的培养和管理，对运动员进行爱国主义、集体主义和社会主义教育，以及道德、纪律和法治教育。

运动员应当积极参加训练和竞赛，团结协作，勇于奉献，顽强拼搏，不断提高竞技水平。

◆ 条文主旨

本条是关于运动员培养、管理和教育以及运动员履行义务的规定。

◆ 条文释义

运动员的培养与管理是竞技体育发展的重要基础，是体育强国建设的重要组成部分，要将运动员的培养和管理作为提升竞技体育综合实力的重要举措，为国家培养优秀体育人才。运动员除了积极参加训练和竞赛，不断提高竞技水平外，也要加强爱国主义、集体主义和社会主义教育以及道德、纪律和法治教育，不断提升职业素养和综合素质。

一、加强对运动员的培养和管理

运动员的培养包含了技能培育、文化教育、思想建设等内容。2017年国家体育总局、教育部联合印发了《关于加强竞技体育后备人才培养工作的指导意见》，提出打造“学校、体校、社会”共同参与的竞技体育后备人才培养体系，基本构筑了文化教育、技能培养、思想建设等多措并举的运动员培养体系。运动员普遍具有公民、体育从业者、学生三重身份。作为公民，运动员必须掌握基本的文化知识，遵守法律法规，崇尚社会道德，拥护中国共产党的领导，忠于祖国和人民，担负起公民应尽的责任。作为体育从业者，运动水平是运动员区别于其他社会成员的主要标志，应当加强运动员技能培养，构建科学化、专业化、智能化、系统化的技能提升体系。作为学生，青少年运动员必须接受文化教育，教育行政部门和体育行政部门要深入合作，进一步拓宽运动员求学通道。针对国际竞技体育发展的新局面、国内体育事业建设的新要求，运动员的培养应当继续坚持和深化举国体制，优化多元主体参与的运动员培育模式；加强体教融合，探索运动员文化教育和体教融合新模式，鼓励和支持社会力量积极参与运动员培养。

要创新运动员管理机制，尊重市场规律，积极探索以运动员为核心、符合各方利益的运动员注册和管理机制。针对运动员进行全职业生命周期追踪和保障，优化运动员选材机制，扩展运动员选材渠道；提高运动员职业待遇，保障运动员基本生活水平；拓展运动员上升通道，鼓励退役运动员求学、就业、创业。

二、对运动员进行爱国主义、集体主义和社会主义教育，以及道德、纪律和法治教育

爱国主义教育，就是培养运动员对党和国家的深厚感情，激发对国家、民族和文化的归属感、认同感、尊严感和荣誉感。运动员代表国家参赛，必须牢记为国争光的崇高使命，决不允许任何有损国家尊严、国家利益和国家荣誉的行为。

集体主义教育，就是培养运动员的集体观念、集体荣誉感和团队协作精神，做到始终把集体利益放在个人利益之前，当个人利益和集体利益发生冲突时，能够自觉服从集体利益的需要，牺牲个人利益。运动员参加重大比赛，必须有集体观念，只有团结协作，才能取得胜利。

社会主义教育，就是培养运动员对中国特色社会主义的认同感，通过社会主义教育，了解社会主义革命、建设和改革给中国的发展作出的巨大贡献、带来的巨大变化，使运动员体会到中国特色社会主义制度的优越性，引导运动员培育和践行社会主义核心价值观。

道德、纪律和法治教育，就是培养运动员高尚的道德情操、严格的纪律观念和基本的法治思维。道德教育重在修身养性，以中华民族传统美德和文化内涵，通过言传身教、潜移默化，提升运动员的思想境界和道德修养；纪律和法治教育重在宣传，要通过反复宣讲，让纪律和法治的意识真正入脑入心，成为运动员心中不敢触碰也不能触碰的“红线”。

三、运动员应当履行相应义务

提升竞技水平的基础是训练和竞赛，运动员的本职工作就是通过运动训练提升竞技水平，不断突破自我，取得更好的运动成绩。运动员必须认真积极地参加安排的训练和竞赛，努力提升竞技水平。

竞技水平的提高是一项系统工程，不仅需要运动员个人努力提升运动技能，突破生理极限，还需要运动员在精神层面不断提升自我。团结协作、勇于奉献、顽强拼搏是中华体育精神的重要内容，也是运动员必须坚持和遵守的职业素质，是运动员能够得以不断突破自我、取得更好运动成绩的精神动力。团结协作，要求运动员充分认识到运动成绩的取得源于队友、教练员、辅助人员等团体的共同努力，是集体努力在个人层面的体现，运动员应当培育良好的团队协作精神，摒弃个人英雄主义的思想。勇于奉献是运动员的基本素养，也是竞技水平提升的关键。在训练和竞赛中，奉献自己、成就集体是每一个运动员必须具备的基本意识。

顽强拼搏，要求运动员在竞赛中敢于争先，做到坚韧不拔、不屈不挠，敢于面对强手不退缩，勇于突破自我、突破极限，发挥自身最大潜力和水平。

第四十三条　国家加强体育训练科学技术研究、开发和应用，对运动员实行科学、文明的训练，维护运动员身心健康。

◆ 条文主旨

本条是关于加强体育训练科学技术研究、开发和应用的规定。

◆ 条文释义

随着经济社会发展和科技进步，竞技体育水平的提高也越来越多地体现出科技含量和科技的推动作用，要注重维护运动员身心健康，加强科学、文明的训练，剔除野蛮的、不科学的训练。

一、加强体育训练科学技术研究、开发和应用

在竞技比赛的赛场上，百分之一秒的时间差距和一毫米的距离差距都可以改变奖牌的归属。加强体育训练科学技术研究、开发和应用，可以挖掘运动员潜能，通过合理地运用现代科技手段，提升运动员竞技表现，以尽最大可能保障竞技胜利。

一是加强体育训练科学技术研究。加强体育训练科学技术研究的投入与创新力度，将新科技不断应用到竞技体育中，已经成为国际竞技体育的发展趋势。要创新我国体育科学研究的体制机制，紧密结合体育事业的发展实际，积极开展科学研究和科技服务，充分发挥科技的支撑、保障和先导作用。在体育训练科学技术研究方面，根据运动训练实践中具有共性的关键问题，加强与

生理生化、材料、医疗保健等学科领域之间的合作，进行科研攻关与科技服务。加大科研投入，推进体育科研创新平台建设和国际体育科技合作。加强科学训练和技战术训练的大数据研究，提高专项体能训练和科学恢复水平，加快生物技术、体育装备、训练器材和科研仪器等更新迭代，提高训练过程和状态调控的科学化、信息化水平。

二是加强体育训练科学技术开发。融合体育科学、医学、工程学等多学科，共建“产、学、研、医、用”一体化创新平台，整合前沿科技，同时通过推进国家队训练方法、训练科学技术、训练场地器材等实行市场化开发和成果转化，使竞技体育成绩保持高质量发展的态势。坚持以改革促备赛，以备赛强改革，不断完善科技备赛制度，推进复合型训练团队攻关模式，集成创新备赛训练方法。加强训练过程监控评价，实施科技攻关和科学备战，构建科技助力奥运备战的体系和平台。发挥高科技优势，加快训练仪器设备智能制造水平，综合利用大数据、动作分析、3D 打印、风洞技术、系统模拟等新理念、新技术、新手段，提升奥运备战科学训练和科技攻关内涵，向世界展示奥运赛场中国体育军团智能芯和科技动力。

三是以应用为导向专门服务于竞技体育。先进的科学技术应用于竞技体育领域，着重于创造运动员“高水平表现”的运动成绩。由我国自主研发的钢架雪车鞋具备独创导流板和翼型降阻设计，经风洞测试整体鞋身风阻降低 10%，且充分应用了钛合金 3D 打印、仿生流体力学等前沿科技。通过六自由度运动平台及同步视频画面模拟出钢架雪车、雪车、雪橇、高山滑雪、越野滑雪等项目的真实赛场环境，帮助运动员提前将赛道信息牢记于心。我国体育科技战线以应用为导向，以解决体育发展的难点问题和运动实践中的关键问题为着力点，加强具有主动性、前瞻性、系统性的决策研究，提升破解难题、攻克难关的能力，为体育强国建设提供理论和科技支撑。

二、对运动员实行科学、文明的训练

加强体育训练科学技术研究、开发和应用，同时在提高运动员科学、文明训练和维护运动员身心健康两个方面起作用，最终提高运动成绩和预防运动损伤，最大程度上将科学研究和科技成果转化为运动员的竞争力。

坚持科学训练、文明训练，要将现代自然科学技术和社会科学知识运用到运动队的训练和管理之中，提高运动队训练和管理的科学化水平。教练员应与科研人员密切配合，探索和掌握本项目训练规律，加强训练的科学性，运用现代科学理论和技术指导训练工作。要加强运动队、教练员和运动员日常生活等各项工作的管理，建立健全各项管理制度。教练员与运动员应当建立良好的、平等的教训关系。坚持文明训练，教练员要爱护运动员，尊重运动员的人格。

科研团队要根据运动员训练的直接反馈和监控数据，综合运用多种疲劳恢复方法和手段，维护运动员身心健康。针对运动员的伤病问题，及时做出明确诊断，确定康复思路和方向，形成康复方案并实施。建立专家会诊机制，针对重大伤病启动医疗康复团队的专家会诊程序，用好训练监控、疲劳恢复、信息情报收集等方面的周期总结，把对项目的研究成果应用好，积极主动地创新科技助力手段。重视科技在反兴奋剂工作中的作用，提升兴奋剂检查的科学性和针对性，推进兴奋剂检测新技术、新方法的开发应用，加强反兴奋剂最新技术方法、国际政策规则等研究。维护体育竞赛的公平竞争，提倡健康、文明的体育运动，积极倡导体育职业道德规范。

第四十四条　国家依法保障运动员接受文化教育的权利。

体育行政部门、教育行政部门应当保障处于义务教育阶段的运动员完成义务教育。

◆ **条文主旨**

本条是关于保障运动员接受文化教育的权利的规定。

◆ **条文释义**

受教育权是公民享有从国家获得接受教育的机会和接受教育的物质帮助的权利。教育是一个人了解自身社会价值及社会责任的必要途径，也是一个人获得社会适应能力的必要过程。保障与落实运动员受教育的权利，既是提升运动员综合素质的必然要求，也是解决运动员退役安置的重要举措，顺应了新时代保障运动员权利的发展趋势，体现了本次修法对运动员权利保护的重视。

一、保障运动员接受文化教育的权利

受教育权是我国公民最基本的权利之一，接受教育是公民实现自身社会价值、适应社会发展的必要过程。《宪法》第四十六条规定："中华人民共和国公民有受教育的权利和义务。国家培养青年、少年、儿童在品德、智力、体质等方面全面发展。"公民在不同阶段享有接受不同教育的权利。除适龄儿童、青少年享有接受九年义务教育的权利外，公民拥有接受中等教育、职业教育和高等教育的权利，成年人拥有接受成人教育的权利。随着我国社会主义市场经济的不断发展，运动员退役后面临自由择业以及自身发展等问题，而不同年龄运动员受教育权的保障，为不同年龄段运动员的未来发展奠定基础。我国多数优秀的竞技体育运动员在役期间投入大量时间与精力在专项运动训练中，而忽略了自身综合素质的全面发展，造成的后果是大量专业运动员退役后工作方面的选择范围较小。因此，为不同年龄段的运动员提供合适的教育方式，也是保障运动员受教育权的重要内容。地方体育行政部门及教育行政部门在保证适龄运动员接受九年义务教育的前提下，必须努力推动不同年龄段运动员，特别是成年后运动员以及退役运动员的再教育，推动符合条件的优秀运动员进入高校继续深造，进一步提高优秀运动员文化素质和职业能力素养。同时，要充分调动企业、事业单位以及其他社会组织力量，为不同年龄运动员以及退役运动员提供职业能力培训，从而帮助运动员退役后更好地融入社会。

二、保障适龄运动员完成义务教育

竞技体育运动员人群的年龄跨度大，竞技体育后备人才队伍中包含了规模庞大的儿童、青少年人群，这些人群正处于我国九年义务教育规定的年龄。《义务教育法》第十一条规定，凡年满六周岁的儿童，其父母或者其他法定监护人应当送其入学接受并完成义务教育。因此，义务教育是国家统一实施的所有适龄儿童、少年必须接受的教育，是国家予以保障的公益性事业。在九年义务教育规定年龄内的运动员，理应严格按照《义务教育法》的相关规定，依法履行受教育义务。体育行政部门及教育行政部门应当采取严格有效的监督与保障措施，保护适龄运动员依法享有义务教育的权利。

随着体育改革的深入发展，特别是随着运动员所处的内外部环境的不断变化以及运动员职业转型的转变，运动员文化教育供给的不充足，不同区域间、项群间、年龄间运动员文化教育水平的不平衡等问题凸显，依然不能满足运动员个体全面发展的多样化和层次化的需求。体育法强调处于义务教育阶段的青少年运动员，应根据《义务教育法》的要求接受义务教育，并按照义务教育阶段课程标准，开齐开足上好各类文化课程，从而为青少年运动员后续学习与提升奠定基础。

三、政府相关部门保障运动员受教育权的责任

在立法中强调保障运动员接受文化教育的权利，不仅在于明确运动员受教育权的必要性及合法性，更在于明确政府相关部门对运动员进行系统、科学的教育，将运动员的受教育权落到实处的法定职责。运动员作为一种特殊的社会职业，职业目标就是不断提高自身竞技水平进而取得良好的竞技体育成绩。因此，现实中存在对运动员文化素质教育的重视程度不够的不良现象。保障运动员受教育权的落实首先要在理念内涵、社会价值、法理依据方面阐述其合理性及正当性，消除认识误区。此外，保障运动员受教育权的落实有赖于针对运动员教育管理体制的创新发展。2020年，中共中央办公厅、国务院办公厅联合印发《关于全面加强和改进新时代学校体育工作的意见》，提出“深化体教融合，健全协同育人机制，为学生纵向升学和横向进入专业运动队、职业体育俱乐部打通通道”。体教融合关注的重点是竞技体育运动员在培养过程中的学训矛盾，各级体育及教育行政部门要充分贯彻“体教融合、推进协同育人”的工作原则，积极探究针对竞技体育运动员的体教融合模式，不断深化体教融合模式的改革与创新，促使教育部门与体育部门通力协作，在工作机制与治理手段方面实现一体化设计。推动将体育系统与教育系统在目标、功能、理念等方面的充分融合，努力改进和解决长期以来在体制机制上的问题。利用创新的体教融合理论、体教融合模式提高运动员受教育的质量，保证运动员受教育权落到实处。

第四十五条　国家依法保障运动员选择注册与交流的权利。

运动员可以参加单项体育协会的注册，并按照有关规定进行交流。

◆ 条文主旨

本条是关于保障运动员选择注册与交流权利的规定。

◆ 条文释义

国家依法保障运动员选择注册与交流的权利是优化运动员人才资源配置，提高运动员队伍的管理效率，保障训练工作质量和规范运动竞赛秩序，促进我国竞技体育有序发展的重要保障。本次体育法修改将运动员的注册与交流从强制性义务变成了选择性权利，从法律上赋予了运动员更大的自主权。

运动员依法享有选择注册与交流权利，这是解决运动员人才资源配置的有效手段。能够为运动员提供共同遵守的办事规程或行动准则，对于我国运动员注册交流工作的规范化管理至关重要。为有效解决运动员在参赛过程中归属不明确、出现资格争议等问题，优化我国竞技运动项目布局，合理配置运动人才资源，推动我国及各省（区、市）竞技运动可持续发展，国家对运动员注册与交流的管理十分重视。2003 年，国家体育总局印发了《全国运动员注册与交流管理办法（试行）》（体竞字〔2003〕82 号），进一步明确运动员的注册关系、促进运动员合理流动，加强对运动员注册与交流工作的规范管理。

运动员注册，是指具有注册资格的单位到全国性单项体育协会或者有关体育组织为签订代表资格协议的运动员办理代表资格登记注册，以确认运动员的代表单位和参赛资格。这既是对运动员进行管理的有效方式，也是组织全国综合性运动会或重要单项赛事的客观需要。通过对运动员进行注册，可以明确参赛资格，加强运动队管理效率，保障运动员的参赛机会，为运动员流动提供基本依据。

运动员注册，可以选择全国性单项体育协会，也可以选择地方体育部门、其他社会组织或职业体育俱乐部，明确代表单位。参加全国运动会、全国学生（青年）运动会以及全国单项正式比赛，均应进行代表资格注册，全国性单项体育协会或国家体育总局运动项目管理中心负责对运动员进行资格审查、注册和管理工作。运动员在注册后，如果签订了注册协议，协议期满后，就可以按照相关规定进行交流，由于足球、篮球等项目的职业联赛规则不同，交流的具体办法既要符合体育行政部门的规定，也要遵守相关全国性单项体育协会的行业要求。

第四十六条　国家对优秀运动员在就业和升学方面给予优待。

◆ 条文主旨

本条是关于给予优秀运动员就业和升学优待的规定。

◆ 条文释义

优秀运动员是体育事业发展的重要群体，切实做好就业和升学方面的保障工作，解决运动员的后顾之忧，能够更好地调动运动员的积极性，提高运动员综合素质，促进运动员全面发展，对体育事业可持续发展也有重要意义。国家对运动员就业和升学问题历来十分重视，专门制定和出台了一系列关于优秀运动员优待的政策并逐步将其规范化与制度化。

一、给予优秀运动员就业方面的优待

在就业方面，2002 年，国家体育总局、中央编办、教育部、财政部、人事部、劳动保障部联合发布《关于进一步做好退役运动员就业安置工作的意见》（体人字〔2002〕411 号），指出现阶段需完善运动员职业转换社会扶持体系，进一步做好退役运动员就业安置工作。2014 年，国务院发布《关于加快发展体育产业促进体育消费的若干意见》（国发〔2014〕46 号），提出鼓励有条件的高等院校设立体育产业专业，鼓励多方投入，开展各类职业教育和培训，加强校企合作，多渠道培养复合型体育产业人才，支持退役运动员接受再就业培训，鼓励退役运动员从事体育产业工作。

同时，教育和体育行政部门联合保障优秀运动员发展，加大对高水平运动队的招生和管理力度，既能够吸收更多优秀青少年运动员进入高校学习文化知识，又能够提升高校的整体竞技水平，有利于竞技体育后备人才培养。鼓励各地中小学建设“一校一品”的体育特色学校，积极拓宽优秀运动员普及体育知识、传播体育技能的职业渠道，吸纳优秀运动员进入中小学任教，担任体育教师、学校体育教练员，为优秀运动员从事学校体育工作创造更加优异的条件。给予从事教师职业的优秀运动员在职称评定、继续教育等方面的优惠政策，享受与当地其他学科教师同等待遇，合理保障工资薪酬与职业发展机会。

二、给予优秀运动员升学方面的优待

在升学方面，根据国家体育总局、教育部等六部委《关于进一步做好退役运动员就业安置工作的意见》和教育部有关文件规定，国家体育总局持续开展高校保送录取优秀运动员工作。目前，已有不少优秀运动员通过面试、推荐或单独测试等途径进入各类高校就读。

2010年，国务院办公厅转发体育总局等部门《关于进一步加强运动员文化教育和运动员保障工作的指导意见》提出，鼓励体育运动学校的毕业生通过普通高校运动训练、民族传统体育专业单独招生和高等学校招收高水平运动员等单考或统考形式，进入高等学校学习。2020年，国家体育总局和教育部印发《关于深化体教融合 促进青少年健康发展的意见》（体发〔2020〕1号），进一步提出对高水平运动员的教育与升学给予支持和优待。

2020年，国家体育总局和教育部印发《关于深化体教融合 促进青少年健康发展的意见》（体发〔2020〕1号），提出教育部门要完善加强高校高水平运动员文化教育相关政策，通过学分制、延长学制、个性化授课、补课等方式，在不降低学业标准要求、确保教育教学质量的前提下，为优秀运动员完成学业创造条件。

第四十七条　各级人民政府加强对退役运动员的职业技能培训和社会保障，为退役运动员就业、创业提供指导和服务。

◆ 条文主旨

本条是关于加强对退役运动员的职业技能培训和社会保障的规定。

◆ 条文释义

退役运动员是具备特定运动能力和技术水平的体育人才群体，由于长时间训练，普遍存在文化基础知识不扎实、职场生存技能缺乏、人际沟通能力较弱等问题，再就业存在难度。此外，由于运动训练行业存在较高的风险性和淘汰率，导致运动员的运动生涯终结存在不确定性。加强对退役运动员的职业技能培训和社会保障，有利于培养运动员职业转换能力、完善运动员职业规划，有利于稳定运动员后备人才队伍，保障竞技体育事业健康可持续发展。

一、加强对退役运动员职业技能培训和社会保障

退役运动员职业技能培训是指政府和相关部门为了退役运动员在就业市场中重新找到能适合和愿意从事的工作，而投入一定的资金，在一定期限内对他们进行符合市场需求、满足个人兴趣的技能培训，提高退役运动员人才资本和从事职业技能能力。2002年《关于进一步做好退役运动员就业安置工作的意见》提出，“有关院校和培训机构要积极支持退役运动员的职业技术培训工作；各级教育、劳动保障部门对于体育部门举办的职业技术培训要给予积极支持。对于经过培训、考核合格的人员，由劳动保障部门颁发相应的《职业资格证书》。”此后，国家体育总局相关文件也多次强调要加强运动员职业培训。

各级各类拥有职业培训资源的相关学校、机构、企业是承担职业培训的主要载体，鉴于运动员群体存在项目类别多、差异大，文化水平和能力不一等差异，职业培训需要因材施教，多层次分类供给。一类是体育职业类，即充分利用体育行业特有工种职业技能鉴定平台，帮助运动员获得与运动项目相关、符合运动员特长、社会需求量大的体育行业职业资格证书，为退役运动员继续在体育行业发挥特长创造条件、提供就业指导和援助。另一类是非体育类，即针对退役运动员的特性和专长，培养其成为能胜任社会需求的某种或多种职业岗位的复合型人才，以胜任非体育类职业岗位。

退役运动员社会保障是指相关责任主体为退役运动员参加养老、工伤、失业等社会保险，缴纳社会保险费用，享受社会保险待遇以及在运动员退役后进入其他单位工作转移社会保险关系而作出的制度安排和相关规定。2006 年《关于进一步加强运动员社会保障工作的通知》强调“要按照属地管理原则，逐步将各优秀运动队编制内运动员纳入当地社会保障覆盖范围，妥善解决编制外试训运动员的医疗、工伤等社会保险问题，建立完善的运动员社会保险基础档案。运动员退役后执行新进入单位的社会养老保险制度。”

我国运动员社会保障逐渐完善，主要涵盖社会保险、社会救济、社会优抚、社会福利、社会互助等方面。其中社会保险涉及养老保险、医疗保险、失业保险和伤残保险等。社会救济是指国家和社会对陷入生活困境的退役运动员，给予物质接济和扶助，以保障其最低生活标准的制度。社会优抚是指为国家作出特殊贡献的优秀运动员或群体（退役运动员、家属等）实行的各种优待、抚恤制度。社会福利由社会补贴、职业福利、住房福利等项目组成。社会互助是民间互助行为，是非正式的制度安排，有别于政府组织的社会保障和社会救助。近年来，国家对退役运动员就业、创业提供的指导和服务逐渐丰富。2014 年《体育总局关于进一步做好退役运动员就业安置工作有关问题的通知》指出，“健全创业服务体系，为创业运动员提供项目信息、政策咨询、开业指导、融资、跟踪扶持等综合性服务”。从保障性的就业帮扶到全面的就业与创业指导和服务，退役运动员的职业指导和服务日渐丰富，择业面逐渐拓宽，顺应了市场细分背景下运动员多样化的职业需求和创业需要。

二、为退役运动员就业、创业提供指导和服务

要做好退役运动员就业、创业的指导和服务工作，各级人民政府及其有关部门应当积极创造条件，进一步做好退役运动员就

业安置工作，鼓励街道、社区聘用体育专业人才从事群众健身指导工作，继续加强与各级政府有关部门的沟通协调，体现运动员人才特殊性，加大退役运动员组织安置力度。加强舆论引导，创造有利于运动员就业安置的社会环境；建立健全退役运动员就业信息服务平台，提供政策发布、岗位信息、网络招聘、远程面试、指导咨询等服务；创新就业服务模式，完善服务措施，指导退役运动员参加就业实习、见习；根据退役运动员就业安置工作特点，组织企事业单位开展专场招聘会、供求洽谈会和网络招聘等活动；充分借助体育人才服务机构等力量，进一步做好运动员就业服务工作。主要有以下方式：

一是开展退役运动员职业技能培训。体育行政部门要立足退役运动员文化基础和择业意向，从社会和市场需求出发开设实用技能培训班或辅导班，积极探索多种形式的联合办班，突出利用地方高职院校优质职业教育资源。地方其他部门特别是教育、人力资源社会保障等部门要积极支持体育行政部门，对退役运动员职业技能培训提供人力、物力和政策方面的保障。对经过培训且考核合格的运动员，应颁发相应的职业资格证书。

二是合理界定培训岗位及岗位技能类别。应根据拟定的工作岗位或岗位群确定培训内容，合理界定适合运动员“二次就业”的工作岗位。分析岗位所需的能力和技能类别，保证运动员职业技能培训内容更加贴合社会需要、更加科学有效。要合理构建培训课程模块，按照不同岗位的技能要求，设置可供运动员选择的培训课程模块，将职业通用能力培养和社会岗位要求的专业能力培养相结合。

三是完善职业技能培训运行机制。由体育行政部门牵头，联合培训单位，建立省内运动员职业技能培训专家委员会，在对地方职业需求充分调研基础上，根据各地运动员实际情况研制培训计划与方案。建立激励机制，由体育行政部门制定相关政策，引导和激励各部门积极开展培训工作。

四是健全运动员社会保障体系，进一步明确退役运动员的养老保险责任主体，强化对退役运动员的保险宣传工作，提升运动员的风险规避意识。建立更为全面的医疗保险体系，将所有的退役运动员纳入现有医保体系中，为退役运动员建立专门的伤残医疗保险制度，并进行合理的额度报销。完善就业保障制度，发挥大数据和网络化功能，最大限度为运动员提供就业指导，拓宽就业渠道，增强运动员进企业、社区、学校等基层单位的能力。

五是发展运动员补充社会保险制度。除常规社会保障外，还可进一步发展运动员补充社会保险，如在基本养老保险的基础上，建立由行业、地方和运动员共同负担的补充养老保险制度；在运动员伤残互助保险基金制度的基础上，扩大医疗保险覆盖面，拓宽融资渠道，开发商业养老保险和商业医疗保险市场；在人身保险基础之上，根据不同运动项目特征，开发不同类型的运动损伤险种，满足不同层次的保障需求，提高保障水平。

六是强化资金保障和完善配套政策。确保退役运动员社会保障资金充足，多措并举筹集退役运动员的社会保障资金，如通过建立退役运动员互助救济基金、社会捐款、运动员创业基金等方式来维持充足的社会保障资金。完善相关配套政策，进一步规范国家、地方、单位和运动员各主体的权利和责任，加强跟踪落实，使运动员的权益切实得到法律保障。

第四十八条　国家实行体育运动水平等级、教练员职称等级和裁判员技术等级制度。

◆ **条文主旨**

本条是关于体育运动水平等级、教练员职称等级和裁判员技术等级制度的规定。

◆ **条文释义**

体育运动水平等级、教练员职称等级和裁判员技术等级是对一个人某一运动项目技能水平、体育教学训练水平和裁判员的业务水平的评价。确立体育运动水平等级、教练员职称等级和裁判员技术等级制度有助于最大限度地释放和激发运动员、教练员和裁判员的活力，为体育强国建设提供人才支撑。

一、体育运动水平等级制度

本次体育法修订将原法中的"运动员技术等级制度"修改为"体育运动水平等级制度"。运动员技术等级制度是面向运动员的一项运动等级称号授予制度，只有参加了特定的赛事，并取得一定成绩，才能够具备授予相应等级运动员技术等级称号的资格。运动员技术等级称号分为国际级运动健将、运动健将、一级运动员、二级运动员、三级运动员五类。此外，体育实践中，各项目协会还制定了"业余运动员技术等级"标准等，存在主体交叉、等级衔接不畅的问题。体育法关于国家实行体育运动水平等级的规定有效解决了这一问题，在尊重项目规律、尊重历史形成以及尊重国际惯例的前提下，坚持面向全体人民的原则，按照打通群众锻炼标准与运动员技术等级标准之间制度藩篱的要求，重新构建了科学规范、统一管理的体育运动水平等级制度。相应的等级称号体系以运动员技术等级称号为基础在现有五级称号的前提下，根据项目特点和参与人群往下延伸，设立适合全部人群的等级称号。同时，全面放开可以授予运动水平等级称号的赛事，实行运动水平等级测试和评定分级管理，形成包括测试体系、赛事体系在内的完整的等级标准认定体系，对于三级运动员以下的等级称号，原则上通过测试获得；对于三级运动员及以上的等级称号，则需参加一定层级的赛事并取得相应成绩。

这一制度设计既能够解决当前体育运动水平等级主体交叉重叠、等级衔接不畅的现实问题，又在一定程度上提高了各地等级标准的统一性和不同项目之间的可比性，还能够促进各级体育行政部门管理职能的转变，是体育领域深入推进“放管服”改革，不断满足广大人民群众体育新需求的有力举措。

二、教练员职称等级制度

教练员是指培养、训练运动员的专业人员，是体育事业发展十分重要的群体，担负着培养各类体育后备人才的重任，教练员的素质和水平一定程度上决定了体育事业发展尤其是竞技体育发展的厚度和层次。完善教练员职称等级评定制度，需要通过健全教练员职称制度体系、完善评价标准、创新评价机制、加强评审监管、优化公共服务等措施，形成设置合理、评价科学、管理规范、社会和业内认可的体育专业人员职称制度。

教练员职称等级制度主要包括以下方面：教练员职称设置方面，分为初级、中级、高级，其中高级分设为副高级和正高级职称，对应的名称分别为初级教练、中级教练、高级教练、国家级教练。教练员岗位职责方面，主要是完成训练教学任务，提高运动技术水平，全面关心运动员的成长，做好包括反兴奋剂在内的运动队管理工作，参加规定的岗位培训、进修学习，高等级教练员须承担对低等级教练员的业务指导、培训和辅导基层训练工作。教练员任职条件方面，应以品德、能力、业绩为导向。品德上，各级体育教练员必须遵守国家法律法规，热爱体育事业，具有良好的职业道德和敬业奉献精神；能力上，具备相应的专业知识和授技育人能力，切实履行教练员岗位职责和义务。专业技术方面，因等级不同而有不同的要求，主要包括文化程度、从事训练工作年限、掌握体育专业理论知识和训练技术手段方法的程度，以及培养输送运动员情况，训练运动员取得的成绩情况、突出实际贡献等。教练员评价体系方面，教练员职称评定实行国家、地方和单位相结合，严格按照权限和程序评定。

通过立法规定国家实行教练员职称等级制度，对于进一步发挥中国特色的制度优势，完善教练员管理制度体系，更好地激发教练员工作积极性，具有十分重要的意义。

三、裁判员技术等级制度

裁判员技术等级制度是根据裁判员技术水平的高低而授予不同等级称号的制度。国家实行这项制度的目的，就是鼓励裁判员不断钻研业务，提高执裁水平，保障体育赛事活动和竞技体育事业有序发展。

裁判员技术等级制度主要包括以下内容。裁判员技术等级称号方面，分为国家级裁判员、一级裁判员、二级裁判员、三级裁判员。获得国际单项体育组织有关裁判技术等级认证者，统称为国际级裁判员。全国性单项体育协会负责本项目我国国际级裁判员注册和日常管理工作，并对我国国际级裁判员在国内举办的体育竞赛中的执裁工作进行监管；国家级裁判员由全国性单项体育协会进行技术等级认证等管理工作；一级裁判员由承接省、自治区、直辖市政府体育行政部门一级裁判员技术等级认证工作职能的省级单项协会进行认定；二级裁判员、三级裁判员由承接地（市）、县级政府体育行政部门二、三级裁判员技术等级认证工作职能的同级地方单项体育协会进行认定。

通过立法明确规定国家实行裁判员技术等级制度，为下一步更好规范裁判员管理，发挥裁判员工作积极性，提供了法律依据。

第四十九条　代表国家和地方参加国际、国内重大体育赛事的运动员和运动队，应当按照公开、公平、择优的原则选拔和组建。

运动员选拔和运动队组建办法由国务院体育行政部门规定。

◆ **条文主旨**

本条是关于选拔、组建运动员和运动队的规定。

◆ **条文释义**

运动员和运动队选拔组建工作要广泛调动全社会参与竞技体育的积极性，根据各项目的发展实际，按照公开、公平、择优的原则，规范参加国际、国内重大体育赛事的运动员、运动队选拔和组建工作程序与要求，完善运动员选拔和运动队组建的体制机制，提升竞技体育人才培养与选拔的公信力，为提升运动员竞技能力提供良好的法治环境。

一、运动队组建和运动员选拔的现行做法

1993 年，《关于深化体育改革的意见》提出了建立集中与分散相结合、多强对抗的训练体制的改革目标。根据要求，运动队组建模式有三种：第一，集中型。主要是指那些科学化程度要求较高、运动员出成绩年龄较早、普及程度较低、地方由于受条件限制难以承担任务、运动队训练力量和各方面保证条件比较优越的项目，体现精、尖的原则。第二，集中与分散结合型。这主要是指那些单项较多，涉及面较广，在地方又具有较雄厚的人才基础、技术力量和物质条件的项目。对这些项目，可以由国家承担一部分任务，地方承担一部分任务；国家承担的部分，仍要遵循精、尖的原则，对地方有条件承担的项目，要坚决放在地方去办。第三，分散型。不设常年运动队的项目，可由条件较好的地方分别承担国家任务，代表国家参加国际比赛。

高水平的竞技体育后备人才是国家队竞技能力提升的重要保障，社会力量是竞技体育后备人才培养的重要组成部分，这就需要依法拓宽后备人才培养和成长的渠道。2018 年，国家体育总局印发《关于进一步转变工作作风的若干意见》提出，各国家队、国家集训队应面向社会公开选拔运动员，运动员可以由专业队、学校、社会组织、企业、俱乐部或个人名义自由报名参加。参与选拔的运动员在通过无犯罪和不良社会记录以及政治审查和职业道德审核后，只以运动成绩作为是否入选的唯一标准，不得附带其他任何条件。《体育强国建设纲要》提出，要创新优秀运动员选拔形式，建立向全社会开放的国家队运动员选拔制度，充分调动高校、地方以及社会力量参与竞技体育的积极性。因此，具有中国特色的运动员选拔形式已经形成，举国体制与市场机制相结合的竞技体育人才培养思路逐渐明确，国家办体育和社会办体育相结合的竞技体育管理体制和运行机制正在不断优化。

二、运动员选拔和运动队组建应当体现公开、公平、择优的原则

代表国家和地方参加国际、国内重大体育赛事的运动员和运动队，应当按照公开、公平、择优的原则选拔和组建。一是公开原则。运动员、运动队的选拔和组建要做到标准化、规范化、程序化，公开选拔工作的原则、要求、程序、方式、条件、标准和入选与退出运动队的选拔结果，接受社会的监督。二是公平原则。国家队要公平公正对待所有符合选拔的运动员，通过强化管理、严明纪律等手段，杜绝弄虚作假、徇私舞弊、暗箱操作、利益交易等违法乱纪的现象。三是择优原则。运动员、运动队的选拔和组建要采取公平竞争的方式，择优选拔出竞技水平高、综合素质好、认可度高的人员入选运动队。其中，公开原则是本次体育法修订工作的新增内容，公开原则为运动员、运动队的选拔和组建引入了竞争机制，能够充分发挥政府、社会和市场在竞技体育发展中的作用，提升运动员选拔和运动队组建工作的透明度，激发全社会参与竞技体育的活力，凝聚社会各界的力量，整合各类优质资源向竞技体育汇聚，有力推进不同项目运动队选拔、运动队组建体制机制的创新。

此外，本条第二款规定，运动员选拔和运动队组建办法由国务院体育行政部门规定。也就是体育法施行后，国务院体育行政部门应当根据运动员选拔和运动队组建的实际情况制定具体办法，明确选拔工作的原则、程序、条件、标准等。

国家体育总局将依据该条款规定，进一步细化运动员选拔和运动队组建各项措施，制定统一的符合竞技体育发展规律和奥运备战需求的管理办法。同时，也将积极推动和督促各地和全国性单项体育协会，结合本地区、本项目发展实际，制定符合地方或项目发展需求的运动员选拔和运动队组建管理规定，并加强对各级运动员选拔、运动队组建工作的监督管理。

第五十条 国家对体育赛事活动实行分级分类管理，具体办法由国务院体育行政部门规定。

◆ 条文主旨

本条是关于体育赛事活动分级分类管理的规定。

◆ 条文释义

体育赛事活动是在中国境内依法举办的各级各类体育赛事活

动的统称。按照办赛主体、赛事周期、赛事水平、赛事项目、参赛单位、组织形式、重要程度等要素，体育赛事活动可以分为不同的等级和类别，管理原则、管理重点和管理方式各不相同。

一、体育赛事活动实行分级分类管理

体育赛事活动的分级，主要依据主办方和参赛主体，可以分为国际赛事活动、洲际赛事活动、国家级赛事活动、省市级赛事活动等。

体育赛事活动的分类，根据不同标准可以分为不同类别。根据赛事活动性质，可以分为专业性赛事活动、商业性赛事活动和群众性赛事活动；根据赛事规模，可以分为超大型体育赛事活动、大型体育赛事活动、中小型体育赛事活动等；根据办赛周期，可以分为周期性综合体育赛事活动、周期性单项体育赛事活动、联赛、临时性体育赛事活动等；根据办赛场地，可以分为室内体育赛事活动、户外体育赛事活动，等等。不同的赛事活动级别和类型有着不同的影响力和规范要求。

二、具体办法由国务院体育行政部门规定

体育法明确规定，体育赛事活动管理具体办法由国务院体育行政部门规定，旨在明确体育赛事活动管理的主管部门、责任部门，提高体育赛事活动管理的科学化和规范化水平。2020 年，国家体育总局发布了《体育赛事活动管理办法》，其主要内容包括以下几个方面：

一是明确体育赛事活动管理主体。全国范围内体育赛事活动由国家体育总局监管；县级以上地方人民政府体育主管部门负责所辖区域内体育赛事活动的监管。中华全国体育总会、中国奥林匹克委员会、地方体育总会、全国性单项体育协会、地方性单项体育协会以及其他体育协会按照法律法规及各自章程负责相关体育赛事活动的服务、引导和规范。

二是体育赛事活动申办和审批。国家体育总局以及中华全国体育总会、中国奥林匹克委员会主办的全国综合性运动会，由省、自治区、直辖市人民政府按照综合性运动会申办管理规定申办，报国务院批准后举办。地方体育部门以及地方体育总会主办的所辖区域内的综合性运动会自行确定申办办法。申办国际体育赛事活动，应当按照程序报批，未经批准，不得申办。国家体育总局主办或共同主办的重要国际体育赛事活动，国际体育组织主办的国际综合性运动会、世界锦标赛、世界杯赛、亚洲锦标赛、亚洲杯赛，涉及奥运会、亚运会资格或积分的赛事活动，全国性单项体育协会主办的跨省（区、市）组织的国际体育赛事活动，涉及海域、空域及地面敏感区域等特殊领域的国际体育赛事活动需列入国家体育总局年度外事活动计划，并按照有关规定和审批权限报国家体育总局或国务院审批。国家体育总局相关单位或全国性单项体育协会主办，或与地方共同主办但由国家体育总局相关单位或全国性单项体育协会主导的国际体育赛事活动，需列入国家体育总局外事活动计划，原则上由有外事审批权的地方人民政府或其有关部门审批。地方自行主办，或与国家体育总局相关单位或全国性单项体育协会共同主办但由地方主导的国际体育赛事活动，由有外事审批权的地方人民政府或其有关部门审批，不列入国家体育总局外事活动计划，但应统一向国家体育总局备案。其他商业性、群众性国际体育赛事活动，应当按照属地管理原则，根据地方有关规定办理外事手续。境外非政府组织在中国境内举办的体育赛事活动，应当经省级人民政府体育部门同意，并报同级公安机关备案。全国性单项体育协会代表中国参加相应的国际单项体育组织，任何组织和个人在中国境内主办或承办相应的国际单项体育组织的体育赛事活动，应当与全国性单项体育协会协商一致。

三是提供体育赛事活动服务。全国性单项体育协会应当充分发挥专业优势，加强体育赛事活动的标准化、规范化建设，制定出台本项目体育赛事活动组织的办赛指南和参赛指引。地方体育部门可以制定所辖区域的年度《体育赛事活动服务指导目录》，明确每年度可由社会力量申办的体育赛事活动、优先给予扶持的体育赛事活动以及提供公共服务的范围、服务内容、收费标准等事项。体育协会可以根据体育赛事活动主办方和承办方的需求，提供必要的技术、规则、器材等方面的指导和服务，建立健全赛事活动指导和服务制度。

四是加强体育赛事活动监管。体育部门在体育赛事活动举办前或举办中发现涉嫌不符合体育赛事活动条件、标准、规则等规定情形的，或收到有关单位、个人提出相关建议、投诉、举报的，应当及时予以处理；属于其他部门职责范围的，应当及时移交并积极配合协助处理。体育协会应当引导行业健康发展，加强对会员组织举办的体育赛事活动的日常管理，提高其主办、承办、协办体育赛事活动的水平。全国性单项体育协会应当在协会章程中规定本项目体育赛事活动管理的内容，并制定相关管理办法，出台本项目体育赛事活动组织的团体标准、奖惩措施、信用管理、反兴奋剂等规范，加强行业自律。主办方和承办方应当加强赛风赛纪管理，确保体育赛事活动公平公正开展。根据体育赛事活动发展态势，体育行政部门应动态调整管理办法。

第五十一条 体育赛事实行公平竞争的原则。

体育赛事活动组织者和运动员、教练员、裁判员应当遵守体育道德和体育赛事规则，不得弄虚作假、营私舞弊。

严禁任何组织和个人利用体育赛事从事赌博活动。

◆ 条文主旨

本条是关于遵守体育道德和体育赛事原则、规则的规定。

◆ 条文释义

一、体育赛事实行公平竞争的原则

公平竞争是体育赛事的内在要求，也是奥林匹克精神的重要内核以及一切体育赛事都必须坚持和遵守的原则。公平竞争是推动体育赛事可持续发展的重要动力，也是举办体育赛事的价值追求。公平竞争原则主要体现在每位体育赛事的参与者在规则公平的前提下，不分种族、性别、年龄，都在同样的起点，都以同样的体育赛事规则为标准，进行公平的竞争。

做到公平竞争，最重要的是规则公平和裁判公平，以保证比赛的公平性，确保每一名运动员在比赛中都能发挥出自己应有的水平。确保规则公平，就是要在统一的规则下参加比赛，做到竞赛规则对每一名参加比赛的运动员平等适用，不能有特殊照顾或例外，确保运动员有一个公平竞赛的环境。确保裁判公平，就是要有统一的评判标准，避免裁判和判罚标准不同导致不公平比赛情况的发生，有时裁判的判罚标准和尺度能够成为左右比赛成绩甚至胜负结果的决定性因素。此外，还应确保赛事服务保障的平等，赛事组织者应为每一名运动员提供同等的后勤服务保障。

二、相关责任主体应当遵守体育道德和体育赛事规则

（一）体育赛事公平竞争责任主体

体育赛事公平竞争责任主体主要包括：体育赛事活动组织者和运动员、教练员、裁判员。根据2018年国家体育总局印发的《关于进一步规范体育赛场行为的若干意见》的相关规定，体育赛事活动组织工作人员应当廉洁自律，恪尽职守，遵守工作规范，坚守职业道德。运动员应当热爱祖国，自觉维护国家利益和荣誉；

弘扬体育精神，顽强拼搏、团结协作，遵守规则、公平竞争，尊重裁判、尊重对手、尊重观众；对比赛判罚有异议时，按规定程序申诉。教练员应当教育、引导和督促运动员遵守竞赛规程和规则，对场上不文明言行及时制止并有权对运动员进行调整、更换；对比赛判罚有异议时，按规定程序申诉。裁判员应当熟练、准确掌握并运用项目规则执裁；实事求是，严肃、认真、公正执裁；对场上不文明言行及时制止并有权进行现场判罚。同时，《体育赛事活动管理办法》第二十一条指出，体育赛事活动相关人员都应当履行诚信、安全、有序的办赛、参赛、观赛义务，做到：遵守相关法律法规规定；遵守体育道德，不得弄虚作假、徇私舞弊，严禁使用兴奋剂、操纵比赛、冒名顶替等行为；遵守竞赛规则、规程、赛场行为规范和组委会的相关规定，自觉接受安全检查，服从现场管理，维护体育赛事活动正常秩序；遵守社会公德，不得损坏体育设施，不得影响和妨碍公共安全，不得在体育赛事活动中有违反社会公序良俗的言行。

（二）遵守体育道德和体育赛事规则

体育道德和体育赛事规则是实现公平竞争的重要保障。体育道德的内涵丰富，如顽强拼搏、勤学苦练、团结互助、严守规则、公平竞争、恪守礼仪、秉公执法等。2002 年国家体育总局在《关于加强体育道德建设的意见》中指出，加强体育道德建设是发展先进文化和社会主义思想道德建设的必然要求。加强体育道德建设是保证体育事业健康发展的客观需要。加强体育道德建设是开创体育工作新局面的客观要求。要通过强基固本，加强思想教育；严格管理，充分发挥法规制度的作用；依托载体，坚持正确舆论导向；注重实践，积极开展多种形式的创建活动；狠抓落实，切实通过体育道德建设工作的领导等途径来加强体育道德建设。体育赛事规则是所有赛事参与者必须共同遵循的规定，是处理体育赛事中各种问题的依据，也是体育赛事中“公平、公开、公正”原则的标志。每一位体育赛事参与者都应当以体育道德来约束自己，遵守体育赛事规则以及运动员守则、教练员守则和裁判员守则，保证体育赛事的公平竞争。

（三）不得弄虚作假、营私舞弊

弄虚作假、营私舞弊等现象在体育赛事活动中时有发生，这种行为不仅严重违背体育精神，也损害了体育赛事活动的公平性。实践中，弄虚作假、营私舞弊的形式多样，如运动员更改年龄、冒名顶替，参加与自身条件不相符的比赛；比赛中搞“君子”协定，虚假比赛，消极比赛；策划、唆使、怂恿运动员罢赛、打骂和不尊重裁判员等；对裁判员行贿受贿，以达到某种有利的安排或裁决以及通过其他非法手段影响比赛结果等。

通过立法，明确规定体育赛事中弄虚作假、营私舞弊问题的责任主体，对于有效确保体育赛事的纯洁性与公平性，保障体育赛事公平竞争，促进体育事业健康发展具有重要意义。

三、严禁任何组织和个人利用体育赛事从事赌博活动

赌博是经济社会发展中的毒瘤，违反社会主义核心价值观，违背公序良俗，也违反刑法、治安管理处罚法等法律规定。利用体育赛事从事赌博活动，不仅严重违反国家法律法规、社会公共道德，更是对体育竞赛公平竞争原则的严重破坏，必须严厉禁止、依法打击和惩处。

本款中“利用体育赛事从事赌博活动”，主要是指无视和破坏公平竞争的体育赛事原则，利用非法手段左右和操纵体育赛事进程和结果，并以此牟取非法物质利益的行为。运动员等体育从业人员参与体育赛事中的赌博活动，更是严重违背体育诚信和职业道德，严重破坏体育比赛的公正性和纯洁性，损害了体育形象，败坏了社会风气，扰乱了社会正常秩序和稳定。如足球、台球、羽毛球等相关赛事中，都曾出现过不同程度的赌博行为，有的运动员受到过国际体育组织禁赛的处罚，有的因涉案金额较大、社会影响恶劣，还受到了国家法律的严厉制裁。《刑法》第三百零三条第一款规定："以营利为目的，聚众赌博或者以赌博为业的，处三年以下有期徒刑、拘役或者管制，并处罚金。"《治安管理处罚法》第七十条规定："以营利为目的，为赌博提供条件的，或者参与赌博赌资较大的，处五日以下拘留或者五百元以下罚款；情节严重的，处十日以上十五日以下拘留，并处五百元以上三千元以下罚款。"

2021年，公安部、国家体育总局联合发布《关于严肃查处赌博、假球等违规违纪违法行为 切实强化行业自律自治的通知》，针对运动员违规投注比赛、违法操纵比赛结果以及少数运动员、教练员、裁判员等体育从业人员参与赌博、打假球等行为，从提高思想认识，加强组织领导；严格落实规定，依法加强管理；明确纪律要求，加大处罚力度；严格依法查办，形成警示震慑；加强教育引导，严把选用关口；健全组织机构，完善工作规则；强化监督问责，压实工作责任等方面进行了具体规范。体育部门和公安等相关部门还将继续加强合作，健全相关工作机制，严肃查处体育赛事活动中的赌博等违法违规行为，确保体育事业健康发展。

第五十二条 在中国境内举办的体育赛事，其名称、徽记、旗帜及吉祥物等标志按照国家有关规定予以保护。

未经体育赛事活动组织者等相关权利人许可，不得以营利为目的采集或者传播体育赛事活动现场图片、音视频等信息。

◆ **条文主旨**

本条是关于体育赛事中的知识产权保护的规定。

◆ **条文释义**

体育赛事是体育事业发展最重要的平台。保护体育赛事的名称、徽记、旗帜及吉祥物等标志，以及体育赛事活动现场图片、音视频等信息，对于优化体育赛事市场环境、保护体育赛事版权、促进体育产业健康发展具有重要意义。

一、保护体育赛事的名称、徽记、旗帜及吉祥物等标志

对于体育赛事名称、徽记、旗帜及吉祥物等标志的保护，组织者可依据《著作权法》《商标法》《特殊标志管理条例》等法律法规的规定，通过申请著作权、商标、特殊标志等获得保护。本条强调对重大体育赛事名称、徽记、旗帜及吉祥物等标志的保护，是由于这些标志的合法权利更容易受到侵害。例如，对奥运会相关的奥林匹克标志的保护，就是通过国务院颁布实施的《奥林匹克标志保护条例》予以实现的，在商标、专利、作品、特殊标志等之外，增加了奥林匹克标志这一特有的保护对象。《奥林匹克标志保护条例》规定，由国务院市场监督管理部门、知识产权主管部门依据本条例的规定，负责全国的奥林匹克标志保护工作；县级以上地方市场监督管理部门依据本条例的规定，负责本行政区域内的奥林匹克标志保护工作；奥林匹克标志权利人应当将奥林匹克标志提交国务院知识产权主管部门，由国务院知识产权主管部门公告；未经奥林匹克标志权利人许可，任何人不得为商业目的使用奥林匹克标志。2020 年国家体育总局印发《体育赛事活动管理办法》，规定体育赛事活动的名称、标志、举办权、赛事转播权和其他无形资产权利受法律保护，主办方和承办方可以进行市场开发依法依规获取相关收益，任何组织和个人不得侵犯。体育赛事活动主办方、承办方应当增强权利保护意识，主动办理商标、专利、著作权等知识产权手续，通过合法手段保护体育赛事活动相关权益。

二、未经许可不得以营利为目的采集或者传播现场图片、音视频等信息

体育赛事活动组织者为赛事的筹办和举办投入了大量的人力、物力和财力，应当对赛事享有商业权益。随着我国体育赛事转播市场化改革向纵深推进，各类网络直播和新型转播平台的不断兴起，体育赛事节目的知识产权保护遭受到了极大威胁，各类侵权争议频频发生。2020 年新修订的著作权法，将原来的“电影作品和以类似摄制电影的方法创作的作品”改为“视听作品”，破除了“体育赛事转播应该认定为作品还是录像制品，是用著作权还是邻接权来保护”的争议，为体育赛事传播内容的保护提供了法律依据。此条与著作权法有序衔接，共同构成了对体育赛事活动所有者相关权益的保护。

首先，该款就权利主体采用了开放式的规定，除“体育赛事活动组织者”作为原始取得权利主体之外，还包括转播方、网络公司等继受权利主体，即“等相关权利人”。其次，体育是具有一定公共性的活动，为保护体育赛事活动现场观众的合影、收藏、纪念、留念等合理权益，本款仅对“以营利为目的采集和传播”行为作了禁止性规定。再次，“采集”一词的使用常常是与图像、音频搭配，是指将图像、音频等经采样、量化转换为数字图像并输入计算机的过程和技术。“传播”是指广播、电视、互联网等传播手段。最后，本款规定的权利客体为“信息”。

在本次体育法修订之前，没有具体条款可以为“体育赛事活动现场图片、音视频等信息”提供直接的保护依据，即便是与之最密切的著作权法也很难对不具备原创性的“体育赛事活动现场图片、音视频等信息”提供保护。因此在实践中，体育赛事活动组织者面对“盗播”“截取画面”等侵权行为常陷入无具体法律规定可依的尴尬境地。为避免体育赛事活动现场图片、音视频等信息被非法使用，本次体育法修订新增了本款规定，禁止未经相关权利人许可的，且以营利为目的的采集或者传播行为，为依法打击以营利为目的的“盗录、盗播”行为提供了法律依据。

第五章 反兴奋剂

本章共8条，主要是关于反兴奋剂的规定。党和国家历来高度重视反兴奋剂工作，本次体育法修订时专门增设反兴奋剂专章，对完善反兴奋剂法治体系、建立反兴奋剂治理长效机制、坚决推进反兴奋剂斗争，做到兴奋剂问题“零出现”“零容忍”，具有十分重要的意义。

第五十三条 国家提倡健康文明、公平竞争的体育运动，禁止在体育运动中使用兴奋剂。

任何组织和个人不得组织、强迫、欺骗、教唆、引诱体育运动参加者在体育运动中使用兴奋剂，不得向体育运动参加者提供或者变相提供兴奋剂。

◆ **条文主旨**

本条是关于禁止使用、提供或变相提供兴奋剂的规定。

◆ **条文释义**

健康文明、公平竞争的体育运动符合体育的本质，反对在体育运动中使用兴奋剂已经成为体育领域的共识。本条明确提出禁止在体育运动中使用兴奋剂，对体育运动参加者及相关人员提出明确要求，表明国家在反兴奋剂问题上“零出现”“零容忍”的立场。

一、国家提倡健康文明、公平竞争的体育运动

中华民族历来热爱体育运动，通过体育锻炼强身健体是中国人民的优良传统。2013年8月31日，习近平总书记在会见全国体育先进单位和先进个人代表等时指出，“体育在提高人民身体素质和健康水平、促进人的全面发展，丰富人民精神文化生活、推动经济社会发展，激励各族人民弘扬追求卓越、突破自我的精神方面，都有着不可替代的重要作用。”国家提倡的体育运动应当符合两个原则：一是健康文明。体育运动可以促进身体健康和文明发展，但并非所有的体育运动都当然是健康文明的。国家提倡的是健康文明的体育运动，通过参加这类体育运动可以享受乐趣，增强体质，健全人格，锤炼意志，进而促进人的全面发展。要坚决与借助体育赛事活动从事赌博、宣扬愚昧迷信等不健康、不文明的行为作斗争，推动参与体育运动成为健康文明生活的重要内容。二是公平竞争。习近平总书记明确指出：“中国运动员哪怕不拿竞技场上的金牌，也一定要拿一个奥林匹克精神的金牌，拿一个遵纪守法的金牌，拿一个干净的金牌”。公平竞争是体育运动的基本规则，是体育竞赛的内在要求，也是奥林匹克精神的重要内涵。体育比赛的每一位参加者，不分尊卑贵贱，都应在同样的条件、同样的标准面前，按照同样的规则，进行平等的竞争。

二、禁止在体育运动中使用兴奋剂

兴奋剂是体育领域的毒瘤，在体育运动中使用兴奋剂，一方面会损害使用者自身的身心健康，比如1960年罗马奥运会，丹麦自行车运动员克努德·詹森因服用兴奋剂在比赛中当场死亡。另一方面，会使遵守规则的参加者处于不利的地位，导致体育比赛失去真实性和公平性，影响体育事业的健康发展。因此，使用兴奋剂在根本上与体育精神背道而驰。禁止在体育运动中使用兴奋

剂，即倡导干干净净、公平竞争的纯洁体育运动，维护诚实、公平的体育精神，打击违背体育道德的欺骗行为，营造健康向上的体育环境，保护体育运动参加者的身心健康。我国大力弘扬奥林匹克精神和中华体育精神，坚持健康至上，坚决反对在体育运动中使用兴奋剂，全面维护广大运动员和青少年身心健康，全力捍卫纯洁体育。

禁止在体育运动中使用兴奋剂，是对体育运动参加者最基本的要求。本条规定的“体育运动”，是指基于公认的竞赛规则或组织规则而正式开展的体育赛事等活动。本条规定的“体育运动参加者”，是指任何参加体育运动的自然人，包括专业运动员、业余运动员、参加学校体育比赛和各类体育考试的学生等。本条规定的“使用兴奋剂”，不仅是指以口服、吸入、注射或其他方式摄入兴奋剂的行为，还包括其他与之有关的违反反兴奋剂规则的行为，如逃避、拒绝兴奋剂检查，违反行踪信息管理规定，篡改兴奋剂管制环节，无正当理由持有兴奋剂，非法从事兴奋剂交易，对运动员施用兴奋剂，共谋使用兴奋剂，使用处于禁赛期的人员从事运动员辅助工作，打击、报复举报人等。之所以将使用兴奋剂限定在“体育运动中”，是因为兴奋剂的种类和成分复杂，很多兴奋剂品种本身就是药品，可以用于治疗疾病。对于普通人群而言，使用此类药品并不违法。对运动员群体而言，因治疗目的确需使用含有兴奋剂的药品时，应当按照治疗用药豁免的相关规定提出申请，获得批准后予以使用。

三、使用兴奋剂相关的其他禁止性行为

反兴奋剂工作实践表明，体育运动参加者故意使用兴奋剂的背后，往往都有组织、强迫、欺骗、教唆、引诱使用兴奋剂，向其提供兴奋剂等不法行为人的存在，且运动员辅助人员蓄意为之的情况较多。《刑法修正案（十一）》规定了兴奋剂相关犯罪行为的刑事责任，形成了对兴奋剂犯罪的有力威慑，但一些被查处的兴奋剂违法违规案件仍然反映出违法行为惩处力度不够，违法成本低，行业、行政和刑事处罚衔接不畅等问题。反兴奋剂斗争既要惩处违规使用兴奋剂的体育运动参加者，也要惩处组织、强迫、欺骗、教唆、引诱体育运动参加者使用兴奋剂和向其提供兴奋剂的违法行为人。

组织体育运动参加者使用兴奋剂，是指以策划、指挥、指导等任何有组织的方式，帮助体育运动参加者在体育运动中使用兴奋剂的行为。无论体育运动参加者在使用兴奋剂时主观上是否愿意，组织使用兴奋剂的行为都构成本条所规定的违法行为。

强迫体育运动参加者使用兴奋剂，是指在违背体育运动参加者意志的情况下，迫使体育运动参加者使用兴奋剂的行为。有的体育运动参加者自身已经意识到了兴奋剂的危害，不愿意使用兴奋剂，但某些单位或个人为了让体育运动参加者取得更好成绩，为本单位或者某些个人牟取现实利益，就可能突破底线，罔顾体育运动参加者的身心健康和主观意愿，强迫体育运动参加者使用兴奋剂。组织和强迫这两种行为危害极大，必须予以严厉打击。

欺骗体育运动参加者使用兴奋剂，是指在体育运动参加者不知情的情况下，或者在体育运动参加者对兴奋剂的危害缺乏准确认知的情况下，通过编造虚假事实、隐瞒真相等手段，促使体育运动参加者在违背其真实意愿的情况下使用兴奋剂的行为。例如打着营养品的幌子，骗体育运动参加者服用兴奋剂的行为；瞒着体育运动参加者在其食物、饮料中投放兴奋剂的行为，都属于欺骗体育运动参加者使用兴奋剂的违法行为。

教唆体育运动参加者使用兴奋剂，是指通过宣扬使用兴奋剂后的效果，示范使用方法，以及劝说、授意、怂恿等手段，使体育运动参加者产生使用兴奋剂的意图并进而使用兴奋剂的行为。

体育运动参加者本来没有使用兴奋剂的主观意愿，通过教唆者的教唆行为，引发其实施使用兴奋剂的行为，即属于本条规定的违法情形。

引诱体育运动参加者使用兴奋剂，是指通过向体育运动参加者宣扬兴奋剂所能带来的不当利益，诱使体育运动参加者使用兴奋剂的行为。主要体现为以金钱、物质、名誉等为诱饵，勾引、诱使、鼓动本无使用兴奋剂意愿的体育运动参加者使用兴奋剂。例如，有意在体育运动参加者面前大肆鼓吹使用兴奋剂带来的好处，或者声称某种兴奋剂没有危害或者查不出来，以诱惑体育运动参加者使用等，都构成本条所规定的违法行为。

向体育运动参加者提供或变相提供兴奋剂的行为，包括通过任何方式，有偿或无偿地向体育运动参加者提供兴奋剂的行为，如向体育运动参加者分发、出售、赠与兴奋剂的行为等。不论行为人有没有帮助体育运动参加者使用兴奋剂的意图，也不论体育运动参加者是否有使用兴奋剂的意图或者是否使用了兴奋剂，只要明知对方是运动员而向其提供了兴奋剂的，就构成本条款规定的违法行为。

第五十四条　国家建立健全反兴奋剂制度。

县级以上人民政府体育行政部门会同卫生健康、教育、公安、工信、商务、药品监管、交通运输、海关、农业、市场监管等部门，对兴奋剂问题实施综合治理。

◆ 条文主旨

本条是关于建立健全反兴奋剂制度和兴奋剂问题综合治理的规定。

◆ 条文释义

经过多年的反兴奋剂斗争，我国已经初步建立了反兴奋剂相关制度机制，在反兴奋剂实践中发挥了重要作用。但反兴奋剂领域不断面临着新情况、新问题，需要进一步健全反兴奋剂制度，对兴奋剂问题实施综合治理，应对反兴奋剂领域的新挑战。

一、国家建立健全反兴奋剂制度

反兴奋剂并不是一蹴而就、一劳永逸的，反兴奋剂斗争有其长期性、艰巨性、复杂性，需要系统完备的制度加以规范和支撑，形成科学有效的管理体制、协调高效的运行机制，逐步构建起符合我国国情、具有中国特色的反兴奋剂治理体系，实现反兴奋剂治理能力和治理水平的不断提升，进而为国际反兴奋剂治理提供中国方案、贡献中国智慧。因此，国家建立健全反兴奋剂制度既是优化反兴奋剂治理的必然选择，也是实现反兴奋剂工作高质量发展的必然要求。

经过几十年的努力，我国的反兴奋剂制度建设取得了一定成果。随着《刑法修正案（十一）》的颁布实施和体育法的修订完成，以体育法为统领，刑法和相关司法解释为支撑，国务院《反兴奋剂条例》为基础，国务院体育行政部门《反兴奋剂管理办法》和《反兴奋剂规则》为主体，相关规范性文件和制度性文件为补充，法律、行政法规、部门规章和规则相互协调，国内、国际规则相互衔接的反兴奋剂法律法规和规范体系基本建成，实现了行业自治、行政处罚与刑事处罚之间的衔接，为严厉打击兴奋剂违法违规行为奠定了一定制度基础。

在法律和司法解释方面，2019 年，最高人民法院出台《关于审理走私、非法经营、非法使用兴奋剂刑事案件适用法律若干问题的解释》，对已经构成犯罪的涉兴奋剂违法活动，如何适用现有刑法进行定罪量刑作出了具体规定。2020年，全国人大常委会审议通过《刑法修正案（十一）》，增设“妨害兴奋剂管理罪”，规定：“引诱、教唆、欺骗运动员使用兴奋剂参加国内、国际重大体育竞赛，或者明知运动员参加上述竞赛而向其提供兴奋剂，情节严重的，处三年以下有期徒刑或者拘役，并处罚金。组织、强迫运动员使用兴奋剂参加国内、国际重大体育竞赛的，依照前款的规定从重处罚。”体育法本次修订时专门增加“反兴奋剂”一章，完善反兴奋剂相关法律规定。

在行政法规方面，早在2004年，国务院就颁布实施《反兴奋剂条例》，中国成为当时世界上少数几个通过政府行政立法反对使用兴奋剂的国家和地区之一。《反兴奋剂条例》规定了详细的兴奋剂源头管控措施，将反兴奋剂管制范围扩大到体育组织之外的兴奋剂违法生产者、销售者；明确规定国家对兴奋剂目录所列禁用物质实行严格管理，任何单位和个人不得非法生产、销售、进出口，并通过限制蛋白同化制剂、肽类激素的生产、流通渠道，规范药品生产经营企业的行为，全面强化药源性兴奋剂的管理；强化了体育社会团体、运动员管理单位在反兴奋剂工作中的责任，严格规范、约束运动员辅助人员的行为。

在部门规章方面，国务院体育行政部门先后制定《反兴奋剂管理办法》《反兴奋剂规则》等一系列规章和规范性文件，规定体育工作中的反兴奋剂管理体制，明确国务院体育行政部门、地方体育行政部门、国家反兴奋剂机构、全国性单项体育协会和相关单位在反兴奋剂中的职责、权限和分工等内容，对体育运动中的反兴奋剂工作作了全面规范。

二、对兴奋剂问题实施综合治理

兴奋剂问题成因复杂，涉及研制、生产、销售、进出口、使用等诸多环节，需要各个相关部门和单位在各自职责范围内认真履职和密切协作，坚持系统思维，强化源头治理，齐抓共管，多措并举，综合施策。具体而言，体育行政部门是反兴奋剂工作的主管部门，负责牵头组织全国的兴奋剂综合治理工作；卫生健康部门负责加强对医师的教育、培训，使他们熟知含有兴奋剂的药品以及相关替代药品，指导运动员安全用药；教育行政部门负责鼓励、引导和督促学校和其他教育机构加强反兴奋剂教育，提高学生的反兴奋剂意识；公安部门负责办理妨害兴奋剂管理等涉兴奋剂刑事案件，与体育行政部门联合打击涉兴奋剂违法犯罪活动；工信部门负责加强对通过互联网售卖兴奋剂和发布相关信息的监管工作；商务部门负责对与兴奋剂目录所列物质有关的行业按照特殊流通行业进行监管；药品监管部门负责依照《药品管理法》及其实施条例以及关于特殊药品管理的配套规定，做好含兴奋剂药品的生产、销售、进出口管理；交通运输部门负责加强对运输兴奋剂目录所列物质的监管工作；海关负责依照《海关法》等相关规定，做好兴奋剂目录所列物质的出入境监管工作；农业部门负责加强对在农业生产中使用兴奋剂目录所列物质的监管工作，特别是在食用农产品种植养殖环节中非法添加“瘦肉精”类物质和其他禁用物质的监管；市场监管部门负责依照《食品安全法》等相关规定做好食品及食品添加剂的管理工作，加强对市场流通中涉及兴奋剂目录所列物质交易的监管工作，特别是对生产、销售作为兴奋剂原材料的化工产品的监管。

2007 年 10 月，国务院决定成立由国家体育总局牵头，教育、公安、工信、商务、卫生、海关、市场监管、药监、司法等部门共同参加的体育运动中兴奋剂问题综合治理协调小组，建立了国内兴奋剂问题综合治理工作机制。长期以来，各相关部门严格履行职责，通力合作，并陆续制定了一系列管理规定和配套办法，对违法生产、销售兴奋剂及其原材料的行为严肃处理。各地开展了定期、不定期的兴奋剂物质及原材料的集中清理，依法查处非法生产、销售和进出口兴奋剂及其原材料的企业、单位和个人企业和单位，关闭违法销售兴奋剂及其原材料的网站，严格控制医疗机构含禁用物质的药品流向社会和市场，打击兴奋剂及其原材料通过各种方式非法出入境的行为。

第五十五条　国务院体育行政部门负责制定反兴奋剂规范。

◆ 条文主旨

本条是关于制定反兴奋剂规范的规定。

◆ 条文释义

反兴奋剂工作涉及较多的流程、技术、管理等内容，除反兴奋剂相关法律、行政法规外，还需要国务院体育行政部门根据反兴奋剂工作的实际需要，和有关国际条约的要求，及时制定出台符合反兴奋剂工作实际、与国际接轨的反兴奋剂规范。反兴奋剂规范是国务院体育行政部门制定的关于体育运动中反兴奋剂工作中行为规范和技术规范的统称。反兴奋剂规范的法律位阶低于法律、法规，是国务院体育行政部门就其职权范围内执行反兴奋剂法律、法规的具体事项作出规定，是对法律、法规要求的具体细化，也是国家反兴奋剂机构、全国性单项体育协会和相关单位推进反兴奋剂法治建设、制定行业规则、加强行业自律的重要依据。

依照本条规定，国家体育总局负责制定反兴奋剂规范。为全面加强反兴奋剂工作，国家体育总局已经制定发布了《反兴奋剂管理办法》《反兴奋剂规则》《兴奋剂违规责任追究办法》等多部规章、规范性文件。比如，《反兴奋剂管理办法》于 2015 年 1 月 1 日施行，主要规定体育工作中的反兴奋剂管理体制，明确国务院体育行政部门、地方体育行政部门、国家反兴奋剂机构、全国性单项体育协会和相关单位在反兴奋剂工作中的职责、权限和分工，以及对兴奋剂违规相关责任人和责任单位的处罚、处分措施等，2021 年修订时进一步明确了国家队的反兴奋剂工作职责，并对兴奋剂违规人员在禁赛期满后进入国家队作出了严格限制等。《反兴奋剂规则》是国务院体育行政部门制定的行政规范性文件，主要规定反兴奋剂行业管理层面的问题，包括兴奋剂检查、检测、结果管理和禁赛处罚、治疗用药豁免、行踪信息管理、听证等相关内容，于 2020 年 12 月颁布，并于 2021 年 1 月 1 日与新版《世界反兴奋剂条例》同步实施，从而在更为广泛的层面上确保了国内、国际规则的协调一致。为进一步加大兴奋剂违规打击力度和责任追究力度，督促各相关主体肩负反兴奋剂工作的责任，国家体育总局于 2021 年 7 月制定印发《兴奋剂违规责任追究办法》，加大了兴奋剂违规打击力度和责任追究力度，完善了分层级的责任体系，明确了中国特色的纪律、行业处罚等要求，全面强化了反兴奋剂工作威慑力。参照《世界反兴奋剂条例》及相关国际标准，制定出台了《兴奋剂违规听证实施细则》《反兴奋剂教育工作实施细则》《治疗用药豁免实施细则》等工作规范和技术规范。在国务院体育行政部门制定的反兴奋剂规范的基础上，省级体育行政部门、全国性单项体育协会、运动员管理单位等，可以根据反兴奋剂管理职责权限，制定反兴奋剂规范的具体细则，在不违反上位法的前提下，对本行政区域、本运动项目、本单位的反兴奋剂工作作出具体规定。

第五十六条 国务院体育行政部门会同国务院药品监管、卫生健康、商务、海关等部门制定、公布兴奋剂目录，并动态调整。

◆ 条文主旨

本条是关于制定、公布、动态调整兴奋剂目录的规定。

◆ 条文释义

兴奋剂目录是对兴奋剂进行管理、开展反兴奋剂检查检测的重要依据，国务院体育行政部门会同负责兴奋剂管理的其他有关部门如国务院药品监管、卫生健康、商务、海关等，依照有关国际标准，定期制定、公布兴奋剂目录，并动态调整。

一、兴奋剂目录的内容

兴奋剂泛指违反医学道德和体育精神，用来提高运动能力的物质和方法。但是，无论是理论界还是实践中，都很难对兴奋剂作出完整、详尽的定义，国际上一般采取概括和列举的方式来界定兴奋剂的范围，我国也是如此，反兴奋剂工作中对于兴奋剂的认定均严格依据反兴奋剂目录进行。根据我国缔结的有关国际条约的要求，我国的反兴奋剂目录与《世界反兴奋剂条例》的附件《禁用清单国际标准》保持一致，该标准由世界反兴奋剂机构每年更新一次，国务院体育行政部门会同商务、卫生健康、海关和药品监督管理部门根据《禁用清单国际标准》的变化制定当年的兴奋剂目录公告，确保目录与《禁用清单国际标准》同步更新，同时实施，协调一致。

兴奋剂目录通过不完全列举的方法对禁用物质和禁用方法的种类作出详细规定。考虑到实际监管工作的需要，兴奋剂目录所列禁用物质和方法的编排顺序与《禁用清单国际标准》有所区别，但内容保持一致。根据《2022 年兴奋剂目录公告》，明确列举的禁用物质共 7 类 367 种，分别是：蛋白同化制剂品种（87 种）、肽类激素品种（68 种）、麻醉药品品种（14 种）、刺激剂（含精神药品）品种（79 种）、药品类易制毒化学品品种（3 种）、医疗用毒性药品品种（1 种）、其他品种（115 种）。《2022 年兴奋剂目录公告》中的禁用方法主要包括 3 种：（1）篡改血液和血液成分；（2）化学和物理篡改；（3）基因和细胞兴奋剂。考虑到列举的物质和方法并不能涵盖所有兴奋剂，兴奋剂目录规定，没有明确列在目录之中，但与目录中列举的蛋白同化制剂、肽类激素、生长因子、激素与代谢调节剂、特定刺激剂等物质具有相似化学结构或相似生物作用的物质，以及未列举的其他蛋白同化制剂等也都属于禁用物质。

二、兴奋剂目录的制定主体

兴奋剂目录由国务院体育行政部门会同国务院药品监管、卫生健康、商务、海关等部门制定、公布和动态调整。其中，国务院体育行政部门是反兴奋剂工作的主管部门，因此也是兴奋剂目录制定、调整工作的牵头部门。考虑到兴奋剂目录中所列物质的名称与医药领域药品的称谓关系密切，还应与国家禁止或限制进出口货物目录保持一致，为保证本条在医疗卫生领域、货物进出口以及海关监管环节得到贯彻落实，本条规定由国务院体育行政部门会同国务院药品监管、卫生健康、商务和海关等部门共同负责兴奋剂目录的制定、公布和调整工作。同时，考虑到未来兴奋剂综合治理可能涉及更多部门，本条并未将兴奋剂目录的制定、发布主体局限于目前的五个部门，而是增加了“等”字，为兴奋剂目录发布主体的扩张保留了政策空间。这样规定既能与国际通行的标准和做法保持一致，又有利于政府部门之间的协调配合，适应反兴奋剂斗争形势的发展变化，加强兴奋剂生产、销售和进出口环节的监管。

第五十七条 国家设立反兴奋剂机构。反兴奋剂机构及其检查人员依照法定程序开展检查，有关单位和人员应当予以配合，任何单位和个人不得干涉。

反兴奋剂机构依法公开反兴奋剂信息，并接受社会监督。

◆ 条文主旨

本条是关于反兴奋剂机构的规定。

◆ 条文释义

设立反兴奋剂机构，是落实反兴奋剂工作各项举措，履行国际承诺的组织保障。国家反兴奋剂机构负责参与国际反兴奋剂工作，开展反兴奋剂检查及相关工作，并依法公开反兴奋剂信息，接受社会监督。

一、国家设立反兴奋剂机构

我国历来重视反兴奋剂组织建设工作。1992 年，中国奥委会即成立了反兴奋剂委员会，开展反兴奋剂教育并逐步加大兴奋剂检查力度；2007 年，正式建立国家体育总局反兴奋剂中心（对外称“中国反兴奋剂中心”），全面加强了兴奋剂管制。我国省级以上政府体育行政部门均明确专门机构或专职人员负责反兴奋剂工作，制定反兴奋剂管理制度与工作计划，开展反兴奋剂宣传教育，推动兴奋剂综合治理。党的十八大以来，按照习近平总书记关于反兴奋剂工作的系列重要指示批示精神，我国不断推动建立各级、各类反兴奋剂工作机构，明确各运动员管理单位的主体责任，突出国家反兴奋剂机构的独立性和监督职能，确立了由政府体育行政部门领导、协调、监督反兴奋剂工作，国家反兴奋剂机构、全国性体育社会团体、国家运动项目管理单位、运动员管理单位、全国综合性运动会组织机构在各自职责范围内负责开展反兴奋剂工作的组织管理体系，为反兴奋剂工作的有效开展提供了有力的组织保障。

国家反兴奋剂机构在国务院体育行政部门的领导下，严格依法依规、独立公正开展反兴奋剂工作。其主要职责包括：参与研究制定国家反兴奋剂的发展规划、规则；制定体育运动中反兴奋剂工作的具体程序和标准；发布反兴奋剂工作指南、最佳实施模式和其他指导性文件；支持和指导省区市反兴奋剂组织体系和国家队兴奋剂风险防控体系建设；组织实施兴奋剂检查；实施对涉嫌兴奋剂违规的调查、听证、结果管理和监督；开展反兴奋剂宣传教育、科学研究和社会服务；参与兴奋剂综合治理；组织开展反兴奋剂国际交流；指导、协调、监督各省区市和各级各类体育组织开展反兴奋剂工作等。此外，我国还积极构建地方反兴奋剂组织体系。目前，全国 31 个省、自治区、直辖市中有 30 个省份已建立省级反兴奋剂机构。我国持续推进由全国性单项体育协会、国家运动项目管理单位成立专门机构、设立专门岗位、明确专职人员、配备专项经费开展反兴奋剂工作，负责建立相应国家队兴奋剂风险防控体系，38 个国家运动项目管理单位成立专门反兴奋剂部门（包括全部夏奥和冬奥项目）。

在国际体育运动中，中国反兴奋剂中心履行中国国家反兴奋剂机构的职责，参与国际反兴奋剂事务。国家反兴奋剂机构是《世界反兴奋剂条例》的签约方，按照《世界反兴奋剂条例》履行相应的反兴奋剂义务，并接受世界反兴奋剂机构的监督。近年来，受俄罗斯兴奋剂事件等影响，世界反兴奋剂机构对各签约方的监督审核持续加强。如果某国家反兴奋剂机构被判定为不遵守《世界反兴奋剂条例》，该国将面临不得申办或举办国际体育赛事，不得以国家名义参加国际体育赛事等严重后果。因此，对于国家反兴奋剂机构而言，必须确保自身开展的反兴奋剂工作严格遵守《世界反兴奋剂条例》和国际标准；对于政府而言，也应当恪守《反对在体育运动中使用兴奋剂国际公约》，尊重《世界反兴奋剂条例》的规定，确保其立法不违反国际通行的反兴奋剂规则和标准，同时保障国家反兴奋剂机构的自主权。

二、反兴奋剂机构及其检查人员依法开展检查

（一）兴奋剂检查

兴奋剂检查是指反兴奋剂机构制定检查计划、采集运动员样本、收存样本并传送到检测实验室的全部过程。兴奋剂检查和实验室检测，是目前查处兴奋剂违规最主要的方法手段，即通过采集运动员的样本进行分析判断其是否使用了兴奋剂。按照采集的样本类型划分，兴奋剂检查目前可分为尿样检查和血样检查；按照检查的时段划分，兴奋剂检查分为赛内检查和赛外检查。

兴奋剂检查是一项程序严谨、专业性强的工作，需要由特定的符合资质的人员进行。兴奋剂检查人员包括负责执行检查任务的兴奋剂检查官、专门执行血检任务的血检官和协助检查官工作的陪护员。建立一支高素质的检查人员队伍对于高质量实施兴奋剂检查至关重要。

（二）兴奋剂检查的程序和准则

兴奋剂检查的基本程序包括：制定兴奋剂检查计划，派遣兴奋剂检查人员，通知运动员，采集运动员样本，收存样本，将样本及相关检查文件传送到检测实验室等。《反兴奋剂条例》对兴奋剂检查的程序、检查人员的资质、有关单位和人员配合检查的义务等作出了原则性规定，《反兴奋剂规则》对于检查的目的、权限、实施、赛事检查的协调、运动员行踪信息管理等作出了更为明确的要求。同时，兴奋剂检查的具体操作流程和技术细节有国际统一的规范和标准，主要由世界反兴奋剂机构制定的《检查和调查国际标准》规定。这些都是检查人员执行兴奋剂检查任务所需遵守的程序和准则。

（三）有关单位和人员应当配合兴奋剂检查

依照《世界反兴奋剂条例》《反兴奋剂规则》的规定，有检查权的反兴奋剂组织（包括国家反兴奋剂机构、国际单项体育联合会等）可以在任何时间、任何地点对运动员实施兴奋剂检查。所有运动员，无论是否注册，只要参加有兴奋剂检查计划的比赛，就有可能接受赛内检查；赛外检查的对象，既包括注册运动员，也包括反兴奋剂机构挑选的非注册运动员和有情报信息指向的目标运动员等。需要说明的是，对于高水平专业运动员，特别是被列入国际注册检查库和参加国际赛事的运动员，不仅要接受国家反兴奋剂机构及其授权的第三方实施的检查，还要接受其所属的国际单项体育联合会委托国家反兴奋剂机构或其他样本采集机构实施的检查。在我国举行的国际体育赛事，兴奋剂检查工作的开展由有关国际体育组织与赛事组委会商定。

无论赛内检查或赛外检查，运动员及其辅助人员和有关单位都有义务在未事先得到通知的情况下随时予以配合。运动员无充分必要的正当理由拒绝兴奋剂检查，将被视为兴奋剂违规而受到处罚。在任何情况下，反兴奋剂机构都不受理以“不清楚去什么地点接受检查”或“弄错时间而未能接受检查”为由提出申诉。如果兴奋剂检查官没有按照规定的程序履行兴奋剂检查职责，运动员有权就此向反兴奋剂机构提出申诉。

（四）任何单位和个人不得干涉兴奋剂检查

所谓不得干涉兴奋剂检查，是指任何单位和人员都不得抗拒、阻挠或者故意拖延兴奋剂检查的正常进行；不得威胁、欺骗、贿赂检查人员，干扰、阻挠其正常履行职务；不得通过冒名顶替、弄虚作假、替换尿样等方式干扰样本采集，影响采样结果等。《反兴奋剂条例》《反兴奋剂管理办法》明确规定，检查人员履行兴奋剂检查职责时，有权进入体育训练场所、体育竞赛场所和运动员驻地等。有关单位和人员应当对检查人员履行兴奋剂检查职责予以配合，不得拒绝、阻挠。不得干涉兴奋剂检查也是《世界反兴奋剂条例》《检查和调查国际标准》的明确要求。个人干涉兴奋剂检查的行为，将构成兴奋剂违规，并承担相应的后果。如果是有组织、系统性地干涉兴奋剂检查，篡改兴奋剂检测结果，不仅可能导致不遵守《世界反兴奋剂条例》的严重后果，而且会对国家形象和声誉带来严重负面影响。俄罗斯兴奋剂事件就是前车之鉴。鉴于此，本款在《反兴奋剂条例》《反兴奋剂管理办法》的基础上，明确规定了反兴奋剂机构及其检查人员依法开展检查的权力，强调了有关单位和人员积极配合且不得干涉检查的义务，确保检查人员能够切实履职。

三、反兴奋剂机构依法公开反兴奋剂信息

反兴奋剂信息公开既涉及运动员的权利保护，也涉及反兴奋剂机构的公平、公正履职。一是，国家反兴奋剂机构依法依规定期公布兴奋剂违规的处理信息，是体育纪律处罚坚持程序正义的体现。二是，对于社会中的大多数人来说，兴奋剂是一个相对陌生的词汇，将反兴奋剂信息予以公开，能使公众更加深入的了解反兴奋剂工作，从而避免公众在不知情的情况下质疑反兴奋剂工作。三是，对兴奋剂违规案件信息的公布，能够对其他运动员、辅助人员起到警示作用，达到“以案为鉴”的教育目的。四是，对于从事反兴奋剂研究的人员来说，这些在实践中发生的案例是其开展研究的重要材料。五是，“阳光是最好的防腐剂”。反兴奋剂信息公开不仅有利于加强对反兴奋剂机构的监督，同时也有利于加强对体育社会组织和兴奋剂违规人员的监督。因此，反兴奋剂机构应当依法公开反兴奋剂信息并接受社会监督。

反兴奋剂信息公开的内容主要有以下方面：一是公布涉嫌兴奋剂违规的人员信息。国家反兴奋剂机构在通知涉嫌兴奋剂违规的当事人及有关反兴奋剂组织之后，可以公布该当事人的身份信息、涉及的禁用物质或禁用方法、兴奋剂违规的性质，以及当事人是否受到临时停赛等。二是公布兴奋剂违规处理决定。国家反兴奋剂机构可以在终局性兴奋剂违规处理决定生效之日起的一定期限内公布该处理决定，包括当事人的姓名、运动项目、违反的反兴奋剂规则、涉及的禁用物质或禁用方法（如有）、处理结果等信息，并可以就案件所涉及的有关问题公开发表声明。三是公布禁止合作人员名单。当事人使用因兴奋剂违规而处于禁赛期的人员从事运动员辅助工作，或者与其开展其他与体育有关合作的，同样构成兴奋剂违规。为此，国家反兴奋剂机构可以公布禁止从事运动员辅助工作的人员信息，实现体育社会组织和公众对处于禁赛期的违规人员的共同监督，确保其严格遵守禁赛期的规定。四是公布年度报告和工作信息。国家反兴奋剂机构应当定期公布全面反映其兴奋剂管制活动的报告，还可以适时发布反兴奋剂工作的重要通知、资讯动态以及其他有关信息，例如定期公布兴奋剂检查的数据等。

第五十八条　县级以上人民政府体育行政部门组织开展反兴奋剂宣传、教育工作，提高体育活动参与者和公众的反兴奋剂意识。

◆ 条文主旨

本条是关于开展反兴奋剂宣传教育的规定。

◆ 条文释义

预防为主、教育为本是反兴奋剂工作的基本原则，也被认为是解决兴奋剂问题的根本途径。在一体推进“不敢用”“不能用”“不想用”的反兴奋剂长效治理体系建设过程中，宣传教育是实现让体育运动参加者从“不敢用”到“不想用”兴奋剂的重要手段。反兴奋剂宣传教育就是要通过普及反兴奋剂知识，传播纯洁体育理念，弘扬中华体育精神，帮助广大体育活动参与者认清兴奋剂危害，牢固树立反兴奋剂意识，培养健康文明、公平竞争的体育观和“拿道德的金牌、风格的金牌、干净的金牌”的反兴奋剂价值观，达到自觉抵制和防范兴奋剂的目的。

一、反兴奋剂宣传教育的组织实施

依照本条规定，县级以上人民政府体育行政部门负责组织开展反兴奋剂宣传、教育工作。各级体育行政部门可以建立反兴奋剂宣传教育工作责任制，明确职责、落实到人，做到有部署、有检查，把工作落到实处。通过组织宣传活动、举办讲座、制作宣传品、开办专栏或专版、开展知识竞赛、刊登公益广告等形式，提高公众反兴奋剂意识。除了体育行政部门以外，广播电台、电视台、报刊媒体以及互联网信息服务提供者有开展反兴奋剂宣传的义务；学校和其他教育机构有承担反兴奋剂教育的义务；国家反兴奋剂机构通过实施反兴奋剂教育准入、培训教育讲师、提供人力资源支持、开发教育资源、建设线上反兴奋剂教育平台等方式，确保与其他实体开展的教育活动合作协调，并符合《世界反兴奋剂条例》及其附件《教育国际标准》的要求。

反兴奋剂宣传教育的重点目标人群是运动员及其辅助人员，包括教练员、医务人员、科研人员、管理人员，以及运动员父母和其他对运动员有监护、看护职责的人员等。各级体育行政部门要组织、指导各级各类体育组织、运动员管理单位加强对运动员和工作人员反兴奋剂知识的宣传和教育。运动员及其辅助人员应主动接受反兴奋剂教育，自觉学习反兴奋剂知识，提高反兴奋剂意识，自觉抵制兴奋剂。

反兴奋剂教育不只局限于专业运动队和高水平运动员，还应当从青少年和学生抓起。体育行政部门、国家反兴奋剂机构应当鼓励、指导、督促其他体育社会组织、运动员管理单位、体育运动学校等共同开展反兴奋剂教育；对于普通学校及非体育组织，需要教育和体育部门密切合作，引导、鼓励和促进学校和其他教育机构大力普及反兴奋剂知识，帮助学生从小树立参与健康文明、公平竞争的体育运动和“拿干净金牌”的价值观。结合体教融合的发展背景，当前反兴奋剂宣传教育工作在做好运动员群体反兴奋剂教育的同时，要着重提升青少年和学生反兴奋剂教育工作成效，全面推进以“拿干净金牌”价值观为基础的全覆盖、全周期、常态化、制度化的反兴奋剂宣传教育，加强宣传教育体系、内涵、文化建设，真正实现反兴奋剂知识和理念的入脑、入心、入行。

二、反兴奋剂宣传教育的内容和形式

反兴奋剂宣传教育的主要内容包括：（1）体育精神；（2）运动员及辅助人员权利与义务；（3）严格责任原则；（4）兴奋剂种类与危害；（5）兴奋剂违规行为；（6）反兴奋剂目录；（7）食品

药品营养品风险；（8）治疗用药豁免；（9）兴奋剂检查程序；（10）行踪信息申报；（11）兴奋剂违规举报等。

反兴奋剂宣传教育的形式和手段极为丰富，例如制作发布海报、折页、专业及科普视频、计算机演示文稿等宣传材料，编印反兴奋剂宣传手册、培训教材和专业刊物，举办专题展览，刊发专门文章，播放或刊登公益广告，举办反兴奋剂知识讲座，开展线上、线下相结合的反兴奋剂知识学习和考试，在运动员参加体育赛事活动前实施反兴奋剂教育资格准入制度，在体育赛事活动中举办反兴奋剂教育拓展活动，在国家队和省区市运动训练基地设立反兴奋剂宣传教育基地等。国家反兴奋剂机构先后制作了多部传播“拿干净金牌”理念、展示我国反兴奋剂工作成就的中英文版本宣传片、短视频等，并在国内外多种场合播放，取得了较好的社会效果。国家和省级反兴奋剂机构通过网站、社交媒体传播反兴奋剂知识和理念，并与广播电台、电视台、报刊媒体以及互联网信息服务提供者等合作，进一步扩大了宣传教育的覆盖面。

我国首创了反兴奋剂教育准入这一反兴奋剂教育模式，即运动员及其辅助人员在入队、注册以及参赛前，必须接受较为系统的反兴奋剂教育，通过完成学习、考核、承诺、审批等准入环节，方能取得资格的制度。反兴奋剂教育准入自 2009 年第十一届全国运动会开始实施，经过十多年的不断发展完善，被实践证明是反兴奋剂教育的重要手段。近年来，我国在推广线上、线下相结合的积分制教育准入，实现中国运动员参加国内、国际重大赛事反兴奋剂教育全覆盖等方面，取得了良好的效果。

此外，我国还建立了纯洁体育教育讲师制度。纯洁体育教育讲师是经过专门培训认证的反兴奋剂教育专业人员，是反兴奋剂教育活动的主要实施者。在体育行政部门、国家反兴奋剂机构和体育社会组织的共同努力下，我国的纯洁体育教育讲师队伍已覆盖全国31个省区市以及军队、残疾人体育部门，总人数近2000人；2021年国内针对运动员、辅助人员群体开展反兴奋剂教育活动近2000场，受众48万多人次。

第五十九条 国家鼓励开展反兴奋剂科学技术研究，推广先进的反兴奋剂技术、设备和方法。

◆ **条文主旨**

本条是关于反兴奋剂科学技术研究的规定。

◆ **条文释义**

先进的反兴奋剂技术、设备和方法是提高反兴奋剂能力和水平的重要手段，国家鼓励有关组织和个人开展反兴奋剂领域的科学技术研究，开发先进的反兴奋剂技术、设备和方法并推广应用。

一、国家鼓励开展反兴奋剂科学技术研究

（一）反兴奋剂科学技术研究的重要性

反兴奋剂斗争一直被称为是“魔高一尺，道高一丈”的较量。当代科学技术的进步，特别是化学、生物技术和医药产业的进步，既为兴奋剂的研制和使用提供了广泛的可能性，也为反兴奋剂工作的进步提供了有力支撑。兴奋剂的种类和兴奋剂的使用方法日益增多，兴奋剂的使用者企图通过科技手段逃避兴奋剂检查、检测方法，反兴奋剂斗争面临巨大的挑战。20世纪中叶，色谱分析技术的出现尤其是气相色谱法的建立，让兴奋剂检测方法逐渐成为成熟技术，对反兴奋剂斗争具有划时代意义。20世纪80年代，依靠类固醇检测技术的突破，本·约翰逊在汉城奥运会上使用司坦唑醇被查出，开启了反兴奋剂斗争的新篇章。20世纪90年代以来，同位素质谱分析（IRMS）、外源性促红素（rEPO）、生长激素（hGH）等一系列检测技术的进步，让许多使用新型兴奋剂的违规者无所遁形。

为使反兴奋剂斗争获得科技助力和创新驱动，确保反兴奋剂工作能够超越使用兴奋剂的脚步，国家鼓励开展反兴奋剂科学技术研究，完善兴奋剂检查、检测方法和手段，不断提升兴奋剂检查的精准性和实验室的检测能力，争取在兴奋剂检查、检测研究领域取得更大突破；推动反兴奋剂科学研究领域的不断拓展，从法律、教育、经济、社会、心理、生理、生化等多学科、多领域开展反兴奋剂研究；推动科学技术研究成果的转化和先进技术、设备和方法的推广和应用；推动反兴奋剂学术交流和信息共享，搭建反兴奋剂学术研讨的平台和信息交流的媒介等。

（二）我国反兴奋剂科学技术研究的进展

我国一直重视反兴奋剂科学技术研究，把握国际反兴奋剂科学技术的发展趋势，推动反兴奋剂方法手段的不断进步，提升反兴奋剂工作的科学性和有效性。在20世纪80年代物质和技术条件落后的情况下，老一辈反兴奋剂工作者艰苦奋斗、团结协作，克服艰难险阻，研发了兴奋剂检测方法和技术，建立了符合国际标准的北京兴奋剂检测实验室，为我国的反兴奋剂斗争提供了坚强的技术保障。“兴奋剂检测方法的研究与实施”获得1991年国家体委体育科学技术进步特等奖，1992年国家科技进步奖一等奖。

在检测技术研究方面，近年来，北京兴奋剂检测实验室不断突破创新，建立了肽类激素中小肽类物质的常规检测方法，采用超高压液相色谱高分辨质谱联用建立了高通量的检测流程。“关于EPO基因多态性与其电泳学行为相关性的调查分析与rEPO判定标准的制定”的研究，增加了报告外源性促红素（rEPO）结果前排除基因突变的调查和处理程序，推动了世界反兴奋剂机构 EPO 检测技术文件的修改；针对克仑特罗和去甲乌药碱等禁用物质代谢规律的研究，为判断运动员是故意使用兴奋剂还是通过食品、药品、营养品摄入兴奋剂提供了重要依据，为维护运动员正当权益，打击故意使用兴奋剂行为发挥了重要作用。北京实验室还完成了“兴奋剂检测技术和方法研究”“检测兴奋剂生长激素方法的研究”以及“兴奋剂检测新方法研究”等科技部国家科技攻关专项课题，参加了“EPO 及生长激素检测方法研究”等国家自然科学基金课题研究。

在社会科学研究方面，中国反兴奋剂中心开展的“构建中国特色反兴奋剂治理体系研究”，为不断提高我国反兴奋剂治理体系和治理能力现代化水平提供了现实路径。“国家队兴奋剂风险防控体系建设最佳实施模式的试点研究”“省级反兴奋剂工作最佳实施模式的试点研究”为反兴奋剂组织体系建设提供了重要参考。“WADA 禁用物质的代谢及检测时间及其对制定兴奋剂检查计划影响的研究”，为提高兴奋剂检查的精准性、有效性提供了有力支持。此外，还有多项关于反兴奋剂的管理体制、法律法规、政策措施，运动员对兴奋剂的认知和态度等问题的研究也取得了许多有价值的成果，为有关部门管理决策和反兴奋剂教育提供了重要依据。实践证明，反兴奋剂科学研究在防范和化解兴奋剂风险、提高反兴奋剂工作质量和水平等方面发挥了重要作用。

二、国家推广先进的反兴奋剂技术、设备和方法

科技创新是反兴奋剂事业发展的驱动力。科技创新的成果要转化为反兴奋剂斗争的有力武器，离不开先进反兴奋剂技术、设备和方法的推广应用。随着兴奋剂检查、检测方法的不断进步，我国于1998年开始实施血液指标的模型检测，2000年启动同位素质谱（IRMS）检测，2002年开始外源性促红素（rEPO）血尿联检，2005年开始实施生长激素（hGH）血检，2008年开始对血液回输实施血检，2009年开始对第三代EPO（CERA）血检，2012年启动运动员生物护照（ABP）兴奋剂检查项目，2016年启动小肽类物质（GHRFs）尿检，2021年开始实施干血点检查、检测。先进的反兴奋剂技术、方法的研发与应用，使我国的反兴奋剂工作长期保持国际先进水平，并在某些领域达到领先水平。

北京2022年冬奥会和冬残奥会实施的干血点检查、检测，是世界反兴奋剂机构、国际奥委会、中国反兴奋剂中心、北京兴奋剂检测实验室等共同研发的一项创新性、革命性技术，也是这届冬奥会反兴奋剂工作的一大亮点。我国作为干血点项目的发起方之一，全程参与了规则制定，方法建立，检查、检测技术和器材研发等方面的工作，以保证这项技术第一时间在中国落地，充分体现了我国反兴奋剂的科研优势和“中国制造”能力。

近年来，中国反兴奋剂中心利用信息技术的最新成果，开展了基于大数据和人工智能的反兴奋剂工作研究，建成了“中国反兴奋剂智慧管理平台”，成功应用于日常的反兴奋剂管理和综合性运动会的反兴奋剂工作，实现了兴奋剂管制链条自动化、数据分析智能化和业务工作精准化。此外，中国反兴奋剂教育平台（CADEP）的上线标志着反兴奋剂教育进入“互联网+”时代，为反兴奋剂在线教育提供了强大的技术支持；无纸化检查系统取代传统的纸质检查文件，提升了兴奋剂检查的效率；运动员安全用药查询系统为运动员方便、快捷地查询药品的受控状态提供了可靠的帮助。这些都是反兴奋剂技术、设备和方法推广应用的成果。

第六十条　国家根据缔结或者参加的有关国际条约，开展反兴奋剂国际合作，履行反兴奋剂国际义务。

◆ 条文主旨

本条是关于开展反兴奋剂国际合作和履行国际义务的规定。

◆ 条文释义

反兴奋剂是全世界体育领域的共识，有关国际组织和多个国家在反兴奋剂领域达成了较为普遍的共识，并形成了一系列国际条约或者国际规则，作为签约方，我国有义务履行国际条约规定的义务，开展反兴奋剂国际合作。

一、国家缔约或者参加反兴奋剂有关国际条约

20 世纪以来，全世界兴奋剂问题引起了各国政府、国际体育组织的共同关注，全世界形成了反对在体育运动中使用兴奋剂的共识。1999 年 2 月，国际奥委会召开了世界反兴奋剂大会，决定建立完全独立于国际奥委会的世界反兴奋剂机构。1999 年 11 月，世界反兴奋剂机构成立，并逐渐成为国际反兴奋剂组织体系的核心机构。2003 年 3 月，世界反兴奋剂机构召开的第二届世界反兴奋剂大会通过了《世界反兴奋剂条例》（以下简称《条例》），统一了不同体育组织和国家之间的反兴奋剂规则，对兴奋剂检查、检测、处罚等进行了详细规定，构建了国际反兴奋剂规则的主要内容。目前，《条例》已有近 700 个签约方，我国奥委会、残疾人联合会和反兴奋剂中心是《条例》的签约方。《条例》属于非政府文件，签约方为国际奥委会、国际残奥委会、国际单项体育联合会、重大赛事组织机构、各国反兴奋剂机构等机构和组织，对各国不具有国际法上的约束力。

为了弥补《条例》对各国约束力上的不足，2005年10月19日联合国教科文组织第33届大会通过了《反对在体育运动中使用兴奋剂国际公约》（以下简称《公约》）。《公约》明确了世界反兴奋剂机构及其《条例》的法律地位，要求缔约国遵守《条例》确定的原则，支持世界反兴奋剂机构工作，开展反兴奋剂教育与培训，促进反兴奋剂研究并分享研究成果。截至2020年，已经有191个国家和地区加入《公约》。2006年8月17日，我国政府签署《公约》，是亚洲第1个、世界第18个签署公约的国家。

《公约》要求各缔约国承诺遵守《条例》确定的原则，《条例》对于签约方遵守条例的责任和义务作出了严格的规定，世界反兴奋剂机构制定了专门的《条例遵守国际标准》监督条例的实施。我国一直严格遵守《公约》和《条例》的有关规定，并制定有关国内立法，将国际规则转化为国内规则，不断完善质量体系和程序标准，确保严格符合有关国际规则的要求。

二、国家履行反兴奋剂国际义务

在与有关国际组织的合作交流方面，从1999年洛桑第一届世界反兴奋剂大会开始，我国就派代表团参加了历届世界反兴奋剂大会。1999年世界反兴奋剂机构成立后，我国一直作为亚洲国家政府的代表之一担任理事。世界反兴奋剂机构设立的国家反兴奋剂机构咨询专家组、运动员委员会、教育委员会、财务和管理委员会、健康、医学与研究委员会、实验室专家委员会等常设委员会都曾经或正活跃着中国委员的身影，国际泳联医学委员会、国际举联反兴奋剂委员会、亚奥理事会医学委员会、国际检查机构等目前也都有中国代表。国务院体育行政部门、国家反兴奋剂机构与世界反兴奋剂机构合作，先后承办了2004年第二届亚洲地区政府间反兴奋剂会议、2012年亚洲反兴奋剂教育研讨会、2013年反基因和细胞兴奋剂研讨会、2017年第十四届亚洲/大洋洲政府间反兴奋剂会议、食品残留物中兴奋剂检测与分析国际研讨会、2018 年第二届全球反兴奋剂教育大会等，还成功举办了首届国际反兴奋剂工作专业研讨会。我国多次派出工作人员，以独立观察员、兴奋剂检查官、教育拓展活动主管等身份参加奥运会、冬奥会、亚运会等重大国际赛事的反兴奋剂工作，还派出管理人员到世界反兴奋剂机构总部实习，学习交流工作经验。

在与其他国家的合作交流方面，我国与挪威、瑞典、澳大利亚、加拿大、美国、西班牙、法国、日本、朝鲜等国家签署双边合作协议，与日本、韩国的国家反兴奋剂机构签署三方合作备忘录。1997 年起中国与挪威在反兴奋剂领域开始了持续多年的密切合作，共同开发了符合国际兴奋剂管制标准（ISDC）和 ISO9001：2000 标准的中国兴奋剂管制质量体系，并于 2004 年顺利通过质量认证。在此基础上，双方继续深化在兴奋剂管制、反兴奋剂宣传教育以及备战北京 2008 年奥运会、北京 2022 年冬奥会反兴奋剂工作等多方面的合作，被世界反兴奋剂机构誉为反兴奋剂国际合作的榜样。与此同时，中国反兴奋剂中心、挪威反兴奋剂机构、世界反兴奋剂机构三方合作，帮助肯尼亚成立国家反兴奋剂机构，开展反兴奋剂工作等。

与此同时，我国积极承担反兴奋剂领域的国际责任与义务，长期以来一直帮助亚洲和非洲反兴奋剂工作开展较为落后的国家提高反兴奋剂工作水平。我国举办的发展中国家反兴奋剂研修班，为许多发展中国家培养了反兴奋剂专业人才；中国反兴奋剂中心与朝鲜反兴奋剂委员会签署合作协议，向其捐助兴奋剂检查器材，帮助其培训反兴奋剂工作人员等；为海湾地区反兴奋剂组织传授关于法律法规、结果管理、治疗用药豁免等方面的知识；帮助南亚地区反兴奋剂组织、津巴布韦反兴奋剂机构培训反兴奋剂教育讲师等。

反兴奋剂国际合作的开展和国际义务的履行，有助于展示我国反兴奋剂工作的专业、公开、透明的形象。我国将继续加强与联合国教科文组织、国际奥委会、世界反兴奋剂机构、国际单项体育联合会和其他国家反兴奋剂机构的合作，支持和帮助发展中国家提升反兴奋剂工作水平，开展多层次、宽领域的反兴奋剂对外交流，构建新型、友好的反兴奋剂对外交流体系，不断为全球反兴奋剂事业和反兴奋剂治理提供中国方案、贡献智慧和力量。

第六章　体育组织

本章共8条，主要是关于各类体育组织的规定。在体育实践中，“体育社会团体”已经不能完全覆盖实践中出现并发挥重要作用的各类其他体育组织。因此，本次修法时将“体育社会团体”一章的章名修改为“体育组织”，既反映了对体育社会组织认识的深化，也符合体育发展实际，对于促进体育组织健康、有序地发展具有深远影响。

第六十一条　国家鼓励、支持体育组织依照法律法规和章程开展体育活动，推动体育事业发展。

国家鼓励体育组织积极参加国际体育交流合作，参与国际体育运动规则的制定。

◆ **条文主旨**

本条是关于体育组织开展体育活动和参加国际体育交流合作的规定。

◆ **条文释义**

体育组织是党和政府团结、联系广大体育工作者、爱好者的桥梁和纽带，是国家发展体育事业的重要力量，在体育强国建设中发挥着十分重要的作用。国家鼓励、支持体育组织开展体育活动，积极参加国际体育交流合作，推动我国体育事业发展，提升我国在国际体育中的地位和作用。

一、国家鼓励、支持体育组织开展体育活动

体育组织在近现代世界体育发展中发挥了重要作用。国际奥委会、国际单项体育联合会都是体育组织，世界体育发达国家无一例外都有健全的体育组织体系。可以说，培育壮大体育组织是促进体育发展的必由之路。从个人层面，体育组织量大面广，贴近群众，能够更加有效地满足个人的多层次多元化体育需求，为个人参与体育运动提供便利；从社会层面，体育组织是现代体育的主要组织形式，能够有效调动社会力量参与，激发体育发展活力。国家鼓励和支持体育组织依照法律法规和章程开展体育活动，利用好体育组织专业程度高、组织性强的特点，发挥体育组织在组织开展体育赛事活动、承接公共体育服务、参与体育公益服务、普及运动技术和培养体育人才等方面的独特作用。

体育组织开展体育活动应当依照有关法律法规和其章程的规定。体育法及相关法律、法规对体育组织开展活动提出了要求，这是体育组织开展体育活动应当遵循的基本准则；体育组织根据其自身的特点、宗旨和需求依法制定了适合自身发展的章程，这是体育组织开展体育活动的重要依据。国家鼓励、支持体育组织依照法律法规和章程组织开展体育活动主要体现在以下方面：依法登记成立的体育组织，国家可按照规定在人、财、物等方面给予帮助和支持；各级民政、体育行政部门加强对体育组织的监督管理和业务指导，保障其合法权益，任何组织和个人都不得干涉和侵犯体育组织的独立法律人格，不得任意干预体育组织依照其章程开展业务活动；各级民政、体育行政部门向体育组织宣传、解释、普及管理政策和法规；体育组织对管理机关有关决定不服的，可依法申请行政复议或提起诉讼，以维护自身的合法权益；体育组织按照其章程中规定的宗旨、业务范围开展活动，发展会员和进行会员管理，加强内部管理等。

二、国家鼓励体育组织参加国际体育交流合作

体育对外交流是我国大国外交的重要组成部分，通过体育对外交流，也为国家和地区间政治、经贸、文化等各领域合作交流打下了基础，比如重新打开中美交往大门的“乒乓外交”，就是体育服务外交的佳话之一。随着我国体育事业不断发展，特别是北京2008年奥运会和北京2022年冬奥会在我国的成功举办，我国体育在国际上的影响力日益扩大，在国际体育交流中的话语权逐渐提升。体育组织作为重要的体育民间组织形式，积极参与国际体育交流合作，能够在非官方层面促进我国体育与国际体育的交流合作，一方面能够推动我国学习借鉴国外体育发展的先进经验，促进我国体育改革发展；另一方面也能够推动中国体育走向世界，不断扩大友好国家朋友圈，提升我国在国际体坛的影响力和话语权。

同时，国家还鼓励体育组织参与国际体育运动规则的制定。相对于我国在政治、经济领域的影响力，我国体育在国际体育领域的影响力和话语权较为不足。以国际体育仲裁为例，虽然我国先后有十余位专家学者得到了国际体育仲裁理事会的认可被聘任为国际体育仲裁院的仲裁员，但实际参与国际体育仲裁工作的仲裁员数量十分有限，无法适应现阶段体育强国建设与对外体育交流的需求，这与体育强国建设以及对外体育工作的需要不相适应。体育组织在国际体育交流中要积极培养可以胜任国际体育组织工作的专业人员，特别是高度重视国际单项体育联合会中涉及规则制定的专业委员会的任职，参加相关体育运动规则的制定，深度参与国际体育治理。

第六十二条 中华全国体育总会和地方各级体育总会是团结各类体育组织和体育工作者、体育爱好者的群众性体育组织，应当在发展体育事业中发挥作用。

◆ **条文主旨**

本条是关于中华全国体育总会和地方各级体育总会的规定。

◆ **条文释义**

中华全国体育总会和地方各级体育总会是党和政府团结各类体育组织和体育工作者、体育爱好者的纽带，在我国体育事业发展的进程中发挥了重要作用。

一、中华全国体育总会和地方各级体育总会的性质

1952 年 6 月，中华全国体育总会由“中华全国体育协进会”改组成立，在成立时通过的《中华全国体育总会章程》明确规定，“本会宗旨是在中央人民政府和中国共产党的领导下，根据《共同纲领》第四十八条提倡国民体育的规定与人民政府发展体育的政策，协助政府组织、领导并推进国民体育运动，为增进人民身体健康及为国防与生产服务。”同年 7 月，中华全国体育总会派代表团赴赫尔辛基参加第 15 届奥运会，这是新中国运动员首次参加奥运会。当时，中华全国体育总会作为新中国第一个、也是唯一的全国性体育组织，既是群众体育组织又是政府机构，在领导、协调、监督体育工作，普及发展体育运动，代表我国参加国际体育事务等方面发挥了重要作用。1952 年 11 月，中央人民政府成立“中央人民政府体育运动委员会”，1954 年改称为“中华人民共和国体育运动委员会”（简称国家体委）。国家体委成立后，中华全国体育总会领导全国体育工作的职责由国家体委替代，中华全国体育总会的机构、编制、经费并入国家体委。1998年，国家体委更名为国家体育总局，中华全国体育总会与国家体育总局“两块牌子，一套人马”。根据国务院办公厅2009年印发的《国家体育总局主要职责内设机构和人员编制规定》，国家体育总局承担中华全国体育总会的日常工作。

中华全国体育总会是依法成立的全国性、非营利性、群众性的体育组织，接受业务主管单位国家体育总局的业务指导和登记管理单位民政部的监督管理。与中华全国体育总会相同，地方各级体育总会也属于社会组织中的非营利性的社会团体。

二、中华全国体育总会和地方各级体育总会的职责

中华全国体育总会在协助国家体育行政部门开展群众性体育活动、促进奥林匹克运动在中国的发展、改革体育管理体制、加快建设体育强国等方面发挥了重要作用。《中华全国体育总会章程》第三条规定了中华全国体育总会的宗旨，即“遵守国家宪法、法律、法规和相关政策，依据《中华人民共和国体育法》，团结运动员、教练员、体育工作者、体育爱好者、体育组织及热心支持体育事业的机构、社会组织、各界人士，联系香港特别行政区同胞、澳门特别行政区同胞、台湾同胞及海外侨胞中的体育界人士，努力发展体育事业，推进实施全民健身计划和奥运争光计划，为全面建成小康社会、推进中国特色社会主义事业服务；积极主动开展体育外交，为增进世界人民的友谊服务。”地方各级体育总会依照法律法规及其章程组织和开展体育活动。

中华全国体育总会的业务范围包括以下方面：组织群众体育活动，增强人民体质，提高全民族健康素质；支持竞技体育运动，提高技术水平；举办或联合举办全国性、境内国际性体育比赛和活动；宣传和普及体育文化、体育科学知识，开展体育技能培训；

组织调查研究，对体育事业重大方针政策、发展战略提出建议，为政府决策服务；积极参与体育社会团体改革进程，实现政社分开、管办分离，努力提高本会在公共事务管理方面的参与度，指导会员承担政府购买的服务；向广大群众尤其是向运动员、青少年进行社会主义核心价值观教育和中华体育精神教育；促进体育相关学术研究；培育体育市场，促进体育产业发展；依法维护本会及会员、体育工作者、体育活动参与者的合法权益；加强与各体育组织的联系和沟通，充分发挥各级体育总会的枢纽作用；开展国际体育交流与合作，发展同国外体育组织和体育工作者的友好关系；从事法律、法规授权或者行政机关委托的其他事项。

第六十三条 中国奥林匹克委员会是以发展体育和推动奥林匹克运动为主要任务的体育组织，代表中国参与国际奥林匹克事务。

◆ **条文主旨**

本条是关于中国奥林匹克委员会的规定。

◆ **条文释义**

奥林匹克运动对我国体育事业的发展有着重要而深远的影响。中国奥林匹克委员会是唯一有权代表中国参与国际奥林匹克事务的体育组织，承担着发展体育和推动奥林匹克运动的职责。

一、中国奥林匹克委员会的性质

中国奥林匹克委员会是全国性、非营利性的体育组织，接受业务主管单位国家体育总局的业务指导和登记管理单位民政部的监督管理，是国际奥林匹克委员会承认的代表中国的国家/地区奥林匹克委员会。中国奥林匹克委员会作为国际奥林匹克大家庭的一员，遵守《奥林匹克宪章》，在中国发展、促进和维护奥林匹克运动。根据2009年通过的《中国奥林匹克委员会章程》第八条规定，中国奥林匹克委员会实行单位代表和个人代表相结合的委员制。中国奥林匹克委员会委员由奥林匹克运动会项目的全国性单项体育协会代表、部分非奥林匹克运动会项目的全国性单项体育协会代表、国际奥林匹克委员会的中国委员、运动员代表和体育界及社会各界代表组成。

二、中国奥林匹克委员会的主要任务

根据本条规定，中国奥林匹克委员会的主要任务是发展体育和推动奥林匹克运动。《奥林匹克宪章》和《中国奥林匹克委员会章程》对此有进一步的明确规定。《奥林匹克宪章》第二十七条规定，国家/地区奥林匹克委员会的职能包括：通过在各层次的学校、体育运动和体育教育机构和大学推广奥林匹克教育计划，鼓励建立专门致力于奥林匹克教育的机构，如国家/地区奥林匹克学院、奥林匹克博物馆以及与奥林匹克运动有关的、包括文化计划在内的其他计划，在本国家/地区，尤其是在体育和教育领域，宣传奥林匹克主义的基本原则和价值观；确保《奥林匹克宪章》在本国家/地区得到遵守；鼓励发展高水平体育比赛与大众体育；举办课程培训体育管理人员，确保这些课程有助于传播奥林匹克主义的基本原则；采取行动反对体育运动中任何形式的歧视和暴力；采纳并贯彻实施《世界反兴奋剂条例》；鼓励并支持与运动员医疗卫生相关的措施。

《中国奥林匹克委员会章程》第三条规定："中国奥组委的宗旨是在中国弘扬奥林匹克主义和奥林匹克价值观，推动奥林匹克运动和中国体育事业的发展，通过体育促进构建和谐社会；遵守国家法律和有关政策，遵守社会道德规范。"第七条规定，中国奥林匹克委员会的业务范围包括：（1）依据《奥林匹克宪章》，在全国范围内发展和维护奥林匹克运动，宣传奥林匹克主义的基本原则，保证《奥林匹克宪章》在中国得到遵守；（2）促进竞技体育和群众体育的协调发展，鼓励和支持妇女全面参与体育事业；（3）全权代表中国参加地区、洲级和国际综合性体育赛事，包括冬/夏季奥林匹克运动会、冬/夏季亚洲运动会和东亚运动会以及其它与奥林匹克运动有关的活动。在有关全国性单项体育协会的配合下，选拔运动员组成中国体育代表团参赛，并提供必要的费用和体育装备；（4）在中国选定有条件申办和举办奥林匹克运动会、亚洲运动会或东亚运动会等国际综合性体育赛事的城市；（5）协助其它全国性体育组织举办全国综合性的比赛活动；（6）反对体育运动中任何形式的歧视和暴力，禁止使用国际奥林匹克委员会、世界反兴奋剂机构和国际单项体育联合会公布的禁用物质药物和方法。

三、中国奥林匹克委员会代表中国参与国际奥林匹克事务

《奥林匹克宪章》第二十七条第一款规定，国家/地区奥委会有代表各自国家/地区参加奥林匹克运动会和受国际奥委会赞助的地区、大洲或世界性综合体育竞赛的专有权利。此外，各国家/地区奥委会有义务选派运动员参加奥运会。根据该条规定，在国际奥林匹克运动中，由中国奥林匹克委员会代表中国参加。《中国奥林匹克委员会章程》第二条中规定，在与国际奥林匹克委员会和亚洲奥林匹克理事会等国际体育组织及各国家/地区奥林匹克委员会的关系中，唯有中国奥林匹克委员会有权代表中国的奥林匹克运动；第四条规定，根据国际奥林匹克委员会《奥林匹克宪章》规定，中国奥林匹克委员会依据非营利的原则，享有在中国举办的与奥林匹克运动会和奥林匹克运动有关的活动中使用奥林匹克名称、标志、旗、格言、徽记和会歌的权利，并有在中国领土上保护上述奥林匹克名称、标志、旗、格言、徽记和会歌不受非法使用的责任与义务。

第六十四条　体育科学社会团体是体育科学技术工作者的学术性体育社会组织，应当在发展体育科技事业中发挥作用。

◆ **条文主旨**

本条是关于体育科学社会团体的规定。

◆ **条文释义**

长期以来，由广大体育科学技术工作者组成的体育科学社会团体在开展体育科学研究、体育科普宣传、体育科技合作等方面发挥了重要作用。推动我国体育科技事业发展，需要体育科学社会团体继续贡献力量。

一、体育科学社会团体是学术性体育社会组织

体育科学社会团体是党和政府发展体育科技事业的助手，团结和组织广大科技工作者，倡导献身、创新、求实、协作的科学精神，严格遵守国家宪法、法律和社会道德风尚，广泛开展体育科技活动，促进体育科技事业的发展和体育科技人才的成长，为发展体育运动、增强人民体质贡献力量。目前，我国体育科学社会团体主要是体育科学学会，包括中国体育科学学会和各省、自治区、直辖市的体育科学学会。

中国体育科学学会成立于1980年，是依法登记的全国性、非营利性的学术性群众团体，其业务主管单位是中国科学技术协会。中国体育科学学会的会员包括个人会员和单位会员，能够拥护中国体育科学学会的章程，遵纪守法，践行科学道德规范，愿意加入中国体育科学学会，符合条件的，可申请成为中国体育科学学会会员。此外，全国27个省（区、市）和3个计划单列市建立了地方体育科学学会，地方体育科学学会可以成为中国体育科学学会的单位成员。

二、体育科学社会团体的作用

从体育发展的内部环境看，当前体育发展在思想观念、动力效能、资源要素、风险防范、科技引领等方面还存在一些短板和问题，高端体育科技自主创新能力依然较弱，缺少国际领先的体育科技企业，在竞技体育训练和研究中实际使用的科技产品主要来自引进以及模仿国外先进的体育科技成果。为进一步提高体育设施、健身装备、场馆运营管理等水平，需要进一步鼓励具有专业知识的体育科学社会团体在体育科研发展层面发挥重要作用。

作为全国性的体育科学社会团体，中国体育科学学会按照章程开展多项促进体育科技事业发展的活动，主要包括：（1）开展国内外体育科学学术交流活动，组织学术会议，活跃学术思想，促进学科发展，推动自主创新；组织重点学术课题探讨和科学考察等活动，密切学科间、学术团体间的横向联系与协作。（2）多渠道、多形式地开展体育科普宣传、健康教育活动，普及体育科学技术知识，推广科学健身理念与方法，开展青少年体育教育活动，向社会提供咨询与服务，提高全民身体素质、体育素养。（3）开展体育科学相关继续教育、技术培训活动，不断更新会员和体育科技工作者的知识结构，提高会员和体育科技工作者的学术水平和创新能力。（4）开展体育科学相关技术研究、技术咨询和技术服务，受政府委托承办或根据学科发展需要举办相关科技产品展览展示，推广先进科技成果，推动科技成果转化与应用，促进产学研结合，促进多方科技合作。（5）开展国际性、地域性的民间科技交流活动，建立与国（境）外相关团体和体育科技工作者的联系和交往，加强与国际、港澳台地区的体育学术交流和科学技术合作；推举会员代表参加相关的国际学术组织及其活动。（6）组织开展重大问题的调查论证，为政府及有关部门制定战略决策、政策规划、法规标准提供咨询服务和技术支持。（7）组织开展国家科学技术奖推荐、机构和人员评价、科技项目评估与论证、科技成果鉴定与推广等工作，开展中国体育科学学会科技奖的评审与奖励工作，表彰、奖励在体育科技活动中做出突出贡献的会员和体育科技工作者。（8）推动体育科学研究诚信监督机制的建立和完善，促进科学道德和学风建设。（9）兴办有利于体育科学技术发展的社会公益事业和与其宗旨相符的其他社会公益性活动。各地方体育科学学会配合中国体育科学学会共同做好相关工作，通过参与体育科研项目、刊发体育科研论文、进行体育科普活动等多种形式在体育科技事业中发挥作用。

第六十五条　全国性单项体育协会是依法登记的体育社会组织，代表中国参加相应的国际单项体育组织，根据章程加入中华全国体育总会、派代表担任中国奥林匹克委员会委员。

全国性单项体育协会负责相应项目的普及与提高，制定相应项目技术规范、竞赛规则、团体标准，规范体育赛事活动。

◆ 条文主旨

本条是关于全国性单项体育协会的规定。

◆ **条文释义**

全国性单项体育协会在各自领域范围内团结广大体育爱好者，致力于各运动项目技术的提高和各项运动的发展，对于促进我国体育对外交往、提升中国体育国际影响力发挥了重要作用。

一、全国性单项体育协会的法律地位

全国性单项体育协会是依法登记的体育社会组织。《民法典》第九十条规定："具备法人条件，基于会员共同意愿，为公益目的或者会员共同利益等非营利目的设立的社会团体，经依法登记成立，取得社会团体法人资格；依法不需要办理法人登记的，从成立之日起，具有社会团体法人资格。"《社会团体登记管理条例》第三条第一款规定："成立社会团体，应当经其业务主管单位审查同意，并依照本条例的规定进行登记。"在我国，社会团体、基金会、社会服务机构都属于社会组织。全国性单项体育协会属于法律意义上的社会团体，按照法律法规规定必须进行登记。实践中，国务院体育行政部门作为全国性单项体育协会的业务主管单位履行审查职责，审查同意后报经国务院民政部门登记成立。截至2021年，我国共有73个全国性单项体育协会。

全国性单项体育协会代表中国参加相应的国际单项体育组织。现代体育运动在全球的普及发展与国际单项体育组织密不可分。从19世纪末开始，国际单项体育组织相继问世，各运动项目有了统一的领导组织，正是这些国际单项体育组织制定了得到国际公认的比赛规则，使运动项目逐渐实现规范化、制度化、国际化。参加相应的国际单项体育组织有利于加强我国体育对外交往、提高运动项目水平、扩大我国体育的国际影响力。国际单项体育组织为了在世界范围内普及推广运动项目，普遍采用会员制方式，一般情况下一个国家只有一个会员，通过这种方式建立起运动项目发展的组织体系。依法登记设立的全国性单项体育协会是唯一有权代表中国参加相应国际单项体育组织的体育组织。

全国性单项体育协会根据章程加入中华全国体育总会。中华全国体育总会作为全国群众性体育组织，实行单位会员制。《中华全国体育总会章程》第二章第七条规定，全国性单项体育协会可以作为会员申请加入中华全国体育总会。全国性单项体育协会依据章程和《中华全国体育总会章程》规定加入中华全国体育总会。

全国性单项体育协会派代表担任中国奥林匹克委员会委员。现代奥林匹克运动与国际单项体育组织关系密切，根据《奥林匹克宪章》的规定，一个国家/地区的奥委会，只有得到国际奥林匹克委员会的承认，才有权参加奥运会。而国家或地区奥委会应至少由五个奥林匹克项目的全国或地区协会组成，这些协会必须是有关国际单项体育组织的会员。中华人民共和国成立后，为了适应参加奥运会等国际体育活动的需要，我国迅速成立了为数众多的全国性单项体育协会。《中国奥林匹克委员会章程》第八条规定，中国奥委会委员由奥运会项目和部分非奥运会项目的全国性单项体育协会代表、国际奥委会的中国委员、运动员代表、体育界及社会各界代表组成。全国性单项体育协会依照章程和《中国奥林匹克委员会章程》规定，派代表担任中国奥林匹克委员会会员。

二、全国性单项体育协会的职责

全国性单项体育协会负责相应项目的普及与提高。作为该项目唯一的全国性协会，一方面，全国性单项体育协会负责在人民群众中普及该体育项目，提高人民群众的身体素质和健康水平。中共中央办公厅、国务院办公厅《关于构建更高水平的全民健身公共服务体系的意见》要求，将运动项目的推广普及作为对单项体育协会的主要评价指标。全国性单项体育协会要围绕扩大项目人口、提升项目参与度积极开展工作，推进项目进校园、进社区、进机关、进企事业单位、进农村，普及项目技能；通过宣传体育项目知识、项目文化，增强项目吸引力；通过举办体育项目赛事活动，提升项目社会影响力；多措并举，提升项目发展的生命力。另一方面，全国性单项体育协会负责提高该项目的运动竞技水平，增强体育为国争光的能力。要借鉴国外先进理念，总结我国竞技体育发展的宝贵经验，坚持举国体制与市场机制相结合，在全国选拔优秀竞技人才，提升项目科学化训练和保障水平，举办高水平体育赛事，遵循项目发展规律，切实提升项目竞技水平。

全国性单项体育协会负责制定相应项目的技术规范、竞赛规则、团体标准。其中，技术规范主要指场地、器材、设施、人员配备、动作技能应当符合的相关标准和要求，是衡量全国性单项体育协会专业化水平的重要依据，也是全国性单项体育协会引导项目发展、提高权威性的重要手段。竞赛规则是体育竞赛中规范各方主体行为的制度规定总称，是一切体育赛事活动的基础和必备条件，完善的竞赛规则对于提高赛事活动水平和安全保障条件具有重要作用。团体标准是依法成立的社会团体为满足市场和创新需要，协调相关市场主体共同制定的标准。体育赛事活动专业技术性强、差异性大，国家标准和行业标准难以完全覆盖，全国性单项体育协会可以根据需要制定团体标准。需要说明的是，技术规范、竞赛规则和团体标准并不是泾渭分明的完全不同的范畴。技术规范、竞赛规则与团体标准既有联系又有区别，团体标准中的一些技术要求可以引用技术规范、竞赛规则，这样的技术规范、竞赛规则就成为标准的一部分。如果技术规范、竞赛规则本身经过了标准制定程序，有的就成为团体标准，如果经过法定机构批准，相应的技术规范、竞赛规则还可以进一步成为国家标准、行业标准。

全国性单项体育协会负责规范体育赛事活动。发挥专业优势，加强体育赛事活动的标准化、规范化建设，提高体育赛事活动水平是全国性单项体育协会的重要任务。2020 年 5 月 1 日起施行的《体育赛事活动管理办法》规定，“全国性单项体育协会应当在协会章程中规定本项目体育赛事活动管理的内容，并制定相关管理办法，出台本项目体育赛事活动组织的团体标准、奖惩措施、信用管理、反兴奋剂工作等规范，加强行业自律”。

第六十六条　单项体育协会应当依法维护会员的合法权益，积极向有关单位反映会员的意见和建议。

◆ **条文主旨**

本条是关于单项体育协会保障会员权益的规定。

◆ **条文释义**

会员是单项体育协会发展的基础，单项体育协会应当发挥会员的主体作用，依法依章程维护会员合法权益，并利用自身地位条件积极向有关单位反映会员的意见和建议。

一、单项体育协会应当依法维护会员的合法权益

作为社会团体的单项体育协会，是由会员自愿组成，为实现会员共同意愿，以体育运动为目的，按照章程开展活动的社会组织。单项体育协会的社团属性决定了其应当重视发展会员，发挥会员的主体作用，并依法维护会员的合法权益，这是单项体育协会可持续发展的基石。实践中，单项体育协会在会员管理和会员权益保障方面还存在一些不足，比如忽视会员合法权益的现象时有发生，个人会员制度不健全，权利救济途径不畅通等，限制了单项体育协会的高质量长远发展。因此，有必要进一步提高单项体育协会的会员权益保护意识，增强会员参与协会管理的积极性，完善会员权益保护有关制度和机制建设。

单项体育协会会员的合法权益主要包括：参加会员代表大会；具有选举权、被选举权和表决权；参加协会的活动；获得协会服务的优先权；有对协会工作的批评权、建议权和监督权；听取和审议协会的工作报告；提出修改章程的意见和建议；退会自由等。单项体育协会一般在章程中对会员权利进行了明确规定。比如，中国篮球协会章程中规定，会员享有下列权利：选举权、被选举权和表决权；对本会工作的知情权、建议权和监督权；参加本会活动并获得本会服务的优先权；退会自由；法律、法规及本章程规定的其他权利。

二、单项体育协会应当积极反映会员的意见和建议

单项体育协会的会员作为体育项目的直接参与者，对体育项目及相关赛事活动等有着直观感受和切身经历，对于体育项目的发展也会有一定的思考及相应的意见建议。这些意见建议对于有关主管单位更好地谋划体育项目的发展有着积极意义。体育项目的参与者可以直接依法向有关主管单位反映其意见建议，也可以向所参加的单项体育协会反映其意见和建议。单项体育协会应当建立畅通的会员意见表达渠道，采取适当的形式，常态化、便利化收集、征集会员的意见和建议，认真对待会员对单项体育协会的各项工作、体育事业发展和有关部门的工作提出的建议意见，对于不属于单项体育协会有关业务范围的意见建议，应当积极向有关单位予以反映。

第六十七条 单项体育协会应当接受体育行政部门的指导和监管，健全内部治理机制，制定行业规则，加强行业自律。

◆ **条文主旨**

本条是关于单项体育协会管理的规定。

◆ **条文释义**

单项体育协会建设对推进体育改革和治理，推动体育事业发展方面有重要意义。加强单项体育协会建设，一方面，需要体育行政部门依法进行指导和监督；另一方面，需要单项体育协会加强自身建设，健全内部治理机制。

一、单项体育协会接受体育行政部门的指导和监督

新中国成立以后，我国的运动项目管理体制是按照计划经济体制要求而形成的高度集中、行政管理主导型的领导和管理体制。体育行政管理部门实际包揽了包括运动项目管理在内的体育事业各个方面的工作。20 世纪 90 年代开始的全国性单项体育协会实体化改革，推动了全国性单项体育协会的发展，逐步形成了运动项目管理中心和全国性单项体育协会“两块牌子，一套人马”的管理模式。但是，很多单项体育协会还存在社会化程度较低，行政色彩较重，事社不分、社企不分，治理结构不健全、作用发挥不够等问题，不能很好地适应群众体育和体育产业大发展的需要。

党的十九届三中全会通过的《中共中央关于深化党和国家机构改革的决定》提出，推进社会组织改革，加快实施政社分开，激发社会组织活力，克服社会组织行政化倾向。根据 2015 年中共中央办公厅、国务院办公厅印发的《行业协会商会与行政机关脱钩总体方案》安排以及 2019 年国家发展改革委等十部委联合印发的《关于全面推开行业协会商会与行政机关脱钩改革的实施意见》要求，脱钩以后的行政机关，由原来的协会业务主管部门转变为行业管理部门。从业务主管部门到行业管理部门，标志着体育行政部门与单项体育协会的关系将发生重大转变。下一步，应当继续加强单项体育协会建设，进一步厘清体育行政部门与单项体育协会的边界，适合由单项体育协会提供的公共服务和解决的事项，由单项体育协会依法提供和管理。

体育行政部门作为单项体育协会的行业管理部门，对行业协会商会进行政策和业务指导，并履行相关监管责任。体育行政部门对单项体育协会的指导和监督主要体现在以下方面：履行政府发展体育事业职责，加强对单项体育协会的政策引导、业务指导、协调保障和行业监管；充分尊重单项体育协会的独立自主地位，支持单项体育协会依法自治、自主运行、责权匹配；从体育事业发展实际出发，对单项体育协会实施分类管理、分类指导；指导体育协会加强自身建设，促进其成为服务为本、治理规范、行为自律的现代体育社会组织；开展专项治理，查办或协助查办违法违规行为等。

二、单项体育协会应当健全内部治理机制

单项体育协会既是推动体育发展的重要力量，也是多年来体育改革和体育治理的难点。实现体育改革和体育治理的突破发展，形成举国体制与市场机制相结合的竞技体育发展新局面，推动单项体育协会的实体化改革，构建起有效的体育内部治理机制已经刻不容缓。当前，我国的单项体育协会在行业自律管理方面发挥的作用仍显不足，内部治理方面尚存在结构失序、执行缺位、监督缺失等问题。具体体现在：一是决策机制不健全。党的领导落实不到位，参与重大事项决策的机制不完善。部分单项体育协会决策机构层级过多，除了会员大会及理事会之外，有的单项体育协会还设有日常工作领导小组、主席办公会以及秘书长办公会等机构。在理事的产生方式上，仍有部分协会采取推荐产生的方式，不利于单项体育协会的长远发展；二是激励机制不完善。单项体育协会缺乏行之有效的激励手段，没有利用好薪资激励、培训激励等方式，致使会员对参与单项体育协会治理的积极性不高，有的单项体育协会活力不足；三是监督机制缺位。绝大多数单项体育协会没有监事会或者监事，缺乏有效的监督制度。要改变这种现状，就要大力加强单项体育协会自身建设，提高单项体育协会自我发展能力。

根据中共中央办公厅、国务院办公厅《行业协会商会与行政机关脱钩总体方案》要求，行业协会商会要按照建立现代社会组织要求，建立和完善产权清晰、权责明确、运转协调、制衡有效的法人治理结构。具体而言，主要包括：一是坚持和加强党对协会的全面领导。加强协会党的建设，强化党对协会的全面领导，牢牢把握协会正确政治发展方向。健全协会党建工作制度，推动党建工作与业务工作深度融合，提升党建工作科学化水平。加强协会领导班子建设和党员干部能力建设，充分发挥党员运动员、教练员和工作人员先锋模范作用，增强协会党组织创造力、凝聚力、战斗力。二是完善协会章程。健全以章程为核心的内部管理制度体系，充分发挥章程在单项体育协会治理中的基础作用，逐步建立起决策、执行、监督相互协调、相互制衡、相互促进的治理机制。制定符合单项体育协会运行特点的财务管理制度和会员管理、人事管理办法等日常管理制度。三是完善决策机制。明确会员大会及理事会各自的职权范围，严格按照章程规定，明确会员大会、理事会等会议召开的程序与要求，在会议召开之前告知召开会议的时间、地点以及会议议程和讨论事项，确保会员充分行使会员权利，表达利益诉求。四是健全内部机构。根据协会运行的实际需要，单项体育协会可以按需成立筹资、会员、营销、保障和体育管理等部门，并配备专门人员以保障协会的正常运转。五是健全监督机构。加强行业监督，完善监事制度，明确监事会的权力和职责，主动吸纳行业知名人士、会员企业、专家学者作为监事会的成员，以增加监事会成员的多样性，提高监事会工作的科学性和民主性。六是加强行业自律。建立健全自律规范、自律公约、职业道德准则和内部激励惩戒机制，规范会员行为，与第三方信用服务机构合作，完善会员信用评价机制，发挥单项体育协会在本项目、本领域权益保护、纠纷处理、信用建设和信用监管等方面的作用。

第六十八条 国家鼓励发展青少年体育俱乐部、社区健身组织等各类自治性体育组织。

◆ 条文主旨

本条是关于国家鼓励发展各类自治性体育组织的规定。

◆ 条文释义

自治性体育组织是为了满足群众多样化体育需求，由体育爱好者或社会力量在自愿的基础上自发组建并进行自主管理的组织。自治性体育组织具有基层性、独立性、公益性、自治性等特征，包括青少年体育俱乐部、社区健身组织以及机关、企事业单位和民间自发成立的体育社团等。各类自治性体育组织是推动全民健身、促进竞技体育发展的重要力量，鼓励发展自治性体育组织是满足人民群众体育需求的重要手段。国家始终鼓励发展各类自治性体育组织，充分肯定社会力量是我国体育事业发展的重要推动力。

一、国家鼓励发展青少年体育俱乐部

青少年身心健康、体魄强健是国家繁荣、民族昌盛、社会文明进步、家庭和睦幸福的重要标志。近年来，我国学生体质健康

达标优良率逐渐上升，各年龄组男女生身高、体重、胸围、肺活量等指标均呈现继续上升趋势，中小学生柔韧、力量、速度和耐力等素质也均出现了好转，大中小学生的健康情况有了明显改善。但是，学生视力不良和近视率偏高、学生超重肥胖率上升、学生握力水平下降、大学生体质下滑等问题，仍然没有得到有效遏制。在继续强调加强学校体育课教学和课外体育活动的同时，还可以加强学校和社会力量合作，通过发展青少年体育俱乐部等方式，更好地利用校外资源解决课外锻炼、场地资源、师资水平等供给不足和质量不高的问题。青少年体育俱乐部是政府或社会力量资助，学校、体校、体育场馆和社会其他力量自愿创办的自治性体育组织。青少年体育俱乐部的创办宗旨是丰富青少年业余文化生活，培养青少年体育兴趣、爱好和终身体育锻炼习惯，传授体育运动技能，发现、培养体育人才，普遍增强青少年体质。

二、国家鼓励发展社区健身组织

社区健身组织是指社区居民根据共同的目的和兴趣自愿组成的，以辖区内特定的体育场地设施为依托，经常开展体育活动的自治性体育组织。发展社区健身组织可以改变主要由国家依靠行政手段办体育的状况，更好地发挥社会办体育的积极性和创造性，有利于建立健全群众体育组织，从根本上解决基层体育组织网络不健全的局面，促进基层体育活动的开展，丰富人民群众文化生活，也有利于青少年体育后备人才的培养和竞技水平的提高。加快社区健身组织的发展是创新社会治理的内在要求，是建设服务型政府、转变体育发展方式、建立健全公共体育服务体系的必然要求和重要举措，是解决全民健身工作最后一公里问题的关键环节。

2003 年，国家体育总局下发《关于开展创建社区体育健身俱乐部试点工作的通知》（体群字〔2003〕19 号），决定从 2004 年开始使用体育彩票公益金在全国部分省（区、市）和有关单位开展创建社区体育健身俱乐部的试点工作。经过国家体育总局及各地体育行政部门的积极推动，首批国家级社区体育健身俱乐部于2006年1月成功揭牌，共25家，分布于全国20个省区市。2007年，国家体育总局、中央文明办下发《关于命名第二批国家级社区体育健身俱乐部的通知》，将60家社区体育健身俱乐部命名为国家级社区体育健身俱乐部。2008年，国家体育总局、中央文明办又下发了《关于命名第三批国家级社区体育健身俱乐部的通知》，确定全国范围内的国家级社区体育健身俱乐部新增151家。这些有益探索创新了基层体育治理模式，丰富了人民群众健身生活。

第七章　体育产业

本次体育法修订增设“体育产业”一章，共8条，对体育产业发展规划、体育产业主要内容、职业体育发展、区域体育产业协调发展、社会资本投入体育产业、体育产业专业人才培养、体育产业统计等作出具体规定。

第六十九条　国家制定体育产业发展规划，扩大体育产业规模，增强体育产业活力，促进体育产业高质量发展，满足人民群众多样化体育需求。

县级以上人民政府应当建立政府多部门合作的体育产业发展工作协调机制。

◆ **条文主旨**

本条是关于体育产业发展及制度保障的规定。

◆ **条文释义**

体育产业发展的根本目的是满足人民群众多样化体育需求，其核心思路是以推动体育产业高质量发展为主题，以深化体育供给侧结构性改革和创造有效需求相结合为主线，以改革创新为根本动力，扩大体育产业规模，增强体育产业活力。

一、制定体育产业发展规划

体育产业发展规划对体育产业发展目标、产业布局、产业结构进行整体谋划，是各级政府宏观调控体育产业发展的主要方式。体育产业发展规划的编制对体育产业发展意义重大，有利于优化体育产业布局、提升体育产业竞争力。2007 年，国家体育总局发布《体育产业“十一五”规划》，这是我国首次发布的体育产业发展规划，明确了体育产业发展的目标和方向，在健身休闲市场、竞赛表演市场、体育用品市场、体育无形资产开发等多个方面出台了相关政策举措。此后，每隔五年，国家体育总局都会出台体育产业发展五年规划。

体育产业规模是衡量体育产业发展水平的重要指标，也是国家和政府在制定体育产业政策时，需要考虑的一个重要方面。经过多年的发展，我国体育产业初具规模，根据国家统计局、国家体育总局《2020 年全国体育产业总规模与增加值数据公告》，2020 年全国体育产业总规模为 27372 亿元，增加值为 10735 亿元，增加值占国内生产总值比重为 1.06%，但与美国、韩国、德国等发达国家相比，我国体育产业规模仍有巨大发展空间。2021 年发布的《“十四五”体育发展规划》提出，“十四五”期间体育产业发展的目标是总规模达到 5 万亿元，增加值占国内生产总值比重达到 2%。

体育产业活力是衡量体育产业发展质量的重要变量，要培育壮大市场主体，充分发挥市场机制在优化资源配置、释放产业活力上的决定性作用。纵观我国体育产业的发展历程，政府主导逐渐向市场主导转变，体育资源不断释放，体育市场活力逐渐增强。目前，我国体育产业的内生动力有待进一步激发，大型体育企业、中小微企业以及体育社会组织等体育产业相关主体还需要加快发展，职业体育的成熟度和规范化水平还有待提升。

二、促进体育产业高质量发展

体育产业在我国既是民生产业，又是幸福产业。坚持以人民为中心，将体育产业发展惠及全体人民，有效满足人民群众的体育需求，是体育产业发展的出发点和落脚点，也是贯穿始终的重点和主线。体育产业高质量发展，既是在新发展理念的指引下，实现体育产业结构高级化、效率最佳化和价值最大化的有机统一，也是满足人民群众多样化体育需求的客观要求。2019 年，国务院办公厅印发《关于促进全民健身和体育消费推动体育产业高质量发展的意见》（国办发〔2019〕43 号），首次从国家层面确立了未来我国体育产业高质量发展的战略目标。促进体育产业高质量发展，需要通过提升体育产品质量、体育企业质量和产业结构质量，走质量变革之路；通过强化制度保障、完善制度环境和优化产业布局，走效率变革之路；通过提升要素供给质量和以消费需求为引领，走动力变革之路。

三、满足人民群众多样化体育需求

随着经济社会发展和人民生活水平提高，人民群众对美好生活的向往呈现多样化、多层次、多方面的特点。在体育方面，人民群众参与体育活动的目标更加个性化，参与体育运动的形式更加多样化，对丰富的体育产品和多元的体育文化的需求更加突出。体育产业的发展既要以人民日益增长的体育需求为契机，扩展体育产业规模，加快体育产业发展步伐；同时，也要以满足人民群众多样化的体育需求为目标，以需求带动发展，优化产业结构，提高发展质量，着力解决满足人民群众体育需求方面的难点、痛点。有关部门要进一步完善体制机制，深化简政放权、放管结合、优化服务改革，创造良好发展环境，激发市场活力。充分发挥市场机制作用，鼓励体育市场各主体创新发展，针对人民群众多样化的体育需求推出适宜的产品和服务。

四、建立体育产业发展工作协调机制

体育产业发展涉及公安、应急管理、卫生健康、交通、文化旅游、出入境检验检疫、知识产权、住房城乡建设、财政、环保、水域及空域管理等多个部门，呈现跨领域、跨部门特点。多部门合作的体育产业发展工作协调机制的建立，将有助于打通政策落地的“最后一公里”，优化体育产业发展营商环境。目前，国内已有部分省市建立跨部门合作的综合服务机制推进体育产业发展，着力强化国家、地方系列政策落地实施，通过完善各项扶持奖励政策及行业规范等方式激发体育市场主体活力，破除制约体育产业发展的瓶颈难题。县级以上政府建立体育产业发展工作协调机制，将更有助于调动地方的积极性和主动性，地方各级人民政府制定相关发展规划也更有针对性，进而使体育产业在促进区域经济发展、满足群众多样化体育需求等方面发挥更好效果。

第七十条 国家支持和规范发展体育用品制造、体育服务等体育产业，促进体育与健康、文化、旅游、养老、科技等融合发展。

◆ 条文主旨

本条是关于支持和规范发展体育用品制造、体育服务，促进体育融合发展的规定。

◆ 条文释义

优化体育产业结构、建立现代体育产业体系、拓展体育产业发展空间既是体育产业发展的重点，也是促进体育产业创新发展的重要内容。从产业结构维度看，要推动体育用品制造、体育服务等体育产业业态全面健康发展；从发展模式角度看，体育产业的发展方向是推动体育与健康、文化、旅游、养老、科技等融合发展。

一、支持和规范发展体育用品制造、体育服务等体育产业

体育用品制造和体育服务是体育产业的重要组成部分，体育用品制造业是我国体育产业的基础，现已形成一批国际竞争力较强的体育用品制造企业；体育服务业对满足人民群众对美好生活的向往具有重要意义，具有巨大的发展潜力。长期以来，我国体育用品制造和体育服务存在发展不平衡的问题，国家出台了多项政策文件，加快优化体育产业结构。2014 年，国务院印发《关于加快发展体育产业促进体育消费的若干意见》（国发〔2014〕46 号），提出要“进一步优化体育服务业、体育用品业及相关产业结构，着力提升体育服务业比重”。2019 年，国务院办公厅印发《关于促进全民健身和体育消费 推动体育产业高质量发展的意见》（国办发〔2019〕43 号），提出要“提升体育服务业比重”、“加强体育服务业质量监测”。在政策引导下，我国体育服务业占比不断提升，2015—2020 年，体育服务业增加值占体育产业增加值的比重从 49.21%上升至 68.70%，体育用品及相关产业制造增加值占体育产业增加值的比重从 50.15%下降至 29.30%，产业结构趋于稳定。

为持续扩大体育市场供给，满足人民群众多样化的体育需求，国家支持和规范发展体育用品制造、体育服务等体育产业：一是积极引导体育用品制造企业紧跟体育新需求，鼓励企业研发家庭化、智能化运动装备器材；二是加快提升体育用品制造企业竞争力，支持体育用品制造企业服务化延伸，推动体育用品业向高端化、个性化、多样化发展，支持企业品牌化升级，提升企业知名度和国际影响力；三是加强体育服务业空间载体的建设，完善户外运动产业布局，推进户外运动设施建设，支持建设体育特色鲜

明、服务功能完善、经济效益良好的体育服务综合体；四是加强对体育用品制造业和体育服务业的规范，进一步完善体育市场健康发展的法治保障，形成可操作的体育市场规范工作机制，加强多样化体育市场监管工具的应用等。

二、促进体育与健康、文化、旅游、养老、科技等融合发展

大力发展“体育+”，推动体育与其他相关产业融合发展，进一步培育体育的新需求、新消费、新产品、新业态、新模式，是扩展体育产业发展空间、促进体育产业高质量发展的必由之路。近年来，我国高度重视体育产业的融合发展，出台了一系列政策文件以提升体育产业融合发展的深度与广度。2014 年，国务院印发《关于加快发展体育产业促进体育消费的若干意见》（国发〔2014〕46 号），提出要“丰富体育产业内容，推动体育与养老服务、文化创意和设计服务、教育培训等融合，促进体育旅游、体育传媒、体育会展、体育广告、体育影视等相关业态的发展”。2016 年，国家旅游局和国家体育总局印发《关于大力发展体育旅游的指导意见》（旅发〔2016〕172 号），提出要从引领健身休闲旅游发展、培育赛事活动旅游市场、培育体育旅游市场主体、提升体育旅游装备制造水平、加强体育旅游公共服务设施建设等方面大力发展体育旅游。2019 年，国务院办公厅印发《关于促进全民健身和体育消费 推动体育产业高质量发展的意见》（国办发〔2019〕43 号），提出要“实施‘体育+’行动，促进融合发展”。

依照本条规定，国家促进体育与健康、文化、旅游、养老、科技等融合发展：一是促进体育与健康融合发展，推动健康关口前移，大力开展运动促进健康指导，推动形成体卫融合的疾病管理和健康服务模式；二是加快体育与文化融合发展，鼓励开展体育文学、体育音乐、体育雕塑、体育摄影、体育影视、体育动漫、体育标识等创作，加强体育文化创作及平台建设，打造体育文化品牌活动；三是推动体育与旅游融合发展，打造体育旅游精品路线、精品赛事和示范基地等，持续提升体育旅游服务水平；四是鼓励体育与养老融合发展，支持开展老年人非医疗健康干预，支持社会力量参与建设社区老年人运动与健康服务中心，积极开发适合老年人特点的休闲运动项目；五是加快体育与科技融合发展，支持大数据、区块链、物联网、云计算、人工智能等新技术的创新运用，打造智能健身场景，支持可穿戴运动设备和智能运动装备的研发与制造。

第七十一条 国家支持体育用品制造业创新发展，鼓励企业加大研发投入，采用新技术、新工艺、新材料，促进体育用品制造业转型升级。

国家培育健身休闲、竞赛表演、场馆服务、体育经纪、体育培训等服务业态，提高体育服务业水平和质量。

符合条件的体育产业，依法享受财政、税收、土地等优惠政策。

◆ 条文主旨

本条是关于国家支持体育用品制造业和体育服务业发展以及体育产业优惠政策的具体规定。

◆ 条文释义

明确体育用品制造业和体育服务业发展的具体内容，对提升体育产业发展效益、优化体育产业相关资源配置、推动体育产业高质量发展具有重要意义。体育用品制造业的发展应注重科技创新，体育服务业的发展主要包含健身休闲、竞赛表演、场馆服务、体育经纪、体育培训等细分业态，政府部门应当结合体育产业发展重点制定财政、税收、土地等优惠政策。

一、支持体育用品制造业创新发展

提升我国体育用品制造业科技创新水平、提升体育用品制造业发展质量与效益、促进体育用品制造业转型升级具有重要意义。近年来，我国高度重视体育用品制造业科技创新，并通过多项政策文件予以支持。2014 年，国务院印发《关于加快发展体育产业促进体育消费的若干意见》（国发〔2014〕46 号），提出要“积极支持体育用品制造业创新发展，采用新工艺、新材料、新技术，提升传统体育用品的质量水平，提高产品科技含量”。2019 年，国务院办公厅印发《体育强国建设纲要》（国办发〔2019〕40 号），提出要“引导企业加大自主研发和科技成果转化力度，开发科技含量高、拥有自主知识产权的产品，支持可穿戴运动设备和智能运动装备的研发与制造”。2019 年，国务院办公厅印发《关于促进全民健身和体育消费 推动体育产业高质量发展的意见》（国办发〔2019〕43 号），提出要“推动智能制造、大数据、人工智能等新兴技术在体育制造领域应用”。

支持体育用品制造业创新发展，一是鼓励加大科技研发投入，瞄准体育用品制造业发展的薄弱环节，注重引入新工艺和应用新材料，大力支持大数据、云计算、人工智能、区块链、物联网等新技术的应用；二是加强科技创新载体建设，推进国家重点实验室、协同创新中心、产业技术创新平台、科技创新中心等布局建设；三是高度重视科技成果的有效转化，强化产学研协同发展，畅通科技成果转化通道。

二、提高体育服务业水平和质量

体育服务业业态种类丰富，不同业态发展特征差异性较大。我国高度重视体育服务业各细分业态的发展，曾出台过多项针对性政策文件。2016 年和 2018 年，国务院办公厅分别印发《关于加快发展健身休闲产业的指导意见》（国办发〔2016〕77 号）和《关于加快发展体育竞赛表演产业的指导意见》（国办发〔2018〕121 号），大力推动健身休闲产业和竞赛表演产业发展。在居民体育需求逐步释放和体育产业链不断完善的背景下，我国既开发健身休闲、竞赛表演、体育培训等覆盖全生命周期的生活性体育服务，也发展体育经纪、体育产品研发设计等生产性体育服务。一是持续丰富健身休闲服务供给，加快推进健身服务数字化转型，大力发展户外运动，支持自然资源向户外运动开放，推动冰雪运动、水上运动、山地户外、汽摩运动等项目发展；二是推动竞赛表演业提质增效，积极打造具有较大影响力的体育赛事名城，加快构建自主品牌体育赛事体系；三是支持场馆服务业创新发展，鼓励体育场馆数字化和智慧化发展，为群众提供高质量的场馆服务；四是推动体育经纪行业良性发展，鼓励发展体育中介组织，制定完善体育中介服务监管制度体系；五是大力发展体育培训业，鼓励发展培训俱乐部、培训营地，加快推进体教融合发展，支持引进市场化体育培训机构为学校体育课外训练和竞赛提供指导。

三、体育产业的财政、税收、土地等优惠政策

构建财政、税收、土地等政策支持体系，能够进一步强化体育产业要素保障，帮助体育企业有效降低成本，加快推动体育产业成为国民经济支柱性产业。2014 年，国务院印发《关于加快发展体育产业促进体育消费的若干意见》（国发〔2014〕46 号）提出，要“完善税费价格政策、完善规划布局与土地政策”。2019 年，国务院办公厅印发《关于促进全民健身和体育消费 推动体育产业高质量发展的意见》（国办发〔2019〕43 号）进一步提出，要“落实已有税费政策”；“优化体育产业供地”；“发挥政府资金引导带动作用”。有关部门和地方可以通过出台规定等方式明确体育产业所能享受的财政、税收、土地等优惠政策，落实已有的各项优惠政策，支持和鼓励体育产业的发展。

第七十二条 国家完善职业体育发展体系，拓展职业体育发展渠道，支持运动员、教练员职业化发展，提高职业体育的成熟度和规范化水平。

职业体育俱乐部应当健全内部治理机制，完善法人治理结构，充分发挥其市场主体作用。

◆ 条文主旨

本条是关于支持和规范职业体育发展的规定。

◆ 条文释义

职业体育是体育产业的核心组成部分，加快推动职业体育发展对扩大体育产业规模、优化体育产业结构、促进体育消费和创造体育产业及相关产业就业岗位具有重要价值。

一、国家完善职业体育发展体系

完善的职业体育发展体系是保障市场发挥资源配置和收入分配功能的前提。职业体育既涉及运动员、教练员、裁判员、经纪人等专业人才发展，还涉及职业俱乐部、职业联赛发展以及行业监管，需要完善的制度体系支撑。近年来，我国职业体育发展一直处于探索之中。2014 年，国务院印发《关于加快发展体育产业促进体育消费的若干意见》（国发〔2014〕46 号）提出，要“完善职业体育的政策制度体系”，对推进我国职业体育改革作出具体要求。在此基础上，国务院办公厅于 2015 年印发《中国足球改革发展总体方案》（国办发〔2015〕11 号），提出了进一步深化体育管理体制改革、完善我国职业足球发展体系的要求，进一步明确职业足球的发展主体，完善职业足球联赛制度体系，优化我国职业足球的发展环境。构建与中国特色社会主义制度相匹配的、顺应我国体育发展规律的管理体制和机制是我国职业体育发展的必然选择。体育行政部门及体育协会应积极完善职业体育制度体系，建立包括职业体育俱乐部运营和自治的基本制度、职业联赛组织管理制度以及职业体育外部监管制度等政策制度体系。

二、支持运动员、教练员职业化发展

拓展职业体育发展渠道是职业体育发展提质增效的有效途径。2019 年，国务院办公厅印发《体育强国建设纲要》（国办发〔2019〕40 号）提出，“鼓励具备条件的运动项目走职业化道路，支持教练员、运动员职业化发展，组建职业联盟。”探索职业体育多样化发展渠道有助于建立多维度、多元化的职业体育发展新模式，具体而言，可以从投资融资、产业融合和数字化转型等方面拓宽职业体育发展渠道，为职业体育发展提供经济、社会依托和技术平台；研判我国不同运动项目职业化潜力，选择适合的项目进行职业化发展；构建政府主导、部门协同、社会力量积极参与的各运动项目训练、竞赛和后备人才培养体系。

职业运动员、教练员是职业体育的核心劳动力要素，通过自身体力、智力和技术在职业体育赛事中获得价值和交换价值，其职业化水平对职业体育发展水平具有决定性作用。近年来，国家发布的《关于加快发展体育产业促进体育消费的若干意见》《关于加快发展体育竞赛表演产业的指导意见》《体育强国建设纲要》等多项政策文件，对于职业体育发展的核心劳动力要素给予重点关注，破解政策难题，积极推动运动员、教练员职业化发展。2013 年，国家体育总局发布《关于进一步加强运动员职业辅导工作的意见》（体人字〔2013〕488 号），对完善运动员职业转换社会扶持体系、全面推进新时代运动员保障工作提出了要求。在职业体育发展过程中，要进一步针对运动员、教练员职业发展作出系统性的政策安排，畅通体制内教练员、运动员职业化发展通道，探索职业运动员人才培养多元渠道，推动形成符合中国国情和职业体育特点的职业运动员、教练员管理制度。

三、提高职业体育的成熟度和规范化水平

当前，我国职业体育发展仍处于初级阶段，市场化和职业化程度有待进一步提升。2014 年，国务院印发《关于加快发展体育产业促进体育消费的若干意见》（国发〔2014〕46 号）提出，要“逐步提高职业体育的成熟度和规范化水平”。国外发达国家的职业体育发展已十分成熟，如美国四大职业联盟和欧洲五国职业足球联赛已建立了一套完善的与其国家社会、经济和文化体制相适应的体系，具有较高的商业化和市场化运作水平。提高职业体育的成熟度和规范化水平，需要加快构建职业体育发展成熟度和规范化评价指标体系，对职业体育俱乐部运营的有序性和平等性、职业体育赛事的竞争性和观赏性等指标进行考核与评价，了解不同运动项目的职业化发展水平；体育行政部门和单项体育协会要根据评价结果，制定差异性的发展方案，促进我国职业体育尽快向高质量的成熟化阶段发展。

四、职业体育俱乐部应当健全内部治理机制

职业体育俱乐部作为具有企业性质的经济实体，是我国职业体育产业经济活动的主要参与者、就业机会的主要提供者和技术进步的主要推动者。职业体育俱乐部健全的法人治理结构和充分的内部自治是确保职业体育可持续发展的重要前提。2014 年，国务院印发《关于加快发展体育产业促进体育消费的若干意见》（国发〔2014〕46 号）提出，要“完善职业体育俱乐部的法人治理结构”。依照本条规定，体育行政部门及体育协会应着力健全职业俱乐部内部治理机制：一是加快俱乐部完善治理机制，提高职业体育俱乐部“自生能力”，释放其主体活力，充分发挥俱乐部的市场主体作用；二是完善运营模式，通过优化俱乐部股权结构和人才结构，形成职责明确、协调运转和有效制衡的组织体制和管理机构；三是健全俱乐部自治、行业自律、政府监管、社会监督相结合的综合监管体系。

第七十三条　国家建立健全区域体育产业协调互动机制，推动区域间体育产业资源交流共享，促进区域体育协调发展。

国家支持地方发挥资源优势，发展具有区域特色、民族特色的体育产业。

◆ **条文主旨**

本条是关于区域体育产业协调发展的规定。

◆ **条文释义**

推动区域体育产业协调发展是打造体育产业发展增长极、促进区域体育产业相对平衡、落实国家区域发展战略的重要举措，对于优化区域体育产业资源配置，促进区域间体育资源融合互动、融通补充具有重要意义。区域体育产业协调发展主要包括完善区域体育产业顶层制度设计、推动区域体育资源自由流动和共享、发挥区域特色资源优势等内容，是体育产业实现高质量发展的重要路径。

一、国家建立健全区域体育产业协调互动机制

区域体育产业协调互动机制是以协调与合作为基本特征，着眼于培育行为主体间良性互动的制度性安排。它的有效运转有利于从根本上强化区域内政府、企业、社会组织等行为主体间的沟通与协调，有利于高效协同落实各级各类体育产业区域合作项目，是区域体育产业协调发展的重要制度保障。2014年，国务院印发《关于加快发展体育产业促进体育消费的若干意见》（国发〔2014〕46号）提出，要“建立区域间协同发展机制”。在此基础上，2021年，国家体育总局印发《“十四五”体育发展规划》，推动体育融入京津冀协同发展、长江经济带发展、粤港澳大湾区建设、长三角一体化发展等区域重大战略，以及成渝地区双城经济圈建设，建立健全区域体育协调互动机制。在政策引导下，全国各区域已逐步开展相关制度创新与机制探索，如长三角三省一市一院已签署多轮《长三角地区体育产业合作协议》，从合作宗旨、原则、机制、内容和保障措施等方面，切实规范了长三角体育产业跨区域的合作行为。在此基础上，区域体育产业协调互动机制有待进一步向实质化、体系化、纵深化推进，比如，建立区域体育产业联席会议制度、区域体育产业发展联盟、区域体育产业行业联合会等多种形式的协调机制，将京津冀、长三角、粤港澳、成渝双城经济圈等地区的成功经验向各地推广落实等，提升区域协作的法律效力与制度刚性。

二、推动区域间体育产业资源交流共享

充分利用区域间的资源互补优势，推动形成区域间体育产业资源的交流共享，有利于充分发挥体育产业外部性强、空间联动性高的特征，是加快体育产业融入国家区域发展战略的重要路径。为减轻制度壁垒和市场分割对区域间体育产业资源要素流动的影响，2014年，国务院印发《关于加快发展体育产业促进体育消费的若干意见》（国发〔2014〕46号），鼓励“打造一批有吸引力的国际性、区域性品牌赛事”。2021年，国家体育总局印发《“十四五”体育发展规划》提出，要“促进区域间体育资源共享、制度对接、要素互补、流转顺畅、待遇互认和组织协同等良性互动”。近年来，部分区域已尝试开展各类形式的资源交流与合作，如粤港澳大湾区将首次作为一个整体承办第十五届全国运动会，迎来共同打造体育品牌赛事的大机遇。2020 年，四川省和重庆市签署《推动成渝地区体育公共服务融合发展框架协议》，明确提出要共同推进建立两地体育部门结对或片区式、多主体参与的体育赛事活动举办模式等一系列重大合作项目，通过项目合作的方式促进区域间体育产业的协同发展。推进区域间体育产业资源交流共享，可以从以下两方面把握：一是搭建区域体育产业合作平台，以合作项目实施推动区域体育产业资源交流共享；二是推动区域体育产业资源在管理模式、运营模式、组织模式等方面的统一互认，推进区域体育要素与产权市场培育、体育资源交易平台搭建、重大赛事联动等关键领域进行深度改革与合作。

三、发展具有区域特色、民族特色的体育产业

为充分发挥各地方资源优势，合理规划区域体育产业空间布局，国家出台一系列政策文件，加快建设具有区域特色、民族特色的体育产业。一是发挥区域特色。2014 年，国务院印发《关于加快发展体育产业促进体育消费的若干意见》（国发〔2014〕46 号）提出，“支持中西部地区充分利用江河湖海、山地、沙漠、草原、冰雪等独特的自然资源优势，发展区域特色体育产业”。2019 年，国务院办公厅印发《关于促进全民健身和体育消费 推动体育产业高质量发展的意见》（国办发〔2019〕43 号）提出，要促进区域特色体育产业发展，“以资源禀赋为依托，引导足球、冰雪、山地户外、水上、汽车摩托车、航空等运动项目产业合理布局”。各地方可以根据区域资源禀赋特征，因地制宜开发一批主体功能区，打造一批特色各异、功能互补、具有可持续性发展潜力的区域特色产业。二是体现民族特征。国家高度重视具有民族特征的体育产业发展，2014 年，国务院印发《关于加快发展体育产业促进体育消费的若干意见》（国发〔2014〕46 号）提出，要“扶持少数民族地区发展少数民族特色体育产业”。2019 年，国务院办公厅印发《体育强国建设纲要》（国办发〔2019〕40 号）明确提出，要“丰富革命老区、民族地区、边疆地区、贫困地区群众的体育生活，做好体育援疆、援藏工作”。加快发展区域体育产业，应当处理好区域内特色化发展和同质化发展的关系，建立完善对口帮扶机制，充分发挥体育的经济功能、社会功能、文化功能、生态功能，根据不同区域的民族特征和资源禀赋，通过“体育+”和“+体育”的方式，精准设计民族特色体育发展路径，助力民族地区经济社会的全面进步。

第七十四条 国家鼓励社会资本投入体育产业，建设体育设施，开发体育产品，提供体育服务。

◆ **条文主旨**

本条是关于鼓励社会资本投入体育产业的规定。

◆ **条文释义**

社会资本投入体育产业不仅有利于优化体育资源配置、激发市场主体活力，还能与科技、人才等要素相互作用，推动体育产业创新发展，是扩大体育产品和服务供给、提升体育产业生产效率的重要方式。国家鼓励社会资本投入体育产业，建设体育设施，开发体育产品，提供体育服务，是不断满足人民群众多样化体育需求的必然要求。社会资本投入体育产业不仅要发挥资本作为重要生产要素对体育产业的积极作用，还应进一步规范社会资本在体育产业中的运行，提前化解和规避风险，引导体育产业健康有序发展。

一、鼓励社会资本投入体育产业

为了满足人们日益增长的多元化体育需求，国家出台了一系列相关政策文件鼓励社会资本投入体育产业，促进体育产业的健康发展。2012 年，国家体育总局印发《关于鼓励和引导民间资本投资体育产业的实施意见》，鼓励和引导民间资本投资体育产业，支持民间资本投资生产体育用品，建设各类体育场馆及健身设施，从事体育健身、竞赛表演等活动，促进了我国体育产业投资主体多元化。2014 年，国务院印发《关于加快发展体育产业促进体育消费的若干意见》（国发〔2014〕46 号），明确提出要完善市场机制，积极培育多元市场主体，吸引社会资本参与，鼓励社会资本进入体育产业领域。随着人民群众的体育需求不断提升，体育健身和体育消费潜力巨大，2019 年，国务院办公厅印发《关于促进全民健身和体育消费 推动体育产业高质量发展的意见》（国办发〔2019〕43 号）提出，要形成政府、市场双轮驱动效应，切实发挥好社会资本的作用，由政府和市场共同提供多元化、专业化、个性化的体育产品与服务。鼓励社会资本进入体育产业领域，建设体育设施，开发体育产品，提供体育服务，进一步拓宽体育产业投融资渠道，支持符合条件的体育产品、服务等企业上市并鼓励境外资本投资体育产业。同时，推广和运用设立体育产业投资基金、体育发展专项资金等多种模式推动政府和社会资本合作，吸引社会资本参与体育产业发展。

二、鼓励建设体育设施、开发体育产品、提供体育服务

鼓励社会资本建设体育设施、开发体育产品、提供体育服务是满足人们对美好生活的需要、提升体育产业规模和质量的必然

要求。要推广运用政府和社会资本合作模式，加大财政金融扶持力度，支持社会力量进入体育产业领域。鼓励社会资本投入体育设施建设：一是加大体育场地设施建设土地供给，可以结合城市更新和规划调整，将城市空闲土地、低效土地用于建设体育场地设施，积极探索创新供地模式，支持发展体育产业新业态和新场景；二是鼓励社会资本因地制宜地建设体育场地设施，支持社会资本利用旧仓库、厂房、商业设施等既有建筑以及屋顶、地下室等空间改造建设体育场地设施；三是推动公共体育场地设施由第三方专业机构运营管理，鼓励场馆运营管理机构通过品牌输出、管理输出、资本输出等形式实现规模化、专业化运营；四是鼓励社会力量兴办的体育场地设施提供公共服务，推动社会力量参与百姓健身房建设与健身圈建设等。

优质的体育产品、优秀的体育内容、优良的体育服务是体育产业高质量发展的关键，社会资本应当加强对开发体育产品和提供体育服务的投入：一是注重体育企业的发展，积极培育品牌知名度高、国际竞争力强、行业带动性大的龙头体育企业，扶持细分领域的“专精特新”体育企业、“瞪羚”体育企业和“隐形冠军”体育企业，培育一批具有自主知识产权的体育知名品牌，创新商业模式，延伸产业链条。二是扩大社会资本的支持范围，进一步丰富健身休闲、竞赛表演、场馆服务、体育经纪、体育培训等服务业态的体育产品和服务供给，通过社会资本的投入不断丰富体育产品和服务层次，根据不同阶层人群的体育消费特点，创新开发新产品、新服务。

需要注意的是，在体育产业发展进程中，既要发挥资本作为生产要素对体育产业的促进作用，又要有效控制资本无序扩张带来的负面影响。要规范体育产业领域的社会资本运行，一是推进社会信用体系建设，通过监管机制对社会资本产生实质性引导与约束，在社会资本与政府合作的体育项目中明确各利益主体的权益分配，形成合理分担项目风险与创新回报机制；二是规范社会资本投资体育产业的主体行为责任，政府部门应当承担主导角色，出台社会资本投资体育产业的指导意见，体育组织应加强自身建设，提高市场竞争力；三是关注可能带来系统性风险的体育重点领域和重点对象，加强对体育场馆、职业联赛、体育培训等重点领域，以及体育协会、职业俱乐部、青少年体育俱乐部、体育企业等重点对象的监管，及时研判形势并采取应对措施，确保各方权益受到法律保护。

第七十五条　国家鼓励有条件的高等学校设置体育产业相关专业，开展校企合作，加强职业教育和培训，培养体育产业专业人才，形成有效支撑体育产业发展的人才队伍。

◆ **条文主旨**

本条是关于高等学校培养体育产业专业人才的规定。

◆ **条文释义**

体育产业专业人才是引领体育产业创新发展、助力体育产业转型升级的动力引擎，是整合产业资源、增强产业活力、创造经济价值的第一资源和智力保障，对推动体育产业高质量发展和建设体育强国具有重要意义。体育产业专业人才培养包括国家鼓励有条件的高等学校设置体育产业相关专业、鼓励开展校企合作、加强职业教育和培训等内容，最终目的是形成有效支撑体育产业发展的人才队伍。

一、鼓励有条件的高等学校设置体育产业相关专业

高校是培养高层次人才的摇篮，也是我国体育产业人才培养的主体。20 世纪 50 年代，国家便设立了中央体育学院等 6 所体育类院校。2003 年，中央财经大学成立体育经济与管理学院，是全国财经类院校中最早建立的体育经济与管理本、硕专业科系之一。2011 年，国家体育总局印发《全国体育人才发展规划（2010—2020 年）》，专门提出要发挥各级各类体育院校在体育经济人才培养中的作用，大力实施体育产业经营管理人才能力提升计划。2014 年，国务院印发《关于加快发展体育产业促进体育消费的若干意见》（国发〔2014〕46 号）提出，“鼓励有条件的高等院校设立体育产业专业，重点培养体育经营管理、创意设计、科研、中介等专业人才”。2019 年，国务院办公厅印发《关于促进全民健身和体育消费 推动体育产业高质量发展的意见》（国办发〔2019〕43 号）提出，“鼓励普通高校、职业院校设置体育产业相关专业”。2021 年，《“十四五”体育发展规划》提出，要建设 10 所高水平体育产业学院。随着体育产业的蓬勃发展和体育产业市场主体的快速增长，我国对体育产业专业人才的需求量越来越大，开设体育产业相关专业的高等院校也日渐丰富，从体育类院校逐步扩展到师范类院校、综合类院校、工科类院校以及财经类院校，涵盖了研究生、本科、专科等教育层次，但目前我国体育产业专业人才培养数量、结构、质量与体育产业高质量发展的要求还有一些差距。依照本条规定，有条件的高等学校应积极设置体育产业相关专业，打造与体育产业发展相适应的课程体系，提升人才综合素质。

二、鼓励开展校企合作

校企合作是体育产业专业人才培养的重要抓手之一，对于增强体育产业人才实践能力、调整体育产业人才结构、形成产教融

合培养模式具有重要意义。作为一门实践型学科，体育产业对参与者的创新水平、实践能力、专业素养具有较高的要求，尤其需要懂体育规律、具备体育职业化管理素养的专业人才。2014 年，国务院印发《关于加快发展体育产业促进体育消费的若干意见》（国发〔2014〕46 号）提出，“加强校企合作，多渠道培养复合型体育产业人才”。高等学校在培养体育产业专业人才时积极开展校企合作，既能把体育企业对产业人才的需求及时准确地反馈给培养人才的高校，又能直接参与到人才培养的整个过程，可以满足企业对体育产业人才的稳定需求，解决高校在体育产业方面专业理论与实践不同步、体育人才与系统性培训供给不足等问题。开展校企合作，可以从两个方面着手：一是校企合作方共同制定专业人才培养方案和专业实践教学计划，规范实践教学管理、监督和考核体系；二是鼓励高等院校和知名企业共建产教融合实训基地和以技术研发、转化为主的新型创新研究院。

三、加强职业教育和培训

职业教育是国民教育体系和人力资源开发的重要组成部分，是培养体育产业多样化人才、传承技术技能、促进体育就业创业的重要途径。我国竞技体育系统每年都会有一大批运动员退役，这些退役运动员、教练员在体育领域从业多年，具有丰富的体育专业经验和技能，是从事体育产业的重要后备人才力量。通过政府、高校、科研院所、体育协会、企业等开展的职业教育和培训，可以使退役运动员、教练员的专业技能优势转化为职业技能优势，成为适合社会发展需要的高素质专业型体育产业人才。2014 年，国务院印发《关于加快发展体育产业促进体育消费的若干意见》（国发〔2014〕46 号）提出，“鼓励多方投入，开展各类职业教育和培训”。2019 年，国务院办公厅印发《体育强国建设纲要》（国办发〔2019〕40 号）提出，“完善各类教练员继续教育和职业培训”。

目前，我国体育产业人才培养已纳入高职、中职教育层次，还开设了多种非学历性的教育，包括在职培训、再就业培训、创业培训及其他职业性培训等，涉及综合素质教育、体育职业技能、中小学教师资格证等相关培训与服务。加强职业教育和培训可从以下方面着手：一是进一步推进体育产业高端职业培训；二是完善退役运动员、教练员职业培训，鼓励自主创新创业；三是制订相关体育职业技能标准，建立由国家职业技能标准、行业企业评价规范、专项职业能力考核规范等构成的多层次、相互衔接的体育产业从业人员职业标准体系。

四、培养体育产业专业人才

人才是体育产业发展的关键要素，是链接科技、资本、数据等创新要素的核心，形成有效支撑体育产业发展的人才队伍是体育产业高质量发展的基本保障。2019 年，国务院办公厅印发《关于促进全民健身和体育消费 推动体育产业高质量发展的意见》（国办发〔2019〕43 号）提出，要“加强体育产业人才培养”“形成有效支撑体育产业发展的高层次人才培养体系”。根据《“十四五”体育发展规划》，2019 年全国体育产业法人单位共吸纳就业人数 505 万人，较 2015 年的 363 万人增加了 39.12%。随着体育产业逐步成长为国民经济支柱性产业，我国体育产业人才的需求将快速增加，尤其需要以下类型的人才：一是赛事运作、场馆运营、体育经纪、体育培训、体育装备研发、体育营销、体育赞助等领域的高素质专业人才；二是“体育+互联网”“体育+科技”“体育+金融”等体育产业跨界与融合人才；三是认知体育，并擅长产业规划、招商引资、战略性合作等方面的管理专业人才；四是其他具有专业技能的复合型、应用型、商业化人才。有效支撑体育产业发展的人才队伍应具备以下特点：一是人才数量供给要充足；二是人才结构和分布要合理；三是人才质量应符合市场需求。依照本条规定，国家通过多种方式积极培养各类体育产业专业人才，提高体育产业高质量发展的人才供给能力和核心竞争力。

第七十六条　国家完善体育产业统计体系，开展体育产业统计监测，定期发布体育产业数据。

◆ **条文主旨**

本条是关于体育产业统计的规定。

◆ **条文释义**

国家完善体育产业统计体系是强化体育产业数据支撑、客观反映体育产业在国民经济中的地位、对体育产业进行宏观管理和调控的重要手段。科学完善的体育产业统计体系能够帮助政府正确研判体育产业发展态势和所处阶段，反映体育产业高质量发展成效，为政府部门的精准决策提供科学依据。体育产业统计体系包括完善统计口径和指标、组织专项调查、开展动态监测、定期发布数据等内容，是体育产业高质量发展的重要保障。

一、国家完善体育产业统计体系

体育产业统计体系是以各种科学的统计方法为手段，有针对性地获取与体育产业经济现象有关的统计资料，提取置信度较高的，可以客观反映体育产业总体规模、结构等核心指标的一整套工作体系。2014 年，国务院印发《关于加快发展体育产业促进体育消费的若干意见》（国发〔2014〕46 号）提出，要“完善体育及相关产业分类标准和统计制度”。2019 年，国务院办公厅印发《体育强国建设纲要》（国办发〔2019〕40 号），进一步明确了完善体育产业统计制度的任务。自2006年国家体育总局、国家统计局联合牵头开展全国体育产业统计工作以来，体育产业统计体系逐步完善，形成了体育产业统计分类、指标体系、核算方案等一系列重要阶段性成果。

进一步完善体育产业统计体系，可以从以下方面着手：一是完善体育产业分类。紧密结合“体育+”与“+体育”的发展趋势，关注体育产业统计框架中体育与旅游、金融、科技、互联网、文创、传媒等融合业态，扩展体育新业态统计分类。二是加快建设全国以及各省市体育产业机构名录库，利用周期性全国经济普查等全国性统计调查，定期动态更新体育产业机构名录库。三是优化体育产业指标体系，以体育市场的基本构成为选定依据，构建较为完善的实物量指标统计框架，并增加能够客观反映体育产业综合贡献和社会效益的指标。四是完善体育产业统计口径，进一步细化体育产业统计分类，明确中小类行业核心概念的界定，以形成较为统一的统计标准。

二、开展体育产业统计监测

开展体育产业统计监测是定期发布体育产业数据、及时跟踪体育产业发展动态、辅助政府快速决策的常态化机制。2019年，国务院办公厅印发《体育强国建设纲要》（国办发〔2019〕40号），明晰了开展体育产业统计监测的主要目标和实践路径，提出要建立运动项目产业数据监测机制。同年，国务院办公厅印发《关于促进全民健身和体育消费 推动体育产业高质量发展的意见》（国办发〔2019〕43号），进一步明确了要“开展体育产业统计监测”。体育产业统计监测应重点把握以下内容：一是充分发挥好体育产业机构名录库的数据库作用。体育产业机构名录库是开展重点行业动态监测的重要基础，通过开展实时动态分析，可获取不同行业、不同运动项目产业的最新进展。二是积极推进多部门协同合作。体育与统计、工商、民政、税务、发改等相关部门建立长期的合作关系，形成联合工作机制，建立信息沟通与资源共享平台或渠道。三是加强产业统计信息化建设。通过引入大数据等多种数据处理手段，搭建体育产业动态实时监测系统，更加迅速和准确地了解市场资源的配置情况。

三、定期发布体育产业数据

定期发布体育产业数据是常态化开展体育产业统计监测的主要呈现方式。体育产业统计数据定期、及时、有效地公开，是最大限度发挥数据时效性和公信力、帮助企业微观决策、加强体育产业科学研究的重要支撑。2019 年，国务院办公厅印发《体育强国建设纲要》（国办发〔2019〕40 号），要求“发布运动项目产业及体育消费数据”。同年，国务院办公厅印发《关于促进全民健身和体育消费 推动体育产业高质量发展的意见》（国办发〔2019〕43 号）提出，“到 2022 年，基本形成及时、全面、准确的体育产业数据定期发布机制”。目前，国家统计局、国家体育总局每年发布《全国体育产业总规模与增加值数据公告》，上海、浙江、福建等省市也每年发布体育产业统计数据。强化体育产业数据的定期发布机制，为促进我国体育产业高质量发展提供科学的数据支持，一方面，要推动国家和各省市建立体育产业主要门类的定期统计快报，逐步完善体育产业统计信息的对外发布和重大信息披露制度，实行体育产业统计信息资源的共建共享。另一方面，要扩展统计数据的公开内容，推广上海、江苏等省市定期开展体育消费调查的实践经验，推动建立包括居民体育消费、运动项目产业数据、体育产业从业人员等多维指标的定期发布机制。

第八章　保障条件

本章共 14 条，主要规定了体育事业投入机制、社会力量参与、体育资金管理、体育场地设施配置、体育专业人才培养、体育领域保险的设立，以及公共体育场地设施的规划、社会开放、维护管理等内容。

第七十七条　县级以上人民政府应当将体育事业经费列入本级预算，建立与国民经济和社会发展相适应的投入机制。

◆ **条文主旨**

本条是关于体育事业经费政府投入机制的规定。

◆ **条文释义**

体育事业的健康稳定和可持续发展，需要持续的资金投入。将体育事业经费列入政府财政预算，是保障体育事业发展的重要举措。

一、县级以上人民政府应当将体育事业经费列入本级预算

预算是指经法定程序审核批准的国家年度集中性财政收支计划，主要规定国家财政收入的来源和数量、财政支出的各项用途和数量，反映着整个国家政策、政府活动的范围和方向。为规范政府收支行为，强化预算约束，加强对预算的管理和监督，建立健全全面规范、公开透明的预算制度，保障经济社会的健康发展，我国制定了预算法，规定国家实行一级政府一级预算，设立中央，省、自治区、直辖市，设区的市、自治州，县、自治县、不设区的市、市辖区，乡、民族乡、镇五级预算；预算的编制、审查、批准、监督以及预算的执行和调整按照该法规定执行等内容。

促进体育事业发展是县级以上各级人民政府的重点工作内容。我国宪法规定，国家发展体育事业，开展群众性的体育活动，增强人民体质；县级以上地方各级人民政府依照法律规定的权限，管理本行政区域内的经济、教育、科学、文化、卫生、体育事业、城乡建设事业等。因而，体育事业理应是政府预算的重点投入方向领域，为体育事业持续健康发展提供稳定的资金支持，解决经费拮据、设施落后、人员不足等难题。同时，规定县级以上人民政府应当将体育事业经费列入本级预算，也需要严格执行预算编制要求，根据年度经济社会发展目标、国家宏观调控总体要求和跨年度预算平衡的需要，参考上一年预算执行情况、有关支出绩效评价结果和本年度收支预测，按照规定程序征求各方面意见后进行编制；预算编制完成后，中央预算由全国人民代表大会审查和批准，地方各级预算由本级人民代表大会审查和批准；预算的审查和批准、执行、调整等事项同样须符合法定要求。

将体育事业经费纳入政府预算，在保障体育事业经费来源的同时，也有助于加强相关经费的使用管理，提高经费使用效益。

贯彻落实“县级以上人民政府应当将体育事业经费列入本级预算”的规定，县级以上人民政府应重点做好以下工作：

一是测算体育事业所需经费。按照公共文化服务和公共体育服务的标准要求，从服务目录、服务项目和服务内容等方面，以本级政府或本行政区常住人口为依据，测算体育事业经费所必需的资金，保障体育事业的发展和运行。

二是理顺体育事业经费结构。1995 年体育法所称的体育事业经费指用于体育事业经常性支出的费用，包括体育系统人员的工资、办公费用、外事费用以及体育教育和科研费用等。2002 年至 2007 年体育事业经费支出科目主要包括体育基本建设支出、教育基建支出、科技三项费用、体育事业费、教育事业费、科学事业费、其他部门事业费、行政事业单位离退休经费、社会保障补助支出、政府机关经费等。2008 年，由于实行政府收支分类改革，支出科目发生很大改变，体育事业支出科目主要包括体育竞赛、体育训练、体育场馆、群众体育和体育交流与合作等。《预算法》第五条第一款规定："预算包括一般公共预算、政府性基金预算、国有资本经营预算、社会保险基金预算。"体育事业经费纳入政府预算，体育事业经费支出纳入预算，体育事业经费的收入也要纳入预算。在关注体育事业经费在一般公共预算、政府性基金预算情况的同时，也要关注国有资本经营预算和社会保险基金预算中涉及体育领域的相关情况，全面、综合地考量体育事业的投入。

三是严格体育事业经费支出财政责任。《预算法》第十三条规定："经人民代表大会批准的预算，非经法定程序，不得调整。各级政府、各部门、各单位的支出必须以经批准的预算为依据，未列入预算的不得支出。"将体育事业经费列入政府本级预算，是具有法律约束力的制度安排，有利于促进各级政府将体育事业的财政支出责任落到实处，体现主动性和强制性，确保体育事业发展。同时，也可以防止体育事业经费挪用、滥用等情形，并接受人大监督。2022 年 6 月，财政部、国家体育总局印发了《体育事业单位财务制度》，要求体育事业单位合理编制单位预算，严格预算执行，完整、准确编制单位决算报告和财务报告等，为进一步规范体育事业单位财务行为，加强财务管理和监督，提高资金使用效益，促进体育事业健康发展提供了制度依据。

二、建立与国民经济和社会发展相适应的体育经费投入机制

1995 年《体育法》和《全民健身条例》关于体育事业经费和全民健身经费的规定，均表述为“随着国民经济的发展逐步增加对体育事业的投入”。《预算法》第三十六条第一款规定：“各级预算收入的编制，应当与经济社会发展水平相适应，与财政政策相衔接。”2014 年 10 月，国务院发布的《关于加快发展体育产业促进体育消费的若干意见》（国发〔2014〕46 号）提出，“各级政府要将全民健身经费纳入财政预算，并保持与国民经济增长相适应”。之后出台的相关文件，基本保持这一表述。因此，本条修订后规定“建立与国民经济和社会发展相适应的投入机制”。在“与国民经济发展相适应的投入”规定的基础上，增加关于与体育经费投入与“社会发展相适应”的规定，强调兼顾社会发展对体育事业的需求；建立“体育经费投入机制”，主要是侧重强调完善体育经费投入方面的制度安排和长效机制。

第七十八条　国家鼓励社会力量发展体育事业，鼓励对体育事业的捐赠和赞助，保障参与主体的合法权益。

通过捐赠财产等方式支持体育事业发展的，依法享受税收优惠等政策。

◆ 条文主旨

本条是关于国家鼓励社会力量发展体育事业的规定。

◆ 条文释义

体育事业发展不仅需要政府相关部门支持，更需要调动社会力量的参与积极性。社会力量办体育有利于优化体育资源配置，增强公众参与体育意识，激发体育发展活力，增加公共体育服务供给。社会力量可以在举办体育赛事活动、建设运营体育场地设施、培育竞技体育人才、发展体育产业、弘扬体育文化等方面发挥重要作用。

一、国家鼓励社会力量发展体育事业

吸引社会资本和市场力量参与体育事业和体育产业发展是世界多数国家的通行做法。随着体育市场化和体育社会化程度的不断提高，社会资本投入体育、社会力量兴办体育正日渐成为中国特色社会主义体育发展道路的有机组成部分。发展体育事业不能只靠国家拨款，要在国家逐步增加体育投资的同时，通过多种途径扩大体育的财源，形成计划和市场、国家和社会共同推动我国体育事业跨越式发展的良好局面。国家鼓励和支持社会力量发展体育事业，鼓励社会资本进入体育产业领域，建设体育设施，开发体育产品，提供体育服务。鼓励社会力量参与发展体育事业，一方面可以丰富体育事业的发展结构，增加公共体育服务供给总量，另一方面可以更好地引入市场竞争机制，提高公共体育服务的供给效能。

在社会力量办体育方面，地方上作了有益探索。如2020年浙江省人民政府印发《关于鼓励支持社会力量办体育加快推进体育改革与发展的若干意见》（浙政发〔2020〕30号），要求加快推进体育领域政府职能转变，大力破除制约体育发展的体制机制障碍，深入推进体育治理体系和治理能力现代化，充分调动社会力量办体育的积极性，为我省“重要窗口”建设作出积极贡献。该意见还要求深化体育领域“放管服”改革，鼓励支持社会力量参与体育场地设施建设运营、举办体育赛事活动、参与竞技体育人才培养，鼓励支持社会资本投资体育产业。通过改革，推动构建举国体制与市场机制有机结合的体育管理体制和运行机制，形成党委统一领导、政府统筹主导、体育部门牵头协调、职能部门分工协作、社会力量全面参与、人民群众普遍受益的大体育工作格局；达到全省体育社会组织和市场主体活力明显增强，体育产业发展水平上新台阶，体育公共服务能力、竞技体育综合实力和影响力、体育产业贡献率、体育治理体系和治理能力走在全国前列的目标。

二、鼓励对体育事业的捐赠和赞助

捐赠是指自然人、法人或者其他组织自愿无偿向依法成立的公益性社会团体和公益性非营利的事业单位转移财产的法律行为。这种行为的实质是财产所有权的转移，当然并不限于所有权，土地使用权、股权、债权等也可以成为赠与的财产。公益事业捐赠法规定，鼓励自然人、法人或者其他组织自愿无偿向依法成立的公益性社会团体和公益性非营利的事业单位捐赠财产，用于公益事业，包括体育事业等。捐赠应当是自愿和无偿的，禁止强行摊派或者变相摊派，不得以捐赠为名从事营利活动。

赞助是指赞助者向受赞助者提供人、财、物、技术等资源，受赞助者为赞助者从赞助活动中获得公共宣传的便利等权益的一种行为。赞助与慈善、捐赠行为存在区别，赞助通常具有商业回报要求，而慈善和捐赠是无偿、无条件的。体育赞助商通过体育赞助行为，可以从体育赛事、体育团体和个人等方面获得公共宣传的便利等权益。体育赞助商的商业支持和回报往往需要开展系列体育营销、体育传播活动才能获取。目前，为体育事业提供捐赠和赞助的常见形式有：为举办大型运动会等体育赛事和改善运动训练、教学和生活保障条件提供资金、装备、技术、设施和服务，为支持体育事业发展举行义演、义卖，奖励取得优异成绩的运动人才并为其创造就业、升学和其他方面的安置条件等。为鼓励和表彰捐赠、赞助体育事业的组织和个人，动员更多的社会力量关心、支持体育事业，体育部门和其他接受捐赠和赞助的单位，往往通过在新闻媒介给予公布、在相应的场合设立纪念标志、授予相应的荣誉（名誉）称号、在重大体育活动中进行相应的广告宣传等方式，对捐赠、赞助体育事业的组织和个人及其支持体育发展的行为进行宣传和表彰等。

社会力量在参与体育事业活动中的合法权益应当得到有效保障。在我国社会主义市场经济体制下，除国家推动体育事业发展以外，社会力量成为促进我国体育事业蓬勃发展的重要力量。社会力量参与发展体育事业，积极推动全民健身和体育强国战略，建设和管理体育场馆设施，对体育事业进行捐赠和赞助，通过多种形式参与和支持体育事业，带动全民健身，为我国体育事业发展做出了重要贡献。在鼓励社会力量积极参与发展体育事业的同时，也应保障社会力量的合法权益，调动社会力量参与体育事业发展的积极性，使社会力量能够可持续地推动体育事业发展。

三、捐赠等依法享受税收优惠等政策

我国体育领域相关税收优惠政策，侧重于税率优惠、税额减免等方式。如：为支持北京举办 2008 年第 29 届夏季奥运会和第 13 届夏季残奥会，我国政府从 2003 年开始，先后制定和颁布了一系列针对 2008 年奥运会的税收优惠政策。国家对涉及奥运会的营业税、增值税、消费税、关税、土地增值税、印花税、企业所得税、个人所得税、车船使用税和新购车辆应缴纳的车辆购置税等 11 个税种给予免税待遇。为支持发展奥林匹克运动，确保北京 2022 年冬奥会和冬残奥会顺利举办，国家继续对 2022 年冬奥会和冬残奥会涉及的部分税收给予优惠政策。2017 年 7 月，财政部、税务总局、海关总署发布《关于北京 2022 年冬奥会和冬残奥会税收政策的通知》，明确免征相关增值税、消费税、土地增值税、关税、印花税、企业所得税、耕地占用税、水资源税、车船税和新购车辆应缴纳的车辆购置税等10个税种。对于企业、社会组织和团体赞助、捐赠北京2022年冬奥会、冬残奥会、测试赛的资金、物资、服务支出，在计算企业应纳税所得额时予以全额扣除。企业根据赞助协议向北京冬奥组委免费提供的与北京2022年冬奥会、冬残奥会、测试赛有关的服务，免征增值税。个人捐赠北京2022年冬奥会、冬残奥会、测试赛的资金和物资支出可在计算个人应纳税所得额时予以全额扣除。对财产所有人将财产（物品）捐赠给北京冬奥组委所书立的产权转移书据免征应缴纳的印花税。

科学合理的税收优惠政策，有利于激励、引导更多社会主体参与体育事业。这次体育法修订，为进一步完善相关税收优惠等政策，支持体育事业发展，提供了法律依据。

第七十九条 国家有关部门应当加强对体育资金的管理，任何单位和个人不得侵占、挪用、截留、克扣、私分体育资金。

◆ 条文主旨

本条是关于加强体育资金管理的规定。

◆ 条文释义

体育资金是发展体育事业，开展体育工作不可缺少的物质保障条件。合理使用体育资金，充分发挥体育资金的作用和效益，防止体育资金的流失，实现国有资产的保值增值，对保障体育事业健康发展具有重要意义。

一、加强对体育资金的管理

从广义上讲，凡是用于发展体育事业的资金都属于体育资金，其来源包括财政拨款、单位自有资金、体育彩票公益金、接受捐赠和赞助等多种形式。所有通过上述渠道获得的体育资金，都应根据国家有关规定加强管理，提高使用效率。

根据资金的性质、来源、用途等不同，体育资金的管理主体、管理权限、管理方式等有所不同。但总的来讲，财政部门、审计部门、银行和体育部门自身的监督管理，是加强体育资金管理的重要途径。财政部门对体育资金的管理主要体现在财政预、决算的编制、审查批准、执行、调整和监督方面。《预算法》第五十七条规定，各级政府财政部门必须依照法律、行政法规和国务院财政部门的规定，及时、足额地拨付预算支出资金，加强对预算支出的管理和监督。各级政府、各部门、各单位的支出必须按照预算执行，不得虚假列支。各级政府、各部门、各单位应当对预算支出情况开展绩效评价。此外，财政部门还应依照《会计法》《注册会计师法》等有关规定，对体育系统工作或参与体育经营活动财务管理的注册会计师进行严格管理，并依法惩处其中的违法违纪单位和人员。审计部门对体育资金的管理主要体现在对体育行政部门及与之相关的企业事业组织、社会团体的财政收支、财务进行审计监督方面。《审计法》第二十四条规定，审计机关对国有资源、国有资产，进行审计监督。审计机关对政府部门管理的和其他单位受政府委托管理的社会保险基金、全国社会保障基金、社会捐赠资金以及其他公共资金的财务收支，进行审计监督。《预算法》第八十九条规定，县级以上政府审计部门依法对预算执行、决算实行审计监督。对预算执行和其他财政收支的审计工作报告应当向社会公开。对于进入金融市场的体育资金，各级人民银行和商业银行应当依照票据法、中国人民银行法和商业银行法等有关规定，加强稽核、检查。体育行政部门依据国家有关法律、法规和财政、财务制度以及财经纪律严格管理，认真按照批准的预算额度和经费开支范围以及经费开支标准办理支出。分清资金渠道，按照规定资金用途办理支出，不得相互挤占和挪用。体育行政部门和有关机构应对体育专项资金实行定期专项审计，完善信息公开制度和科学的评估系统，引导资金调度追踪管理，及时评价体育专项资金的支出绩效，实现体育资金的高效利用。

二、不得侵占、挪用、截留、克扣、私分体育资金

对于财政部门或体育部门按规定程序批准和拨付的专项经费，必须按照批准的用途使用，专款专用，因特殊情况需要改变用途的，必须经相关批准部门同意，方可调整使用。

对于单位自筹、社会捐赠和赞助的用于发展体育事业的资金，应当按照国家财务制度和财经纪律，保证其用于体育发展并应做到规范管理，严格收支，建立必要的支出审批制度和内部审计制度。

侵占、挪用、截留、克扣、私分是违反体育资金使用管理规定的常见形式。侵占是指以非法占有为目的，实施将代为保管的他人财物、遗忘物或者埋藏物非法占为己有，拒不交还；侵占体育资金，指以非法占有为目的，侵占公共体育资金，拒不交还的行为。挪用是指将原定用于某一方面的资金挪作他用，体育资金是专款专用，挪作他用将影响体育事业发展。截留资金是指把应解送他处、其他部门或者下级的资金留为己用；截留资金将影响体育事业经费的投入，阻碍体育事业的正常推进发展。克扣是指私自扣减本应拨付使用的资金。私分是指私自分配或者领取公共体育资金的行为。对于违反财经法规和纪律的单位和有关人员，要根据国家有关规定严肃处理，在经济上实行退赔、罚款和扣发薪金，在行政上给予处分。情节严重、构成犯罪的还要交由司法机关依法追究刑事责任。

第八十条 国家支持通过政府购买服务的方式提供公共体育服务，提高公共体育服务水平。

◆ **条文主旨**

本条是关于政府购买公共体育服务的规定。

◆ **条文释义**

政府向社会力量购买服务，通过发挥市场竞争机制作用，把政府直接向社会公众提供的部分公共服务事项，按照规定方式和程序，交由具备条件的社会力量承担，并由政府根据服务数量和质量支付费用。实践证明，推行政府向社会力量购买服务是创新公共服务提供方式、加快服务业发展、引导有效需求的重要途径，对深化社会领域改革，推动政府职能转变，提高公共服务水平和效率，具有重要意义。

一、政府购买公共体育服务有关规定

党中央、国务院高度重视政府购买公共服务工作。2013 年 9 月，国务院办公厅下发《关于政府向社会力量购买服务的指导意见》（国办发〔2013〕96 号），就政府向社会力量购买公共服务做出了总体安排部署。2015 年 5 月，国务院办公厅转发文化部、财政部、新闻出版广电总局、体育总局等部门《关于做好政府向社会力量购买公共文化服务工作的意见》（国办发〔2015〕37 号），并配套印发了《政府向社会力量购买公共文化服务指导性目录》，包括公益性文化体育产品的创作与传播，公益性文化体育活动的组织与承办，中华优秀传统文化与民族民间传统体育的保护、传承与展示，公共文化体育设施的运营和管理，民办文化体育机构提供的免费或低收费服务等5类38项内容。各部门和各地区可以结合实际，制定出台更加详细、具体的购买目录，做好政府购买公共文化服务工作：一是结合当地经济社会发展实际和公共财力许可，量力而行、尽力而为；二是结合当地群众需求特点和行为偏好精准提供，增加有效供给，提高供给效能。

政府向社会力量购买服务的内容是适合采取市场化方式提供、社会力量能够承担的公共服务，具有公共性和公益性。基本公共体育服务领域，要逐步加大政府向社会力量购买服务力度。非基本公共体育服务领域，要更多更好地发挥社会力量的作用，适合社会力量承担的，可以通过委托、承包、采购等方式交给社会力量承担。对应当由政府直接提供、不适合社会力量承担的公共体育服务，以及不属于政府职责范围的服务项目，政府不得向社会力量购买。

二、不断提高公共体育服务水平

当前，我国公共体育服务领域存在较多问题，比如公共服务发展滞后、总量供应不足、公共投入短缺等。解决好这些问题，需要转变政府职能，解决政府在公共体育领域相对缺位问题。政府对一般性公共体育服务负有责任，但提供方式可以形式多样，有些由政府直接提供，有些可以通过政府购买、特许经营、委托代理、服务外包等形式由社会和市场提供。

建立健全政府向社会力量购买公共体育服务机制，既是深入推进依法行政、转变政府职能、建设服务型政府的重要环节，也是规范和引导社会组织健康发展、推动公共体育服务社会化发展的重要途径，不仅有利于改变政府大包大揽的传统做法，而且有利于发挥市场竞争机制，促进公共体育服务质量和效率的提升，不断推进体育治理体系和治理能力现代化。

当前，政府部门在提高公共体育服务水平方面，应着重做好以下工作：一是制定有关公共体育服务的法律法规、政策文件，依据国民经济与社会发展状况制定专项规划和服务标准，营造公共体育服务的制度环境，保障公共体育服务均衡发展；二是监督、管理公共体育产品和公共体育服务的生产与供给，保障公共体育服务水平与质量；三是通过付费购买公共体育产品和公共体育服务，保障公共体育产品的有效供给；四是直接生产和提供基本公共体育服务，满足基本公共体育需求。

第八十一条 县级以上地方人民政府应当按照国家有关规定，根据本行政区域经济社会发展水平、人口结构、环境条件以及体育事业发展需要，统筹兼顾，优化配置各级各类体育场地设施，优先保障全民健身体育场地设施的建设和配置。

◆ 条文主旨

本条是关于体育场地设施建设配置的规定。

◆ 条文释义

体育场地设施是满足人们开展体育锻炼、体育竞赛、观赏运动竞技及运动员训练等活动的物质基础，包括为体育健身、运动训练、体育赛事、体育教学、体育娱乐等所建设的体育活动建筑场地、设施和体育器材。政府需要统筹兼顾各方面需求，优化配置各级各类体育场地设施，优先保障全民健身体育场地设施的建设和配置。

一、按照规定优化配置体育场地设施

《公共文化体育设施条例》第十条第一款规定，公共文化体育设施的数量、种类、规模以及布局，应当根据国民经济和社会发展水平、人口结构、环境条件以及文化体育事业发展的需要，统筹兼顾，优化配置，并符合国家关于城乡公共文化体育设施用地定额指标的规定。公共体育场地设施的发展规划包括数量、种类、规模、布局等方面，其中数量指公共体育场地设施在全国的总数和各地的总数；种类是指根据性质的不同对公共体育设施的分类，如体育场、体育馆、游泳馆、全民健身中心等；规模是指公共体育设施的格局、形式或范围；布局是指公共体育设施在不同区域分布状况的统筹安排。

规划公共体育设施应综合考虑国民经济和社会发展水平、人口结构、环境条件和体育事业发展需要等因素。地方的经济社会发展水平，是进行公共体育设施建设时应考虑的重要因素。国家和地方的标准一般是根据全国和地方的社会经济发展的平均水平制定的，国家和地方规定的建设标准是基本标准或最低标准，经济社会发展水平高、人民群众体育需求要求高的地区，公共体育设施建设的数量和规模可以高于国家和地方的建设标准。对于社会经济发展水平低于全国或地方平均标准、按照国家或地方标准建设公共文化设施有困难的，国家和地方应给予扶持帮助。人口状况是进行公共体育设施建设时需要考虑的重要因素，包括人口数量、人口布局、人口结构、性别比例等。在进行公共体育设施建设时，首先要考虑本区域人口的数量、分布状况和发展趋势。环境条件是指人们生产、生活和生态的环境，是公共体育设施建设要考虑的重要因素。城区人口密集，应以场所设施建设为主。牧区、山区和海岛等居民居住分散的区域，应因地制宜，视情况布局建设适宜的场所设施，小型多样，规模适度，适于当地居民体育健身需求。

各地由于地理环境、区位、民族、经济发展状况、历史文化影响和体育项目传统等差异，在体育事业发展的水平、状况和需求方面都会有所差异，体育场地设施建设要结合当地的体育事业发展需要。

公共体育场地设施建设要坚持统筹兼顾、优化配置原则，合理安排公共体育设施的布局。在城乡体育场地设施建设过程中，一定要综合考虑合理布局，方便群众健身，充分发挥体育场地的功能。体育场地设施要结合当地气候特点和周围环境条件，充分利用公园、绿地、广场等公共场所和山水等自然条件，建设公共体育设施。

公共体育场地设施的供给，部分地方还存在总量不足、种类单一、规模不够、布局不合理等突出问题。公共体育场地设施的规划建设，要充分考虑经济社会发展水平、人口结构、环境条件以及体育事业发展需要，防止体育场地重复建设、利用率不高甚至闲置荒废。

县级以上地方人民政府要按照国家有关公共体育设施用地定额指标规定，将城乡公共体育健身设施建设纳入城乡规划和国土空间总体规划。体育等有关部门根据人口密度、现有体育设施等情况制定实施公共体育设施建设规划，引导和支持基层公共体育设施建设。

二、优先保障全民健身体育场地设施的建设和配置

全民健身是体育事业的基础，也是当前体育事业发展的短板弱项，与人民群众利益紧密相关。为解决人民群众关心的急难愁盼问题，这次修法增加规定优先保障全民健身体育场地设施的建设和配置。对此，近几年来国家陆续颁布了相关文件，保障全民健身体育场地设施的建设和配置落到实处。如：2020 年 9 月，国务院办公厅印发《关于加强全民健身场地设施建设 发展群众体育的意见》（国办发〔2020〕36 号）指出，加强全民健身场地设施建设，发展群众体育，是各级人民政府的重要公共服务职能，是贯彻全民健身国家战略、实施健康中国行动的必然要求。全民健身首先要解决群众“健身去哪儿”的难题，建设更多群众身边场地设施。为此，国家体育总局将实施全民健身场地设施建设工程的重点放在解决人口密集区、老旧城区健身设施缺乏等痛点上，引导支持各地建设完善体育公园、全民健身中心、健身步道、社会足球场等群众身边的健身设施，补齐乡镇（街道）全民健身场地器材。在体育场地设施的规划建设上，优先规划建设贴近社区、方便可达的全民健身中心、多功能运动场、体育公园、健身步道、健身广场、小型足球场等健身设施。对确有必要建设的大型体育场馆，要从严审批、合理布局，兼顾社区使用。

国家体育总局、财政部、市场监管总局印发的《关于加强公共场所全民健身器材配建管理工作的意见》指出，各地要强化依法治体意识，依据《公共文化体育设施条例》《全民健身条例》《国家基本公共服务标准（2021 年版）》《室外健身器材配建管理办法》（体群字〔2017〕61 号）等开展器材配建管理，结合实际细化完善健身设施建设管理相关制度标准、政策措施，加强对辖区内器材配建管理工作的督导，严查违法违规行为，完善责任追究机制。地方各级体育主管部门要积极协同有关部门，推动将器材配建管理工作纳入同级政府全民健身工作部门联席会议议事日程，结合实际推动成立器材配建管理工作领导小组，形成工作合力。

国家体育总局印发的《“十四五”体育发展规划》也提出，要推进全民健身场地设施建设。组织实施全民健身场地设施补短板工程，利用中央资金支持地方重点推进体育公园、全民健身中心、公共体育场、社会足球场、健身步道、户外运动公共服务设施建设，开展群众滑冰场建设试点项目，在农村重点加强乡镇级专项运动场地建设。支持在不妨碍防洪安全前提下利用河滩地等建设公共体育设施。紧密结合美丽宜居乡村建设，鼓励创建休闲健身区、功能区和田园景区。

第八十二条 县级以上地方人民政府应当将本行政区域内公共体育场地设施的建设纳入国民经济和社会发展规划、国土空间规划，未经法定程序不得变更。

公共体育场地设施的规划设计和竣工验收，应当征求本级人民政府体育行政部门意见。

公共体育场地设施的设计和建设，应当符合国家无障碍环境建设要求，有效满足老年人、残疾人等特定群体的无障碍需求。

◆ 条文主旨

本条是关于公共体育场地设施总体规划、规划设计和竣工验收的规定。

◆ 条文释义

县级以上地方人民政府对公共体育场地设施建设负有重要责任，应当将公共体育场地设施的建设纳入国民经济和社会发展规划、国土空间规划，确保公共体育场地设施可推进、能落地。同时，在公共体育场地设施规划设计、建设、竣工验收的过程中，应当征求本级人民政府体育行政部门意见，满足特殊群体需求，确保公共体育场地设施科学合理、便民利民。

一、公共体育场地设施建设纳入相关规划

（一）将公共体育场地设施建设纳入国民经济和社会发展规划

国民经济和社会发展规划是以国民经济和社会发展为对象而编制的总体规划，一般分为国家、省和市县规划。国民经济和社会发展规划属于综合性和纲领性规划，涉及社会生产、生活、生态等各方面，是国家和各地进行宏观调控的重要手段，是政府履行经济调节、市场监管、社会管理、公共服务和生态环境保护职责的重要遵循，也是编制专项规划、区域规划以及制定各项政策和年度计划的依据。科学编制并组织实施国民经济和社会发展规划，有利于克服与弥补市场本身存在的缺陷，更加合理有效地配置公共资源，对政府和社会进行积极的政策引导，促进国民经济快速协调发展和社会全面进步。

各级政府在领导和管理社会经济发展中，形成了编制国民经济和社会发展规划的制度模式，基础设施建设和公共服务成为规划的重要内容。我国地方人民政府被赋予依法编制和执行国民经济和社会发展规划，领导和管理体育事业的基本职责。本条规定县级以上地方人民政府将本行政区域内公共体育场地设施建设纳入国民经济和社会发展规划，凸显出加强公共体育场地设施建设的重要性，为保障公共体育场地设施与国民经济和社会发展规划相协调，提供了明确法律依据。

（二）将公共体育场地设施建设纳入国土空间规划

国土空间规划是国家空间发展的指南、可持续发展的空间蓝图，是各类开发保护建设活动的基本依据。建立国土空间规划体系并监督实施，将主体功能区规划、土地利用规划、城乡规划等空间规划融合为统一的国土空间规划，实现“多规合一”，强化国土空间规划对各专项规划的指导约束作用，是近年来党中央、国务院作出的重大部署。

将公共体育场地设施建设纳入国土空间规划，通盘考虑城市空闲地、边角地、公园绿地、城市路桥附属用地、厂房、建筑屋顶等空间资源，根据城乡空间布局和群众需求，统筹考虑城镇化、人口老龄化等因素，有效利用公共空间，合理规划体育场地设施，有利于公共体育场地设施统筹规划、合理布局。

（三）未经法定程序不得变更

制定和实施国民经济和社会发展五年规划，引领经济社会发展，是我们党治国理政的重要方式，是中国特色社会主义发展模式的重要体现。从1953年开始，我国已经编制实施了14个五年规划，对促进经济快速发展，发挥了重要作用。国民经济和社会发展规划由各级党委向政府提出建议，政府向同级人大提交规划草案，经人大通过后，正式颁布实施。

地方国民经济和社会发展规划、国土空间规划由县级以上地方人民政府按照程序制定，经过人大程序和上级政府报批程序通过。这两类规划要求严格、程序严谨、执行严肃，将公共体育场地设施的建设规划纳入其中，为公共体育场地设施建设提供了制度保障。

二、规划设计和竣工验收应征求体育部门的意见

公共体育场地设施是开展体育活动的重要物质基础。公共体育设施的规划设计、竣工验收具有专业性，应遵循设计合理、符合大众要求、安全可靠、绿色环保等原则。各级体育行政部门，在本行政区域内的体育场地设施建设中，应发挥监督管理作用，积极担当。在涉及公共场地设施的规划设计、竣工验收环节，应当听取体育行政部门的意见，严把安全关、质量关和科学关。任何因违反相关规定，不听取体育行政部门专业意见，导致严重后果的，应追究相关单位和人员的责任。体育场地设施规划审批应征求本级体育行政部门的意见，并对体育场地设施进行专项竣工验收。

三、公共体育场地设施设计建设应符合无障碍环境建设要求

第七次全国人口普查数据显示，我国0至14岁儿童有2.53亿人，60岁及以上老年人数为2.64亿人，残疾人8500多万人。

随着人口老龄化加深，残疾老龄化和老龄残疾化现象更加明显，无障碍环境的刚需群体预计将持续增加。无障碍环境建设是衡量一个国家和社会文明进步的标尺。为了创造无障碍环境，保障残疾人等社会成员平等参与社会生活，2012 年国务院颁布《无障碍环境建设条例》，要求为残疾人等社会成员自主安全地通行道路、出入相关建筑物等提供便利条件；无障碍设施工程应当与主体工程同步设计、同步施工、同步验收投入使用，新建的无障碍设施应当与周边的无障碍设施相衔接等。2021 年，住建部发布了《建筑与市政工程无障碍通用规范》国家标准，要求无障碍设施的建设和运行维护要满足残疾人、老年人等有需求的人使用，消除他们在社会生活上的障碍；保证安全性和便利性，兼顾经济、绿色和美观；保证系统性及无障碍设施之间有效衔接；从设计、选型、验收、调试和运行维护等环节保障无障碍通行设施、无障碍服务设施和无障碍信息交流设施的安全、功能和性能等。

由于人口老龄化程度加深以及因疾病、治疗等导致的“失能”人群逐渐增多，切实保障包括残疾人、老年人等社会成员平等参与体育活动的权利，具有重要意义。残疾人、老年人对通过参与体育活动，融入社会的需求较强，是发展体育事业的重点保障对象。在公共体育场地设施同步建设和使用无障碍设施，是人文关怀和社会进步的要求。本法修订时增加相关规定，依法保障残疾人、老年人等特定群体使用公共体育场地设施的权益。

第八十三条　新建、改建、扩建居住社区，应当按照国家有关规定，同步规划、设计、建设用于居民日常健身的配套体育场地设施。

◆ **条文主旨**

本条是关于新建、改建、扩建居住社区配套建设体育设施的规定。

◆ **条文释义**

居住社区是居民日常生活的活动区域，配套体育设施是满足居民就近健身需求。与居住社区相配套建设的体育场地设施，应当与居住社区主体工程同时规划、设计、建设。

一、新建、改建、扩建居住社区应配套建设体育场地设施

随着我国城市住宅商品化的发展，社区成为人民群众开展体育活动的主要场所，相关配套设施成为公共体育场地设施的必要补充，有效缓解了公共体育场地设施不足的矛盾。实践中，有些居住社区在建设过程中未能严格落实体育场地设施建设要求，将本该建设体育场地设施的土地挪作他用，损害了社区居民体育锻炼的权益，社会反映较为强烈。

为解决居住社区的体育设施配套建设问题，早在1991年，国务院批转文化部《关于文化事业若干经济政策意见报告的通知》中就提出："各地建设住宅小区，要严格按照城市规划要求，统筹规划文化娱乐活动场所，实行同步建设。"2003年，《公共文化体育设施条例》规定新建、改建、扩建居民住宅区，应当按照国家有关规定规划和建设相应的文化体育设施。居民住宅区配套建设的文化体育设施，应当与居民住宅区的主体工程同时设计、同时施工、同时投入使用。2020年，国务院办公厅《关于加强全民健身场地设施建设发展群众体育的意见》（国办发〔2020〕36号）中规定要落实社区配套要求，规定新建居住小区要按照有关要求和规定配建社区健身设施，并与住宅同步规划、同步建设、同步验收、同步交付，不得挪用或侵占。这次修法，深入总结有益实践经验，将以往政策文件相关规定的内容上升为法律规定，通过法律的强制性保障相关规定贯彻实施。

二、同步规划、设计、建设居民日常健身配套体育场地设施

同步规划、设计、建设居民日常健身配套体育场地设施，是指在居住社区的规划阶段、设计阶段和建设阶段，均将居民日常健身配套体育场地设施作为重要内容，每个阶段之间相互衔接，经规划阶段确定的建设标准不得随意更改降低，相关设计方案在建设阶段落实到位，确保配套体育场地设施及时投入使用。“同步规划、设计、建设”制度是经过长期实践检验、行之有效的管理制度，具有强制执行力，能够保障居民日常健身配套体育场地设施建设落到实处，切实避免出现居住社区已投入使用，而居民日常健身配套体育场地设施尚未建设甚至事后临时进行规划、设计的情形。

第八十四条　公共体育场地设施管理单位应当公开向社会开放的办法，并对未成年人、老年人、残疾人等实行优惠。

免费和低收费开放的体育场地设施，按照有关规定享受补助。

◆ **条文主旨**

本条是关于公共体育场地设施向社会开放的规定。

◆ **条文释义**

一、公共体育场地设施管理单位应公开向社会开放的办法

公共体育场地设施是开展公共体育服务的重要载体，是为满足人民群众基本公共体育服务需求的公共产品。近些年，加强公共体育场地设施向社会公众开放力度，是有关部门完善公共体育服务的重要举措。公共体育场地设施的公益属性，要求公共文化体育设施管理单位必须坚持为人民服务理念，主动向社会公开公共体育场地设施开放的具体办法，包括服务项目、开放时间、收费标准、优惠政策等，为社会公众使用公共体育场地设施提供准确信息和便利条件，便于社会公众及时了解开放情况，提高公共体育设施的使用效益，有效解决部分公共体育场地设施使用率不高甚至闲置的现象。公共体育场地设施临时停止开放的，应当及时向社会公告。

关于公共体育场地设施向社会公开的具体办法，有关法规和文件作了细化规定。如：《全民健身条例》中规定，公共体育设施管理单位提供服务，应当遵守《公共文化体育设施条例》的规定。《公共文化体育设施条例》中规定，公共文化体育设施管理单位应当向公众公示其服务内容和开放时间。公共文化体育设施因维修等原因需要暂时停止开放的，应当提前 7 日向公众公示。公共文化体育设施应当根据其功能、特点向公众开放，开放时间应当与当地公众的工作时间、学习时间适当错开。公共文化体育设施的开放时间，不得少于省、自治区、直辖市规定的最低时限。国家法定节假日和学校寒暑假期间，应当适当延长开放时间。学校寒暑假期间，公共文化体育设施管理单位应当增设适合学生特点的文化体育活动。公共文化体育设施管理单位应当在醒目位置标明设施的使用方法和注意事项。

二、公共体育场地设施对未成年人、老年人、残疾人等实行优惠

对未成年人、老年人、残疾人参与公共体育活动的权益给予特别保障，是社会文明进步的标志。参加体育健身活动是人民群众社会生活的重要组成，对于未成年人、老年人、残疾人而言，参加公共体育活动在培养意志品质、强健体魄、陶冶性情、治疗疾病、增强自信心等方面，具有重要作用。

为促进公共体育场地设施对未成年人、老年人、残疾人等实行优惠，我国相关法律、法规也作了相应规定。如：《教育法》规定体育馆（场）等社会公共文化体育设施应当对教师、学生实行优待，为受教育者接受教育提供便利；《残疾人保障法》规定，文化、体育、娱乐和其他公共活动场所，为残疾人提供方便和照顾；《全民健身计划（纲要）》要求各种国有体育场地设施“为老年人、儿童和残疾人参加体育健身活动提供便利条件”。2021 年国家体育总局印发的《公共体育场馆基本公共服务规范》规定体育场馆对老年人、残疾人、学生、军人、消防救援人员和公益性群众体育赛事活动提供更优惠服务，收费标准一般不超过半价；要采取有效措施解决老年人运用智能技术的困难，具备条件的场馆保留老年人人工服务窗口或者设置便捷通道。2021 年，国务院印发的《全民健身计划（2021—2025 年）》中也规定，要加强对公共体育场馆开放使用的评估督导，优化场馆免费或低收费开放绩效管理方式，加大场馆向青少年、老年人、残疾人开放的绩效考核力度。

三、免费或低收费开放的体育场地设施依法享受补助

公共体育场地设施免费或者优惠地开放便于让普通群众进入公共体育场地设施，有助于人民群众均等地享受基本公共体育服务。免费或者优惠开放包括两个方面：一是公共体育场地设施的免费开放，二是免费提供与其职能相适应的基本公共体育服务项目。

为推进公共体育场地设施免费开放，国家有关部门制定相关政策，规范引导公共体育场地设施向社会免费或低收费开放。

2014年5月，财政部、国家体育总局发布了《大型体育场馆免费低收费开放补助资金管理办法》(财教〔2014〕54号)。2022年1月，财政部、国家体育总局对以上管理办法作了修订，印发《公共体育场馆向社会免费或低收费开放补助资金管理办法》(财教〔2022〕2号)，财教〔2014〕54号同时废止。根据该办法，补助资金由中央财政设立，用于支持和鼓励各地体育行政部门所属公共体育场馆向社会免费或低收费开放。补助资金年度预算，根据公共体育场馆对社会免费或低收费开放情况、成本支出情况，以及中央财政财力情况确定。资金补助范围为：各地体育行政部门所属的向社会免费或低收费开放、达到《公共体育场馆基本公共服务规范》要求的县级及以上公共体育场馆和全民健身中心，其中，全民健身中心要达到体育建筑面积1200平方米以上且室内健身场地面积1000平方米以上。补助资金用于体育场馆免费或低收费开展基本公共体育服务所需支出，包括公益性体育赛事活动举办、公益性体育培训、体育场馆日常维护、能源费用、设备器材更新、体育场馆信息化服务等运营环境改善。通过补助资金引导公共体育场馆向社会扩大免费、低收费开放程度，提高公共体育服务能力，提升公共体育服务质量和服务水平。以上文件规定，为免费和低收费开放的体育场地设施享受补助提供了具体依据。

第八十五条 国家推进体育公园建设，鼓励地方因地制宜发展特色体育公园，推动体育公园免费开放，满足公民体育健身需求。

◆ 条文主旨

本条是关于体育公园建设及向社会公众开放的规定。

◆ 条文释义

体育公园是具有改善生态、美化环境、体育健身、运动休闲、娱乐休憩等功能的绿色公共空间。推进体育公园建设，对满足人民日益增长的体育健身需求，改善人民生活品质，推进体育强国建设，具有重要意义。

一、国家推进体育公园建设

近些年来，国家高度重视体育公园建设工作，对加快推进体育公园建设提出明确要求。如：2020 年国办印发的《关于加强全民健身场地设施 建设发展群众体育的意见》规定，各地区要优先规划建设贴近社区、方便可达的全民健身中心、多功能运动场、体育公园、健身步道、健身广场、小型足球场等健身设施；提出“十四五”期间，在全国新建或改扩建 1000 个左右体育公园，打造全民健身新载体。2021 年，国家发展改革委、国家体育总局《关于印发〈“十四五”时期全民健身设施补短板工程实施方案〉的通知》中提出，支持新建或改扩建占地面积不低于 10 万平方米的体育公园内部的健身设施，体育公园、全民健身中心（小型体育综合体）中央预算内投资，对单个项目最高支持限额不超过 2000 万元，要求体育公园至少包括常规球类、步道类、广场与器械类、儿童活动设施类等四类功能。2021 年，国家发展改革委、国家体育总局等七部门印发的《关于推进体育公园建设的指导意见》提出到 2025 年，全国新建或改扩建 1000 个左右体育公园，体育公园成为全民健身的全新载体、绿地系统的有机部分、改善人民生活品质的有效途径、提升城市品位的重要标志。2022 年，中共中央办公厅、国务院办公厅印发的《关于构建更高水平的全民健身公共服务体系的意见》提出推进体育公园建设，推动体育公园向公众免费开放。在现有郊野公园、城市公园中因地制宜配建一定比例的健身设施。为在法律中体现党和国家推进体育公园建设的有关要求，这次体育法修订增加了规定相关内容。

二、鼓励地方因地制宜发展特色体育公园

推进体育公园建设，应当符合地方实际情况，展现其独有的特色功能，将体育公园建设成为能够满足群众实际需求、充分挖掘利用当地优势资源的公共体育场地。2021 年，国家发展改革委、国家体育总局等七部门印发的《关于推进体育公园建设的指导意见》提出要建设特色体育公园，规定在符合相关法律法规，不妨碍防洪、供水安全，不破坏生态的前提下，支持利用山地森林、河流峡谷、草地荒漠等地貌建设特色体育公园；在草原自然公园中，可以融入与当地自然条件和民族文化相融合的体育元素。2022 年，中共中央办公厅、国务院办公厅印发的《关于构建更高水平的全民健身公共服务体系的意见》也提出相关要求。各地要因地制宜编制特色体育公园建设方案，确保体育公园建设依法依规，见到实效。

三、推动体育公园免费开放

体育公园是全民健身的重要场所，体育公园场地设施的利用率和开放率是其社会效益的主要指标。体育公园开放应坚持其公益属性，推动体育公园免费开放，满足人民群众的体育健身需求。需要说明的是，这里规定的“推动体育公园免费开放”，是指鼓励和支持地方将体育公园向社会公众免费开放，具体由地方根据实际情况进行确定。这里未“一刀切”地规定所有体育公园免费开放，照顾到各地体育公园的实际情况，例如，有的体育公园与普通公园在空间上存在重叠；有的体育公园存在运行费用压力，适当进行收费可以改善运行条件等。暂时未能完全实现免费开放的体育公园，也应当坚持体育公园公益属性，以满足公民健身需求为运营目标。

第八十六条　国家鼓励充分、合理利用旧厂房、仓库、老旧商业设施等闲置资源建设用于公民日常健身的体育场地设施，鼓励和支持机关、学校、企业事业单位的体育场地设施向公众开放。

◆ **条文主旨**

本条是关于鼓励开发闲置资源建设公民健身体育场地设施，鼓励机关、学校、企业事业单位的体育场地设施向公众开放的规定。

◆ **条文释义**

较多地方特别是大中型城市开展体育活动，往往面临场地设施紧缺难题。可以说，体育场所设施问题已成为公民日常进行健身的主要制约因素。为解决体育场地设施短缺难题，拓展体育场地设施资源，需要挖掘利用其他闲置资源的作用。同时，应坚持资源互通共享，鼓励和支持有关单位的体育场地设施向公众开放，提高资源使用率。

一、鼓励充分合理利用闲置资源建设日常健身体育场地设施

体育健身是对空间需求较强的社会活动，特别是全民健身活动需要公共空间为群众提供健身场所。有些旧厂房、仓库、老旧商业设施等资源，由于历史等原因处于闲置状态，将以上资源合理改造为用于公民日常健身的体育场地设置，可以实现城市空间的二次利用。

近些年来，有关文件对通过利用闲置资源拓展体育场地设施作了规定。如：2019 年国务院办公厅印发的《体育强国建设纲要》要求加强城市绿道、健身步道、自行车道、全民健身中心、体育健身公园、社区文体广场以及足球、冰雪运动等场地设施建设，与住宅、商业、文化、娱乐等建设项目综合开发和改造相结合，合理利用城市空置场所、地下空间、公园绿地、建筑屋顶、权属单位物业附属空间。同年，国务院办公厅《关于促进全民健身和体育消费推动体育产业高质量发展的意见》中也指出，鼓励各类市场主体利用工业厂房、商业用房、仓储用房等既有建筑及屋顶、地下室等空间建设改造成体育设施。这次修法，总结体现有益实践经验，将有关文件要求上升为法律规定。

二、鼓励机关、学校、企业事业单位的体育场地设施向公众开放

机关、学校和企业事业单位拥有较多体育场地设施，这些体育场地设施通常仅向特定人员开放使用，一定程度上造成了资源闲置浪费。为推动实现体育场地设施资源开放共享，有关部门尝试推动机关、学校、企事业等单位内部的体育设施，在不影响正常的办公、教学情况下向社会公众开放。如：2002 年，原文化部、教育部下发《关于做好基层文化教育资源共享工作的通知》要求各级各类学校的内部设施，在保证正常教学活动和满足师生需要的前提下，积极创造条件，采取多种方式对社会开放，为群众开展文化活动提供方便。可采取无偿或低廉租用等方式为广大群众服务，提高学校内部各种场馆、多功能教室等设施的使用率。合理调整和充分利用现有城乡闲置的学校设施，开展社区文化和社区教育活动。2022 年 3 月，中共中央办公厅、国务院办公厅印发《关于构建更高水平的全民健身公共服务体系的意见》，要求事业单位和国有企业要带头开放可用于健身的空间，做到能开尽开；已建成且有条件的学校要进行“一场两门、早晚两开”体育设施安全隔离改造；新建学校规划设计的体育设施要符合开放条件；鼓励学校体育设施对社会开放实行免费和低收费政策；支持第三方对区域内学校体育设施开放进行统一运营；鼓励私营企业向社会开放自有健身设施等。

学校体育场地设施向社会开放，需要解决好学校、健身者、校园体育设施、环境卫生等问题。政府和相关单位在推动机关、学校、企业事业单位的体育场地设施向公众开放时，应从人、财、物、时间等方面给予充分支持与考虑。比如增设编制岗位专职从事体育场地管理、安装安保摄像头、购买相关保险、错时错峰合理设置对外开放时间等，既方便全民健身又不影响正常教学和工作秩序。挖掘学校体育场地设施开放潜力，在政策范围内采取必要激励机制，鼓励各地委托专业机构集中运营本地区符合对外开放条件的学校体育场馆，促进学校体育场馆开放。同时，要推动公共体育场馆为学校开展体育活动提供免费或低收费服务。

第八十七条　任何单位和个人不得侵占公共体育场地设施及其建设用地，不得擅自拆除公共体育场地设施，不得擅自改变公共体育场地设施的功能、用途或者妨碍其正常使用。

因特殊需要临时占用公共体育场地设施超过十日的，应当经本级人民政府体育行政部门同意；超过三个月的，应当报上一级人民政府体育行政部门批准。

经批准拆除公共体育场地设施或者改变其功能、用途的，应当依照国家有关法律、行政法规的规定先行择地重建。

◆ 条文主旨

本条是关于公共体育场地设施保护的规定。

◆ **条文释义**

公共体育场地设施的管理和保护，与人民群众体育权利密切相关。在公共体育场地设施总量不足的情况下，加强对公共体育场地设施管理，加大保护力度，十分必要。

一、维护公共体育场地设施正常运行的禁止性规定

实践中，公共体育场地设施因空间大、地段好，常常被挪作他用，或者失去公益性质从事商业经营，如举办商品展销会、明星演唱会，作为商务场所租赁等，严重影响公共体育场地设施的功能发挥。为保障公共体育场地设施正常使用，这次修法针对实践中存在的突出问题，明确规定了以下几类禁止性行为：一是不得侵占公共体育场地设施及其建设用地；二是不得擅自拆除公共体育场地设施；三是不得擅自改变公共体育场地设施的功能、用途；四是不得妨碍公共体育场地设施正常运行。确需拆除公共体育场地设施或者改变其功能、用途的，应当按照法律法规要求，遵循法定程序进行审批。

二、公共体育场地设施临时占用的批准程序

公共体育场地设施空间大、容量大、通风好、地段好，且往往处于城市中心位置，便于举办群众活动或者承担其他公共功能。通常情况下，不得随意占用公共体育场地设施，但在特殊情况下，公共体育场地设施可以举办大型群众性活动或者用于公共卫生事件、突发紧急事件、灾后避难等应急处置场所。如：在地震等自然灾害发生时，公共体育场地设施也经常被用作避难场所等。

公共体育场地设施的临时占用，应当经过严格的审批程序。占用时间越长，对公共体育场地设施的正常使用影响越大，审批手续相应更为严格。这次体育法修订，增加规定因“特殊需要”可以临时占用公共体育场地设施，符合实践需求，有助于公共体育场地设施在特殊情形下更好地发挥公共功能。这里规定的“特殊需要”，主要是指基于国家利益和社会公共利益的需要，严格限制用于商业出租或者开展其他与公共文化体育设施功能、用途不相适应的服务活动。

三、拆除公共体育场地设施或者改变其功能、用途的要求

实践中，有些地方基于城镇发展的需要，将旧有的公共体育场地设施拆除或者改变公共体育场地设施功能、用途后未能及时重建，加剧了公共体育场地设施短缺现象，严重影响体育活动的正常开展。这次体育法修订，针对上述情况作了严格要求，拆除公共体育场地设施或者改变其功能、用途，应当符合以下两方面条件，缺一不可。一是经有关部门批准，从程序上进行严格限制。未经批准强行拆除公共体育场地设施或改变公共体育场地设施的功能、用途的，应当及时予以制止、纠正。二是应当依照国家有关法律、行政法规的规定先行择地重建。由于公共体育场地设施往往建设工程量大、建设周期长，要求在拆除公共体育场地设施或改变公共体育场地设施的功能、用途之前先行择地重建，目的是在做好新旧公共体育场地设施使用之间的衔接，保持公共体育场地设施服务的连续性。重建后的公共体育场地设施，在建筑面积、设施配置等方面，一般不得降低原有标准和有关国家标准。

第八十八条　县级以上地方人民政府应当建立全民健身公共场地设施的维护管理机制，明确管理和维护责任。

◆ 条文主旨

本条是关于全民健身公共体育场地设施维护管理机制的规定。

◆ **条文释义**

随着全民健身公共场地设施的数量和面积的增加，维护不到位、管理缺失等问题也日益凸显，迫切需要建立维护管理机制，明确相关责任，提高全民建设公共场地设施的使用效益。

一、建立全民健身公共场地设施维护管理机制

长期以来，人民日益增长的体育健身需要和健身设施发展不平衡不充分的矛盾较为突出，“健身去哪儿”的难题尚未得到有效解决。已有的全民健身公共场地设施，由于维护、管理等方面的机制不够健全，存在使用效益不高的现象，加剧了全民健身公共场地设施短缺难题。

加强全民健身公共场地设施管理维护工作，落实属地管理责任，这次修法规定由县级以上地方人民政府建立全民健身公共场地设施的维护管理机制，明确管理和维护责任，防止推诿扯皮。地方各级人民政府应将全民健身设施日常管理维护纳入城乡社会治理网格，确保各类健身设施安全、正常使用，对开放程度低、使用率低、服务对象满意度低的健身设施，及时进行整改；强化室外健身设施配建管理，做好健身场地设施管理维护；将全民健身公共体育场地设施维护、管理与升级换代列入市县两级人民政府财政预算，给予经费保障；通过政府购买服务等多种方式组织专业力量开展检查，加强设施维修保养工作，确保健身设施符合应急、疏散和消防安全标准等。通过以上措施，形成全民健身公共场地设施维护管理长效机制，保障各类健身场地设施安全使用。

二、明确全民健身场地设施管理和维护责任

为解决全民健身公共场地设施无人管理、多头管理、管理不到位等问题，这次修法要求明确管理和维护责任，加强工作监督，强化责任追究。对此，近些年有关部门颁布的相关文件中提出了具体要求，为明确全民健身场地设施管理和维护责任提供了工作指引。如2021年国家体育总局、财政部、市场监管总局《关于印发〈关于加强公共场所全民健身器材配建管理工作的意见〉的通知》中指出，各地器材配建管理水平不断提高，但仍存在器材管理维护不到位等问题，要求落实属地管理，明确各方责任。社区居委会、村委会、公园（广场）管理部门、机关、企业事业单位等接收器材的组织和单位，是器材安全运行的责任主体，要在县（市、区）体育主管部门指导下，配合做好器材接收、安装、验收工作，定期对配建在本组织和单位所辖区域内的器材进行安全检查，加强日常管理。县（市、区）体育主管部门对器材配建、安装、验收、日常管理行使监管和指导职责，要与器材接收方和供应商签订三方协议，明确器材产权、种类数量和管理维护等事项，建立可查询追溯的工作台账。器材供应商要严格按照采购合同和三方协议要求履行器材安装移交、售后服务等责任。

第八十九条　国家发展体育专业教育，鼓励有条件的高等学校培养教练员、裁判员、体育教师等各类体育专业人才，鼓励社会力量依法开展体育专业教育。

◆ 条文主旨

本条是关于发展体育教育、培养体育专业人才的规定。

◆ 条文释义

体育事业的高质量发展需要高素质体育专业人才，特别是近些年来全民健身、竞技体育、职业体育等领域发展较快，对体育专业人才需求旺盛，迫切需要加强体育专业人才培养，为进一步促进我国体育事业和加快体育强国建设，奠定坚实的人才队伍基础。

一、鼓励有条件的高等学校培养各类体育专业人才

体育专业教育是在学校及其他教育机构中，通过系统传授体育专业知识或技能，培养从事体育训练、教学、科学研究、产业振兴和管理等方面的专门人才的教育活动。我国体育专业人才总量上不足，结构相对不合理，尤其是复合型、应用型体育专业人才稀缺。为了发挥体育的经济、社会、教育、健康等作用，迫切需要加强教练员、裁判员、体育教师等体育专业人才的培养。鼓励有条件的普通高校、职业院校设置体育相关专业，形成有效支撑体育事业高层次人才培养体系。体育专业教育是体育事业发展的根本保障，也是我国教育体系的重要组成部分，《教育法》确定的“国家保障教育事业优先发展”和“全社会应当关心和支持教育事业的发展”等基本原则，适用于发展体育专业教育。

目前，我国体育专业教育的内容基本包括体育运动的各个学科领域，专业门类日益增多，初步形成了较为符合我国国情的体育专业教育体制。主要类型有普通高等体育专业教育、中等体育专业教育、少年儿童体育专业教育、成人体育专业教育和其他社会力量兴办的体育专业教育。在管理关系上，主要由体育行政部门和教育行政部门共同领导，或根据学校的归属，确定其主管部门。普通高等体育专业教育的办学形式，主要包括两类：一类是专业体育学院，其中有原国家体委直属、现在已经实施省部共建的五大体育学院（大学）和军队系统的中国人民解放军军事体育进修学院，也有各省、自治区、直辖市教育或体育行政部门所属的地方体育学院和体育师范学院；另一类是设在综合大学或师范院校中的体育院系部，以及设在科研院所的体育专业研究生授予点。其学历

层次有大学专科、大学本科、硕士研究生、博士研究生等。

根据国务院学位委员会、国家教委《授予博士、硕士学位和培养研究生的学科、专业目录》的规定，我国各大体育学院本科设置的专业及其培养目标是教育学类专业中的体育教育专业，培养从事中等学校体育教育和科研工作的体育教师；训练学专业中的运动训练专业，培养从事运动训练实践与科学研究的教练员（分田径、体操、球类等若干主修方向）；文科专业中的社会体育专业，培养社会体育指导和服务人才；应用文、理科类专业中的体育管理专业，培养从事体育管理工作和理论研究的体育管理专门人才；人体科学类中的体育生物科学专业，培养从事体育生物科学和科研工作的专门人才；传统体育类专业中的武术专业，培养从事武术训练、科研工作的专门人才。此外，还有一些大学的自设专业和特色专业，比如，体育新闻专业、体育市场营销专业、体育旅游专业、体育法学专业、休闲体育专业、体育保健康复专业、运动心理专业等。在博士和硕士的体育研究生教育中，设体育人文社会学、体育教育训练学、运动人体科学和民族传统体育学四个专业。除了学术型的体育研究生，近年来还开设了专业体育硕士，此外在教育硕士中，也招收教育硕士（体育学科）。

二、鼓励社会力量依法开展体育专业教育

《教育法》规定国家鼓励企业事业组织、社会团体、其他社会组织及公民个人依法举办学校及其他教育机构。《民办教育促进法》也规定，国家对民办教育实行积极鼓励、大力支持、正确引导、依法管理的方针。鼓励社会力量开展体育专业教育，符合在教育领域引进社会力量办学的方针政策。

社会力量举办从事体育专业教育的学校和其他教育机构，应当遵守法律法规有关规定，如：《教育法》规定学校及其他教育机构的设立、变更和终止，应当按照国家有关规定办理审核、批准、

注册或者备案手续；设立学校及其他教育机构，必须具备基本条件等。对于社会力量办学的教学管理，教育部还制定了专门规定，明确社会力量举办的学校及其他教育机构应在培养目标、专业或课程设置、教学计划、教学大纲、教材建设、教师聘任、教学场所、学籍管理以及有关教学的其他方面接受教育行政部门的指导和监督。对于社会力量依法举办的体育专业教育，根据有关规定可以在用地、税收、基建等方面给予扶持。

第九十条 国家鼓励建立健全运动员伤残保险、体育意外伤害保险和场所责任保险制度。

大型体育赛事活动组织者应当和参与者协商投保体育意外伤害保险。

高危险性体育赛事活动组织者应当投保体育意外伤害保险。

高危险性体育项目经营者应当投保体育意外伤害保险和场所责任保险。

◆ 条文主旨

本条是关于体育保险制度的规定。

◆ 条文释义

在竞技体育、全民健身、体育产业等领域意外事故时有发生，特别是随着体育活动范围的拓展和活动形式的丰富，对体育保险的需求较强。因而，需要建立健全体育保险制度。体育保险制度，可以有效分担体育活动组织者和经营者、职业运动员及全民健身和学校体育活动参加者的风险，有效保护体育活动组织者、经营者、参加者和其他相关人员的利益，发挥保险在分担风险、补偿损失等方面的作用，保障体育事业和体育产业健康可持续发展。

一、建立健全运动员伤残保险

我国竞技体育领域实施“举国体制”，专业运动员进入运动队后，伤、残、病等方面的治疗通常由国家负责。一方面，由于竞技体育风险具有高频性、多样性、不易测定性、广泛性和复杂性等特征，国家用于运动员伤、残、病等方面的治疗费用较多，给国家造成巨大负担。另一方面，运动员参加体育运动训练和竞赛，将获取奖金、补贴等作为主要经济来源，遭遇伤残后运动员往往难以继续从事运动职业，被迫终止运动生涯，失去经济来源，虽然国家按照规定给予相应补偿，但是补偿标准往往也难以保障退役后的生活，降低了运动员不断挑战运动极限的安全感和积极性，不利于体育事业长远发展。建立健全运动员伤残保险制度，可以分摊损失、转移风险，更好地发挥保险的经济补偿等功能，减轻国家负担，缓解运动员职业发展的后顾之忧。

二、大型体育赛事活动组织者和高危险性体育赛事活动组织者应投保体育意外伤害保险

意外伤害保险属于人身保险，是指在保险有效期间内，如果被保险人遭受意外伤害，不幸残疾或身故，由保险公司给付身故保险金或残疾保险金。运动伤害是体育活动的固有风险，根据《民法典》的规定，自愿参加文体活动者，要自甘风险。对于公民在全民健身活动中没有预见的、可能受到的意外伤害，公民投保体育意外伤害保险，作为其他责任保险的补充，可以在意外发生时得到及时赔付。国家鼓励开展体育意外伤害保险，有助于保障体育活动参加者的利益，分担普通公民的健身风险。

关于体育意外伤害保险，针对风险较高的情形提出特殊要求：一是要求大型体育赛事活动组织者应当和参与者协商投保体育意外伤害保险。由于大型体育赛事活动涉及人员多、集聚的风险因素多、社会影响较大等，为保障赛事活动安全顺利进行，要求活动组织者应当与参与者共同协商投保体育意外伤害保险，保险公司在事前事中环节可以通过自身专业力量为降低赛事活动风险提出指导意见，在意外伤害事件发生后及时进行理赔，降低大型体育赛事活动风险。二是要求高危险性体育赛事活动组织者应当投保体育意外伤害保险。这里的“应当”是一种强制要求，为参与者购买体育意外伤害保险是高危险性体育赛事活动组织者应履行的责任和义务，必须遵守。

三、高危险性体育项目经营者应投保体育场所责任险

《民法典》规定，宾馆、商场、银行、车站、机场、体育场馆、娱乐场所等经营场所、公共场所的经营者、管理者或者群众性活动的组织者，未尽到安全保障义务，造成他人损害的，应当承担侵权责任。体育活动场地设施面积广、范围大、影响因素多、体育固有风险大，体育场地所有者、体育活动经营者经常承担巨大的场地风险。对于开展高危险性体育项目的经营者，国家要求应当投保体育意外伤害保险和场所责任保险，以更好地保护体育活动参加者和体育项目经营者的权益。国家开展场所责任险，有效地降低了体育场地所有者、体育活动经营者的风险，有利于推动体育场馆健康有序运营，推动体育事业和体育产业健康持续发展。

场地责任保险是公众责任保险的一种。《保险法》第二条规定，保险是投保人根据合同约定，向保险人支付保险费，保险人对于合同约定的可能发生的事故因其发生所造成的财产损失承担赔偿保险金责任，或者当被保险人死亡、伤残、疾病或者达到合同约定的年龄、期限时承担给付保险金责任的商业保险行为。责任保险是以被保险人的法律赔偿风险为承保对象的一类保险，属于广义财产保险范畴。它适用于一切可能造成他人财产损失与人身伤亡的各种单位、家庭或个人。具体而言，其适用范围包括：一是各种公众活动场所的所有者、经营管理者；二是各种产品的生产者、销售者、维修者；三是各种运输工具的所有者、经营管理者或驾驶员；四是各种需要雇佣员工的单位；五是各种提供职业技术服务的单位；六是城乡居民家庭或个人。根据业务内容的不同，责任保险可以分为公众责任保险、产品责任保险、雇主责任保险、职业责任保险和第三者责任保险等五类业务，其中每一类业务又由若干具体的险种构成。

第九章 体育仲裁

本章共10条，主要是关于体育仲裁制度的基本规定。建立健全体育仲裁制度，可以满足体育纠纷解决专业化、时效性要求。新修订的体育法专章规定体育仲裁制度，包括体育仲裁独立性原则、仲裁范围、机构设立、仲裁庭组建、体育组织内部纠纷解决机制与体育仲裁的衔接、裁决作出、裁决撤销与执行、仲裁特别程序等内容，搭建起体育仲裁基本制度框架。

第九十一条 国家建立体育仲裁制度，及时、公正解决体育纠纷，保护当事人的合法权益。

体育仲裁依法独立进行，不受行政机关、社会组织和个人的干涉。

◆ **条文主旨**

本条是关于国家建立体育仲裁制度，以及体育仲裁依法独立运行的规定。

◆ **条文释义**

体育仲裁是解决体育纠纷的重要途径。独立的体育仲裁制度，有助于满足体育纠纷解决专业化、时效性需求，完善我国体育纠纷解决机制，加快体育法治建设进程，推动实现体育强国和健康中国目标。

一、国家建立体育仲裁制度

1995年《体育法》第三十三条规定："在竞技体育活动中发生纠纷，由体育仲裁机构负责调解、仲裁。体育仲裁机构的设立办法和仲裁范围由国务院另行规定。"但由于多种原因我国体育仲裁机构长期未能建立，实践中较多体育纠纷通过体育行业内部纠纷解决机制、诉讼等予以化解，虽然部分解决了体育纠纷，但不能适应新时代体育事业发展的新要求和新变化。一方面，单项体育协会的内部纠纷解决机制建设不够完善，且纠纷处理结果不具有强制执行力；另一方面，有关参赛资格、兴奋剂违规、协会纪律处罚等体育领域的特殊纠纷，存在法院不予受理现象，较多体育纠纷缺乏有效解决途径。

二、及时公正解决体育纠纷

及时解决体育纠纷，是体育仲裁制度应遵循的原则。体育纠纷往往与赛事活动相关，这些体育赛事活动通常有时效性要求，例如报名时间、参赛资格的规定等。发生体育纠纷后，纠纷解决结果涉及运动员参赛权利，高效解决体育纠纷对运动员而言至关重要。如果未能及时解决纠纷，导致运动员不能参加比赛，即使在事后作出有利于运动员的裁决结果，也难以弥补运动员因错失比赛而遭受的损失。此外，运动员的运动生涯普遍比较短暂，解决体育纠纷花费时间越长，将导致其错过参赛黄金年龄，对运动员损害越大，影响运动员个人的运动生涯和退役后的工作生活。

体育仲裁是解决体育纠纷的重要途径，是依法治体的有效方式，是法治在体育领域的直接体现。公正是法治的生命线，公正解决体育纠纷是体育仲裁制度的价值追求。体育仲裁由作为第三方的仲裁机构居中裁决，能够满足中立、公正要求。采用仲裁方式解决体育纠纷，能够确保当事人处于平等的法律地位，具有平等的权利和义务。体育仲裁程序的开展，必须依法进行，充分保障当事人权利，准确认定纠纷事实，合理划分责任承担，不偏不倚地作出裁决结果，切实保护当事人的合法权益。

三、体育仲裁依法独立运行

仲裁的独立性是确保实现仲裁活动公正性和仲裁制度价值目标的关键，是构建体育仲裁制度的核心问题。体育仲裁的独立性，主要体现在仲裁员和仲裁庭独立等方面，仲裁员依照法定程序组成仲裁庭后，仲裁庭依照仲裁规则独立作出裁决，不受任何行政机关、社会组织和个人的干涉。

第九十二条 当事人可以根据仲裁协议、体育组织章程、体育赛事规则等，对下列纠纷申请体育仲裁：

（一）对体育社会组织、运动员管理单位、体育赛事活动组织者按照兴奋剂管理或者其他管理规定作出的取消参赛资格、取消比赛成绩、禁赛等处理决定不服发生的纠纷；

（二）因运动员注册、交流发生的纠纷；

（三）在竞技体育活动中发生的其他纠纷。

《中华人民共和国仲裁法》规定的可仲裁纠纷和《中华人民共和国劳动争议调解仲裁法》规定的劳动争议，不属于体育仲裁范围。

◆ **条文主旨**

本条是关于体育仲裁范围的规定。

◆ 条文释义

体育仲裁范围是建立体育仲裁制度的基本问题，也是立法过程中争论较多的难题。新修订的体育法采用“列举+排除”的方式，对可仲裁事项进行了界定。

一、当事人可以根据仲裁协议、体育组织章程、体育赛事规则等申请仲裁

当事人自愿原则是仲裁制度的根基。当事人通过仲裁方式解决纠纷，应当双方自愿，达成仲裁合意。考虑到体育领域特点，通过列举的方式明确当事人达成仲裁合意的常见载体形式。一是仲裁协议。仲裁协议，或称仲裁合同、仲裁契约，是当事人自愿将已经发生或者将要发生的纠纷提交体育仲裁机构进行裁决的书面协议。仲裁协议可以独立存在，也可以在其他合同中以仲裁条款的形式存在，合同其他条款的效力一般不影响仲裁条款的效力。二是体育组织章程。体育组织章程中规定格式化的仲裁条款，是国内外体育领域的常见现象。运动员等参加体育组织并接受组织章程的行为，通常视为对章程有关体育仲裁条款的认可同意，因而需遵守该组织章程相关规定内容，在发生属于体育仲裁范围的纠纷后，将相关纠纷提交体育仲裁机构进行审理。三是体育赛事规则。体育赛事活动组织者举办赛事活动，通常要求参加体育赛事活动的人员遵守赛事规则，签订参与赛事活动相关合同文本，包括体育仲裁条款。

当事人无论根据仲裁协议，还是根据体育组织章程、体育赛事规则等申请体育仲裁，均需符合以下条件：一是具有在发生纠纷后请求由体育仲裁机构进行审理的明确意思表示；二是相关纠纷属于法律规定的体育仲裁范围事项；三是不存在体育仲裁约定瑕疵或者无效情形；四是一般应具备书面形式要件。

二、体育仲裁受理范围

关于体育仲裁受理范围，本条第一款列举了三种情形，主要包括竞技体育活动中运动员等因不服相关主体的管理性行为而引起的纠纷。

（一）对体育社会组织、运动员管理单位、体育赛事活动组织者按照兴奋剂管理或者其他管理规定作出的取消参赛资格、取消比赛成绩、禁赛等处理决定不服发生的纠纷

对处理决定不服的纠纷，可以分为两类：一是因违反兴奋剂管理规定发生的纠纷。2004年国务院制定颁布的《反兴奋剂条例》规定："运动员违反本条例规定的，由有关体育社会团体、运动员管理单位、竞赛组织者作出取消参赛资格、取消比赛成绩或者禁赛的处理。运动员因受到前款规定的处理不服的，可以向体育仲裁机构申请仲裁。"由于我国体育仲裁制度始终未能落地，以上关于"向体育仲裁机构申请仲裁"的规定实际上长期未能贯彻执行。在拟定体育仲裁制度时，优先考虑将以上规定情形纳入体育仲裁范围，有效解决长期困扰反兴奋剂工作的制度空白难题。二是因不服其他处理决定产生的纠纷。实践中较多取消参赛资格、取消比赛成绩、禁赛等处理决定，是根据兴奋剂管理规定以外的其他管理规定所作出的。这些情形下的处理决定对运动员等同样影响较大，涉及专业因素较多，对纠纷处理时效性要求强，因而将该类情形下的处理决定纳入体育仲裁范围。

需要说明的是，由于体育领域处罚决定类型较为多样，在立法上采取了不完全列举的方式作出规定。这里的"等"属于"等外等"情形。除法律明确列举的三种体育领域常见的处罚决定类型外，还包括其他对相对人利益产生不利影响的惩戒性决定。

（二）因运动员注册、交流发生的纠纷

新修订的《体育法》第四十五条第二款规定，运动员可以参

加单项体育协会的注册，并按照有关规定进行交流。注册与交流权是运动员的重要权利内容，与运动员参加竞技体育比赛的代表资格直接相关。运动员注册，是指具有注册资格的单位到全国性单项体育协会或者有关体育组织为签订代表资格协议的运动员办理代表资格登记注册，以确认运动员的代表单位和参赛资格。运动员交流，是指运动员经注册单位同意并签署交流协议后，在代表资格协议期内可以变更注册单位。

关于运动员注册、交流相关规定文件，包括《全国运动员注册与交流管理办法（试行）》《全国残疾人运动员注册与交流管理办法（试行）》《全国山地户外运动员注册与交流管理办法（试行）》《全国运动员注册与交流管理办法羽毛球项目实施细则（试行）》等。因运动员注册、交流发生的纠纷，可能是发生在运动员与注册单位、原注册单位与新注册单位或者双重注册单位之间，以及不服全国性单项体育协会或者运动项目管理中心作出裁决引起的纠纷等。因运动员注册、交流发生的纠纷内容，原则上应限于因确定运动员的代表单位、参赛资格等管理行为引起的争议。至于因运动员注册、交流而衍生出的民商事合同纠纷、劳动争议等其他纠纷，根据新修订的《体育法》第九十二条第二款的规定，则不属于体育仲裁范围；当事人可以待体育仲裁裁决后，据此另行主张民商事、劳动争议等方面的权益。

（三）在竞技体育活动中发生的其他纠纷

考虑到我国体育仲裁范围有待在实践中进一步完善，除明确规定上述两类事项属于体育仲裁范围外，将竞技体育活动中发生的其他纠纷也纳入体育仲裁范围。立法过程中，较多意见反映该规定较为模糊，建议进一步明确“其他纠纷”的具体内容。鉴于体育领域实践的复杂性，国际体育仲裁实践案例也不断更新，未再对“其他纠纷”作进一步限定，为今后根据实践需要逐步拓宽完善体育仲裁范围预留制度空间。探索将“竞技体育活动中发生的其他纠纷”纳入体育仲裁范围，应遵循划定体育仲裁范围的立法基本原则，按照循序渐进的要求，逐步拓展体育仲裁范围。与前两类明确的纠纷类型相比，在起因、性质等方面较为类似的体育纠纷事项，可考虑优先纳入体育仲裁范围。

三、不属于体育仲裁范围的相关事项

本条第二款将仲裁法规定的普通仲裁纠纷和劳动争议调解仲裁法规定的劳动争议排除在体育仲裁范围之外。竞技体育活动中的商事纠纷和其他财产纠纷属于民商事仲裁的仲裁范围，如体育赞助合同纠纷、赛事转播权纠纷等。竞技体育活动中涉及劳动关系、劳动合同、工资福利等纠纷则属于劳动人事仲裁的仲裁范围。

规定排除条款的目的，是避免仲裁制度之间产生交叉。一方面，体育仲裁作为解决体育纠纷的主流方式在世界范围内已经广泛应用，也在其他很多国家的体育纠纷解决实践中体现。但我国是首次建立体育仲裁制度，处于起步阶段，缺乏实践经验，不宜将仲裁范围确定地过于宽泛。另一方面，民商事仲裁制度和劳动人事仲裁制度实施已久，理论基础扎实，实践经验丰富。新设体育仲裁制度，目的在于填补已有制度短板漏洞，属于“雪中送炭”的必要举措，重点在于解决体育领域因纠纷化解机制短缺带来的突出难题。因而，考虑到平稳立法需求，采取避免与仲裁法、劳动争议调解仲裁法受案范围相互交叉的方案，明确这两部法律调整的纠纷不属于体育仲裁范围，确保体育仲裁制度有序运行。

需要说明的是，新修订的《体育法》第九十二条第二款仅对立法过程中争论较大的问题予以重点列明，未列明的其他纠纷仍适用已有相关法律法规的规定。如有些运动员、教练员等具有事业单位聘用制人员身份，与聘用单位签订有聘用合同，相关主体之间的人事争议纠纷，根据《事业单位人事管理条例》的规定，应依据劳动争议调解仲裁法等有关规定处理；运动员、教练员等人员与有关单位之间的劳务纠纷，按照民事案件处理；体育领域的刑事案件、行政案件等分别由刑事、行政法律规范进行调整；体育领域较为常见的人身伤害等侵权类纠纷，由民事等法律规范进行调整。以上情形，均不属于体育仲裁范围。

第九十三条 国务院体育行政部门依照本法组织设立体育仲裁委员会，制定体育仲裁规则。

体育仲裁委员会由体育行政部门代表、体育社会组织代表、运动员代表、教练员代表、裁判员代表以及体育、法律专家组成，其组成人数应当是单数。

体育仲裁委员会应当设仲裁员名册。仲裁员具体条件由体育仲裁规则规定。

◆ 条文主旨

本条是关于体育仲裁委员会设立、制定体育仲裁规则和体育仲裁委员会组成的规定。

◆ 条文释义

仲裁机构、仲裁规则和仲裁员是构建体育仲裁制度的核心要素。本条对体育仲裁委员会的设立、制定体育仲裁规则和体育仲裁委员会人员组成作了明确规定。

一、由国务院体育行政部门设立体育仲裁委员会

由国务院体育行政部门设立体育仲裁委员会，主要基于以下考虑：一是增强体育仲裁委员会的权威性。国务院体育行政部门主管全国体育工作，规定由其负责设立体育仲裁委员会，在体育

行业领域能够凝聚高度共识、获得广泛支持，增强体育仲裁委员会审理体育纠纷的权威性。二是加强体育仲裁委员会设立工作力度。长期以来，我国体育仲裁机构未能实际设立，直接影响体育仲裁制度的落地运行。新修订的体育法自2023年1月1日施行，要求短期内组建起体育仲裁机构。由国务院体育行政部门设立体育仲裁委员会，可以高效凝聚各方面资源，在组织保障、人员选拔、资金来源、场所选定等方面为体育仲裁委员会的顺利设立提供有力支持。三是保障体育仲裁委员会有效运转。体育仲裁委员会设立后，面临日常运行问题，国务院体育行政部门将持续在资金、人员、场所等方面提供必要保障。体育仲裁委员会成立后依法独立运行，与国务院体育行政部门之间不存在行政上的隶属关系。具体案件由仲裁庭、仲裁员等负责审理，独立作出事实认定和适用法律，国务院体育行政部门对体育仲裁审理活动不予干涉。

二、由国务院体育行政部门制定体育仲裁规则

体育仲裁规则是体育仲裁机构有序运行的制度保障。由国务院体育行政部门制定体育仲裁规则，主要是基于以下考虑：一是完善体育仲裁制度体系。这次体育法修订增设专章规定体育仲裁，初步搭建起体育仲裁制度基本框架，但体育仲裁基本制度需要进一步细化完善，保障体育仲裁制度能够落地实施。由国务院体育行政部门制定体育仲裁规则，可以与新修订的体育法有关规定共同构建起体育仲裁制度体系，填补法律条款较为原则的短板。二是保障体育仲裁有序运行。随着新修订体育法的正式实施，体育仲裁委员会需对当事人提出的体育仲裁申请作出处理。为保障体育仲裁机构有序设立和体育仲裁案件的及时审理，需要国务院体育行政部门组织各方面力量制定体育仲裁相关规则。三是借鉴其他仲裁制度经验做法。劳动争议调解仲裁法颁布实施后，人力资源和社会保障部以部门规章的形式颁布了劳动人事争议仲裁组织规则和劳动争议仲裁办案规则，为体育仲裁机构的设立和相关案件审理提供了制度依据。国务院体育行政部门可以借鉴以上相关制度建设经验，建立健全科学的体育仲裁相关规则。

三、体育仲裁委员会的组成

关于体育仲裁委员会的组成，参考民商事仲裁和劳动人事仲裁机构的经验做法，规定由体育行政部门代表、体育社会组织代表、运动员代表、教练员代表、裁判员代表以及体育、法律专家组成，具有广泛的代表性，能够充分体现体育行业领域各方面的意见，有助于提升对体育仲裁裁决结果的社会认可度，增强体育仲裁委员会的权威性。

体育仲裁委员会属于决策机构，应遵循民主集中制，实行少数服从多数的原则，通过集体议论和表决方式对相关问题作出决议。因而，规定体育仲裁委员会组成人员须为单数，可以保证表决的有效性。

四、体育仲裁员名册的设立

仲裁员作为中立第三方，是体育仲裁案件的审理者和裁决者。仲裁员名册由体育仲裁委员会设定，但仲裁员与体育仲裁委员会之间并不存在领导与被领导或者上下级关系。体育仲裁委员会选聘公道正派的具有专门知识和实践经验的人员担任仲裁员，并可以按照审理体育纠纷的类型设立仲裁员名册。

第九十四条 体育仲裁委员会裁决体育纠纷实行仲裁庭制。仲裁庭组成人数应当是单数，具体组成办法由体育仲裁规则规定。

◆ 条文主旨

本条是关于组建体育仲裁庭的规定。

◆ 条文释义

仲裁庭是负责具体裁决体育纠纷的机构，是确保仲裁裁决独立和公正的关键。仲裁庭依据仲裁规则组成后独立开展工作，不受任何机构和个人的干涉。

体育仲裁委员会虽是受理体育仲裁案件的纠纷解决机构，但并不直接审理案件和作出裁决。当事人将体育纠纷提交体育仲裁委员会后，根据案件需要组成仲裁庭，由仲裁庭实际负责纠纷的审理和裁决的作出。体育仲裁庭有以下两种组成方式：

一是独任仲裁庭，由 1 名仲裁员组成仲裁庭，独自审理案件并作出裁决。独任仲裁庭仅由 1 名仲裁员审理并裁决案件，可以较为迅速、经济地解决纠纷，提高办案效率。当事人选择 1 名仲裁员来组成仲裁庭，可以节省选择仲裁员的时间，也可以防止因仲裁员意见分歧而导致仲裁程序拖延，节约当事人的仲裁成本。独任仲裁庭也存在缺陷，体育纠纷的当事人之间有着直接的利益冲突，共同选择 1 名各方当事人都信任的仲裁员往往具有难度。独任仲裁员独自行使仲裁权，案件的裁决结果依赖于独任仲裁员一人的专业素养、经验知识和价值选择。

二是合议制仲裁庭，由多名仲裁员组成仲裁庭，对体育纠纷进行集体审理和评议裁决。合议制仲裁庭需由当事人选择多名仲裁员组成，其组成过程较为繁琐，需要耗费更多时间，且各仲裁员之间可能就案件意见产生分歧而影响仲裁进程，因而当事人的时间成本相对较高。但合议制仲裁庭采用集体审理和评议的方式作出裁决，可以更好地发挥集体智慧，保证裁决的公正性。

不同仲裁庭组成方式适用的案件也不同，当事人可根据案件需要视情况选择。组成合议制仲裁庭时，仲裁庭的组成人数也应为单数，这是因为仲裁裁决的作出应当遵循少数服从多数的原则。仲裁庭的组成，直接影响裁决的公正性，应符合体育仲裁规则的有关规定。

第九十五条　鼓励体育组织建立内部纠纷解决机制，公平、公正、高效地解决纠纷。

体育组织没有内部纠纷解决机制或者内部纠纷解决机制未及时处理纠纷的，当事人可以申请体育仲裁。

◆ **条文主旨**

本条是关于体育组织内部纠纷解决机制的规定。

◆ **条文释义**

这次体育法修订，认真总结国内实践情况，积极借鉴国际体育有益经验和制度成果，在“体育仲裁”一章中增加关于体育组织内部纠纷解决机制的规定。体育组织内部纠纷解决机制与体育仲裁制度，共同构建起我国体育纠纷化解基本程序框架。

一、鼓励体育组织建立内部纠纷解决机制

鼓励体育组织建立内部纠纷解决机制，主要是基于以下几方面的考虑：

一是发挥体育组织自治功能。新修订的体育法注重积极发挥体育组织自治功能，赋予单项体育协会等体育组织更多自我管理职能，要求其健全内部治理机制。鼓励体育组织建立内部纠纷解决机制，是积极发挥其自治功能的重要体现，也是加强体育组织内部治理的客观需求。

二是适应社会治理总体要求。随着市场经济条件下我国体育事业的发展，体育领域参与主体规模增长迅速，活动类型逐渐拓展丰富，矛盾纠纷数量呈现增长趋势，利益诉求呈现多元化特点，且有些纠纷案情复杂、专业性较强。体育组织尤其是单项体育协会汇集各方面专业人员，通过体育组织内部纠纷解决机制，可以为解决纠纷、化解矛盾提供专业支持。

三是健全矛盾纠纷化解体系。探索完善体育领域多元化的矛盾纠纷解决机制，符合依法治国总体要求和国家治理现代化的需求。鼓励体育组织建立内部纠纷解决机制，可以将相关矛盾纠纷化解端口前移，实现内部化解与外部救济相结合，将矛盾纠纷化解在初期阶段，满足体育领域矛盾纠纷化解多元化需求。

四是总结借鉴相关实践经验。这次体育法修订，增加鼓励体育组织建立内部纠纷解决机制，是将经过长期实践检验的有益经验成果转化上升为法律规定。一方面，国际体育领域具有依靠体育组织化解矛盾纠纷的突出行业特点，通过国际单项体育协会、各国单项体育协会等为代表的体育组织内部机制化解矛盾纠纷，是国际体育领域的重要特征。另一方面，我国部分体育组织内部纠纷解决机制经历了从无到有的逐步完善过程，为化解体育领域矛盾纠纷发挥了积极作用。这些机制虽仍面临较多有待改进的难题，但也积累起较为丰富的实践经验，为这次修法提供了实践基础。

二、公平、公正、高效地解决内部纠纷

体育法修订草案审议过程中，较多意见提出，实践中有些体育组织的内部纠纷解决机制存在公平公正性受到质疑、纠纷处理效率过低等突出现象，未能有效发挥其及时化解纠纷的应有作用，制约了我国体育事业的发展，建议从法律上对体育组织内部纠纷解决机制的功能定位作出明确规定。经充分听取有关方面的意见，研究采纳了这一建议，在修订草案的基础上增加规定体育组织建立内部纠纷解决机制目的在于“公平、公正、高效地解决纠纷”，明确要求及时化解矛盾纠纷、保障救济当事人权益，引导和督促该机制发挥制度优势。准确理解“公平、公正、高效地解决纠纷”的具体要求，应着重把握以下方面：

一是较多体育纠纷属于体育组织与其成员之间因管理性行为产生的纠纷，二者在体育活动中客观上存在管理与被管理关系。但通过体育组织内部纠纷解决机制处理纠纷时，当事人有平等参与的权利，要求从提出请求、提交证据、发表意见、进行辩论等方面平等地为当事人提供便利条件，保障矛盾纠纷公平化解。

二是体育组织内部纠纷解决机制处理案件时，应保持中立、公允的立场，兼顾当事人利益关切，按照法律法规、章程制度、行业习惯以及相关证据等因素作出判断和进行裁决，从程序和实体两方面保障当事人获得公正处理结果。

三是体育纠纷的当事人特别是运动员，普遍对纠纷化解效率期望较高，这就要求体育组织内部纠纷解决机制在程序上能够高效开展工作、及时定分止争，满足体育领域相关矛盾纠纷化解对时效的高标准需求，避免因矛盾纠纷久拖不决造成附带性损失。

三、当事人可以申请体育仲裁

目前，较多体育组织尚未建立内部纠纷解决机制。针对这类情形，从法律上明确当事人可以直接向体育仲裁机构申请仲裁。针对体育组织已经建立内部纠纷解决机制，但该机制未能及时处理纠纷的情形，也明确当事人有直接向体育仲裁机构申请仲裁的权利。

合理设置内部纠纷解决期限，是促进体育矛盾纠纷高效解决、及时保障实现运动员合法权利的客观需求。修法过程中，针对部分体育组织内部纠纷解决机制运转效率不高，导致运动员难以恢复参加赛事活动等现象，有的意见提出应明确“未及时处理纠纷”的具体期限。鉴于体育领域运动项目较多，纠纷类型复杂多样，对纠纷处理期限的要求存在较大区别，难以在法律层面上作统一规定；因而，仅在《体育法》第九十五条第一款中增加提出“高效”解决纠纷的原则要求。就此，可由体育组织结合自身行业特点对纠纷处理期限分别作出具体规定。

体育组织设定纠纷处理期限，应坚持法律关于高效的原则要求，从及时保障运动员合法权益出发，区分体育项目、赛事时期、纠纷类型等，作出合理的纠纷处理时间安排，设置具体明确的期限标准，为清晰界定是否符合“及时处理纠纷”的要求提供具体判断标准，并在执行过程中严格按照相关期限处理纠纷，不得无故拖延。体育组织内部纠纷解决机制在规定期限内，未能及时处理纠纷的，当事人可以提起体育仲裁。当事人以体育组织内部纠纷解决机制“未及时处理纠纷”为由提起体育仲裁的，体育仲裁机构可以作出受理或者不应受理的决定，并相应说明理由。

第九十六条 对体育社会组织、运动员管理单位、体育赛事活动组织者的处理决定或者内部纠纷解决机制处理结果不服的，当事人自收到处理决定或者纠纷处理结果之日起二十一日内申请体育仲裁。

◆ 条文主旨

本条是关于申请体育仲裁时限的规定。

◆ 条文释义

对当事人申请体育仲裁的时间作出限定，主要基于以下考虑：

一是督促当事人及时行使申请仲裁的权利，尽快结束当事人之间权利义务不确定状态。二是提高纠纷解决效率，及时定分止争，满足体育领域对纠纷化解的高效需求。三是便于仲裁机构全面了解案情，避免出现因时间过长导致证据灭失等情形，影响案件事实的判定。

当事人申请体育仲裁时限的计算，根据相关纠纷是否经内部纠纷解决机制处理，可以分为以下两种情形，两种情形下当事人申请体育仲裁时限的起算点存在区别：

一是体育社会组织、运动员管理单位、体育赛事活动组织者对当事人作出处理决定，但作出处理决定的单位尚未建立内部纠纷解决机制的，当事人应自收到处理决定之日起二十一日内申请体育仲裁。当事人收到处理决定后，知道或者应当知道其权利已经受到侵害，需按照当事人事先达成的仲裁协议或者体育组织章程、体育赛事规则关于体育仲裁条款的规定，在二十一日内向体育仲裁机构提出仲裁申请。

二是体育社会组织、运动员管理单位、体育赛事活动组织者对当事人作出处理决定，当事人对该处理决定不服，但根据当事人约定或者体育组织章程、体育赛事规则的规定，应先经内部纠纷解决机制进行处理。当事人对有关处理决定不服，通过内部纠纷解决机制化解的，需要一定纠纷化解期限，该期限通常在体育组织章程、体育赛事规则中进行规定，或者由当事人协商确定，内部纠纷解决机制处理案件期限的长短因案件类型、复杂程度等因素的不同而存在差别。内部纠纷解决机制对相关纠纷作出处理结果后，当事人对该处理结果不服的，当事人自收到该纠纷处理结果之日起二十一日内申请体育仲裁。

第九十七条　体育仲裁裁决书自作出之日起发生法律效力。

裁决作出后，当事人就同一纠纷再申请体育仲裁或者向人民法院起诉的，体育仲裁委员会或者人民法院不予受理。

◆ **条文主旨**

本条是关于体育仲裁裁决效力的规定。

◆ **条文释义**

仲裁裁决的效力是保持仲裁制度稳定性的基石。规定体育仲裁裁决书自作出之日起发生法律效力，符合体育领域纠纷化解的高效需求。

一、体育仲裁具有法律效力

仲裁裁决的法律效力，是指仲裁裁决作出后发生的法律后果。体育仲裁裁决书自作出之日起发生法律效力，这种法律效力体现在以下方面：

一是法定约束力。体育仲裁裁决的法定约束力，对当事人而言，仲裁裁决书作出后当事人之间的实体权利义务内容已经确定，负有履行义务的当事人应当自觉履行裁决结果；对仲裁机构或者人民法院而言，非经法定程序和基于法定理由不得变更裁决结果；对社会而言，任何对该仲裁裁决的实现负有协助义务的单位和个人，应当履行协助履行义务，保障仲裁裁决结果的实现。

二是强制执行力。体育仲裁裁决的强制执行力，体现在裁决结果是人民法院强制执行的依据。人民法院受理当事人提出的强制执行申请后，根据仲裁裁决书确定的义务内容以及被执行人的情况，采取民事诉讼法等法律法规规定的强制执行措施，迫使被执行人、协助执行义务人等履行义务，保障实现体育仲裁裁决确定的内容。

二、体育仲裁为终局裁决

“一事不再理原则”是维持生效法律文书既判力的重要原则，在世界各国得到普遍认可。在体育仲裁制度中，“同一纠纷”已经生效的体育仲裁裁决作出判断，相关权利义务在法律上已经确定，裁决结果对当事人具有法定约束力和强制执行力，当事人应当自觉服从裁决结果，主动履行相应义务。因而，当事人就同一纠纷再申请体育仲裁或者向人民法院起诉的，体育仲裁委员会或者人民法院不应再次受理，进而重新审理并作出裁决。如果允许当事人就同一纠纷再申请体育仲裁或者向人民法院起诉，等同于仲裁机构或者司法部门将对已有定论的纠纷重新进行审理，有损已有裁决结果的法律效力。当事人认为体育仲裁裁决结果确有错误的，可以在规定期限内依法申请撤销裁决或者在执行阶段提出异议，人民法院经审查可以撤销裁决或者裁定不予执行。

第九十八条 有下列情形之一的，当事人可以自收到仲裁裁决书之日起三十日内向体育仲裁委员会所在地的中级人民法院申请撤销裁决：

（一）适用法律、法规确有错误的；

（二）裁决的事项不属于体育仲裁受理范围的；

（三）仲裁庭的组成或者仲裁的程序违反有关规定，足以影响公正裁决的；

（四）裁决所根据的证据是伪造的；

（五）对方当事人隐瞒了足以影响公正裁决的证据的；

（六）仲裁员在仲裁该案时有索贿受贿、徇私舞弊、枉法裁决行为的。

人民法院经组成合议庭审查核实裁决有前款规定情形之一的，或者认定裁决违背社会公共利益的，应当裁定撤销。

人民法院受理撤销裁决的申请后，认为可以由仲裁庭重新仲裁的，通知仲裁庭在一定期限内重新仲裁，并裁定中止撤销程序。仲裁庭拒绝重新仲裁的，人民法院应当裁定恢复撤销程序。

◆ 条文主旨

本条是关于体育仲裁裁决撤销和重新仲裁的规定。

◆ 条文释义

司法审查制度的设立，目的在于及时纠正体育仲裁裁决的错误，保证体育仲裁裁决的公正性。

一、撤销体育仲裁裁决的申请

申请撤销体育仲裁裁决，应当符合下列条件：一是申请撤销体育仲裁裁决的主体，应当是案件当事人，案件当事人以外的其他主体不具有申请撤销体育仲裁裁决的主体资格。二是当事人应在规定期限内提出申请撤销体育仲裁裁决。为督促当事人及时行使权利，新修订的体育法规定，当事人应当在自收到仲裁裁决书之日起三十日内提出撤销体育仲裁裁决的申请。三是当事人应当向有管辖权的人民法院提出申请。即向体育仲裁委员会所在地的中级人民法院申请撤销裁决，其他法院对此并无管辖权。

二、申请撤销体育仲裁裁决的情形

1. 适用法律、法规确有错误的。主要是指适用法律、行政法规、地方性法规错误的；适用已经废止、失效或者尚未施行的法律；援引法条错误的；违反关于溯及力的规定等法律适用规则情形的。

2. 裁决的事项不属于体育仲裁受理范围的。新修订的《体育法》第九十二条对体育仲裁范围作了规定，不属于该范围的争议事项，不得通过体育仲裁程序进行解决。

3. 仲裁庭的组成或者仲裁的程序违反有关规定，足以影响公正裁决的。包括仲裁庭的组成不符合仲裁规则；违反有关回避规定的；违反有关期间规定的；审理程序违法的等情形，以上情形需存在“足以影响公正裁决”的现实后果，才能撤销生效体育仲裁裁决。

4. 裁决所根据的证据是伪造的。伪造证据，是指制造虚假的证据，对证据内容进行篡改，使其与真实信息不符。如制造虚假的书证、物证、鉴定意见等。

5. 对方当事人隐瞒了足以影响公正裁决的证据的。足以影响公正裁决的证据，包括证明案件基本事实的证据、用于证明主体之间权利义务关系的证据等，足以影响仲裁庭对重要事实的判定。

6. 仲裁员在仲裁该案时有索贿受贿、徇私舞弊、枉法裁决行为的。索贿是指受贿人以公开或者暗示的方式，主动向行贿人索取贿赂，有的甚至以要挟的方式，迫使当事人行贿。受贿是指利用职务上的便利，收受他人财物并为他人谋取利益的行为。徇私舞弊是指利用职务上的便利，掩盖事实真相为他人谋取利益的行为。枉法裁判是指依法承担仲裁职责的人员，在仲裁活动中故意违背事实和法律作出裁决的行为。

三、人民法院对撤销仲裁裁决申请的审查和处理

人民法院受理当事人撤销仲裁裁决的申请后，依法组成合议

庭进行审理并询问当事人，根据审理案件的实际需要，还可以要求体育仲裁委员会作出说明或者向体育仲裁委员会调阅案卷。

人民法院经审查核实体育仲裁裁决符合法定撤销情形，或者认定该裁决违背社会公共利益，依法作出撤销仲裁裁决的裁定。如果仲裁裁决不符合法定撤销情形，则裁定驳回当事人的撤销申请，仲裁裁决继续有效。撤销仲裁裁决或驳回撤销申请的裁定应当在法定期限内作出；人民法院在审理案件过程中裁定中止撤销程序的，中止期间不计入法定期限。

在受理案件之后、撤销仲裁裁决的裁定作出之前，人民法院认为当事人之间的纠纷可以由仲裁庭重新仲裁的，通知仲裁庭在一定期限内重新仲裁，并裁定中止撤销程序。仲裁庭在人民法院指定的期限内开始重新仲裁，人民法院裁定终结撤销程序；仲裁庭拒绝重新仲裁，则裁定恢复撤销程序，对当事人撤销体育仲裁裁决的申请作出裁决。当事人对重新仲裁裁决不服的，可以在重新仲裁裁决书送达之日起三十日内依法向人民法院申请撤销裁决。

第九十九条 当事人应当履行体育仲裁裁决。一方当事人不履行的，另一方当事人可以依照《中华人民共和国民事诉讼法》的有关规定向人民法院申请执行。

◆ **条文主旨**

本条是关于体育仲裁裁决履行和执行的规定。

◆ **条文释义**

仲裁裁决结果能否实现是仲裁制度的关键。体育仲裁裁决发生法律效力后，当事人应当自觉履行裁决结果。当事人未及时履行仲裁裁决的，当事人可以依法向人民法院申请强制执行，通过司法强制执行保证体育仲裁裁决结果的实现。

一、当事人应当履行体育仲裁裁决

发生法律效力的体育仲裁裁决对当事人具有强制约束力，该约束力来源于仲裁协议、法律规定等。当事人协商一致达成仲裁协议，认可体育组织章程和体育赛事规则关于提请体育仲裁的规定，同意将纠纷提交体育仲裁解决，表明自愿接受体育仲裁裁决的约束力。当事人应当在体育仲裁裁决书确定的期限内履行裁决，如果没有确定履行期限，则应当立即履行。

二、体育仲裁裁决的强制执行

已生效的体育仲裁裁决具有强制执行力，但体育仲裁委员会不具有强制执行权，当事人需向人民法院申请强制执行，由人民法院行使强制执行权。《仲裁法》《劳动争议调解仲裁法》等也规定，一方当事人逾期不履行的，另一方当事人可以依照民事诉讼法的有关规定向人民法院申请执行。关于体育仲裁裁决的执行，涉及执行的申请和移送、执行措施、执行中止和终结等内容，应适用民事诉讼法有关规定。如《民事诉讼法》规定，法律规定由人民法院执行的民事判决、裁定等之外的其他法律文书，由被执行人住所地或者被执行的财产所在地人民法院执行；对依法设立的仲裁机构的裁决，一方当事人不履行的，对方当事人可以向有管辖权的人民法院申请执行，受申请的人民法院应当执行；被申请人提出证据证明仲裁裁决有裁决所根据的证据是伪造的等情形的，经人民法院组成合议庭审查核实，裁定不予执行；申请执行的期间为二年，申请执行时效的中止、中断，适用法律有关诉讼时效中止、中断的规定；对判决、裁定和其他法律文书指定的行为，被执行人未按执行通知履行的，人民法院可以强制执行或者委托有关单位或者其他人完成，费用由被执行人承担等。体育仲裁裁决是生效的法律文书，具有法定强制约束力，当事人依照民事诉讼法的规定向人民法院申请执行的，人民法院应当依法予以执行。

第一百条 需要即时处理的体育赛事活动纠纷，适用体育仲裁特别程序。

特别程序由体育仲裁规则规定。

◆ **条文主旨**

本条是关于体育仲裁特别程序的规定。

◆ **条文释义**

体育仲裁特别程序主要是指在大型体育赛事活动举办期间设立特别仲裁庭，专门解决需要即时处理的体育赛事相关纠纷。设立体育仲裁特别程序是为体育竞赛的运动员及其他参与者提供一个可以在短期限内解决赛事期间发生的或与之相关的纠纷。相较体育仲裁的一般程序，特别仲裁程序以效率为先，在不损害各方权利的情况下，在尽可能短的时间内作出公正的裁决。目前，我国大型体育赛事活动数量不断增加，设立特别仲裁程序十分必要。

一、需要即时处理纠纷的体育赛事活动

目前，国际体育仲裁院已经在夏季、冬季奥运会中设立了特别体育仲裁庭制度，其他大型体育赛事活动尚未形成制度性规定，仅有少数大型赛事活动在个别阶段引入。我国未来可以在全运会等大型体育赛事活动中设立特别仲裁程序，受理开幕前的特定时间至赛事活动闭幕期间发生的体育纠纷。待体育仲裁制度成熟后，可视情况逐步覆盖其他大型体育赛事活动。

二、仲裁特别程序

体育仲裁的特别程序，法律授权由体育仲裁规则进行规定。特别仲裁的管辖范围，原则上应是与该赛事活动有关的纠纷，将受案范围限制于特定时间、特定主体、特定事项范围内。第一，特别仲裁的申请主体主要是参赛运动员或具有参赛可能性的运动员。对单项体育协会的处理决定不服，可以适用特别仲裁程序。第二，特别仲裁提交纠纷的时间一般限定于赛事举办期间和开幕前特定时限，且该纠纷以客观发生时间为准，不以纠纷提交的时间为准。第三，特别仲裁程序受理案件应当限制在需要及时处理的范围。如商事纠纷等案件无关比赛结果，不影响比赛顺利进行，可以将纠纷移交体育仲裁委员会按照普通程序进行仲裁。

第十章 监督管理

本次体育法修订增设“监管管理”一章，共8条，对查处违法行为、体育赛事活动监管、体育市场监管、体育项目管理等作了规定。

第一百零一条 县级以上人民政府体育行政部门和有关部门应当积极履行监督检查职责，发现违反本法规定行为的，应当及时做出处理。对不属于本部门主管事项的，应当及时书面通知并移交相关部门查处。

◆ **条文主旨**

本条是关于县级以上人民政府体育行政部门和有关部门监督检查职责的规定。

◆ **条文释义**

开展监督检查是确保法律有效实施的重要方式，是政府部门履行行政管理职能的重要手段，也是作出行政处罚决定的前提条件和必经程序。通过监督检查，可以及时发现体育事业发展中的各类违法违规问题并依法作出处理决定，为体育事业发展营造良好环境。各级体育行政部门和其他有关部门要本着对体育事业高度负责的态度，严格履行法律、法规规定的监督检查职责。在监督检查中，各有关部门要相互配合，形成工作合力，对于检查中发现的不属于本部门职责的问题，要及时移交相应部门处理，避免违法问题长期得不到纠正和解决。

一、体育行政部门和其他有关部门履行监督检查职责

法律的生命在于实施。各级体育行政部门是贯彻实施体育法的主要责任部门，必须确保体育法的规定落实到位，对违反体育法的各种行为，要通过各种形式的监督检查，及时发现、及时处理。一方面，各级体育行政部门要依法对行政管理相对人，包括公民、法人和其他组织的体育相关行为开展监督检查，如设立各类体育社会组织、开展高危险性体育赛事活动等。另一方面，上级体育行政部门要依法对下级体育行政部门开展行政许可、行政处罚等工作情况，进行监督检查。对违反本法规定，未及时开展行政执法工作或在行政执法工作中有违法行为的，要依法予以处理。

根据本法第四条的规定，国务院其他有关部门在各自的职责范围内管理相关体育工作，县级以上地方人民政府其他有关部门在各自的职责范围内管理相关体育工作。在体育领域中，除各级体育行政部门要承担主要的监督检查职责外，教育、公安、卫生健康、应急管理、市场监管等部门也需要依照各自职责，承担属于本部门事项的监督检查工作。以教育部门为例，要依法承担对学校体育工作的监督检查，确保学校开齐开足体育课，确保体育教师与其他学科教师同等待遇，确保体育课课时不被占用等。

二、发现违法行为及时处理或者移交相关部门查处

体育行政部门和其他有关部门进行监督检查的目的是督促各有关主体依法履行法律规定的义务，确保法律得以贯彻落实。因此，在监督检查中发现违法行为时应当及时予以处理，纠正违法行为，防止违法状态的延续。要严格按照有关法律要求的时限和程序，对违法行为人采取相应的处理措施。为了确保监督的实效，各相关部门在监督检查工作中，应当互相配合，形成监管合力。如果一个部门在监督检查中，发现不属于本部门监督处理职权范围的违法行为，应当及时书面通知并移交相关部门查处。移送部门应当按法律要求形成书面记录，并请接受移送的部门签字或者盖章确认，这样有利于明确责任，防止日后推诿。接受移送的部门应当按照法定职权，依法及时作出处理。

第一百零二条 县级以上人民政府体育行政部门对体育赛事活动依法进行监管，对赛事活动场地实施现场检查，查阅、复制有关合同、票据、账簿，检查赛事活动组织方案、安全应急预案等材料。

县级以上人民政府公安、市场监管、应急管理等部门按照各自职责对体育赛事活动进行监督管理。

体育赛事活动组织者应当履行安全保障义务，提供符合要求的安全条件，制定风险防范及应急处置预案等保障措施，维护体育赛事活动的安全。

体育赛事活动因发生极端天气、自然灾害、公共卫生事件等突发事件，不具备办赛条件的，体育赛事活动组织者应当及时予以中止；未中止的，县级以上人民政府应当责令其中止。

◆条文主旨

本条是关于县级以上人民政府体育行政部门及其他有关部门对体育赛事活动依法监管的规定。

◆ 条文释义

近年来，各类体育赛事活动呈现井喷式增长，办赛主体鱼龙混杂、赛事质量参差不齐、安全措施不到位等问题也随之日益凸显。缺少有效监管容易发生公共卫生或公共安全事件等问题。加强对各类体育赛事活动的监管，确保体育赛事活动安全、有序、文明开展，确保体育赛事活动组织者依法履行义务，保护体育赛事活动参与者的人身安全，切实落实安全监管责任，防范各类安全事故的发生，是各级体育行政部门和其他有关部门的法定职责。

一、各级体育行政部门和有关部门依法监管体育赛事活动

2019年，《国务院办公厅关于促进全民健身和体育消费 推动体育产业高质量发展的意见》（国办发〔2019〕43号）要求完善赛事管理服务机制，制定体育赛事活动办赛指南、参赛指引，明确举办基本条件、标准、规则和各相关主管部门的责任；建立跨部门的体育赛事活动综合服务机制或例会制度；开发体育赛事活动安全许可预受理系统，为赛事活动承办方申请许可提供便利；改进商业性体育赛事活动的安全管理措施。

体育行政部门对赛事活动的监管方式主要包括三种：一是派人赴体育赛事活动举办场地实施现场检查，主要检查场地、设施是否符合有关国家标准、行业标准或地方标准，是否符合相关全国性单项体育协会制定的团体标准或办赛指南；二是查阅、复制有关合同、票据、账簿。举办体育赛事活动是一项复杂工作，主办方、承办方、协办方之间的合同、资金往来票据和账簿等材料，明确了各方权利义务，是检查、判断办赛是否合法合规的重要依据；三是检查赛事活动组织方案、安全应急预案等材料，组织方案和安全应急预案能够集中反映体育赛事活动的组织状况和安全风险状况，通过对方案的检查可以更好地研判办赛的风险程度。

同时，体育赛事活动涉及面广，对其监管不仅是各级体育行政部门的责任，也是公安、市场监管、应急管理等部门的职责。2021 年，国家体育总局会同工业和信息化部、公安部、自然资源部、交通运输部、文化和旅游部、卫生健康委、应急部、市场监管总局、气象局和银保监会制定印发《关于进一步加强体育赛事活动安全监管服务的意见》（体规字〔2021〕3 号），进一步明确了监管责任体系，要求各部门依照各自职责做好体育赛事活动安全监管服务工作。

二、体育赛事活动组织者履行安全保障义务

体育赛事活动组织者是确保赛事活动安全的第一责任主体，除了需要配备具有相应资格或者资质的专业技术人员，配置符合标准和要求的场地、器材和设施，还需要落实医疗、卫生、食品、交通、安全保卫、生态保护等相关措施，积极履行安全保障义务并提供符合要求的安全条件。此外，体育赛事活动的组织者还应当积极履行风险防范义务，在赛事活动举办之前应当制定应急处置预案，并就赛事活动中产生的事故责任等确认主办方、协办方和承办方之间的责任承担范围与责任承担方式。体育赛事活动组织者没有依法履行安全保障义务，造成赛事活动中发生人身或者财产损失的，应当依法承担相应的法律责任。

三、体育赛事活动不具备办赛条件时应当中止

很多体育赛事活动是在户外举办的，容易受到天气等自然因素的影响。为确保在突发自然灾害、公共卫生事件和极端天气等导致体育赛事活动已不具备举办条件的情况下能够及时中止、保障人民群众的生命和财产安全，建立体育赛事活动的“熔断”机制十分必要。体育赛事活动主办方、承办方、协办方等组织者应在赛前对风险进行研判分析，根据体育赛事活动的场地、规模、环境等特点和条件，有针对性地制定包括“熔断”机制在内的风险防范及应急处置预案，明确各方职责分工和权利义务，确保体育赛事活动在办赛条件均已具备的情况下安全有序进行。在赛事活动举办过程中，县级以上人民政府应当督促各类体育赛事活动的组织者密切关注气象、水利、地震、自然资源、交通运输、卫生健康、应急管理等部门发出的预警信息及有关灾害、事故信息，加强防范。

体育赛事活动组织者同时应当自觉接受社会监督，接到有关体育赛事活动存在风险隐患的群众反映后，应迅速了解情况并研判形势，及时作出是否中止比赛的决定。体育赛事活动组织者在了解相关情况后，如认为当前形势已经不具备办赛条件，应当及时作出中止比赛的决定；未作出中止决定的，县级以上地方人民政府应当责令其作出，体育赛事活动组织者拒不执行、借故拖延的，需要承担相关责任。相关赛事活动中止后，体育赛事活动组织者应当根据体育赛事活动的场地、规模和环境等特点和条件，适时在同级人民政府的领导下，会同公安、卫生健康、应急管理、市场监管等部门做好应急处置工作，疏散、撤离并妥善安置和救助现场人员。出现人员伤亡的，应立即组织救援和救治，做好后续处置工作，并采取措施防范次生灾害和衍生事件发生。

第一百零三条 县级以上人民政府市场监管、体育行政等部门按照各自职责对体育市场进行监督管理。

◆ **条文主旨**

本条是关于体育市场监督管理的规定。

◆ **条文释义**

加强体育市场监管，确保市场运行规范有序，是促进体育产业健康发展的重要保障。2014 年，国务院印发的《关于加快发展体育产业 促进体育消费的若干意见》（国发〔2014〕46 号）要求全面清理不利于体育产业发展的有关规定，发挥市场作用，完善市场机制，积极培育多元市场主体，吸引社会资本参与，充分调动全社会积极性与创造力，提供适应群众需求、丰富多样的产品和服务。国务院办公厅于 2016 年印发的《关于加快发展健身休闲产业的指导意见》（国办发〔2016〕77 号）和 2018 年印发的《关于加快发展体育竞赛表演产业的指导意见》（国办发〔2018〕121 号），均对促进体育产业发展、规范体育市场秩序提出了具体要求。2019 年，国务院办公厅印发《关于促进全民健身和体育消费推动体育产业高质量发展的意见》（国办发〔2019〕43 号），要求进一步深化“放管服”改革、释放发展潜能，完善产业政策、优化发展环境，加强平台支持、壮大市场主体。2019 年，国务院办公厅印发《体育强国建设纲要》，提出到 2035 年要推动体育产业成为国民经济支柱性产业，加强体育市场监管，完善体育市场监管体制，推进综合行政执法。在国家政策的有力支持下，近年来体育俱乐部、健身房、游泳馆、滑雪场、商业性体育培训机构等各类体育市场主体的数量不断增加，体育市场总体发展状况良好。但在发展过程中，仍然存在未经许可擅自经营高危险性体育项目，违法违规举办体育赛事、体育培训活动，违法经营健身房，违法发放预付卡、收取会员费等各类问题，损害了公民身体健康和财产权利，阻碍了体育市场有序健康发展，需要进一步加强监管。

对体育市场经营活动加强管理和监督，目的是保证体育经营活动得以健康有序地开展，进而培育、发展体育市场，促进体育市场繁荣。加强体育市场监管，一是要明确体育市场管理的主体和责任。既要考虑市场监管的一般性，也要兼顾体育市场监管的特殊性，市场监管部门和体育部门要根据各自职能职责，确保监管领域、监管事项无死角。市场监管部门要发挥好牵头作用，充分依托国家企业信用信息公示系统和全国信用信息公共服务平台，为抽查检查、结果集中统一公示和综合运用提供技术支撑。各级体育部门要积极配合市场监管等部门，对体育经营活动和体育市场管理“齐抓共管”，真正形成监管合力。二是要切实转变监管理念，创新监管方式。实行抽查事项清单管理，避免多头执法、重复检查，规范执法行为，提高监管效能，减轻企业负担，强化信用支撑。健全以“双随机、一公开”监管为基本手段、以重点监管为补充、以信用监管为基础的新型监管机制，切实做到监管到位、执法必严。

第一百零四条　国家建立体育项目管理制度，新设体育项目由国务院体育行政部门认定。

体育项目目录每四年公布一次。

◆ **条文主旨**

本条是关于体育项目管理制度的规定。

◆ **条文释义**

加强体育项目管理是明确体育项目范围、明晰监督管理职责、促进体育项目规范发展的重要举措，对于加强体育行业治理、提升体育治理能力和治理水平具有重要意义。国务院体育行政部门要根据本条要求建立体育项目管理制度，对新设体育项目开展认定工作，每四年公布一次体育项目目录。

一、建立体育项目管理制度

2022 年，国家体育总局印发《关于进一步加强体育项目管理制度建设工作的通知》，要求各项目管理中心和全国性单项体育协会加强体育项目标准规范建设，建立健全包括协会章程和会员管理制度、竞赛规则、赛事活动管理制度、场地器材标准等一系列促进项目有序健康发展的制度标准规则。现行有效的制度标准规范中不适应时代发展要求、不符合项目管理实际的，应当尽快废止或修订；存在制度漏洞或者空白的，尽快建立健全，予以完善。

二、新设体育项目的认定

为进一步鼓励和规范体育项目发展，更好地发挥体育在满足人民群众美好生活需要中的重要作用，应当结合国内外体育项目发展趋势，对实践中新出现的体育项目进行认定。国家体育总局作为国务院体育行政部门，主管全国体育工作，承担新设体育项目认定的职责。

新设体育项目应当体现一定的身体素质和运动技巧，拥有明确、统一、公认的竞赛规则，具有娱乐性、游戏性、对抗性或竞赛性，能通过身体、智力等活动促进人的身心健康发展。体育项目的认定应当遵循以下原则：一是健康向上，应当将是否符合社会主义核心价值观，是否有利于促进人民群众身心健康作为体育项目认定的首要原则；二是公开开放，应当严格遵守相关程序规定，并面向社会公开、开放，增强体育项目认定工作的透明度；三是应设尽设，对于符合条件的新设体育项目，在履行相关程序后均应予以认定，并纳入体育项目目录；四是认管结合，在认定体育项目的同时，应当加强体育项目的监管，促进体育项目的规范有序发展；五是中外兼蓄，既要充分挖掘具有中华民族特色和传统文化特点的体育项目，也要结合我国实际吸纳引进世界各国健康向上、影响广泛的体育项目。

三、公布体育项目目录

体育项目目录旨在通过目录化的管理方式确定体育项目的范

围，规范体育项目的名称，明确体育项目的内涵和外延。国际奥委会、亚奥理事会、国际单项体育组织对体育竞赛项目进行过梳理和分类，其关于大项、分项、小项的设置为我国制定体育项目目录提供了参考和借鉴。我国的体育项目目录既要与国际体育组织接轨，又要展示中国特色、民族特点和历史传统，充分体现体育项目自身的特殊性，满足体育行业管理的需要，而不能囿于体育竞赛项目的分类模式。在制定体育项目目录时，要注意处理好与以下三类项目的关系：一是衍生项目，在体育器材设施、项目规则基本一致的基础上，仅参与人群、场地环境发生适当改变，可视为已有体育项目的衍生项目，不视为独立的体育项目。二是竞赛项目，在具体筹划体育赛事活动中，组织方根据性别、年龄等因素在竞赛规程中设置的具体竞赛项目，不视为独立的体育项目。三是新设项目，随着体育实践的发展，有些体育项目在器材设施、项目规则等方面发生较大变化，已经具备显著的独创性和差异性，可作为新的体育项目。考虑奥运会、全运会等国际国内重大体育赛事的周期性，体育项目目录每四年公布一次。需要注意的是，新设体育项目认定不受体育项目定期公布的限制，可以根据体育项目发展情况及时予以认定。

第一百零五条 经营高危险性体育项目，应当符合下列条件，并向县级以上地方人民政府体育行政部门提出申请：

（一）相关体育设施符合国家标准；

（二）具有达到规定数量的取得相应国家职业资格证书或者职业技能等级证书的社会体育指导人员和救助人员；

（三）具有相应的安全保障、应急救援制度和措施。

县级以上地方人民政府体育行政部门应当自收到申请之日起三十日内进行实地核查，并作出批准或者不予批准的决定。予以批准的，应当发给许可证；不予批准的，应当书面通知申请人并说明理由。

国务院体育行政部门会同有关部门制定、调整高危险性体育项目目录并予以公布。

◆ 条文主旨

本条是关于经营高危险性体育项目监督管理制度的规定。

◆ 条文释义

随着人民群众体育需求的日益多元化，各类体育市场主体经营开展的体育项目越来越丰富，一些专业性强、技术要求高、直接关系人身安全、具有较高危险性的体育项目逐渐增多，有必要加强对这些高危险性体育项目的管理，确保其有序发展，避免危及人民群众人身财产安全。

一、设立经营高危险性体育项目行政许可的必要性

2009 年，国务院《全民健身条例》明确规定了经营高危险性体育项目的行政许可制度。2013 年，国家体育总局公布了《经营高危险性体育项目许可管理办法》，进一步规范了经营高危险性体育项目行政许可制度的实施工作，从经营高危险性体育项目的申请与审批、监督检查、法律责任等多个方面对经营高危险性体育项目的行政许可作出了具体的规定。2013 年，《第一批高危险性体育项目目录公告》发布。为切实保障公民参加体育健身活动的合法权益，保护公民人身安全，在这一行政许可事项的实施已经

比较成熟、相关配套制度相对健全的前提下，体育法增加经营高危险性体育项目行政许可的规定，将这一行政许可事项的设定依据上升为法律，进一步强调了做好经营高危险性体育项目管理工作的重要性和必要性。

二、经营高危险性体育项目的条件

申请经营高危险性体育项目，应当符合下列条件：

一是经营体育项目依托的体育设施要符合国家标准。高危险性体育项目相较于一般的体育项目具有专业技术性强、人身危险性大、安全保障要求高的特点。符合要求的体育设施是高危险性体育项目经营的重要保障，也是确保项目安全经营的关键环节。这里所指的标准，是指“体育场所开放条件与技术要求”等强制性国家标准。如，《体育场所开放条件与技术要求第 4 部分：攀岩场所》规定，场所内的每条攀登线路的宽度应不小于 1.8m；每个顶端保护系统承载力应不小于 8kN；每个保护挂片应与结构直接链接，且承载力不小于 8kN 等。经营者在向有关行政机关申请许可时，需要就有关设施符合相关国家标准进行说明，并根据要求形成书面的说明性材料。

二是高危险性体育项目的经营者应当配备具有达到规定数量的取得国家职业资格证书或者职业技能等级证书的社会体育指导人员和救助人员。国家对经营高危险性体育项目配备的社会体育指导人员有明确要求，必须取得人力资源和社会保障部门颁发的国家职业资格证书。救助人员，指的是具备专业救生知识和技能，在经营高危险性体育项目的健身场所或体育活动中，对参加健身活动的人员进行安全防护，并从事救助工作的人员，如游泳救生员、滑雪巡逻员等。“规定数量”，是指国务院体育行政部门根据此条而制定的具体许可条件中，根据不同体育项目所确定的具体人员数量。如游泳池水面面积在 250 平方米以下的，应当至少配备 2 名固定救生员和 1 名流动救生员。

三是要有相应的安全保障制度、应急救援制度和措施。主要是指高危险性体育项目经营场所的安全制度、应急预案、相关设施的使用说明和安全警示、设施安全检查等制度和措施。经营主体在日常经营活动中要制定完善的安全保障制度，形成合理的应急预案，确保有突发情况或者发生突发事件时能够有序引导活动参与者离开场地。例如《体育场所开放条件与技术要求第 4 部分：攀岩场所》规定，攀岩的保护绳应使用登山动力绳；安全带、头盔、铁锁、静力绳、扁带、挂片等装备应为攀登专用产品，取得产品质量检验合格证明，并定期检验。此外，相关的运动设施要有详细的使用说明和醒目的安全警示，并定期对各类安全保障措施进行安全检查，确保各项设备能够正常使用，没有安全隐患。

三、经营高危险性体育项目行政许可程序

高危险性体育项目的经营者按照各级体育行政部门的管理权限，通过信函、电报、电传、传真、电子数据交换和电子邮件等方式向体育行政部门需要提出申请。根据“放管服”改革要求，一般情况下，经营高危险性体育项目的许可已经下放至县级体育行政部门实施。体育行政部门接到经营高危险性体育项目申请之后，应当按照本法以及行政许可法有关规定，严格工作时限、工作规范等各项要求，认真审核申请材料，并到现场对有关场地设施的情况等进行实地核查，确保申请材料中的情况与实际相符。体育行政部门进行审核后，应当自收到申请之日起 30 日内作出批准或者不予批准的决定。予以批准的，应当发给相应的许可证；依法作出不予批准决定的，应当说明理由，并告知申请人享有依法申请行政复议或者提起行政诉讼的权利。

四、经营高危险性体育项目目录的确定

按照行政许可法的规定，行政机关的行政许可事项、许可范围、许可条件等必须清晰、准确，而目录就是确定该行政许可事项具体范围最重要的依据。高危险性体育项目目录的制定应当由国务院体育行政部门会同有关部门进行调查研究，广泛征求体育社会团体、市场主体、相关专家的意见，并定期更新和调整，将危险性不强或已经在可控范围内的体育项目从高危险性体育项目目录中删除，同时增加新的高危险性体育项目，保证高危险性体育项目目录设定的科学性和合理性，确保体育事业安全发展。2013 年，国家体育总局会同人力资源和社会保障部、原国家工商行政管理总局、原国家质量监督检验检疫总局和原国家安全生产监督管理总局制定了第一批高危险性体育项目目录，将“游泳；高山滑雪、自由式滑雪、单板滑雪；潜水；攀岩”确定为第一批高危险性体育项目。下一步，国家体育总局还要会同有关部门，根据体育事业发展的实际和工作需要，研究确定新的高危险性体育项目，或者对已有项目目录进行调整。有关目录确定后，应当及时予以公布。

第一百零六条 举办高危险性体育赛事活动，应当符合下列条件，并向县级以上地方人民政府体育行政部门提出申请：

（一）配备具有相应资格或者资质的专业技术人员；

（二）配置符合相关标准和要求的场地、器材和设施；

（三）制定通信、安全、交通、卫生健康、食品、应急救援等相关保障措施。

县级以上地方人民政府体育行政部门应当自收到申请之日起三十日内进行实地核查，并作出批准或者不予批准的决定。

国务院体育行政部门会同有关部门制定、调整高危险性体育赛事活动目录并予以公布。

◆ **条文主旨**

本条是关于举办高危险性体育赛事活动行政许可的规定。

◆ **条文释义**

高危险性体育赛事活动人身危险性大、专业技术性强、安全保障要求高、外部环境复杂，极易产生人身安全、公共安全等风险。设立高危险性体育赛事活动行政许可，是统筹体育事业发展与安全，维护体育事业良好发展秩序，保障人民群众生命财产安全的必要方式。

一、设立举办高危险性体育赛事活动行政许可的必要性

《行政许可法》第十二条规定："下列事项可以设定行政许可：（一）直接涉及国家安全、公共安全、经济宏观调控、生态环境保护以及直接关系人身健康、生命财产安全等特定活动，需要按照法定条件予以批准的事项……"高危险性体育赛事活动大多在户外、水上或空中举行，办赛的外部环境复杂，专业技术性强，对安全保障条件的要求也比较高，不可控因素较多，产生人身安全、公共安全等风险的几率大，一旦发生事故，造成人身伤亡等严重后果的概率极高。2021 年 5 月，在（第四届）甘肃白银黄河石林百公里越野赛中，由于突发极端天气等原因，造成了 21 名参赛者死亡的重大安全事件，也是新中国成立以来体育赛事活动中最严重的人身伤亡事件。对高危险性体育赛事活动加强行政管理，设定前置许可制度是十分必要的。此次增设高危险性体育赛事活动行政许可，也是落实"管行业必须管安全、管业务必须管安全、管生产经营必须管安全”，进一步加强对体育行业重点领域、重要环节安全监管的具体举措。

二、举办高危险性体育赛事活动的条件

举办高危险性体育赛事活动，应当符合下列条件：

一是要配备具有相应资格或者资质的专业技术人员。体育赛事活动根据项目不同、办赛环境和条件不同、参赛人员数量不同等因素，需要的专业技术人员种类和人数也不相同。如大部分高危险性体育赛事活动都应当配备一定数量的医疗救护人员，举办水上项目的高危险性体育赛事活动，一般需要配备一定数量的游泳救生员；而举办航空项目的高危险性体育赛事活动，则需要配备飞行指挥员、飞行器维修员等。这些人员应当按照国家有关规定，取得相应的职业资格或具备相应资质。

二是要配置符合相关标准和要求的场地、器材和设施。不同体育项目的赛事活动，对场地、器材和设施的要求差别很大，甚至同样的项目，在不同的自然环境下举办也会有所区别。场地、器材和设施是确保高危险性体育赛事活动安全举办，保障参赛人员和观众人身安全的物质基础。符合相关标准和要求，既包括符合国家标准、行业标准、地方标准或团体标准，也包括符合其他相关法律法规的规定和要求。

三是要制定通信、安全、交通、卫生健康、食品、应急救援等相关保障措施。高危险性体育赛事活动由于存在项目差异，且根据举办场地和自然条件、参与人数、危险程度等不同，相关保障条件也不尽相同，需要提前制定好各方面的保障措施，确保赛事活动举办顺畅安全。例如在山区举办的登山活动，通信、气象、应急救援等方面的因素必须重点考虑，涉及人数较多的马拉松赛事活动，交通、卫生健康、食品等方面的因素需要重点关注。

三、高危险性体育赛事活动行政许可的程序

举办高危险性体育赛事活动，应当按照各级体育行政部门的管理权限，通过信函、电报、电传、传真、电子数据交换和电子邮件等方式向体育行政部门提出申请。体育行政部门接到申请之后，应当按照本法以及行政许可法的有关规定，严格工作时限、工作规范等各项要求，认真审核申请材料，并到现场对有关人员、场地、设施等情况进行实地核查，确保申请材料中的情况与实际相符。体育行政部门进行审核后，应当自收到申请之日起30日内作出批准或者不予批准的决定。依法作出不予批准决定的，应当说明理由，并告知申请人享有依法申请行政复议或者提起行政诉讼的权利。

四、确定和公布高危险性体育赛事活动目录

确定高危险性体育赛事活动目录是明确行政许可范围的关键，既要将真正涉及高危险性的体育赛事活动纳入其中，又要审慎制定，不能任意扩大范围，给行政相对人增加不必要的负担，要科学合理、符合体育事业发展的实际。高危险性体育赛事活动目录确定后，国家体育总局将会同有关部门发布公告，向社会公布高危险性体育赛事活动目录。

确定高危险性体育赛事活动目录应当注意：一是要严格区分高危险性和一般危险性，凡是体育活动都具有一定的危险性，但不能无限放大体育赛事活动的危险性，必须达到较高的程度才能称之为高危险性，例如项目本身具有高危险性、赛事活动举办的外部自然环境复杂、项目的专业技术要求高、赛事活动参与人数多等。二是要区分可控性危险和不可控性危险，重点鉴别那些事前难以预见或危险已经预见但由于条件限制难以实施有效控制，存在较大不确定性的体育赛事活动。三是注重可操作性，要有明确的标准，确保对纳入目录的体育赛事活动实施有效的行政许可。

此外，在制定目录的过程中，还要广泛征求体育项目管理单位、体育社会组织和市场主体等各方面的意见。

第一百零七条　县级以上地方人民政府应当建立体育执法机制，为体育执法提供必要保障。体育执法情况应当向社会公布，接受社会监督。

◆ 条文主旨

本条是关于地方体育执法机制的规定。

◆ 条文释义

体育行政执法是各级体育主管部门履行政府管理体育事务的法定职责，也是推进依法治体、建设法治政府的重要内容，是实现体育强国建设的重要法治保障。

一、建立体育执法机制的必要性

近年来，体育行政执法工作取得积极进展，体育行政执法工作逐渐规范，但体育行政执法力量薄弱、执法机制不健全、执法责任落实不到位等问题依然突出，不适应新时代体育事业发展的需要。2019 年，国家体育总局办公厅印发《国家体育总局贯彻落实行政执法公示制度执法全过程记录制度重大执法决定法制审核制度实施方案》，聚焦行政执法的源头、过程、结果等关键环节，对促进地方严格规范公正文明开展体育执法起到了积极作用，提升了我国体育执法的科学性和规范性。2021 年，经商中央编办、司法部同意，国家体育总局印发了《关于进一步规范和加强地方体育行政执法工作的若干意见》，提出了进一步完善地方体育执法工作机制、规范执法行为、明确执法责任、提升执法能力的具体举措。为进一步推进体育治理体系和治理能力现代化，切实解决地方体育执法中的突出问题，本条规定县级以上人民政府应当建立体育执法机制，为体育执法提供必要保障的法定职责，同时体育执法情况应当向社会公布，接受社会监督。

二、地方政府应当建立体育执法机制

在体育执法工作实践中，由于地方人民政府体育行政部门本身的行政执法能力有限，各地很少建立专门的体育执法队伍，体育执法的形式主要有联合执法、授权执法和委托执法等。例如，上海市体育部门与文化综合执法部门建立了良好的协作和交流机制，共同签署《上海市体育行政执法协作规则》，制定发布《关于进一步加强体育行政执法工作的若干意见》，建立了行政执法工作例会制度和分级分类执法监管机制，通过各种途径共享行政许可、检查和处罚等信息，形成了对体育市场的监管合力。另外，由于机构改革调整，全国大部分县级地方人民政府体育行政部门已经与文旅、教育等部门合并，体育执法职能也相应地由合并后的机构集中行使。

县级以上地方人民政府应当提高对体育执法工作重要性的认识，切实履行法定职责，确保地方体育执法机制真正建立起来，并做好与现有综合行政执法改革的衔接。结合体育工作实际，加强体育执法，建立健全体育行政执法相关工作机制，通过多种方式落实体育领域行政执法责任，梳理执法依据，明确执法事项，细化执法流程，明确体育行政执法机构和执法人员的任务、权限、程序和行为规范，建立体育行政执法责任制。同时要加强行政许可、行政处罚及执法检查结果公示通报、体育行政执法全过程记录、体育行政执法案卷记录等管理措施，严格依法依规开展体育行政执法工作，防止滥用职权。县级以上地方人民政府还可以收集整理体育领域行政许可、行政处罚、行政复议和行政诉讼等方面的典型案例，普及推广相关执法经验和做法。

本条还规定县级以上地方人民政府应当为体育执法提供必要保障，例如帮助开展基层体育行政执法队伍培训，提升体育执法人员的法治思维和依法行政能力；合理配置执法所需的交通、通信、调查取证等装备，改善执法条件，提升执法水平。

三、体育执法情况应当向社会公开

体育执法情况向社会公布，接受社会监督，是依法行政，保障行政相对人和社会公众知情权、参与权、表达权、监督权的重要措施。2018 年，国务院办公厅印发《关于全面推行行政执法公示制度执法全过程记录制度重大执法决定法制审核制度的指导意见》（国办发〔2018〕118 号），要求行政执法机关按照“谁执法谁公示”的原则，明确公示内容的采集、传递、审核、发布职责，规范信息公示内容的标准、格式；建立统一的执法信息公示平台，及时通过政府网站及政务新媒体、办事大厅公示栏、服务窗口等平台向社会公开行政执法基本信息、结果信息。

体育行政执法主体应当按照有关法律法规的要求，将体育执法情况向社会公布，接受社会监督。一是，明确体育执法事项的工作程序、履职要求、办理时限、行为规范等，消除体育执法中的模糊条款，全面、准确、及时、主动公开执法主体、人员、职责、权限、依据、程序、救济渠道和随机抽查事项清单等信息。二是，在体育执法过程中主动出示执法证件，主动告知当事人执法事由、执法依据、权利义务等内容，按照规定的格式和标准制作相关文书。三是，将有关体育执法信息，在规定时间内通过政务服务平台等向社会及时公开。四是，畅通投诉受理、跟踪查询、结果反馈渠道，发挥群众监督和舆论监督的作用，鼓励支持市场主体、人民群众、社会组织和新闻媒体对体育执法行为进行监督，依法及时查处体育执法领域的违法违纪行为。

第一百零八条 县级以上地方人民政府每届任期内至少向本级人民代表大会或者其常务委员会报告一次全民健身、青少年和学校体育工作。

◆ **条文主旨**

本条是关于定期向人大或者其常委会报告全民健身、青少年和学校体育工作的规定。

◆ **条文释义**

全民健身、青少年和学校体育工作是体育工作的重要内容，通过立法明确规定县级以上地方人民政府向本级人民代表大会或者其常务委员会报告全民健身、青少年和学校体育工作，有利于督促政府及其有关部门积极履行职责，做好相关工作，更好推动全民健身、青少年和学校体育健康有序发展。

监督政府工作是宪法和法律赋予各级人民代表大会及其常务委员会的一项重要职权，也是各级人民代表大会及其常务委员会依法行使监督权的重要内容。《宪法》第一百一十条第一款规定："地方各级人民政府对本级人民代表大会负责并报告工作。县级以上的地方各级人民政府在本级人民代表大会闭会期间，对本级人民代表大会常务委员会负责并报告工作。"《地方各级人民代表大会和地方各级人民政府组织法》对此条规定进行了细化，规定县级以上的地方各级人民代表大会听取和审查本级人民政府和人民法院、人民检察院的工作报告，规定县级以上的地方各级人民代表大会常务委员会监督本级人民政府、监察委员会、人民法院和人民检察院的工作，听取和审议有关专项工作报告，组织执法检查，开展专题询问等。全民健身、青少年和学校体育工作直接关系人民群众的切身利益，应当作为各级地方人民政府向同级人大及其常委会报告工作的一项重要内容。

本条规定，县级以上地方人民政府每届任期内至少向本级人民代表大会或者其常务委员会报告一次全民健身、青少年和学校体育工作，但未对报告工作的具体形式作出规定。因此，可以是在政府工作报告中对有关全民健身、青少年和学校体育工作的情况进行报告，也可以是以专项报告等形式进行报告。同时，由于各地情况不一，本条也未对县级以上人民政府向本级人民代表大会或者其常务委员会报告的具体期限作出规定，可由各地根据本条规定的“每届任期内”“至少报告一次”的要求和当地实际情况，灵活掌握，合理确定。

第十一章 法律责任

本章共 11 条规定，对国家机关工作人员、体育组织、学校、运动员、教练员、裁判员、赛事组织者以及其他主体违反体育法的行为，根据其违法情形、情节轻重、危害后果等因素规定了相应的法律责任。

第一百零九条 国家机关及其工作人员违反本法规定，有下列行为之一的，由其所在单位、主管部门或者上级机关责令改正；对负有责任的领导人员和直接责任人员依法给予处分：

（一）对违法行为不依法查处的；

（二）侵占、挪用、截留、克扣、私分体育资金的；

（三）在组织体育赛事活动时，有违反体育道德和体育赛事规则，弄虚作假、营私舞弊等行为的；

（四）其他不依法履行职责的行为。

◆ 条文主旨

本条是关于国家机关及其工作人员违反本法规定应当承担法律责任的规定。

◆ **条文释义**

本法对国家机关在体育事业中的具体职责作了相应规定，有关工作人员应当按照规定的权限和程序做好相应工作，确保国家机关履行本法规定的各项职责。国家机关及其工作人员违反本法规定，不依法履行职责的，应当承担相应的法律责任。

一、违法行为

一是对违法行为不依法查处。这一违法行为与本法第一百零一条的规定相对应。第一百零一条规定："县级以上人民政府体育行政部门和有关部门应当积极履行监督检查职责，发现违反本法规定行为的，应当及时做出处理。对不属于本部门主管事项的，应当及时书面通知并移交相关部门查处。"有关部门及其工作人员违反上述规定，没有积极履行监督检查职责，发现违反本法规定行为后未及时做出处理，或者对不属于本部门主管事项的，置之不理，没有及时书面通知并移交其他部门查处的，都应当承担相应的法律责任。

二是侵占、挪用、截留、克扣、私分体育资金。这一违法行为与本法第七十九条相对应。第七十九条规定："国家有关部门应当加强对体育资金的管理，任何单位和个人不得侵占、挪用、截留、克扣、私分体育资金。"侵占、挪用、截留、克扣、私分体育资金行为的共同特点是，都违法改变了体育资金的原有用途。侵占是指将体育资金非法占为己有；挪用是指挪用体育资金归个人使用或者借贷给他人；截留是指应当拨付体育资金未予拨付，应当支付体育资金未予支付，并未有拨付、支付的计划；克扣是指对体育资金没有全额拨付或支付；私分是指将体育资金私自分配给个人。

三是在组织体育赛事活动时，有违反体育道德和体育赛事规则，弄虚作假、营私舞弊等行为。这一违法行为与本法第五十一条相对应。第五十一条第一款、第二款规定：“体育赛事实行公平竞争的原则。体育赛事活动组织者和运动员、教练员、裁判员应当遵守体育道德和体育赛事规则，不得弄虚作假、营私舞弊”。国家机关及其工作人员在组织体育赛事活动时，违反体育道德和体育赛事规则，弄虚作假、营私舞弊等行为，有多种具体表现形式，例如，指使、纵容、包庇违反体育公平原则的行为，或者为违反体育公平原则的行为创造条件或提供方便；在比赛数据、成绩以及参赛者年龄、身份等方面弄虚作假；为谋取不当利益篡改比赛成绩，等等。

四是其他不依法履行职责的行为。该项规定属于“兜底条款”。本条前三项规定的违法情形，并不能涵盖国家机关及其工作人员违反本法规定的所有行为，为避免遗漏，本条第四项作了“兜底”规定，以确保所有不依法履行职责的行为都应承担相应的法律责任。

二、法律责任

一是，责令改正。责令改正是指要求违法行为人履行法定义务，停止违法行为，消除不良后果，恢复原状。

二是，给予处分。本条规定的违法行为人属于公务员的，根据《公务员法》相关规定，由其所在单位、主管部门或者上级机关给予处分。处分的种类为：警告、记过、记大过、降级、撤职、开除。本条规定的违法行为人不属于公务员，但属于《监察法》第十五条规定的人员范围的，依法给予政务处分。对同一违纪违法行为，监察机关已经作出政务处分决定的，公务员所在机关不再给予处分。

第一百一十条 体育组织违反本法规定的，由相关部门责令改正，给予警告，对负有责任的领导人员和直接责任人员依法给予处分；可以限期停止活动，并可责令撤换直接负责的主管人员；情节严重的，予以撤销登记。

◆ **条文主旨**

本条是关于体育组织违反本法规定应当承担法律责任的规定。

◆ **条文释义**

体育组织通过制定技术规范、竞赛规则、团体标准，以及章程、规则、条例等，规范其自身管理活动及其会员行为，共同构建出体育管理自治体制，进而促进有关体育事业和体育项目发展。如果体育组织未能妥善承担本法规定的相关职责及义务，以至违反本法有关强制性规定，则其负有责任的领导人员和直接责任人员需要承担相应的法律后果。

一、违法情形

一是，违反本法有关体育组织相关职责及义务的规定。本法第六章就“体育组织”的职责定位、权利义务等作了专门规定，其中既有倡导性条款，也有强制性条款。例如，第六十一条第二款“国家鼓励体育组织积极参加国际体育交流合作，参与国际体育运动规则的制定”，第六十八条“国家鼓励发展青少年体育俱乐部、社区健身组织等各类自治性体育组织”等都属于倡导性条款，如果没有开展相关交流活动，或者未发展相关体育组织并不构成本条的违法情形。但是，如果违反本法第六章中的强制性条款，例如本法第六十六条“单项体育协会应当依法维护会员的合法权益，积极向有关单位反映会员的意见和建议”，第六十七条“单项体育协会应当接受体育行政部门的指导和监管，健全内部治理机制，制定行业规则，加强行业自律”，则属于违反本条规定，需要依法追究相关体育组织、责任人员的法律责任。

二是，违反本法其他规定。除本法第六章对体育组织专门规定外，体育组织如果违反本法其他章节有关禁止性行为的规定，且不属于本法第十一章“法律责任”其他条款规范情形的，则可以根据本条规定，依法追究相关体育组织负有责任的领导人员和直接责任人员的法律责任。例如，本法第五十七条中规定，反兴奋剂机构及其检查人员依照法定程序开展检查，有关单位和人员应当予以配合，任何单位和个人不得干涉。如果有体育组织公然阻扰反兴奋剂机构及其检查人员的检查工作，或者教唆、煽动组织成员单位及个人拒绝接受兴奋剂检查，则可以依据本条的规定，追究相关体育组织有关人员的法律责任。

二、法律责任

相关部门应当综合考虑体育组织违法行为的事实、性质、情节以及社会危害程度，要求体育组织及其责任人员承担相应的法律责任，避免畸轻畸重。本条中的相关部门主要是指体育组织的行业管理部门以及登记管理机关。

一是，由相关部门责令改正，给予警告。根据《行政处罚法》第二十八条第一款规定，行政机关实施行政处罚时，应当责令当事人改正或者限期改正违法行为。警告，从性质上看，属于名誉罚，是《行政处罚法》第九条明确列明的处罚种类之一，一般适用于较为轻微、对社会危害程度不大的违法行为。相关部门对违反本法规定、情节轻微的体育组织给予警告，目的是对其提出告诫，使其认识自己存在的问题，此后不再实施违法行为。

二是，对负有责任的领导人员和直接责任人员依法给予处分。

根据负有责任的领导人员和直接责任人员的身份性质，依据公务员法、监察法、公职人员政务处分法、《事业单位人事管理条例》等法律法规规定，给予处分或者政务处分。

三是，可以限期停止活动，并可责令撤换直接负责的主管人员。体育组织经过警告仍不改正，或者存在违法行为情节较为严重等情形的，可以由相关部门根据本条规定，要求体育组织在一定期限内停止活动，并可以责令体育组织撤换直接负责的主管人员，加强对社会组织的监督管理。

四是，情节严重的，予以撤销登记。《社会团体登记管理条例》第三十一条规定，社会团体的活动违反其他法律、法规的，由有关国家机关依法处理；有关国家机关认为应当撤销登记的，由登记管理机关撤销登记。体育组织违反本法规定，情节严重的，由登记管理机关根据行业管理部门等相关部门的意见，撤销其登记。

第一百一十一条　学校违反本法有关规定的，由有关主管部门责令改正；对负有责任的领导人员和直接责任人员依法给予处分。

◆ **条文主旨**

本条是关于学校违反本法规定应当承担法律责任的规定。

◆ **条文释义**

在青少年和学校体育工作中，学校担负着十分重要的职责，本法第三章“青少年和学校体育”中多数条款都涉及学校的职责。这些条款对学校在组织体育课、课外体育活动、课余体育训练和竞赛、体育考试、体质监测，管理体育场地、设施和器材，防控运动伤害风险等方面的职责作了规定。这些规定，对于推动青少年学生积极参与体育活动，增强青少年学生的身体素质，具有重要意义。学校违反本法有关规定，未尽到学校体育工作职责的，应当承担相应的法律责任。

学校违反本法有关规定的，一是由有关主管部门责令改正。责令改正并不是一种行政处罚，而是追究法律责任的前置条件、必经过程，即应当首先责令当事人改正违法行为，消除违法行为后果，然后给予处分。因此，只要学校存在违反本法有关规定的违法情形，无论是否给予有关人员处分，有关主管部门都应当责令改正，消除违法状态。《教育法》第十五条规定，国务院教育行政部门主管全国教育工作，统筹规划、协调管理全国的教育事业；县级以上地方各级人民政府教育行政部门主管本行政区域内的教育工作；县级以上各级人民政府其他有关部门在各自的职责范围内，负责有关的教育工作。此外，根据《少年儿童体育学校管理办法》《中等体育运动学校管理办法》的规定，“县级以上体育和教育行政门”是体育运动学校的主管部门。因此，本条中的“有关主管部门”主要是指各级教育行政部门、体育行政部门。

二是对负有责任的领导人员和直接责任人员依法给予处分。本条中的“负有责任的领导人员”，主要是指在以学校名义作出决定时起决策、领导作用的人，一般是学校的校长或者其他负责人。例如，如果以学校名义作出禁止在课余时间和节假日向学生开放体育设施的决定，负有责任的领导人员就是批准这项决定的校长或者其他负责人。“直接责任人员”，主要是指直接负责办理某项事务的学校工作人员，即通常所说的“经办人”。其中，学校中的公办学校多数属于事业单位，公办学校的管理人员属于依法履行公职的人员。根据《公职人员政务处分法》第二条、《监察法》第十五条的规定，对公办的教育、科研、文化、医疗卫生、体育等单位中从事管理的人员，根据公职人员政务处分法的有关规定给予政务处分。不属于《监察法》第十五条规定的人员范围，属于事业单位工作人员的，根据《事业单位工作人员处分暂行规定》给予相应的处分，具体类型包括警告、记过、降低岗位等级或者撤职、开除。

第一百一十二条 运动员、教练员、裁判员违反本法规定，有违反体育道德和体育赛事规则，弄虚作假、营私舞弊等行为的，由体育组织按照有关规定给予处理；情节严重、社会影响恶劣的，由县级以上人民政府体育行政部门纳入限制、禁止参加竞技体育活动名单；有违法所得的，没收违法所得，并处一万元以上十万元以下的罚款。

利用体育赛事从事赌博活动的，由公安机关依法查处。

◆ 条文主旨

本条是关于运动员、教练员、裁判员违反本法应当承担法律责任的规定。

◆ 条文释义

一、违法情形

公平竞争是体育的生命，体育竞赛就是要在公平竞争的基础上追求对人体极限的突破，以实现“更高、更快、更强、更团结”的奥林匹克精神。本法第五十一条规定：“体育赛事实行公平竞争的原则。体育赛事活动组织者和运动员、教练员、裁判员应当遵守体育道德和体育赛事规则，不得弄虚作假、营私舞弊。严禁任何组织和个人利用体育赛事从事赌博活动。”运动员、教练员和裁判员应当严格遵守体育道德和体育赛事规则，尊重赛场秩序。对存在违反体育道德和体育赛事规则，弄虚作假、营私舞弊等行为的运动员、教练员和裁判员，应当予以惩戒，以维护体育的纯洁性、公正性。

二、法律责任

一是，由体育组织按照有关规定给予处理。对在竞技体育活动中从事弄虚作假等违反纪律和体育规则的行为，由体育组织按照有关规定给予处理。世界各国竞技体育运动中，对于违反体育道德，在体育活动中弄虚作假等行为，大多都由体育组织按照有关规定作出处理。考虑到体育运动的特殊性，同时也与国际体育运动接轨，本法将体育组织给予处理作为当事人承担法律责任的一种类型。

体育组织是对运动员、教练员、裁判员进行处理的实施主体。根据具体情况不同，行使处理权的体育组织也有所不同。从实施对象上来看，其处理对象通常是这个组织的内部成员；从性质上看，按照有关规定给予处理，体现了体育组织内部的自律性；从适用前提来看，应当以其组织成员实施了“违反体育道德和体育赛事规则，弄虚作假、营私舞弊”的行为为前提；从国际和国内的体育组织规则所规定的处理形式看，这种处理大体可分为两类：技术性处理和经济性处理，技术性处理包括警告、责令停止比赛、取消比赛成绩、禁止从事教练工作、终身禁赛等，经济性处理主要指承担兴奋剂检测费用、经济处罚等。从实施情况看，这些处理措施对于维护体育秩序、实现行业管理发挥了非常重要的作用。

二是，情节严重、社会影响恶劣的，由县级以上体育行政部门纳入限制、禁止参加竞技体育活动名单。这一规定是此次《体育法》修订新增的惩戒措施。通过将违法行为情节严重、社会影响恶劣的裁判员、教练员和运动员纳入限制、禁止参加竞技体育活动名单，限制其一定时间内直至终身，参加一定范围甚至所有的竞技体育活动，对违法行为人的声誉和长远利益造成严重影响，加大惩戒力度，充分发挥震慑、惩戒和教育的作用。

三是，有违法所得的，没收违法所得，并处以罚款。违反体育道德和体育赛事规则，弄虚作假、营私舞弊行为的背后往往暗藏着巨大的经济利益，如果不对此进行有力的规制，必然造成收益与风险的失衡，无法彻底杜绝此类行为的发生。因此，本法规定，“有违法所得的，没收违法所得”，避免违法行为人从违法行为中获利；同时按照过罚相当的原则，根据违法行为的事实、性质、情节以及社会危害程度，对违法行为人处一万元以上十万元以下的罚款。

三、严厉打击体育赌博

本条第二款是对利用竞技体育从事赌博活动的法律责任条款。对在竞技体育中赌博的行为，应当按照治安管理处罚法予以行政处罚，构成犯罪的，依法追究刑事责任。《治安管理处罚法》第七十条规定：“以营利为目的，为赌博提供条件的，或者参与赌博赌资较大的，处五日以下拘留或者五百元以下罚款；情节严重的，处十日以上十五日以下拘留，并处五百元以上三千元以下罚款。”直接参与赌博赌资较大或者为赌博提供条件的，包括为赌博提供场所或为赌博提供赌资、赌具的，都应当视情节给予处罚。《刑法》第三百零三条规定：“以营利为目的，聚众赌博或者以赌博为业的，处三年以下有期徒刑、拘役或者管制，并处罚金。开设赌场的，处五年以下有期徒刑、拘役或者管制，并处罚金；情节严重的，处五年以上十年以下有期徒刑，并处罚金。组织中华人民共和国公民参与国（境）外赌博，数额巨大或者有其他严重情节的，依照前款的规定处罚。”

第一百一十三条 体育赛事活动组织者有下列行为之一的，由县级以上地方人民政府体育行政部门责令改正，处五万元以上五十万元以下的罚款；有违法所得的，没收违法所得；情节严重的，给予一年以上三年以下禁止组织体育赛事活动的处罚：

（一）未经许可举办高危险性体育赛事活动的；

（二）体育赛事活动因突发事件不具备办赛条件时，未及时中止的；

（三）安全条件不符合要求的；

（四）有违反体育道德和体育赛事规则，弄虚作假、营私舞弊等行为的；

（五）未按要求采取风险防范及应急处置预案等保障措施的。

◆ 条文主旨

本条是关于体育赛事活动组织者违反本法规定应当承担法律责任的规定。

◆ 条文释义

一、违法情形

本法对体育赛事活动组织者的赛事活动组织行为作出具体要求，体育赛事活动组织者违反相关规定的，将承担相应的法律后果。具体违法情形包括：

一是，未经许可举办高危险性体育赛事活动的。高危险性体育赛事活动直接关系到参赛者的人身健康和财产安全，属于《行政许可法》第十二条第一项所规定的“直接关系人身健康、生命财产安全等特定活动，需要按照法定条件予以批准的事项”。因此，本法第一百零六条第一款规定，“举办高危险性体育赛事活动”，应当“向县级以上地方人民政府体育行政部门提出申请”。未经过体育行政部门许可而擅自举办高危险性体育赛事活动的行为构成违法。

二是，体育赛事因突发事件不具备办赛条件时，未及时中止的。在体育赛事活动的举办中，除了对举办高危体育赛事活动有事前许可的要求外，加强对举办体育赛事活动的事中、事后监管也是体育行业监管的关键环节。本法第一百零二条第四款规定：“体育赛事活动因发生极端天气、自然灾害、公共卫生事件等突发事件，不具备办赛条件的，体育赛事活动组织者应当及时予以中止；……”。因此，体育赛事活动组织者应当密切关注影响赛事活动安全的因素，如果未能按照有关规定及时启动“熔断机制”的，应当承担相应的法律责任。

三是，安全条件不符合要求的。体育赛事活动的安全性是举办赛事活动需要保障的首要因素，体育赛事活动组织者必须在满足安全条件的情况下才能开展此类活动。除了对高危险性体育赛事活动进行事前审批，本法第一百零二条第三款中规定，“体育赛事活动组织者应当履行安全保障义务，提供符合要求的安全条件”。相关法规、规章等对体育赛事活动的安全条件也作出了相应的要求，例如《体育赛事活动管理办法》规定，举办体育赛事活动，主办方和承办方应当根据需要，做好下列保障工作：（一）配备具有相应资格或资质的专业技术人员；（二）配置符合相关标准和要求的场地、器材和设施；（三）落实医疗、卫生、食品、交通、安全保卫、生态保护等相关措施。因此，体育赛事活动中专业技术人员匮乏，缺少符合安全要求的场地、器材和设施等情形，都属于本法规定的“安全条件不符合要求”的具体情形，应当承担相应的法律责任。

四是，有违反体育道德和体育赛事规则，弄虚作假、营私舞弊等行为的。体育赛事市场还处于发展阶段，很多市场规范还不成熟，市场秩序尚不稳定，时常存在一些体育赛事活动组织者通过破坏行业规则的方式来谋取私利等问题，这不但损害了体育活动参加者的利益、体育的公平公正，还使得体育市场进入恶性竞争，不利于体育赛事的长远发展。因此，本法第五十一条第二款规定：“体育赛事活动组织者和运动员、教练员、裁判员应当遵守体育道德和体育赛事规则，不得弄虚作假、营私舞弊。”体育活动组织者违反体育道德和体育赛事规则，弄虚作假、营私舞弊等行为，主要包括赛事组织者联合运动员、教练员、裁判员操纵比赛结果等行为。因此，需要严格要求体育赛事活动组织者遵守体育道德，对弄虚作假、营私舞弊等扰乱市场秩序、违背体育精神的行为严令禁止。

五是，未按要求采取风险防范及应急处置预案等保障措施的。此条款是对体育赛事活动组织者事后处理突发事件能力的要求。风险防范及应急处置预案等保障措施作为体育赛事活动安全保障的重要防线，在应对突发事件时能够起到良好的保障作用，能够在最短的时间内最有效地阻止损失进一步扩大，最大限度保障人民财产和人身安全。因此，本法第一百零二条第三款中规定，体育赛事活动组织者应当“制定风险防范及应急处置预案等保障措施”。如果体育赛事活动组织者未按要求采取以上保障措施的，应当承担相应的法律责任。

二、法律责任

一是，责令改正。责令改正是指当体育赛事活动组织者出现违反本条规定的情形时，县级以上地方人民政府体育行政部门责令其采取相应措施，纠正违法行为，以使其行为符合法律规定。

二是，处五万元以上五十万元以下罚款。县级以上地方人民政府体育行政部门按照过罚相当的原则，根据体育赛事活动组织者违法行为的事实、性质、情节以及社会危害程度，对违法行为人处五万元以上五十万元以下的罚款。

三是，有违法所得的，没收违法所得。这里的违法所得，一般是指体育赛事活动组织者通过实施违法行为所取得的款项。体育赛事活动组织者的违法所得，除依法应当退赔的外，县级以上地方人民政府体育行政部门应当予以没收。同时，根据行政处罚法的规定，法律、行政法规、部门规章对违法所得的计算另有规定的，从其规定。

四是，情节严重的，禁止其一定期限内组织体育赛事活动。这里的情节严重，既包括违法行为性质恶劣，也包括造成严重后果，例如出现重大人员伤亡、造成严重社会影响等情况。“一年以上三年以下禁止组织体育赛事活动”，是对违法行为情节严重的体育赛事活动组织者设定的加重处罚，除此之外，县级以上人民政府体育行政部门还应当依照本条规定处以罚款，没收违法所得。

第一百一十四条　违反本法规定，侵占、破坏公共体育场地设施的，由县级以上地方人民政府体育行政部门会同有关部门予以制止，责令改正，并可处实际损失五倍以下的罚款。

◆ **条文主旨**

本条是关于非法侵占、破坏公共体育场地设施的法律责任的规定。

◆ **条文释义**

公共体育场地设施是指为了发展体育事业、增强公民身体素质，由各级体育行政部门提供并管理的公共体育场地以及设备设施，其基本特征是公益性。本法第八十七条第一款规定："任何单位和个人不得侵占公共体育场地设施及其建设用地，不得擅自拆除公共体育场地设施，不得擅自改变公共体育场地设施的功能、用途或者妨碍其正常使用。"为保证这一规定的落实，本条规定了相应的法律责任。

一、违法情形

本条规定的承担法律责任的违法情形包括：一是侵占公共体育场地设施，主要是指任何组织或者个人未经有关部门批准，以违法占有、长期非法使用、排除他人使用为目的，采取各种方式将公共体育场地设施占为己有的行为。二是破坏公共体育场地设施，主要是指采取各种方式擅自改变公共体育场地设施的性质、功能或者用途的行为，包括拆除、损坏等多种方式。

二、法律责任

一是，制止侵占、破坏公共体育场地设施的行为。制止违法行为的目的是，使行政相对人停止正在实施的或处于持续、连续状态的侵占、破坏公共体育场地设施的行为，避免危害持续或者进一步扩大。有时单独依靠体育行政部门的执法力量，难以有效制止侵占、破坏公共体育场地设施的行为，这时就需要会同有关部门共同实施，有关部门应当根据职责分工，予以配合。

二是，责令改正。责令改正的目的是，要求违法行为人对其违法行为进行改正和补救，以恢复正常秩序。县级以上地方人民政府体育行政部门会同有关部门，责令侵占、破坏公共体育场地设施的违法行为人应当立即改正其违法行为，采取补救措施，恢复公共体育场地设施的功能和效用，保证其公益性。

三是，可处实际损失五倍以下的罚款。罚款是财产罚的一种，通过对违法行为人进行经济性制裁，使其财产受到损失的方法起到惩戒、教育和警示的目的。侵占、破坏公共体育场地设施的，由县级以上地方人民政府体育行政部门根据其违法行为对公共体育场地设施造成的实际损失，对其处以实际损失五倍以下的罚款。

第一百一十五条 违反本法规定，未经批准临时占用公共体育场地设施的，由县级以上地方人民政府体育行政部门会同有关部门责令限期改正；逾期未改正的，对公共体育场地设施管理单位处十万元以上五十万元以下的罚款；有违法所得的，没收违法所得。

◆ **条文主旨**

本条是关于未经批准临时占用公共体育场地设施行政处罚的规定。

◆ **条文释义**

一、违法情形

公共体育场地设施是开展全民健身活动必要的物质条件。然而目前不论是公民个人、社会组织，还是场地设施管理者都对其重要性缺乏认知，导致一些公共体育场地设施未经批准即被临时占用。例如，被临时用作商品展销会、就业招聘会等临时性集会活动场地。根据实际需要，结合场地条件，公共体育场地设施并非不能临时用于其他用途，但是必须履行相关的审批程序。本法第八十七条第二款规定：“因特殊需要临时占用公共体育场地设施超过十日的，应当经本级人民政府体育行政部门同意；超过三个月的，应当报上一级人民政府体育行政部门批准。”因此，为保证这一规定得到贯彻落实，确保临时占用的批准手续落实到位，本条对未经批准临时占用公共体育场地设施的相关行为规定了相应的法律责任。

二、法律责任

依据本法第八十七条及《公共文化体育设施条例》第七条第二款，县级以上地方人民政府体育行政部门对公共体育场地设施使用情况负有监督管理职责，对于未经批准临时占用公共体育场地设施的违法行为进行查处。

一是，责令限期改正。《行政处罚法》第二十八条第一款规定，行政机关实施行政处罚时，应当责令当事人改正或者限期改正违法行为。纠正违法行为是行政处罚的目的，考虑到实践中，未经批准占用公共体育场地设施的，有些可以补办批准手续，有些可以立即改正，有些可能需要一定的时间才能纠正到位，因此，对于未经批准临时占用公共体育场地设施的，县级以上地方人民政府体育行政部门会同有关部门责令其限期改正，并根据实际情况合理确定具体期限。

二是，逾期未改正的，对其处以罚款。依据本条规定，在体育行政部门会同有关部门责令限期改正后，逾期未改正的，则处十万元以上五十万元以下的罚款。值得注意的是，本条规定的罚款对象为公共体育场地设施管理单位，这主要是考虑到相关管理单位对公共体育场地设施有法定的管理和维护责任，如果相关管理单位尽到管理维护义务，一般不会发生未经批准而占用的情况。

因此，为督促公共体育场地设施管理单位积极履行管理职责，在被责令限期改正后，能及时改正违法行为，履行相关批准手续或者消除被违法占用情况，则不对其进行罚款。

三是，有违法所得的，没收违法所得。避免违法行为主体因违法行为获得不当经济利益，消除其不经批准临时占用的主观动机。

第一百一十六条　未经许可经营高危险性体育项目的，由县级以上地方人民政府体育行政部门会同有关部门责令限期关闭；逾期未关闭的，处十万元以上五十万元以下的罚款；有违法所得的，没收违法所得。

违法经营高危险性体育项目的，由县级以上地方人民政府体育行政部门责令改正；逾期未改正的，处五万元以上五十万元以下的罚款；有违法所得的，没收违法所得；造成严重后果的，由主管部门责令关闭，吊销许可证照，五年内不得再从事该项目经营活动。

◆ 条文主旨

本条是关于经营者未经许可经营高危险性体育项目和违法经营高危险性体育项目法律责任的规定。

◆ 条文释义

一、违法情形

高危险性体育项目由于风险程度高，为切实保障体育运动参加者的合法权益，确保体育行业持续健康发展，本法第一百零五条第一款对经营高危险性体育项目设定了行政许可，并规定了相应的条件："应当符合下列条件，并向县级以上地方人民政府体育行政部门提出申请：（一）相关体育设施符合国家标准；（二）具有达到规定数量的取得相应国家职业资格证书或者职业技能等级证书的社会体育指导人员和救助人员；（三）具有相应的安全保障、应急救援制度和措施。"本条分为两款，对违反第一百零五条规定的两种违法情形，设置了相应的法律责任，包括未经许可经营高危险性体育项目和违法经营高危险性体育项目两种情况。其中，未经许可经营高危险性体育项目的具体情形是指没有向县级以上地方人民政府体育行政部门申请行政许可擅自经营。违法经营高危险性体育项目的具体情形包括：体育设施没有达到相应项目的国家标准；社会体育指导人员和救助人员的人数不达标或者资质不健全；相应的安全保障、应急救援制度和措施不到位；经营期限已过未主动重新申请行政许可等情形。

二、法律责任

（一）未经许可经营高危险性体育项目的法律责任

未经许可经营高危险性体育项目，是指经营者未事先经过县级以上地方人民政府体育行政部门批准进行高危险性体育项目的经营活动。未经许可经营高危险性体育项目的，由县级以上地方人民政府体育行政部门会同有关部门责令限期关闭；逾期未关闭的，处十万元以上五十万元以下的罚款；有违法所得的，没收违法所得。根据本法第一百零三条的规定，县级以上人民政府市场监管、体育行政等部门按照各自职责对体育市场进行监督管理，因此本条中的"有关部门"，主要是指市场监管部门以及其他根据职责分工对高危险性体育项目经营活动负有监督管理职责的部门。

（二）违法经营高危险性体育项目的法律责任

依据本法第一百零五条的规定，"违法经营"是指已经获得高危险性体育项目经营许可的经营者在许可期限经过后仍然经营或者在许可期间不符合第一百零二条的许可条件仍然继续经营的情形。本条第二款对于“违法经营”的情况，根据不同情形设置了不同的法律责任。

首先是责令改正。考虑到违法经营的主体往往是取得了行政许可或者曾经取得过行政许可的经营者，其违法状态可以经过改正变为合法状态，因此对于此类经营者在作出行政处罚前首先应当责令改正，积极改变违法状态，及时消除安全隐患。

其次是对逾期未改正的处以罚款。对于违法经营者，如果其在规定的时间内没有对其违法行为进行改正，将对其处以罚款。此款的罚款范围较前一款未经许可经营的罚款范围的下限更小，主要在于违法经营的情形现实中较为多样，有些违法经营行为社会危害性小，设置五万元至五十万元的罚款范围能够赋予行政执法部门更大的自由裁量权，有利于执法部门按照过罚相当的原则，根据违法行为的事实、性质、情况以及社会危害性，合理确定具体罚款数额。

再次是没收违法所得。这里的违法所得，一般是违法经营高危险性体育项目所取得的款项。违法所得，除依法应当退赔的外，应当予以没收，避免违法经营者因违法行为获得不当经济利益。同时，根据行政处罚法的规定，法律、行政法规、部门规章对违法所得的计算另有规定的，从其规定。

最后是规定了造成严重后果的加重处罚情形。高危险性体育项目的经营活动涉及公民的人身安全，违法经营可能导致人员伤亡等严重后果，对造成严重后果的违法经营者必须采取更为严厉的处理。一是责令关闭。因为经营活动导致了严重的后果，足以认定此类经营者没有经营高危险性体育项目的能力，因此责令关闭经营活动是对公民人身、财产权利的保障。二是吊销许可证照。吊销许可证照是指行政机关依法剥夺违法行为人某种资格的一种行政处理，由原发证机关予以吊销。三是禁止此类经营者五年内再从事该项目的经营活动。这个规定实际上剥夺了此类经营者五年内申请经营该项高危险性体育项目行政许可的申请权利。高危险性体育项目的特殊性在于对经营者的经营能力提出了一定的要求，造成严重后果的情况恰恰证明该经营者的能力不足以经营高危险性体育项目，因此为保护社会公共利益和人民群众生命财产安全，有必要对其特定经营行为在一定期限内予以禁止。

第一百一十七条 运动员违规使用兴奋剂的，由有关体育社会组织、运动员管理单位、体育赛事活动组织者作出取消参赛资格、取消比赛成绩或者禁赛等处理。

◆ 条文主旨

本条是关于对运动员违规使用兴奋剂的法律责任的规定。

◆ 条文释义

运动员违规使用兴奋剂，由有关体育社会组织、运动员管理单位、体育赛事活动组织者进行处理，对其作出取消参赛资格、取消比赛成绩或者禁赛等纪律处罚。体育社会组织、运动员管理单位或体育赛事组织者在作出处理时，应当尊重运动员的权利，遵守相应的程序，作出公正、合理的处理决定。

一、违规使用兴奋剂的行为

根据《反兴奋剂规则》的规定，违反反兴奋剂规则的行为（简称“兴奋剂违规”）包括以下 11 种：检测结果阳性；使用或企图使用兴奋剂；拒绝、逃避或未能完成样本采集；违反行踪信息管理规定；篡改或企图篡改兴奋剂管制环节；持有兴奋剂；从事或企图从事兴奋剂交易；对运动员施用或企图施用兴奋剂；共谋或企图共谋兴奋剂违规；违反禁止合作规定；阻止举报或报复举报人等。就国家的兴奋剂管理规定而言，不论是运动员还是其他人员实施上述任何一种行为，都属于应当受到处罚的行为。

二、对违规使用兴奋剂的处理

（一）处罚的主体和程序

有权对运动员违规使用兴奋剂进行处理的，主要是有关体育社会组织、运动员管理单位、体育赛事活动组织者。体育社会组织根据其章程，对其实施了注册管理的运动员和有关人员，以及未直接在本级体育社会组织注册管理的，但参加了其管理的体育项目，或者由其下级会员单位注册管理的运动员等人员进行处理。运动员管理单位对在该单位就业、就学的运动员等人员进行处理；体育赛事活动组织者对报名参加该项赛事的运动员等人员进行处理。

体育社会组织、运动员管理单位、体育赛事活动组织者对违规使用兴奋剂进行处理时，应当依照《反兴奋剂规则》等确定的标准和程序。例如，《反兴奋剂规则》要求，有关单位要先作出兴奋剂违规处理意见，报经国家反兴奋剂机构审核通过之后，才能正式作出处理决定并执行；对可能存在的兴奋剂违规行为进行审查和通知，对当事人实施临时停赛，告知当事人申请听证的权利，召开听证会并作出听证会结论（如果当事人申请），依照听证会结论作出处理决定等。

（二）处理决定的类型

运动员违规使用兴奋剂，面临的处理主要包括取消参赛资格、取消比赛成绩和禁赛等。

对于与赛事有关的兴奋剂违规行为，赛事组织机构可以取消运动员的比赛资格，对已经完赛的运动员，可以取消运动员在该赛事中取得的比赛成绩，并取消奖牌、积分和奖金等。

对于兴奋剂违规的运动员来说，禁赛是最主要的处罚。在确定具体的禁赛期时，需要对运动员的违规行为及其具体情节、是否故意和过错程度等进行全面、准确的认定。禁赛分为确定期限的禁赛和终身禁赛。此外，违规情节非常轻微的，还可以单独适用警告。

第一百一十八条 组织、强迫、欺骗、教唆、引诱运动员在体育运动中使用兴奋剂的，由国务院体育行政部门或者省、自治区、直辖市人民政府体育行政部门没收非法持有的兴奋剂；直接负责的主管人员和其他直接责任人员四年内不得从事体育管理工作和运动员辅助工作；情节严重的，终身不得从事体育管理工作和运动员辅助工作。

向运动员提供或者变相提供兴奋剂的，由国务院体育行政部门或者省、自治区、直辖市人民政府体育行政部门没收非法持有的兴奋剂，并处五万元以上五十万元以下的罚款；有违法所得的，没收违法所得；并给予禁止一定年限直至终身从事体育管理工作和运动员辅助工作的处罚。

◆ 条文主旨

本条规定的是组织、强迫、欺骗、教唆、引诱运动员使用兴奋剂，或者向运动员提供兴奋剂等违法行为的法律责任。

◆ 条文释义

运动员违规使用兴奋剂，自身会受到禁赛等处罚。组织、强迫、欺骗、教唆、引诱运动员使用兴奋剂，或者向运动员提供兴奋剂的违法行为，对体育运动的危害更大，除应当依照相关规定受到纪律处理外，还应当承担国务院体育行政部门或者省、自治区、直辖市人民政府体育行政部门作出的相应的行政处罚。

一、组织、强迫、欺骗、教唆、引诱运动员使用兴奋剂

（一）组织、强迫运动员使用兴奋剂

组织运动员使用兴奋剂，是指以策划、指挥、指导等任何有组织的方式，帮助运动员在体育运动中使用兴奋剂或者（以注射等方式）对运动员施用兴奋剂的行为。无论运动员在使用兴奋剂时主观上是否愿意，组织使用兴奋剂的行为都构成本条所规定的违法行为。

强迫运动员使用兴奋剂，是指在违背运动员意志的情况下，迫使运动员使用兴奋剂的行为。有的运动员自身已经意识到了兴奋剂的危害，不愿意使用兴奋剂，但某些单位或个人为了让运动员取得更好成绩，为本单位或者某些个人牟取利益，就可能罔顾运动员的身心健康和主观意愿，强迫运动员使用兴奋剂。这两种行为危害极大，应当予以严厉打击。

（二）欺骗、教唆、引诱运动员使用兴奋剂

在体育运动中，欺骗、教唆、引诱使用兴奋剂的行为使得本来没有使用兴奋剂意图的运动员产生了此种意图，或者在不知情的情况下被动地使用兴奋剂，其危害性同样不可小视，尤其是指向未成年运动员时，产生的危害性更大。

欺骗运动员使用兴奋剂，是指在运动员不知情的情况下，或者在运动员对兴奋剂的危害缺乏准确认知的情况下，通过编造虚假事实、隐瞒真相等手段，促使运动员在违背其真实意愿的情况下使用兴奋剂的行为。例如打着营养品的幌子，骗运动员服用兴奋剂的行为；瞒着运动员在其食物、饮料中投放兴奋剂的行为，都属于欺骗运动员使用兴奋剂的违法行为。

教唆运动员使用兴奋剂，是指通过宣扬使用兴奋剂后的效果，示范使用方法，以及劝说、授意、怂恿等手段，使运动员产生使用兴奋剂的意图并进而使用兴奋剂的行为。运动员本来没有使用兴奋剂的主观意愿，通过教唆者的教唆行为，引发其实施使用兴奋剂的行为，即属于本条规定的违法情形。

引诱运动员使用兴奋剂，是指通过向运动员宣扬兴奋剂所能带来的不当利益，诱使运动员使用兴奋剂的行为。主要体现为以金钱、物质、名誉等为诱饵，勾引、诱使、鼓动本无使用兴奋剂意愿的运动员使用兴奋剂。例如，有意在运动员面前大肆鼓吹使用兴奋剂带来的好处，或者声称某种兴奋剂没有危害或者查不出来，以诱惑运动员使用等，都构成本条所规定的违法行为。

二、向运动员提供或者变相提供兴奋剂

任何单位和个人，都不得在体育运动中因故意或者重大过失而向运动员提供兴奋剂，包括通过售卖、分发、赠与等任何方式有偿或者无偿地向运动员提供兴奋剂。对于明知对方是运动员，且明知所提供的药品、食品等属于兴奋剂或者含有兴奋剂成分，仍向其提供或变相提供的，不论运动员是否有使用兴奋剂的意图及其是否实际使用，都将构成本条的违法行为，都应承担相应的法律责任。

三、上述违法行为的法律责任

（一）没收非法持有的兴奋剂

实践中组织、强迫、欺骗、教唆、引诱运动员使用兴奋剂或向运动员提供兴奋剂的主体，往往也非法持有兴奋剂，即掌握着一定的“药源”。在查处上述涉兴奋剂的违法行为时，应当依法没收。没收非法持有的兴奋剂，是对违法行为的一种纠正，可以预防持有人继续实施兴奋剂违法行为，防止其转移或销毁所持有的兴奋剂。

（二）罚款

对于向运动员提供或者变相提供兴奋剂的行为，本条设置了罚款这一行政处罚，主要是考虑到不法行为人的直接出发点往往是牟取经济利益，罚款是为了增加其违法成本，让其丧失因违法可能获得的收益。对于实施了此类违法行为的主体，由国务院体育行政部门或者省、自治区、直辖市人民政府体育行政部门没收非法持有的兴奋剂，并处五万元以上五十万元以下的罚款。实践中，体育行政部门应根据案件的具体情况，确定罚款数额。

（三）没收违法所得

对于向运动员提供或者变相提供兴奋剂的，本条还规定了没收违法所得。实践中此类行为往往是由经营者所实施的，这些经营者既可能是取得了合法资质的药品生产、销售企业，也可能是不具备合法资质而经营兴奋剂的单位或个人。无论是何种主体，只要向运动员提供了兴奋剂且有违法所得，均应依法没收。行政机关通过没收违法所得，对行为人经营兴奋剂违法所得财物的所有权进行强制性的剥夺，可以增加行为人的违法成本。根据本条规定，没收违法所得、没收非法持有的兴奋剂、罚款、禁止从事体育管理工作和运动员辅助工作是并处关系，可以同时作出。

（四）限制从事体育管理工作和运动员辅助工作

考虑到本条所规定的违法情形，最为常见的实施主体是从事体育管理工作和运动员辅助工作的人员，因此对于违反本条规定的人员追加限制从业的行政处罚，要求其一定期限内不得从事体育管理工作或体育辅助工作，情节严重者终身不得从事体育管理工作或体育辅助工作。同时，为了防止违法行为人通过调换工作来逃避惩戒，例如运动员辅助人员转岗去从事体育管理工作，本条将限制从业的内容设定为“体育管理工作和运动员辅助工作”，堵塞了可能存在的漏洞。

第一百一十九条　违反本法规定，造成财产损失或者其他损害的，依法承担民事责任；构成违反治安管理行为的，由公安机关依法给予治安管理处罚；构成犯罪的，依法追究刑事责任。

◆ **条文主旨**

本条是关于法律责任衔接的规定。

◆ **条文释义**

法律责任分为民事责任、行政责任和刑事责任。因此，如果一个行为在违反体育法的同时还触犯了《民法典》《治安管理处罚法》《刑法》等其他法律，也应当承担相应的法律后果。

一、违法行为

（一）违反本法规定，造成财产损失或者其他损害的。此种情形主要包括因与体育相关的行为带来的财产损失、人身伤害、精神损失或者名誉、商誉等损失。例如，《民法典》第一千一百九十八条规定，宾馆、商场、银行、车站、机场、体育场馆、娱乐场所等经营场所、公共场所的经营者、管理者或者群众性活动的组织者，未尽到安全保障义务，造成他人损害的，应当承担侵权责任。因第三人的行为造成他人损害的，由第三人承担侵权责任；经营者、管理者或者组织者未尽到安全保障义务的，承担相应的补充责任。经营者、管理者或者组织者承担补充责任后，可以向第三人追偿。例如，由于体育场馆经营者对场地设施维护不当造成观众或者运动员意外伤害的，则有可能适用民法典有关规定追究其侵权责任。

（二）违反本法规定，构成违反治安管理行为的。公安机关可以依照治安管理处罚法对体育活动中违反相关法律的行为给予治安管理处理。如《治安管理处罚法》第二十四条规定了扰乱文化、体育等大型群众性活动秩序的行为种类和处罚；第三十八条规定了对举办文化、体育等大型群众性活动的经营者违反有关规定发生安全事故危险的处罚；第五十二条规定了对伪造、变造、倒卖体育比赛入场券行为的处罚。同时对在竞技体育活动中有贿赂、诈骗、组织赌博行为，侵占、破坏公共体育设施的行为，在体育活动中，寻衅滋事、扰乱公共秩序的行为等进行治安处罚。

（三）违反本法规定，构成犯罪的。《刑法》第二百九十一条规定了聚众扰乱公共场所秩序、交通秩序罪，聚众扰乱运动场或者其他公共场所秩序，聚众堵塞交通或者破坏交通秩序，抗拒、阻碍国家治安管理工作人员依法执行职务，情节严重的，对首要分子，处五年以下有期徒刑、拘役或者管制。第三百五十五条之一规定了妨害兴奋剂管理罪。引诱、教唆、欺骗运动员使用兴奋剂参加国内、国际重大体育竞赛，或者明知运动员参加上述竞赛而向其提供兴奋剂，情节严重的，处三年以下有期徒刑或者拘役，并处罚金；组织、强迫运动员使用兴奋剂参加国内、国际重大体育竞赛的，依照前款的规定从重处理。同时，贿赂、诈骗、组织赌博行为，侵占、破坏公共体育设施的行为也可能涉及刑法，还有违反国家相关的财政制度、财务制度，挪用、克扣体育资金也可能构成刑事犯罪等。

二、法律责任

为了使体育法的法律责任更加具有体系性、合理性，使得法律责任的追究更具有可操作性，本条规定完善了体育法的责任体系，促进体育法与我国现有的法律体系更好衔接。

违反本法规定，造成财产损失或者其他损害的，依照民法典等相关规定，依法承担民事责任。《民法典》第一百七十九条规定："承担民事责任的方式主要有：（一）停止侵害；（二）排除妨碍；（三）消除危险；（四）返还财产；（五）恢复原状；（六）修理、重作、更换；（七）继续履行；（八）赔偿损失；（九）支付违约金；（十）消除影响、恢复名誉；（十一）赔礼道歉。法律规定惩罚性赔偿的，依照其规定。本条规定的承担民事责任的方式，可以单独适用，也可以合并适用。"

违反治安管理行为的，由公安机关依法给予治安管理处罚。《治安管理处罚法》第十条规定："治安管理处罚的种类分为：（一）警告；（二）罚款；（三）行政拘留；（四）吊销公安机关发放的许可证。对违反治安管理的外国人，可以附加适用限期出境或者驱逐出境。"

构成犯罪的，依法追究刑事责任。刑法规定了我国的刑罚分为主刑和附加刑。主刑包括：（一）管制；（二）拘役；（三）有期徒刑；（四）无期徒刑；（五）死刑。附加刑包括：（一）罚金；（二）剥夺政治权利；（三）没收财产。对于犯罪的外国人，还可以独立适用或者附加适用驱逐出境的处罚。

第十二章　附　　则

第一百二十条　任何国家、地区或者组织在国际体育运动中损害中华人民共和国主权、安全、发展利益和尊严的，中华人民共和国可以根据实际情况采取相应措施。

◆ 条文主旨

本条是关于在国际体育运动中进行反制的规定。

◆ 条文释义

一、国际体育运动不得损害我国主权、安全、发展利益和尊严

近年来，全球政治经济格局持续受到冲击，全球治理和世界秩序都面临着百年未有之大变局。自改革开放以来，中国特色社会主义事业取得了举世瞩目的成就，为世界和平和发展事业作出了重要贡献。然而，某些西方国家和组织却不断利用各种手段对中国的发展进行歪曲污蔑、遏制打压，依据其本国法律对中国的组织和个人实施所谓“制裁”，损害我国主权、安全、发展利益和尊严。此类损害不仅限于经济层面，体育领域也波及其中。例如，在反兴奋剂领域，美国出台《罗琴科夫反兴奋剂法案》，适用于所有美国运动员参加的国际大赛以及由在美国经营业务的企业赞助

的赛事和在美国进行转播的比赛，赋予美国在上述国际重大体育比赛中兴奋剂事务的域外管辖权，美国的域外管辖权已经延伸到国际体育领域。

国际体育领域风起云涌，体育已经沦为地缘政治的新战场。在体育法修订过程中，有的意见提出，应当对国际体育运动中损害我国国家尊严和利益的行为采取适当的应对措施。为此，本次体育法修订明确规定，任何国家、地区或者组织在国际体育运动中损害中华人民共和国主权、安全、发展利益和尊严的，中华人民共和国可以根据实际情况采取相应措施。

二、可以根据实际情况采取相应措施

为依法反制外国歧视性措施，我国于2021年颁布了《反外国制裁法》，明确规定外国国家违反国际法和国际关系基本准则，以各种借口或者依据其本国法律对我国进行遏制、打压，对我国公民、组织采取歧视性限制措施，干涉我国内政的，我国有权采取相应反制措施。此外，《反外国制裁法》第十三条规定："对于危害我国主权、安全、发展利益的行为，除本法规定外，有关法律、行政法规、部门规章可以规定采取其他必要的反制措施。"并且，商务部于2021年出台的《阻断外国法律与措施不当域外适用办法》同样旨在维护国家主权、安全、发展利益，保护我国公民、法人或其他组织的合法权益。在国际法层面，例如世界贸易组织（WTO）相关条例和《维也纳条约法公约》中的自卫原则也为反制措施的正当性提供了法律依据。

国际体育交流能够促进国家与国家之间、人民与人民之间的相互理解，有益于人类社会的"团结、友谊、进步"。体育文化是多元的，是属于世界的，任何政治手段都不应当干涉体育的发展与交流。我国一直鼓励开展对外体育交往，坚持独立自主、平等互利、相互尊重的原则，维护国家主权和尊严、遵守中华人民共和国缔结或者参加的国际条约。为了维护和保证国家安全，也需要采用切实可行的手段来有效防范化解风险，通过法律手段维护国家主权和合法权益是我国体育行政部门积极应对复杂多变的国际形势的重要任务。本次新增第一百二十条，正是保障中国体育不受他国干涉的迫切需要，是维护国家主权、安全、发展利益和尊严的迫切需要。

本条不仅重申了我国维护国家主权、安全、发展利益和尊严的决心，还有效提升了我国应对外部风险挑战的法治能力。该条的制定将为我国在体育领域依法采取反制措施提供强有力的法治保障，不仅十分必要，还非常及时。在特定的情形下，一旦国际体育偏离或者摒弃原有的“奥林匹克运动政治中立原则”，以西方为主导的国际体育组织极有可能做出损害中华人民共和国主权、安全、发展利益和尊严的行为，我们应守住国家主权安全的底线，依据法律规定采取相应的应对措施。

第一百二十一条　中国人民解放军和中国人民武装警察部队开展体育活动的具体办法，由中央军事委员会依照本法制定。

◆ 条文主旨

本条是关于中国人民解放军和中国人民武装警察部队开展体育活动具体办法制定问题的规定。

◆ 条文释义

军队体育，是指中国人民解放军和中国人民武装警察部队的体育活动。解放军和武警部队历来重视体育，建军以来的实践证明，体育对增强军人体质，锻炼勇敢坚韧精神，掌握快速行军、通过障碍、武装泅渡、越野跑和爬山等军事技能，更好地运用军事技术战术，以及活跃部队文化生活等方面都起到了积极作用。本法没有对军队体育设专章，仅在附则中进行了规定，主要是由军队体育兼具一般体育的共性与其自身的军事特殊性而决定的，同时，军队体育还承担着包括军事训练在内的军事任务，由中央军事委员会另行规定更具有科学性与针对性。

2018 年 1 月 1 日零时起，中国人民武装警察部队由党中央、中央军事委员会集中统一领导，实行中央军事委员会—武警部队—部队领导指挥体制。《中共中央关于调整中国人民武装警察部队领导指挥体制的决定》明确，武警部队归中央军事委员会建制，不再列国务院序列。同时《兵役法》规定：中华人民共和国的武装力量，由中国人民解放军、中国人民武装警察部队和民兵组成。中国人民武装警察部队同中国人民解放军一样，由党中央、中央军事委员会集中统一领导，都是中华人民共和国中央军事委员会领导的国家武装力量，遵守中国人民解放军的条令条例，但不列入解放军序列。此次体育法修改将原法中“军队”修改为“中国人民解放军和中国人民武装警察部队”，表述更为精确。

党的十八大以来，国家综合实力快速提升，人民军队面貌焕然一新。这一时期，新军事体育改革纲要下发，中国人民解放军特种作战学院重组建立，国际军事比武成果丰硕，世界军运会斩金夺银，中国军事体育发展水平全面跃升；2013 年，提出新的强军目标“听党指挥、能打胜仗、作风优良”；2014 年，中国人民解放军四总部联合颁布《军事体育训练改革发展纲要（2015—2020 年）》，对军事体育从体系建设、训练管理、人才培养、保障反馈上进行了全链贯通；2016 年，中央军委专设体育职能部门，军事体育的统筹能力得到质的提升；2018 年，新《军事体育训练大纲》颁布实施，全面开启新时代军事体育训练新征程；2019 年 3 月 1 日，《中国人民解放军军事训练监察条例》发布，训练监察制度全面开始实施，军事体育训练反馈体系大幅完善。同年 10 月，在第七届世界军人运动会上，解放军运动员成绩丰硕。

2020 年 10 月 20 日，我军唯一的专业体育单位，中央军委训练管理部军事体育训练中心调整改革动员部署大会在北京举行，标志着全军专业体育力量调整改革正式拉开大幕。会议宣读了中央军委《关于全军专业体育力量调整改革的通知》以及《军委训练管理部军事体育训练中心调整改革工作方案》，并就调整改革作出具体部署。这次调整改革由中央军委统一部署展开，有着优良传统和深厚底蕴的我军“八一”军体队伍，在职能定位、规模结构、参赛方式等方面都发生了重大变化。这次调整改革的总体设计和目标要求，可从五个方面理解和认识：一是明确根本指向。加快推进新时代军队体育建设转型，强化服务部队、支撑战斗力建设。二是调整建设定位。进一步突出军事属性、转变发展方向，强化对部队军事体育训练服务的指导功能，构建与形势任务发展相适应，特色鲜明、精干高效的专业体育力量布局，推动军队体育建设由面向赛场为主向面向部队为主转变。三是优化力量结构。保留部分军事特色鲜明的专业项目队，不再保留群众性强、社会资源丰富的竞技体育项目队。四是规范参赛要求。军队不再参加全国综合性体育运动会和单项赛事；参加世界军人运动会和国际军事体育理事会单项赛事。五是细化职能任务。主要负责全军军事体育训练基础研究、拟制标准规范、开展技术服务、选拔培养骨干，参加国际军体赛事和军事体育对外交流活动。

体育法修订后，中央军委将根据新法制定符合军队实际情况的军事体育管理办法，更好地适应自身需要。

第一百二十二条　本法自2023年1月1日起施行。

◆ 条文主旨

本条是本法生效时间的规定。

◆ 条文释义

法律的生效时间规定形式主要有以下三种情况：一是法律文件中明文规定该法生效的时间与法律颁布的时间相同。例如，2021年6月10日第十三届全国人民代表大会常务委员会第二十九次会议通过的《反外国制裁法》第十六条规定："本法自公布之日起施行。"二是法律文件中明文规定该法生效的时间，但所规定的生效时间晚于法律颁布的时间，其目的往往是做好法律实施前的准备工作。如《民法典》第一千二百六十条规定："本法自2021年1月1日起施行。"而该法颁布的时间是2020年5月28日。三是法律文件中没有明文规定生效时间，该法按惯例自颁布之日起生效。如1982年12月4日通过的《宪法》，从公布之日起即生效。因此，体育法的生效时间属于第二种情况，单独对生效时间进行规定。

此外，体育法的贯彻实施还需要其他相关配套措施的建立完善。作为体育领域的基本法，修订后的体育法将会对体育领域现有的法规、规章和规范性文件产生系统性影响。因此，在生效之前有必要统筹各相关规定的立改废释工作，各地方体育行政部门同样需要结合体育法的宗旨要求，推动本地区相关地方性法规、地方政府规章的修订。对于体育项目目录，也需要在以往项目目录的基础上，厘清现有体育项目的基本情况，为依法开展体育项目管理工作奠定基础。对于高危险性体育赛事活动，新修订的体育法规定，举办高危险性体育赛事活动必须符合法定条件，并经县级以上地方人民政府体育行政部门进行核查和批准，国务院体育行政部门会同有关部门制定、调整高危险性体育赛事活动目录，因此在新法生效之前，还需明确高危险性体育赛事活动范围、许可条件、申请材料、审批流程，及报送新增行政审批事项的具体情况等。对于体育仲裁制度，由于具体的体育仲裁机构在我国仍未实际建立和存在，因此借鉴国内外仲裁机构成熟经验，研究确定我国体育仲裁机构的组建方案、机构性质、职能职责、岗位设置、经费来源等事宜，亦需要一定的时间加紧商定。

本次体育法修改幅度大，变动内容多，在正式实施之前，需要预留一定的时间为相关学习宣传及筹备工作打好基础，做好铺垫。因此，修订后的体育法并未在出台后立即生效，而是规定于2023 年 1 月 1 日起施行。

附 录

中华人民共和国主席令

第一一四号

《中华人民共和国体育法》已由中华人民共和国第十三届全国人民代表大会常务委员会第三十五次会议于2022年6月24日修订通过，现予公布，自2023年1月1日起施行。

中华人民共和国主席 习近平

2022年6月24日

中华人民共和国体育法

（1995 年 8 月 29 日第八届全国人民代表大会常务委员会第十五次会议通过　根据 2009 年 8 月 27 日第十一届全国人民代表大会常务委员会第十次会议《关于修改部分法律的决定》第一次修正　根据 2016 年 11 月 7 日第十二届全国人民代表大会常务委员会第二十四次会议《关于修改〈中华人民共和国对外贸易法〉等十二部法律的决定》第二次修正　2022 年 6 月 24 日第十三届全国人民代表大会常务委员会第三十五次会议修订）

目　　录

第一章　总　　则

第一条　为了促进体育事业，弘扬中华体育精神，培育中华体育文化，发展体育运动，增强人民体质，根据宪法，制定本法。

第二条　体育工作坚持中国共产党的领导，坚持以人民为中心，以全民健身为基础，普及与提高相结合，推动体育事业均衡、充分发展，推进体育强国和健康中国建设。

第三条　县级以上人民政府应当将体育事业纳入国民经济和社会发展规划。

第四条　国务院体育行政部门主管全国体育工作。国务院其他有关部门在各自的职责范围内管理相关体育工作。

县级以上地方人民政府体育行政部门主管本行政区域内的体育工作。县级以上地方人民政府其他有关部门在各自的职责范围内管理相关体育工作。

第五条　国家依法保障公民平等参与体育活动的权利，对未成年人、妇女、老年人、残疾人等参加体育活动的权利给予特别保障。

第六条　国家扩大公益性和基础性公共体育服务供给，推动基本公共体育服务均等化，逐步健全全民覆盖、普惠共享、城乡一体的基本公共体育服务体系。

第七条　国家采取财政支持、帮助建设体育设施等措施，扶持革命老区、民族地区、边疆地区、经济欠发达地区体育事业的发展。

第八条　国家鼓励、支持优秀民族、民间、民俗传统体育项目的发掘、整理、保护、推广和创新，定期举办少数民族传统体育运动会。

第九条 开展和参加体育活动，应当遵循依法合规、诚实守信、尊重科学、因地制宜、勤俭节约、保障安全的原则。

第十条 国家优先发展青少年和学校体育，坚持体育和教育融合，文化学习和体育锻炼协调，体魄与人格并重，促进青少年全面发展。

第十一条 国家支持体育产业发展，完善体育产业体系，规范体育市场秩序，鼓励扩大体育市场供给，拓宽体育产业投融资渠道，促进体育消费。

第十二条 国家支持体育科学研究和技术创新，培养体育科技人才，推广应用体育科学技术成果，提高体育科学技术水平。

第十三条 国家对在体育事业发展中做出突出贡献的组织和个人，按照有关规定给予表彰和奖励。

第十四条 国家鼓励开展对外体育交往，弘扬奥林匹克精神，支持参与国际体育运动。

对外体育交往坚持独立自主、平等互利、相互尊重的原则，维护国家主权、安全、发展利益和尊严，遵守中华人民共和国缔结或者参加的国际条约。

第十五条 每年8月8日全民健身日所在周为体育宣传周。

第二章 全民健身

第十六条 国家实施全民健身战略，构建全民健身公共服务体系，鼓励和支持公民参加健身活动，促进全民健身与全民健康深度融合。

第十七条 国家倡导公民树立和践行科学健身理念，主动学习健身知识，积极参加健身活动。

第十八条 国家推行全民健身计划，制定和实施体育锻炼标准，定期开展公民体质监测和全民健身活动状况调查，开展科学健身指导工作。

国家建立全民健身工作协调机制。

县级以上人民政府应当定期组织有关部门对全民健身计划实施情况进行评估，并将评估情况向社会公开。

第十九条　国家实行社会体育指导员制度。社会体育指导员对全民健身活动进行指导。

社会体育指导员管理办法由国务院体育行政部门规定。

第二十条　地方各级人民政府和有关部门应当为全民健身活动提供必要的条件，支持、保障全民健身活动的开展。

第二十一条　国家机关、企业事业单位和工会、共产主义青年团、妇女联合会、残疾人联合会等群团组织应当根据各自特点，组织开展日常体育锻炼和各级各类体育运动会等全民健身活动。

第二十二条　居民委员会、村民委员会以及其他社区组织应当结合实际，组织开展全民健身活动。

第二十三条　全社会应当关心和支持未成年人、妇女、老年人、残疾人参加全民健身活动。各级人民政府应当采取措施，为未成年人、妇女、老年人、残疾人安全参加全民健身活动提供便利和保障。

第三章　青少年和学校体育

第二十四条　国家实行青少年和学校体育活动促进计划，健全青少年和学校体育工作制度，培育、增强青少年体育健身意识，推动青少年和学校体育活动的开展和普及，促进青少年身心健康和体魄强健。

第二十五条　教育行政部门和学校应当将体育纳入学生综合素质评价范围，将达到国家学生体质健康标准要求作为教育教学考核的重要内容，培养学生体育锻炼习惯，提升学生体育素养。

体育行政部门应当在传授体育知识技能、组织体育训练、举办体育赛事活动、管理体育场地设施等方面为学校提供指导和帮助，并配合教育行政部门推进学校运动队和高水平运动队建设。

第二十六条 学校必须按照国家有关规定开齐开足体育课，确保体育课时不被占用。

学校应当在体育课教学时，组织病残等特殊体质学生参加适合其特点的体育活动。

第二十七条 学校应当将在校内开展的学生课外体育活动纳入教学计划，与体育课教学内容相衔接，保障学生在校期间每天参加不少于一小时体育锻炼。

鼓励学校组建运动队、俱乐部等体育训练组织，开展多种形式的课余体育训练，有条件的可组建高水平运动队，培养竞技体育后备人才。

第二十八条 国家定期举办全国学生（青年）运动会。地方各级人民政府应当结合实际，定期组织本地区学生（青年）运动会。

学校应当每学年至少举办一次全校性的体育运动会。

鼓励公共体育场地设施免费向学校开放使用，为学校举办体育运动会提供服务保障。

鼓励学校开展多种形式的学生体育交流活动。

第二十九条 国家将体育科目纳入初中、高中学业水平考试范围，建立符合学科特点的考核机制。

病残等特殊体质学生的体育科目考核，应当充分考虑其身体状况。

第三十条 学校应当建立学生体质健康检查制度。教育、体育和卫生健康行政部门应当加强对学生体质的监测和评估。

第三十一条 学校应当按照国家有关规定，配足合格的体育教师，保障体育教师享受与其他学科教师同等待遇。

学校可以设立体育教练员岗位。

学校优先聘用符合相关条件的优秀退役运动员从事学校体育教学、训练活动。

第三十二条 学校应当按照国家有关标准配置体育场地、设施和器材，并定期进行检查、维护，适时予以更新。

学校体育场地必须保障体育活动需要，不得随意占用或者挪作他用。

第三十三条 国家建立健全学生体育活动意外伤害保险机制。

教育行政部门和学校应当做好学校体育活动安全管理和运动伤害风险防控。

第三十四条 幼儿园应当为学前儿童提供适宜的室内外活动场地和体育设施、器材，开展符合学前儿童特点的体育活动。

第三十五条 各级教育督导机构应当对学校体育实施督导，并向社会公布督导报告。

第三十六条 教育行政部门、体育行政部门和学校应当组织、引导青少年参加体育活动，预防和控制青少年近视、肥胖等不良健康状况，家庭应当予以配合。

第三十七条 体育行政部门会同有关部门引导和规范企业事业单位、社会组织和体育专业人员等为青少年提供体育培训等服务。

第三十八条 各级各类体育运动学校应当对适龄学生依法实施义务教育，并根据国务院体育行政部门制定的教学训练大纲开展业余体育训练。

教育行政部门应当将体育运动学校的文化教育纳入管理范围。

各级人民政府应当在场地、设施、资金、人员等方面对体育运动学校予以支持。

第四章 竞技体育

第三十九条 国家促进竞技体育发展，鼓励运动员提高竞技水平，在体育赛事中创造优异成绩，为国家和人民争取荣誉。

第四十条 国家促进和规范职业体育市场化、职业化发展，提高职业体育赛事能力和竞技水平。

第四十一条 国家加强体育运动学校和体育传统特色学校建设，鼓励、支持开展业余体育训练，培养优秀的竞技体育后备人才。

第四十二条 国家加强对运动员的培养和管理，对运动员进行爱国主义、集体主义和社会主义教育，以及道德、纪律和法治教育。

运动员应当积极参加训练和竞赛，团结协作，勇于奉献，顽强拼搏，不断提高竞技水平。

第四十三条 国家加强体育训练科学技术研究、开发和应用，对运动员实行科学、文明的训练，维护运动员身心健康。

第四十四条 国家依法保障运动员接受文化教育的权利。

体育行政部门、教育行政部门应当保障处于义务教育阶段的运动员完成义务教育。

第四十五条 国家依法保障运动员选择注册与交流的权利。

运动员可以参加单项体育协会的注册，并按照有关规定进行交流。

第四十六条 国家对优秀运动员在就业和升学方面给予优待。

第四十七条 各级人民政府加强对退役运动员的职业技能培训和社会保障，为退役运动员就业、创业提供指导和服务。

第四十八条 国家实行体育运动水平等级、教练员职称等级和裁判员技术等级制度。

第四十九条 代表国家和地方参加国际、国内重大体育赛事的运动员和运动队，应当按照公开、公平、择优的原则选拔和组建。

运动员选拔和运动队组建办法由国务院体育行政部门规定。

第五十条 国家对体育赛事活动实行分级分类管理，具体办法由国务院体育行政部门规定。

第五十一条 体育赛事实行公平竞争的原则。

体育赛事活动组织者和运动员、教练员、裁判员应当遵守体育道德和体育赛事规则，不得弄虚作假、营私舞弊。

严禁任何组织和个人利用体育赛事从事赌博活动。

第五十二条 在中国境内举办的体育赛事，其名称、徽记、旗帜及吉祥物等标志按照国家有关规定予以保护。

未经体育赛事活动组织者等相关权利人许可，不得以营利为目的采集或者传播体育赛事活动现场图片、音视频等信息。

第五章 反兴奋剂

第五十三条 国家提倡健康文明、公平竞争的体育运动，禁止在体育运动中使用兴奋剂。

任何组织和个人不得组织、强迫、欺骗、教唆、引诱体育运动参加者在体育运动中使用兴奋剂，不得向体育运动参加者提供或者变相提供兴奋剂。

第五十四条 国家建立健全反兴奋剂制度。

县级以上人民政府体育行政部门会同卫生健康、教育、公安、工信、商务、药品监管、交通运输、海关、农业、市场监管等部门，对兴奋剂问题实施综合治理。

第五十五条 国务院体育行政部门负责制定反兴奋剂规范。

第五十六条 国务院体育行政部门会同国务院药品监管、卫生健康、商务、海关等部门制定、公布兴奋剂目录，并动态调整。

第五十七条 国家设立反兴奋剂机构。反兴奋剂机构及其检查人员依照法定程序开展检查，有关单位和人员应当予以配合，任何单位和个人不得干涉。

反兴奋剂机构依法公开反兴奋剂信息，并接受社会监督。

第五十八条 县级以上人民政府体育行政部门组织开展反兴奋剂宣传、教育工作，提高体育活动参与者和公众的反兴奋剂意识。

第五十九条 国家鼓励开展反兴奋剂科学技术研究，推广先进的反兴奋剂技术、设备和方法。

第六十条 国家根据缔结或者参加的有关国际条约，开展反兴奋剂国际合作，履行反兴奋剂国际义务。

第六章 体育组织

第六十一条 国家鼓励、支持体育组织依照法律法规和章程开展体育活动，推动体育事业发展。

国家鼓励体育组织积极参加国际体育交流合作，参与国际体育运动规则的制定。

第六十二条 中华全国体育总会和地方各级体育总会是团结各类体育组织和体育工作者、体育爱好者的群众性体育组织，应当在发展体育事业中发挥作用。

第六十三条 中国奥林匹克委员会是以发展体育和推动奥林匹克运动为主要任务的体育组织，代表中国参与国际奥林匹克事务。

第六十四条 体育科学社会团体是体育科学技术工作者的学术性体育社会组织，应当在发展体育科技事业中发挥作用。

第六十五条 全国性单项体育协会是依法登记的体育社会组

织，代表中国参加相应的国际单项体育组织，根据章程加入中华全国体育总会、派代表担任中国奥林匹克委员会委员。

全国性单项体育协会负责相应项目的普及与提高，制定相应项目技术规范、竞赛规则、团体标准，规范体育赛事活动。

第六十六条 单项体育协会应当依法维护会员的合法权益，积极向有关单位反映会员的意见和建议。

第六十七条 单项体育协会应当接受体育行政部门的指导和监管，健全内部治理机制，制定行业规则，加强行业自律。

第六十八条 国家鼓励发展青少年体育俱乐部、社区健身组织等各类自治性体育组织。

第七章 体育产业

第六十九条 国家制定体育产业发展规划，扩大体育产业规模，增强体育产业活力，促进体育产业高质量发展，满足人民群众多样化体育需求。

县级以上人民政府应当建立政府多部门合作的体育产业发展工作协调机制。

第七十条 国家支持和规范发展体育用品制造、体育服务等体育产业，促进体育与健康、文化、旅游、养老、科技等融合发展。

第七十一条 国家支持体育用品制造业创新发展，鼓励企业加大研发投入，采用新技术、新工艺、新材料，促进体育用品制造业转型升级。

国家培育健身休闲、竞赛表演、场馆服务、体育经纪、体育培训等服务业态，提高体育服务业水平和质量。

符合条件的体育产业，依法享受财政、税收、土地等优惠政策。

第七十二条 国家完善职业体育发展体系，拓展职业体育发展渠道，支持运动员、教练员职业化发展，提高职业体育的成熟度和规范化水平。

职业体育俱乐部应当健全内部治理机制，完善法人治理结构，充分发挥其市场主体作用。

第七十三条 国家建立健全区域体育产业协调互动机制，推动区域间体育产业资源交流共享，促进区域体育协调发展。

国家支持地方发挥资源优势，发展具有区域特色、民族特色的体育产业。

第七十四条 国家鼓励社会资本投入体育产业，建设体育设施，开发体育产品，提供体育服务。

第七十五条 国家鼓励有条件的高等学校设置体育产业相关专业，开展校企合作，加强职业教育和培训，培养体育产业专业人才，形成有效支撑体育产业发展的人才队伍。

第七十六条 国家完善体育产业统计体系，开展体育产业统计监测，定期发布体育产业数据。

第八章 保障条件

第七十七条 县级以上人民政府应当将体育事业经费列入本级预算，建立与国民经济和社会发展相适应的投入机制。

第七十八条 国家鼓励社会力量发展体育事业，鼓励对体育事业的捐赠和赞助，保障参与主体的合法权益。

通过捐赠财产等方式支持体育事业发展的，依法享受税收优惠等政策。

第七十九条 国家有关部门应当加强对体育资金的管理，任何单位和个人不得侵占、挪用、截留、克扣、私分体育资金。

第八十条 国家支持通过政府购买服务的方式提供公共体育

服务，提高公共体育服务水平。

第八十一条 县级以上地方人民政府应当按照国家有关规定，根据本行政区域经济社会发展水平、人口结构、环境条件以及体育事业发展需要，统筹兼顾，优化配置各级各类体育场地设施，优先保障全民健身体育场地设施的建设和配置。

第八十二条 县级以上地方人民政府应当将本行政区域内公共体育场地设施的建设纳入国民经济和社会发展规划、国土空间规划，未经法定程序不得变更。

公共体育场地设施的规划设计和竣工验收，应当征求本级人民政府体育行政部门意见。

公共体育场地设施的设计和建设，应当符合国家无障碍环境建设要求，有效满足老年人、残疾人等特定群体的无障碍需求。

第八十三条 新建、改建、扩建居住社区，应当按照国家有关规定，同步规划、设计、建设用于居民日常健身的配套体育场地设施。

第八十四条 公共体育场地设施管理单位应当公开向社会开放的办法，并对未成年人、老年人、残疾人等实行优惠。

免费和低收费开放的体育场地设施，按照有关规定享受补助。

第八十五条 国家推进体育公园建设，鼓励地方因地制宜发展特色体育公园，推动体育公园免费开放，满足公民体育健身需求。

第八十六条 国家鼓励充分、合理利用旧厂房、仓库、老旧商业设施等闲置资源建设用于公民日常健身的体育场地设施，鼓励和支持机关、学校、企业事业单位的体育场地设施向公众开放。

第八十七条 任何单位和个人不得侵占公共体育场地设施及其建设用地，不得擅自拆除公共体育场地设施，不得擅自改变公共体育场地设施的功能、用途或者妨碍其正常使用。

因特殊需要临时占用公共体育场地设施超过十日的，应当经本级人民政府体育行政部门同意；超过三个月的，应当报上一级人民政府体育行政部门批准。

经批准拆除公共体育场地设施或者改变其功能、用途的，应当依照国家有关法律、行政法规的规定先行择地重建。

第八十八条 县级以上地方人民政府应当建立全民健身公共场地设施的维护管理机制，明确管理和维护责任。

第八十九条 国家发展体育专业教育，鼓励有条件的高等学校培养教练员、裁判员、体育教师等各类体育专业人才，鼓励社会力量依法开展体育专业教育。

第九十条 国家鼓励建立健全运动员伤残保险、体育意外伤害保险和场所责任保险制度。

大型体育赛事活动组织者应当和参与者协商投保体育意外伤害保险。

高危险性体育赛事活动组织者应当投保体育意外伤害保险。

高危险性体育项目经营者应当投保体育意外伤害保险和场所责任保险。

第九章 体育仲裁

第九十一条 国家建立体育仲裁制度，及时、公正解决体育纠纷，保护当事人的合法权益。

体育仲裁依法独立进行，不受行政机关、社会组织和个人的干涉。

第九十二条 当事人可以根据仲裁协议、体育组织章程、体育赛事规则等，对下列纠纷申请体育仲裁：

（一）对体育社会组织、运动员管理单位、体育赛事活动组织者按照兴奋剂管理或者其他管理规定作出的取消参赛资格、取消比赛成绩、禁赛等处理决定不服发生的纠纷；

（二）因运动员注册、交流发生的纠纷；

（三）在竞技体育活动中发生的其他纠纷。

《中华人民共和国仲裁法》规定的可仲裁纠纷和《中华人民共和国劳动争议调解仲裁法》规定的劳动争议，不属于体育仲裁范围。

第九十三条　国务院体育行政部门依照本法组织设立体育仲裁委员会，制定体育仲裁规则。

体育仲裁委员会由体育行政部门代表、体育社会组织代表、运动员代表、教练员代表、裁判员代表以及体育、法律专家组成，其组成人数应当是单数。

体育仲裁委员会应当设仲裁员名册。仲裁员具体条件由体育仲裁规则规定。

第九十四条　体育仲裁委员会裁决体育纠纷实行仲裁庭制。仲裁庭组成人数应当是单数，具体组成办法由体育仲裁规则规定。

第九十五条　鼓励体育组织建立内部纠纷解决机制，公平、公正、高效地解决纠纷。

体育组织没有内部纠纷解决机制或者内部纠纷解决机制未及时处理纠纷的，当事人可以申请体育仲裁。

第九十六条　对体育社会组织、运动员管理单位、体育赛事活动组织者的处理决定或者内部纠纷解决机制处理结果不服的，当事人自收到处理决定或者纠纷处理结果之日起二十一日内申请体育仲裁。

第九十七条　体育仲裁裁决书自作出之日起发生法律效力。

裁决作出后，当事人就同一纠纷再申请体育仲裁或者向人民法院起诉的，体育仲裁委员会或者人民法院不予受理。

第九十八条　有下列情形之一的，当事人可以自收到仲裁裁决书之日起三十日内向体育仲裁委员会所在地的中级人民法院申请撤销裁决：

（一）适用法律、法规确有错误的；

（二）裁决的事项不属于体育仲裁受理范围的；

（三）仲裁庭的组成或者仲裁的程序违反有关规定，足以影响公正裁决的；

（四）裁决所根据的证据是伪造的；

（五）对方当事人隐瞒了足以影响公正裁决的证据的；

（六）仲裁员在仲裁该案时有索贿受贿、徇私舞弊、枉法裁决行为的。

人民法院经组成合议庭审查核实裁决有前款规定情形之一的，或者认定裁决违背社会公共利益的，应当裁定撤销。

人民法院受理撤销裁决的申请后，认为可以由仲裁庭重新仲裁的，通知仲裁庭在一定期限内重新仲裁，并裁定中止撤销程序。仲裁庭拒绝重新仲裁的，人民法院应当裁定恢复撤销程序。

第九十九条 当事人应当履行体育仲裁裁决。一方当事人不履行的，另一方当事人可以依照《中华人民共和国民事诉讼法》的有关规定向人民法院申请执行。

第一百条 需要即时处理的体育赛事活动纠纷，适用体育仲裁特别程序。

特别程序由体育仲裁规则规定。

第十章 监督管理

第一百零一条 县级以上人民政府体育行政部门和有关部门应当积极履行监督检查职责，发现违反本法规定行为的，应当及时做出处理。对不属于本部门主管事项的，应当及时书面通知并移交相关部门查处。

第一百零二条　县级以上人民政府体育行政部门对体育赛事活动依法进行监管，对赛事活动场地实施现场检查，查阅、复制有关合同、票据、账簿，检查赛事活动组织方案、安全应急预案等材料。

县级以上人民政府公安、市场监管、应急管理等部门按照各自职责对体育赛事活动进行监督管理。

体育赛事活动组织者应当履行安全保障义务，提供符合要求的安全条件，制定风险防范及应急处置预案等保障措施，维护体育赛事活动的安全。

体育赛事活动因发生极端天气、自然灾害、公共卫生事件等突发事件，不具备办赛条件的，体育赛事活动组织者应当及时予以中止；未中止的，县级以上人民政府应当责令其中止。

第一百零三条　县级以上人民政府市场监管、体育行政等部门按照各自职责对体育市场进行监督管理。

第一百零四条　国家建立体育项目管理制度，新设体育项目由国务院体育行政部门认定。

体育项目目录每四年公布一次。

第一百零五条　经营高危险性体育项目，应当符合下列条件，并向县级以上地方人民政府体育行政部门提出申请：

（一）相关体育设施符合国家标准；

（二）具有达到规定数量的取得相应国家职业资格证书或者职业技能等级证书的社会体育指导人员和救助人员；

（三）具有相应的安全保障、应急救援制度和措施。

县级以上地方人民政府体育行政部门应当自收到申请之日起三十日内进行实地核查，并作出批准或者不予批准的决定。予以批准的，应当发给许可证；不予批准的，应当书面通知申请人并说明理由。

国务院体育行政部门会同有关部门制定、调整高危险性体育项目目录并予以公布。

第一百零六条 举办高危险性体育赛事活动，应当符合下列条件，并向县级以上地方人民政府体育行政部门提出申请：

（一）配备具有相应资格或者资质的专业技术人员；

（二）配置符合相关标准和要求的场地、器材和设施；

（三）制定通信、安全、交通、卫生健康、食品、应急救援等相关保障措施。

县级以上地方人民政府体育行政部门应当自收到申请之日起三十日内进行实地核查，并作出批准或者不予批准的决定。

国务院体育行政部门会同有关部门制定、调整高危险性体育赛事活动目录并予以公布。

第一百零七条 县级以上地方人民政府应当建立体育执法机制，为体育执法提供必要保障。体育执法情况应当向社会公布，接受社会监督。

第一百零八条 县级以上地方人民政府每届任期内至少向本级人民代表大会或者其常务委员会报告一次全民健身、青少年和学校体育工作。

第十一章 法律责任

第一百零九条 国家机关及其工作人员违反本法规定，有下列行为之一的，由其所在单位、主管部门或者上级机关责令改正；对负有责任的领导人员和直接责任人员依法给予处分：

（一）对违法行为不依法查处的；

（二）侵占、挪用、截留、克扣、私分体育资金的；

（三）在组织体育赛事活动时，有违反体育道德和体育赛事规则，弄虚作假、营私舞弊等行为的；

（四）其他不依法履行职责的行为。

第一百一十条 体育组织违反本法规定的，由相关部门责令改正，给予警告，对负有责任的领导人员和直接责任人员依法给予处分；可以限期停止活动，并可责令撤换直接负责的主管人员；情节严重的，予以撤销登记。

第一百一十一条 学校违反本法有关规定的，由有关主管部门责令改正；对负有责任的领导人员和直接责任人员依法给予处分。

第一百一十二条 运动员、教练员、裁判员违反本法规定，有违反体育道德和体育赛事规则，弄虚作假、营私舞弊等行为的，由体育组织按照有关规定给予处理；情节严重、社会影响恶劣的，由县级以上人民政府体育行政部门纳入限制、禁止参加竞技体育活动名单；有违法所得的，没收违法所得，并处一万元以上十万元以下的罚款。

利用体育赛事从事赌博活动的，由公安机关依法查处。

第一百一十三条 体育赛事活动组织者有下列行为之一的，由县级以上地方人民政府体育行政部门责令改正，处五万元以上五十万元以下的罚款；有违法所得的，没收违法所得；情节严重的，给予一年以上三年以下禁止组织体育赛事活动的处罚：

（一）未经许可举办高危险性体育赛事活动的；

（二）体育赛事活动因突发事件不具备办赛条件时，未及时中止的；

（三）安全条件不符合要求的；

（四）有违反体育道德和体育赛事规则，弄虚作假、营私舞弊等行为的；

（五）未按要求采取风险防范及应急处置预案等保障措施的。

第一百一十四条 违反本法规定，侵占、破坏公共体育场地设施的，由县级以上地方人民政府体育行政部门会同有关部门予以制止，责令改正，并可处实际损失五倍以下的罚款。

第一百一十五条 违反本法规定，未经批准临时占用公共体育场地设施的，由县级以上地方人民政府体育行政部门会同有关部门责令限期改正；逾期未改正的，对公共体育场地设施管理单位处十万元以上五十万元以下的罚款；有违法所得的，没收违法所得。

第一百一十六条 未经许可经营高危险性体育项目的，由县级以上地方人民政府体育行政部门会同有关部门责令限期关闭；逾期未关闭的，处十万元以上五十万元以下的罚款；有违法所得的，没收违法所得。

违法经营高危险性体育项目的，由县级以上地方人民政府体育行政部门责令改正；逾期未改正的，处五万元以上五十万元以下的罚款；有违法所得的，没收违法所得；造成严重后果的，由主管部门责令关闭，吊销许可证照，五年内不得再从事该项目经营活动。

第一百一十七条 运动员违规使用兴奋剂的，由有关体育社会组织、运动员管理单位、体育赛事活动组织者作出取消参赛资格、取消比赛成绩或者禁赛等处理。

第一百一十八条 组织、强迫、欺骗、教唆、引诱运动员在体育运动中使用兴奋剂的，由国务院体育行政部门或者省、自治区、直辖市人民政府体育行政部门没收非法持有的兴奋剂；直接负责的主管人员和其他直接责任人员四年内不得从事体育管理工作和运动员辅助工作；情节严重的，终身不得从事体育管理工作和运动员辅助工作。

向运动员提供或者变相提供兴奋剂的，由国务院体育行政部门或者省、自治区、直辖市人民政府体育行政部门没收非法持有的兴奋剂，并处五万元以上五十万元以下的罚款；有违法所得的，没收违法所得；并给予禁止一定年限直至终身从事体育管理工作和运动员辅助工作的处罚。

第一百一十九条 违反本法规定，造成财产损失或者其他损害的，依法承担民事责任；构成违反治安管理行为的，由公安机关依法给予治安管理处罚；构成犯罪的，依法追究刑事责任。

第十二章 附 则

第一百二十条 任何国家、地区或者组织在国际体育运动中损害中华人民共和国主权、安全、发展利益和尊严的，中华人民共和国可以根据实际情况采取相应措施。

第一百二十一条 中国人民解放军和中国人民武装警察部队开展体育活动的具体办法，由中央军事委员会依照本法制定。

第一百二十二条 本法自2023年1月1日起施行。

关于《中华人民共和国体育法（修订草案）》的说明

——2021年10月19日在第十三届全国人民代表大会常务委员会第三十一次会议上

全国人大社会建设委员会主任委员 何毅亭

全国人民代表大会常务委员会：

我受全国人大社会建设委员会委托，作关于《中华人民共和国体育法（修订草案）》的说明。

一、体育法修改的必要性和立法过程

党和国家历来高度重视体育工作。特别是党的十八大以来，以习近平同志为核心的党中央围绕加快推进体育强国建设提出了一系列新理念新思想新战略，为做好新时代体育工作提供了根本遵循，也为加强体育法治建设指明了方向。当前，与人民日益增长的美好生活需要相比，体育发展不平衡不充分的问题依然突出，人民群众多元化、多层次的体育需求尚未得到较好满足，迫切需要通过立法推动体育领域深化改革，破除束缚体育发展的障碍。同时还要看到，体育法已经颁布二十多年，严重滞后于经济社会快速发展。体育事业改革实践需要法律的推动与保障，各类体育主体的权利义务关系有待法律进一步明确，体育法与其他法律冲突的问题亟待解决，筹办北京2022年冬奥会等国际赛事相关法律问题急需法律支撑，大量涌现的群众性商业性赛事活动需要法律监管作出回应。因此，修改体育法不仅十分必要而且十分紧迫。

2018 年，十三届全国人大常委会立法规划明确由全国人大社会建设委员会牵头修改体育法。社会委在前期调研等工作基础上，于 2020 年 11 月正式启动体育法修改工作，2021 年 3 月牵头成立了体育法修改工作领导小组，成员单位包括全国人大常委会法制工作委员会、最高人民法院、国家发展和改革委员会、教育部、民政部、司法部、自然资源部、住房和城乡建设部、文化和旅游部、国家卫生健康委员会、国家市场监督管理总局、国家体育总局、全国总工会、中国残联等。社会委多次与各成员单位沟通协商、交换意见，采取实地调研、委托调研、视频座谈等形式深入研究法律修改的重点难点问题，并书面征求了国务院办公厅、最高人民法院、最高人民检察院和 31 个省、自治区、直辖市人大的意见，广泛听取了各级人大代表、地方有关部门、司法机关、群团组织以及社会各界（各级体育总会、各类体育协会等体育社会组织、企业、学校，以及运动员教练员裁判员等体育工作者和专家学者等）的意见建议。在反复研究论证的基础上，形成了《中华人民共和国体育法（修订草案）》（以下简称修订草案）。

二、体育法修改的指导思想和总体思路

体育法修改的指导思想是：以习近平新时代中国特色社会主义思想为指导，深入学习贯彻习近平法治思想和习近平总书记关于体育工作的重要论述，全面贯彻落实党的十九大和十九届二中、三中、四中、五中全会精神，坚持以人民为中心，坚持从国情实际出发，推动体育领域深化改革，维护体育发展良好秩序，更好保障人民体育权益，为推进体育治理体系和治理能力现代化、加快体育强国和健康中国建设提供有力法治保障。

体育法修改过程中注重把握以下几点：

*一是落实体育强国和健康中国国家战略。*体育法修改坚决贯彻落实党中央决策部署，紧扣实现全面依法治国和体育强国、健

康中国建设目标，着力推进“全民健身与全民健康深度融合”，推动完善国家体育健康评价体系和标准制度，健全体育事业共建、体育资源社会共享机制。积极回应人民群众新要求新期待，突出依法保护公民参加体育活动的权利，明确促进全民健身的保障手段，提高全民族的体质健康水平，确保体育事业发展中的人民主体地位。

*二是聚焦解决体育事业发展突出问题。*当前，体育事业改革发展面临诸多问题，主要有：全民健身、学校体育、竞技体育发展不协调，全民健身公共服务体系不健全，体育促进全民健康的作用发挥不充分，青少年体质下降趋势明显，体育组织发展不规范，竞技体育后备人才培养体制不顺畅，体育产业发展不平衡，体育纠纷解决机制特别是体育仲裁缺失，监督管理不到位，体育执法与市场发展不相适应等。修改工作坚持问题导向，对这些问题均作出积极回应，着力制定和完善相关制度措施，推动体育法治化走向更高水平。

*三是确保修法与体育事业改革协同推进。*近年来，中央办公厅、国务院办公厅印发了《关于全面加强和改进新时代学校体育工作的意见》《关于促进全民健身和体育消费推动体育产业高质量发展的意见》《体育强国建设纲要》等一系列政策文件；第十三届全国人大常委会第二十四次会议通过《刑法修正案（十一）》，增设与兴奋剂有关的罪名；各地也出台了许多配套的地方性法规，推动了体育法治建设的发展，积累了许多成功经验。修订草案在认真研究论证的基础上，将适应体育事业改革发展需要、实践证明行之有效的措施做法写入了法律。

四是做好体育相关领域衔接协调。一方面，修法坚持系统观念，既处理好体育内部各种形态之间的关系，又注重促进体育与教育、健康、养老、文化、旅游等其他领域协同发展。在强调体育法作为体育领域基本法定位的同时，做好与民法典、公共文化服务保障法、仲裁法以及全民健身条例、学校体育工作条例、反兴奋剂条例等法律法规的协调衔接。另一方面，修法坚持立足国情，做好与国际规则的对接。既汲取国外经验，尊重并加强对国际体育组织规则的理解与掌握，更落脚中国体育发展的实际，在制度设计上体现中国特色。

三、体育法修改的主要内容

体育法是在 1995 年颁布实施的，2009 年、2016 年分别进行了个别条文的修改。总体来看，该法确立的原则和制度仍然是适用的。因此，修订草案在保留现行法基本框架的前提下，根据中央精神和现实需要补充新的内容，对章目编排及条文顺序进行了调整，对已不符合新情况的规定作出修改。修订草案目前有 11 章，分别为总则、全民健身、学校体育、竞技体育、反兴奋剂、体育组织、保障条件、体育仲裁、监督管理、法律责任和附则，条文增加到 109 条。修改的主要内容是：

（一）充实总则规定

为实现体育与国家战略的对接，增加“推动体育强国和健康中国建设”的立法目的，明确“以全民健身为基础”的体育工作方针；根据新时代我国社会主要矛盾的变化，强调促进体育事业均衡、充分发展，增加“国家扶持革命老区、民族地区、边疆地区、经济欠发达地区体育事业的发展”的规定；突出权利导向，明确规定平等参与权利，并在其后章节予以具体保障；将原第二章中有关保护传统体育的条文上升至总则，凸显对传统体育保护的重视；增设“体育活动原则”条款，规定了体育活动需要遵守的普遍规则；增设“体育产业”条款，明确体育产业的内容与发展方向。

（二）强化全民健身国家战略

全民健身作为国家战略，对提升国民体质，促进全民健康战略实现具有不可替代的作用。为突出全民健身的重要基础性保障作用，章名由“社会体育”修改为“全民健身”，并增加“全民健身国家战略”条款；明确各级政府、各类组织、机关企事业单位的职责，增加建立工作协调机制、开展全民健身活动状况调查等具体措施；规定促进全民健身的保障手段，并对老年人、残疾人等重点人群给予特殊保障；与时俱进地对文字进行修改调整，使得条文更加贴近现实。

（三）落实体教融合新要求

学校是传授体育知识，培养学生体育习惯的重要阵地。针对青少年体质下降问题，树立健康第一的教育理念，在学校体育中明确教育部门、体育部门、学校等各自的职责，推动学生文化学习和体育锻炼协调发展。新增“保证体育课时不被占用”和“在校不少于一小时体育锻炼”等条款，以确保学生有充足的体育锻炼时间；新增“鼓励学校组建高水平运动队”“体育运动学校”等条款，将学校体育与竞技体育后备人才培养结合起来；修改“体育考试”条款，积极提升体育在学校教育中的地位，最终实现增强学生体质的目的；新增“学校体育运动安全管理和风险防控”“学校体育督导”等条款，保障学校体育活动开展的顺利安全；此外，还新增拓展优秀运动员就业渠道条款和幼儿体育条款，扩展“学校体育”规范的内容。

（四）促进竞技体育发展

竞技体育的可持续发展是体育的核心内容之一。修订草案新增运动员权利保障条款，加强运动员权利保护；调整运动员注册管理和体育赛事活动管理条款，进一步推动竞技体育管理体制改革，促进竞技体育更好发展；新增职业体育条款，促进职业体育竞技水平的提高。

（五）坚决反对使用兴奋剂

新增反兴奋剂章节，体现了我国反兴奋剂的决心。主要内容是将反兴奋剂条例进行提炼，总结上升为法律条文的内容，对反兴奋剂工作进行规范，包括禁止使用兴奋剂的原则；不得向体育运动参加者提供或变相提供兴奋剂；国家建立反兴奋剂管理机制、体育行政部门和相关部门的职责以及反兴奋剂国际合作等。

（六）发挥体育组织作用

“体育社会团体”章名更改为“体育组织”，顺应了国家有关要求和时代发展趋势，“体育社会团体”是“体育组织”的重要组成部分，“体育组织”的内涵和外延更广、更大。进一步弱化行政色彩，明确了全国性单项体育协会的职责范围，以及与行业管理部门、中华全国体育总会、中国奥委会的关系，更符合依法治国以及国家治理体系和治理能力现代化的要求；新增维权和自律条款，保障体育组织权利，促进单项体育协会的健康发展。

（七）监管和促进并重

体育事业发展既要科学监管也要加大保护。修订草案用保障条件、体育仲裁、监督管理三个章节分别予以体现。保障条件中进一步明确政府及有关部门的职责，完善了社会力量办体育的多种优惠措施；在体育场地设施规划、建设、开放等方面，细化了有关条款，增强可操作性和刚性，以将全民健身落到实处。新增“体育仲裁”章节，改变长期以来体育仲裁规定一直未能落地的现状，建立适合中国国情的体育仲裁制度。新增“监督管理”章节，进一步压实体育行政部门和有关部门进行日常监督检查的职责；加强对高危险性体育项目和赛事活动的监管，进一步明确体育行政部门对赛事监管的方式方法，并规定了突发公共安全事件时的熔断机制。

此外，修订草案还细化了法律责任，让修订后的体育法更加具有强制性和执行性。

《中华人民共和国体育法（修订草案）》和以上说明是否妥当，请审议。

全国人民代表大会宪法和法律委员会关于《中华人民共和国体育法（修订草案）》修改情况的汇报

——2022 年 4 月 18 日在第十三届全国人民代表大会常务委员会第三十四次会议上

全国人大宪法和法律委员会副主任委员　徐　辉

全国人民代表大会常务委员会：

常委会第三十一次会议对体育法修订草案进行了初次审议。会后，法制工作委员会将修订草案印发中央和国家机关有关部门、部分省级和设区的市人大常委会、基层立法联系点、高等院校和全国人大代表征求意见；在中国人大网公布修订草案全文，征求社会公众意见；召开学校体育专题座谈会，到国家体育总局专题调研，与陕西省人大常委会连线召开视频调研座谈会，听取有关方面意见建议；还就修订草案主要问题与有关方面交换意见，共同研究。宪法和法律委员会于 3 月 23 日召开会议，根据常委会组成人员审议意见和各方面的意见，对修订草案进行了逐条审议。社会建设委员会、国家体育总局有关负责同志列席了会议。4 月 12 日，宪法和法律委员会召开会议，再次进行了审议。现将体育法修订草案主要问题修改情况汇报如下：

一、有的常委委员、部门和社会公众提出，中华体育精神是广大体育工作者长期实践经验的积累，反映了我国体育的价值导向和文化追求，建议在法律中予以体现。宪法和法律委员会经研究，建议在立法目的中明确“弘扬中华体育精神”。

二、有的常委委员、地方和部门提出，体育事业关系人民健康和幸福，要加强基本公共体育服务供给，让体育事业发展成果惠及全体人民。宪法和法律委员会经研究，建议增加规定：坚持以人民为中心，增强全民族身体素质；国家扩大公益性和基础性公共体育服务供给，推动基本公共体育服务均等化，逐步健全全民覆盖、普惠共享、城乡一体的基本公共体育服务体系。

三、修订草案第八条规定，每年 8 月 8 日为国家体育节。有的常委委员和地方提出，8 月 8 日作为全民健身日已实施多年，深入人心，建议予以保留，并对有关体育节的规定作出修改。宪法和法律委员会经研究，建议修改为：每年 8 月 8 日全民健身日所在周为体育宣传周。

四、修订草案第三章“学校体育”对发展青少年体育和学校体育作出规定。有的常委委员、地方和部门提出，学校体育是青少年体育的重要组成部分，但学校体育不能涵盖青少年体育的全部内容，建议对有关内容予以完善。宪法和法律委员会经研究，建议将第三章章名修改为“青少年和学校体育”，并增加规定：国家实行青少年体育活动促进计划，健全青少年体育工作制度，推动青少年体育活动的开展和普及，促进青少年身心健康和体魄强健。

五、修订草案第二十五条第二款规定，学校应当为特殊体质的学生开设适合其特点的体育课。有的地方和部门提出，为特殊体质学生单独开设体育课，实践中难以操作，建议对这些学生的体育教学和考核作出合理规定。宪法和法律委员会经研究，建议将有关条款修改为：学校应当在体育课教学时，组织病残等特殊体质学生参加适合其特点的体育活动；并增加规定：病残等特殊体质学生的体育科目考核，应当充分考虑其身体状况。

六、有的常委会组成人员和社会公众提出，青少年近视、肥胖发生率居高不下，影响青少年健康成长，应当有针对性地开展体育干预。宪法和法律委员会经研究，建议增加规定：教育行政部门、体育行政部门、学校和家庭应当组织、引导青少年参加体育活动，预防和控制青少年近视、肥胖等不良健康状况。

七、有的常委委员、部门和社会公众提出，有些退役运动员缺乏职业技能，再就业困难，建议增加帮助退役运动员顺利实现职业转换的规定。宪法和法律委员会经研究，建议增加规定：各级人民政府加强对退役运动员的职业技能培训，为退役运动员就业、创业提供指导和服务。

八、有的常委委员和部门提出，反兴奋剂既是对运动员身心健康的保护，也是对公平公正体育竞赛秩序的维护，建议完善相关规定，加强反兴奋剂管理。宪法和法律委员会经研究，建议增加规定：国家提倡健康文明、公平竞争的体育运动；国务院体育行政部门会同国务院药品监管、卫生健康、商务部门和海关总署制定、公布兴奋剂目录，并动态调整；国家设立反兴奋剂机构。

九、有的常委委员和部门提出，体育产业发展迅速、前景广阔，对增加就业、培育新的经济增长点、满足人民群众多样化体育需求具有重要意义，建议进一步充实相关内容，更好地促进体育产业发展。宪法和法律委员会经研究，建议增加“体育产业”一章，规定：国家制定体育产业发展规划，建立体育产业发展工作协调机制；支持体育用品制造业、体育服务业和职业体育发展；支持地方发展具有区域特色、民族特色的体育产业；鼓励社会资本投入体育产业；培养体育产业专业人才；完善体育产业统计制度。

十、有的常委委员和部门提出，公共体育场地设施的设计和建设应当充分考虑残疾人、老年人的特殊需求。宪法和法律委员会经研究，建议增加规定：公共体育场地设施的设计和建设，应当符合国家无障碍环境建设要求，有效满足残疾人、老年人等特定群体的无障碍需求。

十一、修订草案第七十六条对体育仲裁范围作了规定。有的常委委员、地方、部门和社会公众提出，确定体育仲裁范围既要借鉴国际经验，也要充分考虑我国实际情况，做好与其他法律的衔接。宪法和法律委员会经研究，建议明确因运动员注册、交流发生的纠纷属于体育仲裁范围，《中华人民共和国仲裁法》规定的可仲裁纠纷和《中华人民共和国劳动争议调解仲裁法》规定的劳动争议不属于体育仲裁范围；并删去修订草案第七十六条第三款。

十二、有的常委委员、地方、部门和社会公众提出，体育仲裁制度缺乏实践基础，相关规定不宜过细，可授权国务院体育行政部门根据实践情况在仲裁规则中作出具体规定。宪法和法律委员会经研究，建议删去修订草案第七十八条、第八十一条、第八十二条、第八十三条关于仲裁员的选任、仲裁庭的组成及回避、受理仲裁的时效等内容，同时明确国务院体育行政部门组织设立体育仲裁委员会，制定体育仲裁规则，对仲裁员条件、仲裁庭组成、仲裁特别程序等作出规定。

此外，还对修订草案作了一些文字修改。

修订草案二次审议稿已按上述意见作了修改，宪法和法律委员会建议提请本次常委会会议继续审议。

修订草案二次审议稿和以上汇报是否妥当，请审议。

全国人民代表大会宪法和法律委员会关于《中华人民共和国体育法（修订草案）》审议结果的报告

——2022 年 6 月 21 日在第十三届全国人民代表大会常务委员会第三十五次会议上

全国人大宪法和法律委员会副主任委员 徐 辉

全国人民代表大会常务委员会：

常委会第三十四次会议对体育法修订草案进行了二次审议。会后，法制工作委员会在中国人大网公布修订草案二次审议稿全文，征求社会公众意见；书面征求司法部、人力资源和社会保障部等有关单位和专家学者的意见；还就修订草案主要问题与有关方面交换意见，共同研究。宪法和法律委员会于 5 月 16 日召开会议，根据委员长会议精神、常委会组成人员审议意见和各方面的意见，对修订草案进行了逐条审议，社会建设委员会有关负责同志列席了会议，同时书面征求了教育部、国家体育总局的意见。6 月 14 日，宪法和法律委员会召开会议，再次进行了审议。宪法和法律委员会认为，为促进和发展体育事业，提高人民群众身体素质和健康水平，对体育法进行修订是必要的，修订草案经过两次审议修改，已经比较成熟。同时，提出以下主要修改意见：

一、有的常委委员提出，七十年前毛泽东主席“发展体育运动，增强人民体质”的重要题词已经广泛深入人心，建议在立法目的中予以体现。宪法和法律委员会经研究，建议采纳这一意见。

二、习近平总书记关于体育的重要论述中强调指出，坚持党的集中统一领导是我们成就伟业最可靠的主心骨。为贯彻落实习近平总书记的重要指示精神，宪法和法律委员会建议增加规定：体育工作坚持中国共产党的领导。

三、有的常委委员、部门和社会公众建议，进一步充实完善有关青少年体育的内容。宪法和法律委员会经研究，建议增加规定：培育、增强青少年体育健身意识；体育行政部门会同有关部门引导和规范企业事业单位、社会组织和体育专业人员等为青少年提供体育培训等服务。

四、有的常委会组成人员、部门和社会公众建议，充分利用公共体育场地设施，解决学校举办体育运动会缺少场地的问题。宪法和法律委员会经研究，建议增加规定：鼓励公共体育场地设施免费向学校开放使用，为学校举办体育运动会提供服务保障。

五、有的常委委员和社会公众提出，为提高竞技体育水平，建议明确职业体育发展方向，加强业余体育后备队伍建设。宪法和法律委员会经研究，建议将修订草案二次审议稿第三十九条、第四十条修改为：国家促进和规范职业体育市场化、职业化发展，提高职业体育赛事能力和竞技水平；国家加强体育运动学校和体育传统特色学校建设，鼓励、支持开展业余体育训练，培养优秀的竞技体育后备人才。

六、有的常委会组成人员、部门和社会公众建议，进一步完善运动员身体健康和文化教育有关权益保障的规定。宪法和法律委员会经研究，建议增加规定：国家加强体育训练科学技术研究、开发和应用，对运动员实行科学、文明的训练，维护运动员身体健康；体育行政部门、教育行政部门应当保障处于义务教育阶段的运动员完成义务教育。

七、有的常委委员、部门和社会公众提出，应鼓励我国体育组织积极参与国际体育事务，增强国际体育话语权。宪法和法律委员会经研究，建议增加规定：国家鼓励体育组织积极参加国际体育交流合作，参与国际体育运动规则的制定。

八、有的常委委员、部门和社会公众建议，进一步完善体育仲裁制度，明确当事人申请体育仲裁的依据和申请撤销裁决的时限。宪法和法律委员会经研究，建议明确：当事人可以根据仲裁协议、体育组织章程、体育赛事规则等申请体育仲裁；当事人可以自收到仲裁裁决书之日起三十日内申请撤销裁决。

九、有的常委委员、部门和社会公众建议，进一步明确体育赛事活动组织者的安全保障义务。宪法和法律委员会经研究，建议增加规定：体育赛事活动组织者应当履行安全保障义务，提供符合要求的安全条件，制定风险防范及应急处置预案等保障措施，确保体育赛事活动的安全。

十、有的常委委员和部门提出，应当对国际体育运动中损害我国国家尊严和利益的行为采取适当的应对措施。宪法和法律委员会经研究，建议增加规定：任何国家、地区或者组织在国际体育运动中损害中华人民共和国主权、安全、发展利益和尊严的，中华人民共和国可以根据实际情况采取相应措施。

此外，还对修订草案二次审议稿作了一些文字修改。

5 月 24 日，法制工作委员会召开会议，邀请部分全国人大代表、运动员、专家学者以及地方有关部门、学校、单项体育协会等方面的代表，就修订草案主要制度规范的可行性、出台时机、实施的社会效果和可能出现的问题等进行评估。与会人员普遍认为，修订草案贯彻落实习近平总书记关于体育的重要论述，坚持以人民为中心，坚持问题导向，对加快体育强国和健康中国建设具有重要意义。修订草案经过修改，内容更加丰富、结构更加合理、措施更加完善，已经比较成熟，建议尽快审议通过。与会人员还对修订草案提出了一些具体修改意见，宪法和法律委员会进行了认真研究，对有的意见予以采纳。

修订草案三次审议稿已按上述意见作了修改，宪法和法律委员会建议提请本次常委会会议审议通过。

修订草案三次审议稿和以上报告是否妥当，请审议。

全国人民代表大会宪法和法律委员会关于《中华人民共和国体育法（修订草案三次审议稿）》修改意见的报告

——2022年6月23日在第十三届全国人民代表大会常务委员会第三十五次会议上

全国人民代表大会常务委员会：

本次常委会会议于6月22日上午对体育法修订草案三次审议稿进行了分组审议。普遍认为，修订草案已经比较成熟，建议进一步修改后，提请本次常委会会议表决通过。同时，有些常委会组成人员和列席人员还提出了一些修改意见和建议。宪法和法律委员会于6月22日下午召开会议，逐条研究了常委会组成人员和列席人员的审议意见，对修订草案进行了审议。社会建设委员会、国家体育总局有关负责同志列席了会议。宪法和法律委员会认为，修订草案是可行的，同时，提出以下修改意见：

一、有的常委委员提出，公民平等参与体育活动的权利需要国家有力保障，建议在法律中予以明确。宪法和法律委员会经研究，建议将修订草案三次审议稿第五条中的“公民依法平等地享有参与体育活动的权利”修改为“国家依法保障公民平等参与体育活动的权利”。

二、修订草案三次审议稿第十二条对体育科学技术研究创新和推广应用作了规定。有的常委委员建议增加培养体育科技人才的规定。宪法和法律委员会经研究，建议采纳这一意见。

三、修订草案三次审议稿第四十二条对运动员培养、管理和教育作了规定。有的常委委员提出，运动员是竞技体育的主力军，在加强对运动员培养、管理和教育的同时，还应当对运动员充分发挥自身积极性，展现奋勇拼搏、超越自我的良好精神面貌提出明确要求。宪法和法律委员会经研究，建议增加规定：运动员应当积极参加训练和竞赛，团结协作，勇于奉献，顽强拼搏，不断提高竞技水平。

四、有的常委委员提出，今年年初中办国办《关于构建更高水平的全民健身公共服务体系的意见》和“十四五”规划纲要对体育公园、特色体育公园建设提出了要求，建议在法律中予以体现。宪法和法律委员会经研究，建议增加规定：国家推进体育公园建设，鼓励地方因地制宜发展特色体育公园，推动体育公园免费开放，满足公民体育健身需求。

经与有关部门研究，建议将修订后的体育法的施行时间确定为2023年1月1日。

此外，根据常委会组成人员的审议意见，还对修订草案三次审议稿作了个别文字修改。

修订草案修改稿已按上述意见作了修改，宪法和法律委员会建议本次常委会会议审议通过。

修订草案修改稿和以上报告是否妥当，请审议。

《中华人民共和国体育法》修改前后对照表

（阴影部分表示删除，黑体部分表示增加或修改）

修订前	修订后
第一章　总则 第二章　社会体育 第三章　学校体育 第四章　竞技体育 第五章　体育社会团体 第六章　保障条件 第七章　法律责任 第八章　附则	第一章　总则 第二章　**全民健身** 第三章　**青少年和**学校体育 第四章　竞技体育 **第五章　反兴奋剂** 第六章　体育**组织** **第七章　体育产业** 第八章　保障条件 **第九章　体育仲裁** **第十章　监督管理** 第十一章　法律责任 第十二章　附则
第一章　总则	第一章　总则
第一条　为了发展体育事业，增强人民体质，提高体育运动水平，促进社会主义物质文明和精神文明建设，根据宪法，制定本法。	第一条　为了**促进**体育事业，**弘扬中华体育精神，培育中华体育文化，发展体育运动**，增强人民体质，根据宪法，制定本法。
第二条　国家发展体育事业，开展群众性的体育活动，提高全民族身体素质。体育工作坚持以开展全民健身活动为基础，实行普及与提高相结合，促进各类体育协调发展。	第二条　体育工作坚持**中国共产党的领导，坚持以人民为中心，**以全民健身为基础，普及与提高相结合，**推动体育事业均衡、充分**发展，**推进体育强国和健康中国建设**。

续表

修订前	修订后
第三条　国家坚持体育为经济建设、国防建设和社会发展服务。体育事业应当纳入国民经济和社会发展计划。 国家推进体育管理体制改革。国家鼓励企业事业组织、社会团体和公民兴办和支持体育事业。	第三条　**县级以上人民政府应当将**体育事业纳入国民经济和社会发展**规**划。
第四条　国务院体育行政部门主管全国体育工作。国务院其他有关部门在各自的职权范围内管理体育工作。 县级以上地方各级人民政府体育行政部门或者本级人民政府授权的机构主管本行政区域内的体育工作。	第四条　国务院体育行政部门主管全国体育工作。国务院其他有关部门在各自的职**责**范围内管理**相关**体育工作。 县级以上地方人民政府体育行政部门主管本行政区域内的体育工作。**县级以上地方人民政府其他有关部门在各自的职责范围内管理相关体育工作。**
第五条　国家对青年、少年、儿童的体育活动给予特别保障，增进青年、少年、儿童的身心健康。	第五条　国家**依法保障公民平等参与体育活动的权利，对未成年人、妇女、老年人、残疾人等参加体育活动的权利**给予特别保障。
	第六条　国家扩大公益性和基础性公共体育服务供给，推动基本公共体育服务均等化，逐步健全全民覆盖、普惠共享、城乡一体的基本公共体育服务体系。
第六条　国家扶持少数民族地区发展体育事业，培养少数民族体育人才。	第七条　国家**采取财政支持、帮助建设体育设施等措施，**扶持**革命老区、民族地区、边疆地区、经济欠发达地区体育事业的发展。**

续表

修订前	修订后
第十五条　国家鼓励、支持民族、民间传统体育项目的发掘、整理和提高。	第八条　国家鼓励、支持**优秀**民族、民间、**民俗**传统体育项目的发掘、整理、**保护、推广和创新，定期举办少数民族传统体育运动会。**
	第八条　开展和参加体育活动，应当遵循依法合规、诚实守信、尊重科学、因地制宜、勤俭节约、保障安全的原则。
	第十条　国家优先发展青少年和学校体育，坚持体育和教育融合，文化学习和体育锻炼协调，体魄与人格并重，促进青少年全面发展。
	第十一条　国家支持体育产业发展，完善体育产业体系，规范体育市场秩序，鼓励扩大体育市场供给，拓宽体育产业投融资渠道，促进体育消费。
第七条　国家发展体育教育和体育科学研究，推广先进、实用的体育科学技术成果，依靠科学技术发展体育事业。	第十二条　国家**支持**体育科学研究**和技术创新，培养体育科技人才**，推广**应用**体育科学技术成果，**提高体育科学技术水平。**
第八条　国家对在体育事业中做出贡献的组织和个人，给予奖励。	第十三条　国家对在体育事业**发展**中做出**突出**贡献的组织和个人，**按照有关规定**给予**表彰和**奖励。
第九条　国家鼓励开展对外体育交往。对外体育交往坚持独立自主、平等互利、相互尊重的原则，维护国家主权和尊严、遵守中华人民共和国缔结或者参加的国际条约。	第十四条　国家鼓励开展对外体育交往，**弘扬奥林匹克精神，支持参与国际体育运动。** 对外体育交往坚持独立自主、平等互利、相互尊重的原则，维护

续表

修订前	修订后
	国家主权、安全、发展利益和尊严，遵守中华人民共和国缔结或者参加的国际条约。
	第十五条　每年8月8日全民健身日所在周为体育宣传周。
第二章　社会体育	第二章　全民健身
第十条　国家提倡公民参加社会体育活动，增进身心健康。 社会体育活动应当坚持业余、自愿、小型多样，遵循因地制宜和科学文明的原则。	第十六条　国家**实施全民健身战略，构建全民健身公共服务体系，鼓励和支持公民参加健身活动，促进全民健身与全民健康深度融合。** **第十七条　国家倡导公民树立和践行科学健身理念，主动学习健身知识，积极参加健身活动。**
第十一条　国家推行全民健身计划，实施体育锻炼标准，进行体质监测。 国家实行社会体育指导员技术等级制度。社会体育指导员对社会体育活动进行指导。	第十八条　国家推行全民健身计划，**制定和**实施体育锻炼标准，**定期开展公民**体质监测**和全民健身活动状况调查，开展科学健身指导工作。** **国家建立全民健身工作协调机制。** **县级以上人民政府应当定期组织有关部门对全民健身计划实施情况进行评估，并将评估情况向社会公开。** 第十九条　国家实行社会体育指导员制度。社会体育指导员对**全民健身**活动进行指导。 **社会体育指导员管理办法由国务院体育行政部门规定。**

续表

修订前	修订后
第十二条第一款　地方各级人民政府应当为公民参加社会体育活动创造必要的条件，支持、扶助群众性体育活动的开展。	第二十条　地方各级人民政府和有关部门应当为全民健身活动提供必要的条件，支持、保障全民健身活动的开展。
第十四条　工会等社会团体应当根据各自特点，组织体育活动。 第十三条　国家机关、企业事业组织应当开展多种形式的体育活动，举办群众性体育竞赛。	第二十一条　国家机关、企业事业单位和工会、共产主义青年团、妇女联合会、残疾人联合会等群团组织应当根据各自特点，组织开展日常体育锻炼和各级各类体育运动会等全民健身活动。
第十二条第二款　城市应当发挥居民委员会等社区基层组织的作用，组织居民开展体育活动。 第十二条第三款　农村应当发挥村民委员会、基层文化体育组织的作用，开展适合农村特点的体育活动。	第二十二条　居民委员会、村民委员会以及其他社区组织应当结合实际，组织开展全民健身活动。
第十六条　全社会应当关心、支持老年人、残疾人参加体育活动。各级人民政府应当采取措施，为老年人、残疾人参加体育活动提供方便。	第二十三条　全社会应当关心和支持未成年人、妇女、老年人、残疾人参加全民健身活动。各级人民政府应当采取措施，为未成年人、妇女、老年人、残疾人安全参加全民健身活动提供便利和保障。
第三章　学校体育	第三章　青少年和学校体育
	第二十四条　国家实行青少年和学校体育活动促进计划，健全青少年和学校体育工作制度，培育、增强青少年体育健身意识，推动青少年和学校体育活动的开展和普及，促进青少年身心健康和体魄强健。

续表

修订前	修订后
第十七条　教育行政部门和学校应当将体育作为学校教育的组成部分，培养德、智、体等方面全面发展的人才。	第二十五条　教育行政部门和学校应当将体育纳入学生综合素质评价范围，将达到国家学生体质健康标准要求作为教育教学考核的重要内容，培养学生体育锻炼习惯，提升学生体育素养。 体育行政部门应当在传授体育知识技能、组织体育训练、举办体育赛事活动、管理体育场地设施等方面为学校提供指导和帮助，并配合教育行政部门推进学校运动队和高水平运动队建设。
第十八条　学校必须开设体育课，并将体育课列为考核学生学业成绩的科目。 学校应当创造条件为病残学生组织适合其特点的体育活动。	第二十六条　学校必须按照国家有关规定开齐开足体育课，确保体育课时不被占用。 学校应当在体育课教学时，组织病残等特殊体质学生参加适合其特点的体育活动。
第十九条　学校必须实施国家体育锻炼标准，对学生在校期间每天用于体育活动的时间给予保证。	第二十七条　学校应当将在校内开展的学生课外体育活动纳入教学计划，与体育课教学内容相衔接，保障学生在校期间每天参加不少于一小时体育锻炼。 鼓励学校组建运动队、俱乐部等体育训练组织，开展多种形式的课余体育训练，有条件的可组建高水平运动队，培养竞技体育后备人才。

续表

修订前	修订后
第二十条　学校应当组织多种形式的课外体育活动，开展课外训练和体育竞赛，并根据条件每学年举行一次全校性的体育运动会。	**第二十八条　国家定期举办全国学生（青年）运动会。地方各级人民政府应当结合实际，定期组织本地区学生（青年）运动会。** 学校应当每学年**至少**举办一次全校性的体育运动会。 **鼓励公共体育场地设施免费向学校开放使用，为学校举办体育运动会提供服务保障。** **鼓励学校开展多种形式的学生体育交流活动。**
	第二十九条　国家将体育科目纳入初中、高中学业水平考试范围，建立符合学科特点的考核机制。 **病残等特殊体质学生的体育科目考核，应当充分考虑其身体状况。**
第二十三条　学校应当建立学生体格健康检查制度。教育、体育和卫生行政部门应当加强对学生体质的监测。	第三十条　学校应当建立学生体**质**健康检查制度。教育、体育和卫生**健康**行政部门应当加强对学生体质的监测**和评估**。
第二十一条　学校应当按照国家有关规定，配备合格的体育教师，保障体育教师享受与其工作特点有关的待遇。	第三十一条　学校应当按照国家有关规定，配**足**合格的体育教师，保障体育教师享受与**其他学科教师同等**待遇。 **学校可以设立体育教练员岗位。** **学校优先聘用符合相关条件的优秀退役运动员从事学校体育教学、训练活动。**

续表

修订前	修订后
第二十二条　学校应当按照国务院教育行政部门规定的标准配置体育场地、设施和器材。 学校体育场地必须用于体育活动，不得挪作他用。	第三十二条　学校应当按照国家有关标准配置体育场地、设施和器材，**并定期进行检查、维护，适时予以更新。** 学校体育场地必须**保障**体育活动**需要**，不得**随意占用或者**挪作他用。
	第三十三条　国家建立健全学生体育活动意外伤害保险机制。 **教育行政部门和学校应当做好学校体育活动安全管理和运动伤害风险防控。**
	第三十四条　幼儿园应当为学前儿童提供适宜的室内外活动场地和体育设施、器材，开展符合学前儿童特点的体育活动。
	第三十五条　各级教育督导机构应当对学校体育实施督导，并向社会公布督导报告。
	第三十六条　教育行政部门、体育行政部门和学校应当组织、引导青少年参加体育活动，预防和控制青少年近视、肥胖等不良健康状况，家庭应当予以配合。
	第三十七条　体育行政部门会同有关部门引导和规范企业事业单位、社会组织和体育专业人员等为青少年提供体育培训等服务。

续表

修订前	修订后
	第三十八条　各级各类体育运动学校应当对适龄学生依法实施义务教育，并根据国务院体育行政部门制定的教学训练大纲开展业余体育训练。 **教育行政部门应当将体育运动学校的文化教育纳入管理范围。** **各级人民政府应当在场地、设施、资金、人员等方面对体育运动学校予以支持。**
第四章　竞技体育	第四章　竞技体育
第二十四条　国家促进竞技体育发展，鼓励运动员提高体育运动技术水平，在体育竞赛中创造优异成绩，为国家争取荣誉。	第三十九条　国家促进竞技体育发展，鼓励运动员提高**竞技**水平，在体育**赛事**中创造优异成绩，为国家**和人民**争取荣誉。
	第四十条　国家促进和规范职业体育市场化、职业化发展，提高职业体育赛事能力和竞技水平。
第二十五条　国家鼓励、支持开展业余体育训练，培养优秀的体育后备人才。	第四十一条　国家**加强体育运动学校和体育传统特色学校建设，**鼓励、支持开展业余体育训练，培养优秀的**竞技**体育后备人才。
第二十七条　培养运动员必须实行严格、科学、文明的训练和管理，对运动员进行爱国主义、集体主义和社会主义教育，以及道德和纪律教育。	第四十二条　**国家加强对运动员的培养**和管理，对运动员进行爱国主义、集体主义和社会主义教育，以及道德、纪律**和法治**教育。 **运动员应当积极参加训练和竞赛，团结协作，勇于奉献，顽强拼搏，不断提高竞技水平。**

续表

修订前	修订后
	第四十三条　国家加强体育训练科学技术研究、开发和应用，对运动员实行科学、文明的训练，维护运动员身心健康。
	第四十四条　国家依法保障运动员接受文化教育的权利。 **体育行政部门、教育行政部门应当保障处于义务教育阶段的运动员完成义务教育。**
第二十九条　全国性的单项体育协会对本项目的运动员实行注册管理。经注册的运动员，可以根据国务院体育行政部门的规定，参加有关的体育竞赛和运动队之间的人员流动。	第四十五条　**国家依法保障运动员选择注册与交流的权利。** 运动员可以参加**单项体育协会的注册，并按照有关规定进行交流。**
第二十八条　国家对优秀运动员在就业或者升学方面给予优待。	第四十六条　国家对优秀运动员在就业**和**升学方面给予优待。
	第四十七条　各级人民政府加强对退役运动员的职业技能培训和社会保障，为退役运动员就业、创业提供指导和服务。
第三十条　国家实行运动员技术等级、裁判员技术等级和教练员专业技术职务等级制度。	第四十八条　国家实行**体育运动水平**等级、教练员职称等级和裁判员技术等级制度。
第二十六条　参加国内、国际重大体育竞赛的运动员和运动队，应当按照公平、择优的原则选拔和组建。具体办法由国务院体育行政部门规定。	第四十九条　**代表国家和地方**参加**国际、国内**重大体育**赛事**的运动员和运动队，应当按照**公开**、公平、择优的原则选拔和组建。 **运动员选拔和运动队组建**办法由国务院体育行政部门规定。

续表

修订前	修订后
第三十一条　国家对体育竞赛实行分级分类管理。 全国综合性运动会由国务院体育行政部门管理或者由国务院体育行政部门会同有关组织管理。 全国单项体育竞赛由该项运动的全国性协会负责管理。 地方综合性运动会和地方单项体育竞赛的管理办法由地方人民政府制定。	第五十条　国家对体育**赛事活动**实行分级分类管理，**具体办法由国务院体育行政部门规定**。
第三十三条　体育竞赛实行公平竞争的原则。体育竞赛的组织者和运动员、教练员、裁判员应当遵守体育道德，不得弄虚作假、营私舞弊。 在体育运动中严禁使用禁用的药物和方法。禁用药物检测机构应当对禁用的药物和方法进行严格检查。 严禁任何组织和个人利用体育竞赛从事赌博活动。	第五十一条　体育**赛事**实行公平竞争的原则。 体育**赛事活动**组织者和运动员、教练员、裁判员应当遵守体育道德**和体育赛事规则**，不得弄虚作假、营私舞弊。 严禁任何组织和个人利用体育**赛事**从事赌博活动。
第三十四条　在中国境内举办的重大体育竞赛，其名称、徽记、旗帜及吉祥物等标志按照国家有关规定予以保护。	第五十二条　在中国境内举办的体育赛事，其名称、徽记、旗帜及吉祥物等标志按照国家有关规定予以保护。 **未经体育赛事活动组织者等相关权利人许可，不得以营利为目的采集或者传播体育赛事活动现场图片、音视频等信息。**

续表

修订前	修订后
	第五章　反兴奋剂
	第五十三条　国家提倡健康文明、公平竞争的体育运动，禁止在体育运动中使用兴奋剂。 任何组织和个人不得组织、强迫、欺骗、教唆、引诱体育运动参加者在体育运动中使用兴奋剂，不得向体育运动参加者提供或者变相提供兴奋剂。
	第五十四条　国家建立健全反兴奋剂制度。 县级以上人民政府体育行政部门会同卫生健康、教育、公安、工信、商务、药品监管、交通运输、海关、农业、市场监管等部门，对兴奋剂问题实施综合治理。
	第五十五条　国务院体育行政部门负责制定反兴奋剂规范。
	第五十六条　国务院体育行政部门会同国务院药品监管、卫生健康、商务、海关等部门制定、公布兴奋剂目录，并动态调整。
	第五十七条　国家设立反兴奋剂机构。反兴奋剂机构及其检查人员依照法定程序开展检查，有关单位和人员应当予以配合，任何单位和个人不得干涉。 反兴奋剂机构依法公开反兴奋剂信息，并接受社会监督。

续表

修订前	修订后
	第五十八条　县级以上人民政府体育行政部门组织开展反兴奋剂宣传、教育工作，提高体育活动参与者和公众的反兴奋剂意识。
	第五十九条　国家鼓励开展反兴奋剂科学技术研究，推广先进的反兴奋剂技术、设备和方法。
	第六十条　国家根据缔结或者参加的有关国际条约，开展反兴奋剂国际合作，履行反兴奋剂国际义务。
第五章　体育社会团体	第六章　体育组织
第三十五条　国家鼓励、支持体育社会团体按照其章程，组织和开展体育活动，推动体育事业的发展。	第六十一条　国家鼓励、支持体育**组织依**照**法律法规和**章程开展体育活动，推动体育事业发展。 **国家鼓励体育组织积极参加国际体育交流合作，参与国际体育运动规则的制定。**
第三十六条　各级体育总会是联系、团结运动员和体育工作者的群众性体育组织，应当在发展体育事业中发挥作用。	第六十二条　**中华全国体育总会和地方各级体育总会**是团结**各类体育组织**和体育工作者、**体育爱好者**的群众性体育组织，应当在发展体育事业中发挥作用。
第三十七条　中国奥林匹克委员会是以发展和推动奥林匹克运动为主要任务的体育组织，代表中国参与国际奥林匹克事务。	第六十三条　中国奥林匹克委员会是以发展**体育**和推动奥林匹克运动为主要任务的体育组织，代表中国参与国际奥林匹克事务。

续表

修订前	修订后
第三十八条　体育科学社会团体是体育科学技术工作者的学术性群众组织，应当在发展体育科技事业中发挥作用。	第六十四条　体育科学社会团体是体育科学技术工作者的学术性**体育社会**组织，应当在发展体育科技事业中发挥作用。
第三十九条　全国性的单项体育协会管理该项运动的普及与提高工作，代表中国参加相应的国际单项体育组织。	第六十五条　**全国性单项体育协会是依法登记的体育社会组织，代表中国参加相应的国际单项体育组织，根据章程加入中华全国体育总会、派代表担任中国奥林匹克委员会委员。** 全国性单项体育协会负责**相应项目的**普及与提高，**制定相应项目技术规范、竞赛规则、团体标准，规范体育赛事活动。**
	第六十六条　单项体育协会应当依法维护会员的合法权益，积极向有关单位反映会员的意见和建议。
	第六十七条　单项体育协会应当接受体育行政部门的指导和监管，健全内部治理机制，制定行业规则，加强行业自律。
	第六十八条　国家鼓励发展青少年体育俱乐部、社区健身组织等各类自治性体育组织。
	第七章　体育产业
	第六十九条　国家制定体育产业发展规划，扩大体育产业规模，增强体育产业活力，促进体育产业高质量发展，满足人民群众多样化体育需求。

续表

修订前	修订后
	县级以上人民政府应当建立政府多部门合作的体育产业发展工作协调机制。
	第七十条　国家支持和规范发展体育用品制造、体育服务等体育产业，促进体育与健康、文化、旅游、养老、科技等融合发展。
	第七十一条　国家支持体育用品制造业创新发展，鼓励企业加大研发投入，采用新技术、新工艺、新材料，促进体育用品制造业转型升级。 国家培育健身休闲、竞赛表演、场馆服务、体育经纪、体育培训等服务业态，提高体育服务业水平和质量。 符合条件的体育产业，依法享受财政、税收、土地等优惠政策。
	第七十二条　国家完善职业体育发展体系，拓展职业体育发展渠道，支持运动员、教练员职业化发展，提高职业体育的成熟度和规范化水平。 职业体育俱乐部应当健全内部治理机制，完善法人治理结构，充分发挥其市场主体作用。
	第七十三条　国家建立健全区域体育产业协调互动机制，推动区域间体育产业资源交流共享，促进区域体育协调发展。国家支持地方发挥资源优势，发展具有区域特色、民族特色的体育产业。

续表

修订前	修订后
	第七十四条　国家鼓励社会资本投入体育产业，建设体育设施，开发体育产品，提供体育服务。
	第七十五条　国家鼓励有条件的高等学校设置体育产业相关专业，开展校企合作，加强职业教育和培训，培养体育产业专业人才，形成有效支撑体育产业发展的人才队伍。
	第七十六条　国家完善体育产业统计体系，开展体育产业统计监测，定期发布体育产业数据。
第六章　保障条件	第八章　保障条件
第四十条　县级以上各级人民政府应当将体育事业经费、体育基本建设资金列入本级财政预算和基本建设投资计划，并随着国民经济的发展逐步增加对体育事业的投入。	第七十七条　县级以上人民政府应当将体育事业经费列入本级预算，**建立与**国民经济**和社会**发展**相适应的投入机制**。
第四十一条　国家鼓励企业事业组织和社会团体自筹资金发展体育事业，鼓励组织和个人对体育事业的捐赠和赞助。	第七十八条　国家鼓励**社会力量**发展体育事业，鼓励对体育事业的捐赠和赞助，**保障参与主体的合法权益**。 **通过捐赠财产等方式支持体育事业发展的，依法享受税收优惠等政策。**
第四十二条　国家有关部门应当加强对体育资金的管理，任何组织和个人不得挪用、克扣体育资金。	第七十九条　国家有关部门应当加强对体育资金的管理，任何单位和个人不得**侵占**、挪用、**截留**、克扣、**私分**体育资金。

续表

修订前	修订后
	第八十条　国家支持通过政府购买服务的方式提供公共体育服务，提高公共体育服务水平。
第四十四条　县级以上地方各级人民政府应当按照国家对城市公共体育设施用地定额指标的规定，将城市公共体育设施建设纳入城市建设规划和土地利用总体规划，合理布局，统一安排。 城市在规划企业、学校、街道和居住区时，应当将体育设施纳入建设规划。 乡、民族乡、镇应当随着经济发展，逐步建设和完善体育设施。	第八十一条　县级以上地方人民政府应当按照国家有关规定，根据本行政区域经济社会发展水平、人口结构、环境条件以及体育事业发展需要，统筹兼顾，优化配置各级各类体育场地设施，优先保障全民健身体育场地设施的建设和配置。 第八十二条　县级以上地方人民政府应当将本行政区域内公共体育场地设施的建设纳入国民经济和社会发展规划、国土空间规划，未经法定程序不得变更。 公共体育场地设施的规划设计和竣工验收，应当征求本级人民政府体育行政部门意见。 公共体育场地设施的设计和建设，应当符合国家无障碍环境建设要求，有效满足老年人、残疾人等特定群体的无障碍需求。
	第八十三条　新建、改建、扩建居住社区，应当按照国家有关规定，同步规划、设计、建设用于居民日常健身的配套体育场地设施。

续表

修订前	修订后
第四十五条　公共体育设施应当向社会开放，方便群众开展体育活动，对学生、老年人、残疾人实行优惠办法，提高体育设施的利用率。 任何组织和个人不得侵占、破坏公共体育设施。因特殊情况需要临时占用体育设施的，必须经体育行政部门和建设规划部门批准，并及时归还；按照城市规划改变体育场地用途的，应当按照国家有关规定，先行择地新建偿还。	第八十四条　公共体育场地设施管理单位应当公开向社会开放的办法，并对未成年人、老年人、残疾人等实行优惠。 **免费和低收费开放的体育场地设施，按照有关规定享受补助。** **第八十五条　国家推进体育公园建设，鼓励地方因地制宜发展特色体育公园，推动体育公园免费开放，满足公民体育健身需求。** **第八十六条　国家鼓励充分、合理利用旧厂房、仓库、老旧商业设施等闲置资源建设用于公民日常健身的体育场地设施，鼓励和支持机关、学校、企业事业单位的体育场地设施向公众开放。** 第八十七条　任何单位和个人不得侵占公共体育场地设施及其建设用地，不得擅自拆除公共体育场地设施，不得擅自改变公共体育场地设施的功能、用途或者妨碍其正常使用。 因特殊需要临时占用公共体育场地设施超过十日的，应当经本级人民政府体育行政部门同意；超过三个月的，应当报上一级人民政府体育行政部门批准。 **经批准拆除公共体育场地设施或者改变其功能、用途的，应当依照国家有关法律、行政法规的规定先行择地重建。**

续表

修订前	修订后
	第八十八条　县级以上地方人民政府应当建立全民健身公共场地设施的维护管理机制，明确管理和维护责任。
第四十六条　国家发展体育专业教育，建立各类体育专业院校、系、科，培养运动、训练、教学、科学研究、管理以及从事群众体育等方面的专业人员。 国家鼓励企业事业组织、社会团体和公民依法举办体育专业教育。	第八十九条　国家发展体育专业教育，鼓励有条件的高等学校培养教练员、裁判员、体育教师等各类体育专业人才，鼓励社会力量依法开展体育专业教育。
	第九十条　国家鼓励建立健全运动员伤残保险、体育意外伤害保险和场所责任保险制度。 大型体育赛事活动组织者应当和参与者协商投保体育意外伤害保险。 高危险性体育赛事活动组织者应当投保体育意外伤害保险。 高危险性体育项目经营者应当投保体育意外伤害保险和场所责任保险。
	第九章　体育仲裁
第三十二条　在竞技体育活动中发生纠纷，由体育仲裁机构负责调解、仲裁。 体育仲裁机构的设立办法和仲裁范围由国务院另行规定。	第九十一条　国家建立体育仲裁制度，及时、公正解决体育纠纷，保护当事人的合法权益。 体育仲裁依法独立进行，不受行政机关、社会组织和个人的干涉。

续表

修订前	修订后
	第九十二条　当事人可以根据仲裁协议、体育组织章程、体育赛事规则等，对下列纠纷申请体育仲裁： （一）对体育社会组织、运动员管理单位、体育赛事活动组织者按照兴奋剂管理或者其他管理规定作出的取消参赛资格、取消比赛成绩、禁赛等处理决定不服发生的纠纷； （二）因运动员注册、交流发生的纠纷； （三）在竞技体育活动中发生的其他纠纷。 《中华人民共和国仲裁法》规定的可仲裁纠纷和《中华人民共和国劳动争议调解仲裁法》规定的劳动争议，不属于体育仲裁范围。
	第九十三条　国务院体育行政部门依照本法组织设立体育仲裁委员会，制定体育仲裁规则。 体育仲裁委员会由体育行政部门代表、体育社会组织代表、运动员代表、教练员代表、裁判员代表以及体育、法律专家组成，其组成人数应当是单数。 体育仲裁委员会应当设仲裁员名册。仲裁员具体条件由体育仲裁规则规定。

续表

修订前	修订后
	第九十四条　体育仲裁委员会裁决体育纠纷实行仲裁庭制。仲裁庭组成人数应当是单数，具体组成办法由体育仲裁规则规定。
	第九十五条　鼓励体育组织建立内部纠纷解决机制，公平、公正、高效地解决纠纷。 体育组织没有内部纠纷解决机制或者内部纠纷解决机制未及时处理纠纷的，当事人可以申请体育仲裁。
	第九十六条　对体育社会组织、运动员管理单位、体育赛事活动组织者的处理决定或者内部纠纷解决机制处理结果不服的，当事人自收到处理决定或者纠纷处理结果之日起二十一日内申请体育仲裁。
	第九十七条　体育仲裁裁决书自作出之日起发生法律效力。 裁决作出后，当事人就同一纠纷再申请体育仲裁或者向人民法院起诉的，体育仲裁委员会或者人民法院不予受理。
	第九十八条　有下列情形之一的，当事人可以自收到仲裁裁决书之日起三十日内向体育仲裁委员会所在地的中级人民法院申请撤销裁决： （一）适用法律、法规确有错误的；

续表

修订前	修订后
	（二）裁决的事项不属于体育仲裁受理范围的； （三）仲裁庭的组成或者仲裁的程序违反有关规定，足以影响公正裁决的； （四）裁决所根据的证据是伪造的； （五）对方当事人隐瞒了足以影响公正裁决的证据的； （六）仲裁员在仲裁该案时有索贿受贿、徇私舞弊、枉法裁决行为的。 人民法院经组成合议庭审查核实裁决有前款规定情形之一的，或者认定裁决违背社会公共利益的，应当裁定撤销。 人民法院受理撤销裁决的申请后，认为可以由仲裁庭重新仲裁的，通知仲裁庭在一定期限内重新仲裁，并裁定中止撤销程序。仲裁庭拒绝重新仲裁的，人民法院应当裁定恢复撤销程序。
	第九十九条　当事人应当履行体育仲裁裁决。一方当事人不履行的，另一方当事人可以依照《中华人民共和国民事诉讼法》的有关规定向人民法院申请执行。
	第一百条　需要即时处理的体育赛事活动纠纷，适用体育仲裁特别程序。 特别程序由体育仲裁规则规定。

续表

修订前	修订后
	第十章 监督管理
	第一百零一条 县级以上人民政府体育行政部门和有关部门应当积极履行监督检查职责，发现违反本法规定行为的，应当及时做出处理。对不属于本部门主管事项的，应当及时书面通知并移交相关部门查处。
	第一百零二条 县级以上人民政府体育行政部门对体育赛事活动依法进行监管，对赛事活动场地实施现场检查，查阅、复制有关合同、票据、账簿，检查赛事活动组织方案、安全应急预案等材料。 县级以上人民政府公安、市场监管、应急管理等部门按照各自职责对体育赛事活动进行监督管理。 体育赛事活动组织者应当履行安全保障义务，提供符合要求的安全条件，制定风险防范及应急处置预案等保障措施，维护体育赛事活动的安全。 体育赛事活动因发生极端天气、自然灾害、公共卫生事件等突发事件，不具备办赛条件的，体育赛事活动组织者应当及时予以中止；未中止的，县级以上人民政府应当责令其中止。
第四十三条 县级以上各级人民政府体育行政部门对以健身、竞技等体育活动为内容的经营活动，应当按照国家有关规定加强管理和监督。	第一百零三条 县级以上人民政府**市场监管**、体育行政**等**部门**按照各自职责对体育市场进行**监督管理。

续表

修订前	修订后
	第一百零四条　国家建立体育项目管理制度，新设体育项目由国务院体育行政部门认定。 体育项目目录每四年公布一次。
	第一百零五条　经营高危险性体育项目，应当符合下列条件，并向县级以上地方人民政府体育行政部门提出申请： （一）相关体育设施符合国家标准； （二）具有达到规定数量的取得相应国家职业资格证书或者职业技能等级证书的社会体育指导人员和救助人员； （三）具有相应的安全保障、应急救援制度和措施。 县级以上地方人民政府体育行政部门应当自收到申请之日起三十日内进行实地核查，并作出批准或者不予批准的决定。予以批准的，应当发给许可证；不予批准的，应当书面通知申请人并说明理由。 国务院体育行政部门会同有关部门制定、调整高危险性体育项目目录并予以公布。
	第一百零六条　举办高危险性体育赛事活动，应当符合下列条件，并向县级以上地方人民政府体育行政部门提出申请：

续表

修订前	修订后
	（一）配备具有相应资格或者资质的专业技术人员； （二）配置符合相关标准和要求的场地、器材和设施； （三）制定通信、安全、交通、卫生健康、食品、应急救援等相关保障措施。 县级以上地方人民政府体育行政部门应当自收到申请之日起三十日内进行实地核查，并作出批准或者不予批准的决定。 国务院体育行政部门会同有关部门制定、调整高危险性体育赛事活动目录并予以公布。
	第一百零七条　县级以上地方人民政府应当建立体育执法机制，为体育执法提供必要保障。体育执法情况应当向社会公布，接受社会监督。
	第一百零八条　县级以上地方人民政府每届任期内至少向本级人民代表大会或者其常务委员会报告一次全民健身、青少年和学校体育工作。
第七章　法律责任	第十一章　法律责任
第五十二条　违反国家财政制度、财务制度，挪用、克扣体育资金的，由上级机关责令限期归还被挪用、克扣的资金，并对直接负责的主管人员和其他直接责任人员，依法给予行政处分；构成犯罪的，依法追究刑事责任。	第一百零九条　国家机关及其工作人员违反本法规定，有下列行为之一的，由其所在单位、主管部门或者上级机关责令改正；对负有责任的领导人员和直接责任人员依法给予处分： （一）对违法行为不依法查处的；

续表

修订前	修订后
	（二）侵占、挪用、截留、克扣、私分体育资金的； （三）在组织体育赛事活动时，有违反体育道德和体育赛事规则，弄虚作假、营私舞弊等行为的； （四）其他不依法履行职责的行为。
	第一百一十条　体育组织违反本法规定的，由相关部门责令改正，给予警告，对负有责任的领导人员和直接责任人员依法给予处分；可以限期停止活动，并可责令撤换直接负责的主管人员；情节严重的，予以撤销登记。
	第一百一十一条　学校违反本法有关规定的，由有关主管部门责令改正；对负有责任的领导人员和直接责任人员依法给予处分。
第四十七条　在竞技体育中从事弄虚作假等违反纪律和体育规则的行为，由体育社会团体按照章程规定给予处罚；对国家工作人员中的直接责任人员，依法给予行政处分。 第四十九条　利用竞技体育从事赌博活动的，由体育行政部门协助公安机关责令停止违法活动，并由公安机关依照治安管理处罚法的有关规定给予处罚。	第一百一十二条　运动员、教练员、裁判员违反本法规定，有违反体育道德和体育赛事规则，弄虚作假、营私舞弊等行为的，由体育组织按照有关规定给予处理；情节严重、社会影响恶劣的，由县级以上人民政府体育行政部门纳入限制、禁止参加竞技体育活动名单；有违法所得的，没收违法所得，并处一万元以上十万元以下的罚款。 利用体育赛事从事赌博活动的，

续表

修订前	修订后
在竞技体育活动中，有贿赂、诈骗、组织赌博行为，构成犯罪的，依法追究刑事责任。	由公安机关**依法查处**。
	第一百一十三条 体育赛事活动组织者有下列行为之一的，由县级以上地方人民政府体育行政部门责令改正，处五万元以上五十万元以下的罚款；有违法所得的，没收违法所得；情节严重的，给予一年以上三年以下禁止组织体育赛事活动的处罚： **（一）未经许可举办高危险性体育赛事活动的；** **（二）体育赛事活动因突发事件不具备办赛条件时，未及时中止的；** **（三）安全条件不符合要求的；** **（四）有违反体育道德和体育赛事规则，弄虚作假、营私舞弊等行为的；** **（五）未按要求采取风险防范及应急处置预案等保障措施的。**
第五十条 侵占、破坏公共体育设施的，由体育行政部门责令限期改正，并依法承担民事责任。 有前款所列行为，违反治安管理的，由公安机关依照治安管理处罚法的有关规定给予处罚；构成犯罪的，依法追究刑事责任。	第一百一十四条 **违反本法规定**，侵占、破坏公共体育**场地**设施的，由**县级以上地方人民政府**体育行政部门**会同有关部门予以制止**，责令改正，**并可处实际损失五倍以下的罚款**。

续表

修订前	修订后
	第一百一十五条　违反本法规定，未经批准临时占用公共体育场地设施的，由县级以上地方人民政府体育行政部门会同有关部门责令限期改正；逾期未改正的，对公共体育场地设施管理单位处十万元以上五十万元以下的罚款；有违法所得的，没收违法所得。
	第一百一十六条　未经许可经营高危险性体育项目的，由县级以上地方人民政府体育行政部门会同有关部门责令限期关闭；逾期未关闭的，处十万元以上五十万元以下的罚款；有违法所得的，没收违法所得。 违法经营高危险性体育项目的，由县级以上地方人民政府体育行政部门责令改正；逾期未改正的，处五万元以上五十万元以下的罚款；有违法所得的，没收违法所得；造成严重后果的，由主管部门责令关闭，吊销许可证照，五年内不得再从事该项目经营活动。
第四十八条　在体育运动中使用禁用的药物和方法的，由体育社会团体按照章程规定给予处罚；对国家工作人员中的直接责任人员，依法给予行政处分。	第一百一十七条　运动员违规使用兴奋剂的，由有关体育社会组织、运动员管理单位、体育赛事活动组织者作出取消参赛资格、取消比赛成绩或者禁赛等处理。

续表

修订前	修订后
	第一百一十八条 组织、强迫、欺骗、教唆、引诱运动员在体育运动中使用兴奋剂的，由国务院体育行政部门或者省、自治区、直辖市人民政府体育行政部门没收非法持有的兴奋剂；直接负责的主管人员和其他直接责任人员四年内不得从事体育管理工作和运动员辅助工作；情节严重的，终身不得从事体育管理工作和运动员辅助工作。 向运动员提供或者变相提供兴奋剂的，由国务院体育行政部门或者省、自治区、直辖市人民政府体育行政部门没收非法持有的兴奋剂，并处五万元以上五十万元以下的罚款；有违法所得的，没收违法所得；并给予禁止一定年限直至终身从事体育管理工作和运动员辅助工作的处罚。
第五十一条 在体育活动中，寻衅滋事、扰乱公共秩序的，给予批评、教育并予以制止；违反治安管理的，由公安机关依照治安管理处罚法的规定给予处罚；构成犯罪的，依法追究刑事责任。	第一百一十九条 违反本法规定，造成财产损失或者其他损害的，依法承担民事责任；构成违反治安管理行为的，由公安机关依法给予治安管理处罚；构成犯罪的，依法追究刑事责任。
第八章 附则	第十二章 附则
	第一百二十条 任何国家、地区或者组织在国际体育运动中损害中华人民共和国主权、安全、发展利益和尊严的，中华人民共和国可以根据实际情况采取相应措施。

续表

修订前	修订后
第五十三条　军队开展体育活动的具体办法由中央军事委员会依照本法制定。	第一百二十一条　**中国人民解放军和中国人民武装警察部队**开展体育活动的具体办法，由中央军事委员会依照本法制定。
第五十四条　本法自1995年10月1日起施行。	第一百二十二条　本法自**2023年1月1日**起施行。

图书在版编目（CIP）数据

中华人民共和国体育法释义 / 张勇，王瑞连主编
.—北京：中国法制出版社，2023.1
ISBN 978-7-5216-3182-1

Ⅰ.①中… Ⅱ.①张… ②王… Ⅲ.①体育法-法律解释-中国 Ⅳ.①D922.165

中国版本图书馆 CIP 数据核字（2022）第 223519 号

责任编辑：卜范杰　　封面设计：李　宁

中华人民共和国体育法释义

ZHONGHUA RENMIN GONGHEGUO TIYÜFA SHIYI

主编/张勇，王瑞连
经销/新华书店
印刷/三河市国英印务有限公司
开本/880 毫米×1230 毫米　32 开　　印张/ 14.375　字数/ 320 千
版次/2023 年 1 月第 1 版　　2023 年 1 月第 1 次印刷

中国法制出版社出版
书号 ISBN 978-7-5216-3182-1　　定价：65.00 元

北京市西城区西便门西里甲 16 号西便门办公区
邮政编码：100053　　传真：010-63141600
网址：http：//www.zgfzs.com　　编辑部电话：010-63141673
市场营销部电话：010-63141612　　印务部电话：010-63141606

（如有印装质量问题，请与本社印务部联系。）